Amusements in Mathematics

全世界优等生都在玩的数学游戏

（英）亨利·杜德耐 Henry Dudeney ◎著

孙云龙◎译

影响全球的经典数学游戏
百年来历久不衰

中国纺织出版社

内 容 提 要

本书是世界上最伟大的趣题创造大师亨利·杜德耐的经典力作，百年来历久不衰，是备受关注的珍贵智力遗产。本书包括风靡全球的430个经典数学游戏，并配有600多幅原版插图，被人们称之为“世界上最令人爱不释手”的单卷本趣题集，曾被翻译成15种语言畅销亚洲、欧美等地。

图书在版编目（CIP）数据

全世界优等生都在玩的数学游戏 / （英）杜德耐著. 孙云龙译. —北京：中国纺织出版社，2013.1（2024.4重印）

书名原文：Amusements in Mathematics

ISBN 978－7－5064－8864－8

Ⅰ. ①全… Ⅱ. ①杜… ②孙… Ⅲ. ①数学—智力游戏—青年读物②数学—智力游戏—少年读物 Ⅳ. ①01-49②G898.2

中国版本图书馆CIP数据核字（2012）第165215号

策划编辑：王 慧　　特约编辑：兰 剑　　责任印制：储志伟

中国纺织出版社出版发行

地址：北京东直门南大街6号　邮政编码：100027

邮购电话：010—64168110　传真：010—64168231

http://www.c－textilep.com

E－mail: faxing @ c－textilep.com

北京兰星球彩色印刷有限公司印刷　各地新华书店经销

2013 年 1 月第 1 版　　2024 年 4 月第 2 次印刷

开本：787×1092　1/16　印张：28

字数：456千字　定价：98.00 元

前言

本册的数学谜题中，有些在期刊杂志上出现过，其他的属于首次在这里发布。在这里我必须对海内外众多无名的读者所给予我的鼓励表示感谢，他们表达了自己的愿望：希望把这些谜题归结成集，希望有些谜题可以尽可能给出比在杂志和报纸上刊登出的更为详尽的答案。尽管我在本书中收录了一些古老的谜题，它们娱乐了好几代人，但我觉得我赋予了这些谜题一定的新意，当然谜题主要的东西还是原汁原味的。确实，有些谜题通过新闻媒体已经变得广为人知了，但可能读者会乐于知道他们的来源。

一般说来，对于数学谜题的问题，可能除了在这里我所写的以外，也没有更多的问题可说了。这一主题的历史所包含的简直就是人类精确思考的起源与发展的真实故事。历史学家一定是从人类首次成功地数出自己的十根手指头和把苹果分成差不多相等的两份开始算起。每个值得考虑的谜题都可以看作是数学和逻辑。每个努力“推论”最简单谜题的男人、女人和孩子都在推动数学的发展，尽管不一定是有意识的。即使是那些我们没有办法破解而为了破解谜题所进行的盲目尝试也可以归在“荣耀实验”的方法下面——这样一种方式通过避免或排除推论为无用的选项而节省了我们的劳动。事实上，有时候并不容易根据“经验主义”得出从哪里开始，在哪里结束的结论。

当一个人说，“我一生中从来没有解过一个谜题”的时候，很难明确地知道他究竟是什么意思，因为每一个有智力的人每天都在解谜题。我们的精神病院里，那些不幸的人被送到那里是因为他们不能解开谜题——他们已经丧失了理智思考的能力。如果世界上没有谜题可解了，也就没有问题可问了，如果没有问题可问了，那么这是一个怎样的世界！我们所有人会变得一样的无所不知，那么对话将变得无用和无聊了。

可能有不少清醒的数学家，除了学术以外，不能忍受在他们最爱的科学中有其他术语的存在，他们反对以其他任何名义出现的不可捉摸的X和Y，他们会希望这里的各种各样的谜题应该以不那么通俗的形式呈现，用不那么轻率的言辞来引出。我只能告诉他们参考我题目的第一个单词，提醒他们我们最初的目的是为了娱乐——当然，也不是没有希望能够通过这种方式来寓教于乐。如果这种方式有些肤浅，我只能用“试金石”的话说，它是“我个人不怎么漂亮的成果，先生；只是个人的一点可怜的幽默，先生。”

至于谜题难度的问题，有些谜题特别是在算数和代数领域内的，特别的简单。然而一些看起来似乎是最简单的例子也不该毫不思索地略过去，因为你会时不时的发现它们多多少少都有些让读者很容易陷入的微妙的圈套和陷阱。这是一项很好的练习，可以培养自己谨慎对待每个谜题中的精确用词的习惯。它教会我们精确和谨慎。但是确实有些谜题是非常难啃的骨头，虽然它们不值得高明的数学家的注意。读者毫无疑问可以根据个人的兴趣爱好来进行选择。

在许多情况下，我们仅仅给出了答案。这可以让初学者自己来得出解答的方法，同时节省了在高阶段的学生看来是会浪费的空间。另一方面，在一些似乎特别有趣味的情形下，有些我也给出了大量的解答，用了通用的方式来处理问题。读者会时常发现一个谜题的注释可以用来解释书中许多其他的谜题，所以读者之前感到的困难有时会随着他解题的进展而被清除。在某些情况下表达一件事情时可能用“比较难懂”的方式，而我更倾向于用简单的词语，这样能吸引更大人群的注意力和兴趣。数学家也在考虑之中，在这样的例子中用他熟悉的符号来表达问题时也不会有困难。

我已尽最大努力认真地进行了校对工作，相信只有很少潜在的谬误存在。如果读者发现谬误，我只能恳请你们，用贺拉斯的话说，“智者千虑，必有一失”，或者，正如主教说的，“即使是最年轻的牧师在教区也不会是万无一失的”。

我必须表达我的谢意，特表达我对《海滨杂志》、《卡塞尔杂志》、《女王》、《点滴》和《每周快讯》的经营者的谢意，感谢他们的好意，允许我重新印刷使用他们出版过的一些谜题。

作者俱乐部

1917年3月25号

目录

第1章 算术代数问题

第2章　几何问题

第四节 补丁谜题 / 109

第五节 各种几何谜题 / 116

第3章 点和线问题

第4章 移动筹码谜题

第5章 笔画线路问题

第6章 组合群组问题

第7章 棋盘问题

第1章 算术代数问题

“他是干什么的？噢，一位伟大的算术家。”

奥赛罗 第一幕

为了方便读者，只是对这一部分的智力题大致做了分类。有些很简单，有些很难。但这些题目并不是按照难易程度排列的，而是有意为之。因为解题者不应该被告知一个谜题的难易程度是根据它的顺序来的，这样很好。所以，题目可能会像它看起来一样简单，或者它可能包含某个陷阱，如果我们不小心或过度自信，我们就会出错。

某些作者特别要求某类问题应由一种或另一种特定方法求解，这儿的这些算术和代数谜题也不是根据这种方式分类的。在算术谜题中，读者需要做出自己的选择，辨别哪些谜题他能解决。

※ 单位换算：

1英镑=20先令　1先令=12便士　1克朗=5先令　1几尼=1.05英镑=21先令

1弗罗林=2先令　1沙弗林=1英镑　1法寻=1/4便士　半克朗=2又1/2先令

第一节 金钱谜题

不要向金钱投入信任，要向信任投资金钱。

——奥利弗·温德尔·霍姆斯

001 邮局里的困惑

难易程度：★★☆☆☆ 完成时间：______

在每一个行业里，我们有时都会遇到一些暂时让我们困惑的问题。

有一次，我特别同情一个邮政分局的年轻女业务员。当时，一名男子走进来在柜台上放下1克朗。他说："请给我一些2便士面值的邮票，再给我同样多的1便士面值的邮票的6倍，然后把剩下的钱用2.5便士面值的邮票补齐。"

有一会儿，她似乎很困惑，然后她大脑清醒过来，面带微笑地按照男子的确切要求给了他所需的邮票。你要花多长时间想出解决方法呢？

002 少年早慧

难易程度：★★★☆☆ 完成时间：______

有些孩子少年早慧，令人惊讶。人们有时习惯这样说："你们家孩子是个天才，长大了肯定能干一番大事业。"但是过去的经验告诉我们，他通常会变成一个平常人，情况一般如此。相反，呆笨的孩子也许能变成大人物，你永远难以预料。大自然喜欢向我们展示这些奇怪的悖论。众所周知，一些了不起的速算神童，不时地用他们的技艺令世界震惊，而一旦他们学习了基本的算术规则，就立刻失去了神秘的超能力。

一个男孩正吃着一根上等的香蕉时，另一个男孩靠了过来，用妒忌的眼光看着他问：“弗莱德，买那根香蕉花了你多少钱？” 弗兰德接下来的回答很不寻常，他是这么说的：“卖给我香蕉的那个男子收到的便士数是价值5英镑的所有香蕉的数量的一半，而这个便士数目与购买16打的香蕉所需花费的6便士的硬币数目一样多。”

现在，亲爱的读者，你需要多久才能正确说出弗莱德购买一根香蕉花了多少钱？

003 舞会谜题

难易程度：★★★☆☆ 完成时间：______

大家一起出席一场舞会，总共有四个团体受到邀请，分别是25个鞋匠、20个裁缝、18个做帽子的和12个做手套的。他们一起总共花了6英镑13先令。 其中，5个鞋匠和4个裁缝花的钱一样多；12个裁缝和9个做帽子的花的钱一样多；6个做帽子的和8个做手套的花的钱一样多。

谜题就是计算出每个团体分别花了多少钱。

004 在牲畜市场上

难易程度：★★☆☆☆ 完成时间：______

三个农夫在一个牲畜市场上相遇了。“看这里，”豪治对杰科斯说，“如果我用6头猪换你1匹马，那么你的牲畜数量正好是我的2倍。”

“如果你是这么做生意的，”杜兰特对豪治说，“我会用14头羊来换你1匹马，然后你的牲畜数量就是我的3倍了。”

“那么，我做的买卖比那个更划算，”杰科斯对杜兰特说，“我给你4头牛换你1匹马，然后你拥有的牲畜数量就是我的6倍了。”

毫无疑问，这是一种很原始的牲畜交易方式，但这也是一个有待解答的有趣谜题。杰科斯、豪治和杜兰特分别带了多少牲畜到牲畜市场来？

005 寡妇的遗产

难易程度：★★☆☆☆　　完成时间：______

一位绅士去世后，留下了8000英镑的遗产，分给他的妻子、5个儿子和4个女儿。他吩咐每个儿子得到的应该是每个女儿的3倍，每个女儿应该得到他们妈妈的2倍。那么妻子应该得到多少呢？

006 奇特的巧合

难易程度：★★★☆☆　　完成时间：______

有七个人，他们的名字分别是亚当斯、贝克、卡特、道布森、爱德华、弗朗西斯和葛德根，最近在一起玩一个游戏。他们一致同意每当一个参与者赢了一场后，他都要使其他参与者手里的钱翻一番。也就是说，他要再给其他参与者一些钱，这些钱应该和他们口袋里已有的钱一样多。他们玩了七场游戏，奇怪的是每个人都轮流赢了一场，赢的顺序和上面给出的名字顺序一致。更巧合的是在他们结束游戏后，每个人口袋里的钱数都相同，都是2先令8便士。

谜题就是算一下在游戏之前，每个人口袋里有多少钱。

007 布施善事

难易程度：★★★☆☆ 完成时间：______

一个人告诉他的手下，对他教区穷人的一年一次的布施每次都是刚刚好55先令。但是只有他们每次布施都采取不同的方式，这个布施才能继续下去，而且还要每次给一些女人每位18便士，给一些男人每位半克朗。这项善事能够持续多少年？当然这里的“不一样的布施方式”指的是每次男人和女人的数目都不同。

008 无歧视的慈善

难易程度：★★☆☆☆ 完成时间：______

一位有善心的绅士，有天晚上在回家的路上，接连向三个求助的乞丐布施。对第一个，他给了口袋中钱的一半又加了1便士；对第二个人，他给了剩下的钱的一半又2便士；对第三个人，他给了剩下的钱的一半又3便士。回到家中，他口袋里只剩下了1便士。现在，你能准确地告诉我这个绅士身上带了多少钱吗？

009 两架飞机

难易程度：★★☆☆☆ 完成时间：______

有个男子最近刚刚买了两架飞机，但随后他发现飞机并不能满足他的要求，因此他以每架600英镑的价格卖掉了他们，一架损失了20%，另一架赚了20%，那么整个交易他赚了还是赔了？数量是多少？

010 买礼物

难易程度：★★☆☆☆　完成时间：______

“威廉大哥，你知道上周我在镇子上遇到谁了吗？”本杰明叔叔说，“是那个老吝啬鬼乔金斯。他和他的家人在买圣诞礼物。”

“他对我说：‘为什么政府不废除圣诞节，用法律来惩罚送礼物这种行为？我早上出门的时候带了不少钱，我发现我已经花了一半了。实际上，如果你相信我，我带回家的先令和我拥有的英镑数目一样多，而带回家的英镑只有我拥有的先令的一半多。这真是令人讨厌！’”你能准确说出乔金思花了多少钱买礼物吗？

011 奇怪的钱数

难易程度：★★★☆☆　完成时间：______

66英镑、6先令和6便士总共是15918便士。现在4个6加在一起是24，15918这个数的每位数加起来也是24。令人好奇的是，还有另外一笔钱，可以找出4个一样的数字分别用英镑、先令和便士表示（跟前面的数字同样是重复的），他们加起来的数字和便士的数字累加也应该是一样的。那么，另外一笔钱是多少？

012 新货币谜题

难易程度：★★☆☆☆　完成时间：______

把9个数字只用一次，用英镑、先令、便士和四分之一便士的面值，所能写出的最大数目的钱应该是98765英镑4先令3又1/2便士（2个1/4便士）。

现在，同样的条件下，试试写一下最小数量的钱数。每个面额必须有钱数，可以不用0来表示。这只需要一点点判断和思考。

013 口袋里的钱

难易程度：★★☆☆☆　完成时间：______

我口袋里的钱，如果用现有的硬币——不包括4先令的那个来表示，可以放进我口袋，但是又不能用一枚半沙弗林(半英镑金币)兑换的最大的钱数是多少？

014 自行车手的聚餐

难易程度：★★★☆☆　完成时间：______

那是上个银行休假日，几个自行车手在户外明媚的天气里骑车。在一个小

酒馆休息的时候，他们都同意一起吃顿饭。“用一个账单付款吧，我们AA，”他们说，“每个人付他那一份就好。”账单一会儿就放在了桌上，那天估计应该是4英镑。但很遗憾的是，当他们准备付账的时候发现有两个人偷偷溜出去逃走了。因此，留下的诚实人每人要付他们应付的份外还要多付2个先令。毫无疑问，他们后来与那两个家伙算清了账。当他们出发的时候总共是几个人？

015 把钱平方

难易程度：★★☆☆☆　完成时间：______

“真奇怪，”麦·克兰克对他的朋友说，“2便士加2便士是4便士，2便士乘2便士也是4便士。”当然，如果他认为可以把钱相乘加倍，那就错了。

乘数必须被当做一个抽象数（不名数）来看待。确实，如果2英寸乘以2英寸会得出4平方英寸。同样的2便士乘以2便士会得出4平方便士。如果我们来讨论什么是平方便士，这难免会让我们的读者困惑。

但是现在为了我们谜题的缘故，我们假定2便士乘以2便士是4便士。现在，哪两个数目的钱可以产生最小的可能的结果？就像先前那样，用加或乘的方式，两个数目可以不同，但是他们应该是能在这个时代支付用的货币。

016 百万富翁的谜题

难易程度：★★★★☆　完成时间：______

摩根·布鲁姆加顿，百万富翁，在美国以克莱姆国王著称。他因为他的罪行，拥有的钱多到自己都不知道该用来干嘛，这令他很困扰。因此，他决定用这些钱来迫害他那些贫穷但快乐的朋友。

他们从来没有伤害过他，但是他下决心要把“万恶之源”嫁接给他们。因此，他提议拿出100万美元分给他们，并看他们是如何快速变坏的。

但是他又是一个有点妄想和迷信的人。对他来讲送礼物有个不能被破坏的规矩，不是1美元或者7美元相关的不能送。比如数字7，49， 343， 2401，这些数字的美元都是7的倍数。

另外一个规矩是他绝对不会给超过6个人同样多的钱。现在，他怎样来分这100万美元？你可以在满足条件的情况下把钱分给最多的人数。

017 市场上的女商人

难易程度：★★★☆☆　完成时间：______

有几个市场上的女商人在用特定的每英镑价格出售各种各样的物品，每个人的价格都不同，每个人都收到了同样的钱数，2先令2又1/2便士。这些女商人人数最多可能是多少？每个人的每英镑价格必须能用现在的货币支付。

018 令人困惑的钱匣子

难易程度：★★★☆☆　完成时间：______

四个兄弟，约翰、威廉、查尔斯和托马斯分别有一个钱匣子。这些钱匣子都是在同一天给他们的，他们立刻把他们所有的钱都放了进去。因为钱匣子并不大，他们把钱换成了尽可能少的硬币放了进去。

那之后，他们分别告诉彼此他们存了多少钱。大家发现，假如约翰的钱匣子里面比实际多2个先令，威廉少2个先令，查尔斯有两倍，托马斯有一半，那么他们将有同样数量的钱币。

现在，当我把所有四个钱匣子里的钱加起来后总数是45先令，在这些匣子里总共只有6枚硬币。这是个很有意思的谜题，每个盒子里面分别有什么样的硬币？

019 新年前夜晚饭

难易程度：★★★☆☆　完成时间：______

伦敦一个小饭馆的老板给我提供了一些有趣的数据。他说单独来他这里消费的女顾客每个人平均花了18便士，独自来的男士每个人花了半克朗。当一个男士带一个女士来消费时，平均花费半个几尼。

在新年前夜他为25人提供了晚餐，总共收到了5英镑。现在，假定他说的平均数作准，那么在当晚吃晚餐的客人是怎样搭配的？当然，只有单独女士、单独男士和成对的男士女士出席了晚餐，我们不考虑大的聚会。

020 一桩苹果的买卖

难易程度：★★★☆☆　完成时间：______

我付了1先令买了几个苹果，但是苹果太小了，所以我让卖苹果的男人多给了我两个。我发现这样的话，相对于他前面的要价，我买一打苹果少付1个便士。我1个先令买了多少苹果？

021 牛肉和香肠

难易程度：★★★☆☆　完成时间：______

“我的一个邻居，”珍妮阿姨说，“用2先令加1英镑买了一些牛排，用1英镑18便士买了同样数量的香肠。我告诉她，如果她把买牛排和香肠的钱均分去购买，她能多得到2磅重量。你能告诉我她买了多少吗？

当然了，那位邻居说这对她无关紧要。可是一个女士能用这个价钱买东西，说明她一定在持家方面毫无经验。

亲爱的，我完全同意珍妮阿姨的话，但你要知道这不是讨论的重点，我们也不是在讨论卖东西的商人的名誉和品行。

022 买鸡蛋

难易程度：★★★☆☆　完成时间：______

一个男子最近到一个农场主商店买鸡蛋，他想购买不同质量的鸡蛋。

农场主那里有新产的鸡蛋，每个5便士，新鲜鸡蛋每个1便士，还有半便士一个的鸡蛋。然后，他三种鸡蛋都分别买一些，总共正好买了100枚，花了8先令4便士。现在，他从中带走了正好同样数量的两种质量的鸡蛋。这是个有趣的谜题，猜一下他究竟以每种价格买了多少个鸡蛋？

023 圣诞礼物

难易程度：★★★☆☆　完成时间：______

几年前，有人告诉我他花了100个英国的银币购买圣诞礼物，给每个人同样数量的礼物，这正好花去了他1英镑10先令1便士。你能告诉我有多少人收到了礼物，他是怎么分配礼物的？那一个单独的便士看上去很奇怪，但没什么。

024 忽视的观察

难易程度：★★★★☆　完成时间：______

我们对小事的观察经常是有缺陷的，我们的记忆经常会断层。某个法官最近在一个案子中说，他记不起来是怎样把结婚戒指戴到他妻子的手上了。不看硬币，你能正确回答这些问题吗？

一个硬币的哪一边有日期？有的人很不善于观察，即使他们每天都使用硬币，他们对回答这样一个问题还是很茫然。

如果我把一枚硬币平放在桌子上，我能在它周围紧挨着平放几枚硬币？放着的硬币要能碰着第一枚硬币。当然，几何学家能立即回答这个问题，不需要做什么实验。

因为所有的圆都是相似的，他也知道，同一个答案适合于任何一枚硬币。下一个问题是最有趣的。让一群人，每个人在一片纸上写下自己的答案，这样每个人不能听到别人的答案。

半克朗上面最多可以平放3便士面值的纸币多少张？纸币不能重叠或者压着其他的纸币。不同的人有不同的答案，这真让人惊讶。很少人能够给出正确的数字。当然，你必须不看钱币而给出答案。

025 家庭财政

难易程度：★★★★☆　完成时间：______

普特尼家的年轻的帕金斯夫人最近给我写信，信上说：如果你能把这个最近让我困扰不已的总钱数的答案告诉我，我将十分高兴。

事情是这样的：我们刚刚结婚很短一段时间，现在在我们建立家庭的第二年的年底，我丈夫告诉我，他发现我们花掉了他年收入的1/3来支付房租、费用、税务，1/2花费在家用上，1/9花在了其他方面。他在银行里面还有存款190英镑。

我最后得知了这个，因为有一天他不经意中把他的存折掉出来了，我偷看到了。

你难道不认为一个丈夫应该在金钱问题上给予他的妻子完全的信任吗？嗯，我觉得应该是，你觉得呢？他从来不告诉我他真正的收入是多少。自然地，我很想知道他的收入，你能告诉我他的收入是多少吗，根据我给你提供的数字？

是的，根据帕金斯夫人信中提供的数字，我当然能给出这个答案。亲爱的读者，如果没有事先给出警告，实际上会一致给出远远超出正确答案的收入数字吗?

026 一个购物谜题

难易程度：★★★☆☆　完成时间：______

两位女士去一个商店购物，在那里由于一些令人好奇的反常，没办法找零。她们买的东西加起来总共少于5先令。一位女士说：“你知道我发现我需要不少于6枚本朝的通货硬币来为我买的东西付钱。”另外一位女士考虑了一会儿，然后说：“那么我们可以一起为两份账单付账。”但是，让她们惊讶的是，她们仍然只需要6枚硬币。那么她们购买的可能的最少数量是多少——两个人是不同的。

027 中国钱币

难易程度：★★★☆☆　完成时间：______

中国是一个令人好奇的地方，那里的人有着奇怪的反着做事情的方式。据说，他们使用锯的时候，不是用向下的压力而是用向上的压力。他们解木板的时候是把工具拉过去，而不是把木板推过去。建房子的时候，他们首先建屋顶，然后再把屋顶抬高到相应的位置，继续做向下的工作。

中国的货币是由价值浮动的银钱组成的，银钱会变得越来越薄，直到2000枚堆到一起不超过3英寸高。

一般的现金是由不同厚度的铜钱组成的，其中间有圆的、方的或者三角形的孔，正如下图所示。

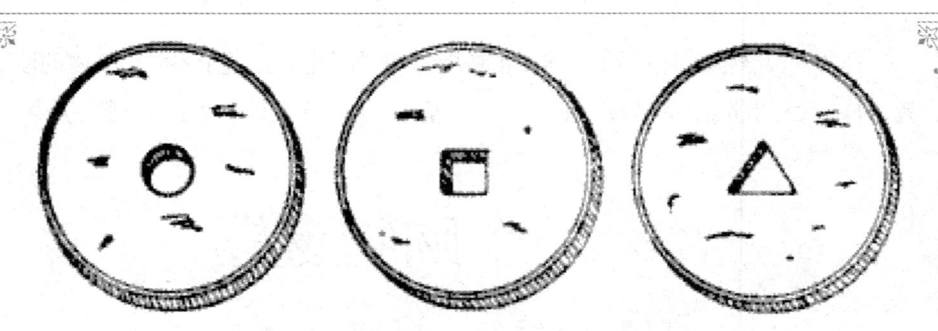

这些钱币都像扣子一样用线穿在一起。假定11个带圆孔的钱币价值15清钱，11个方孔的钱币价值16个清钱，11个三角孔的钱币价值17个清钱，那么一个中国人如果让我只用上面提到的三种钱币换半克朗，该怎么换？一个清钱正好价值2便士加上4/15的清钱。

028 有关廉价车票的谜题

难易程度：★★★★★　完成时间：______

当那些夸张的大海报出现在乡村的小火车站上，宣称大英铁路公司将要在圣诞节假期运营通往伦敦的廉价旅游列车时，马德里·坎特米兹的居民们非常激动。列车到达前半个小时，小售票室里面就挤满了乡下的乘客，他们都想到大城市里面去拜访亲朋好友。售票员从来没有经历过这种情形，他们都有些手忙脚乱。后来，一位售票员一边摸着他那男人气势的额头一边说，最令他感到难办的是这些乡下人都用一大把的零钱来买票。

另一位售票员说他有办法，可以让伦敦西部地区的一家布店找零钱，他们的零钱可以让售票员们用上一周。他们有的是3便士的硬币，足够供三个堂区教堂做礼拜还会有剩余。“那些旅游车票的价格是19先令9便士，”他说，“我想知道，用我们现在流通的硬币来构成这个钱数，到底会有多少不同的方式？”

因此，这就变成了一道谜题：用我们现在流通的硬币来支付19先令9便士，总共可以有多少不同的方式？记住，4便士的硬币现在已经不流通了。

029 找零钱

难易程度：★★★★☆ 完成时间：______

每个人都对经常出现的找零的难题很熟悉。因为带着零钱的第三人的帮助，有时候我们能够解决这个问题。这里有个例子。有个英国人来到纽约的一个商店，花了34美分买了些商品。

他身上只有1美元，和1个3分、1个2分的钞票。商人只有半个美元和1/4美元。但是碰巧另一个顾客在场，可以帮忙，他带了2枚10美分的硬币，1张5美分的钞票，1张2美分的钞票和1张1美分的钞票。

这个商人是怎么找零的呢？对于那些不熟悉美国钱币的读者，你们只需要知道1美元等于100美分就好了。这种谜题如果用正确的方式来处理很少会有困难。

030 破碎的钱币

难易程度：★★☆☆☆ 完成时间：______

有个男子有3个硬币，1个沙弗林，1个先令，1个便士。他发现每枚硬币都缺了同样大小的一个边。现在假定，这些硬币还是代表他们原先的币值，也就是沙弗林价值1英镑，先令还是1先令，便士还是1便士，那么如果剩下的破碎的钱币价值正好是1英镑，每枚硬币分别损失了多少币值？

031 两个可能性的问题

难易程度：★★★☆☆ 完成时间：______

可能没有比利用可能性理论的这类谜题更能经常让人感到迷惑的了。下面就给出两个所指的这类谜题的简单例子，它们真的很简单，然而很多人都被迷惑了。

最近一个朋友拿出5个便士，然后问我，“如果我把这5个便士同时扔出去，有至少4枚硬币都是头朝上或者朝下的几率多大？”

他的答案并不对，但是正确的答案不难发现。我听到另外一个人就对下面这个小谜题得出了一个错误的答案。“有一个人，他把3枚沙弗林和1个先令放入了一个包中，那么一个人要支付多少钱才被允许从袋子中抽取一枚硬币？

当然，就像大家了解的，你可能抽到这4枚硬币中的任何一枚。

032 买苹果

难易程度：★★★☆☆ 完成时间：______

购买小数量的苹果总是相当困难的，我想，这值得在这个话题上说几句。我们都知道那个聪明的男孩的故事。有个年老的女人，她卖苹果的价格是4个苹果3便士。男孩说：“让我看看，4个苹果3便士，3个苹果2便士，2个苹果1便士，1个苹果不要钱，我来一个吧。”

这里也有同样的谜题案例。比如，一个男孩有一次从货架上拿起1个价值1便士的苹果，当他得知这个女人的梨子和苹果价格一样时，他用苹果换成了梨子，然后刚要走开。“等一下，”女人说，“你还没有付我梨子的钱呢。”“是的，”男孩说，“当然没有，我是用苹果换的啊。”“但是你也没有付苹果钱啊。”“噢，上帝保佑你，你不能让我一起付了苹果和梨子钱啊。”在这个可怜的女人回过神来以前，男孩就消失了。

然后，再一次，我们遇到了这个例子。有个男子给了一个男孩6便士，然后答应他一旦这个孩子能把它变成9便士，他就再给他一次6便士。5分钟之后，男孩回来了。"我已经把它变成了9便士，"他说，同时他递给了这个男子三便士。"你怎么赚到的？"男子问男孩。"我买了价值3便士的苹果。""但是这并不能把6便士变成9便士啊？""我觉得可以啊，"男孩回答说，"卖苹果的女士有3便士对不对？好的，我有价值3便士的苹果，我刚刚又给了你3便士，这不正好是9便士吗？"

我举这些例子只是为了表明这个小男孩真的在买苹果这件事上需要一点指导。因此，我下面给出一个简单的谜题来处理这类买卖。

有个年老的女人出售三种大小的苹果，一种1便士1个，一种1便士2个，一种1便士3个。当然，第二种大小的两个苹果，和第三种大小的三个苹果分别等于一个最大的苹果。现在，有个男子有一样多的男孩和女孩，他给了他们7便士去买这些苹果来分。谜题是给每个孩子分一样的苹果。怎么花这7个便士？有多少个孩子？

033 年轻职员的困惑

难易程度：★★★☆☆　完成时间：______

两个年轻人分别叫莫格思和斯诺格斯，都作为初级职员受雇于绞肉小巷的一个商人。他们拿着同样的工资，也就是以每年50英镑开始，可以半年结一次。莫格思每年涨10英镑，斯诺格斯同样如此。只是，因为一个跟我们谜题无关的原因，他要求可以每半年时涨2英镑10先令，对这个要求他的雇主没有异议。

现在谜题来了，莫格思固定地一次把自己的部分收入存入邮局储蓄所，而斯诺格斯同样把自己的部分收入存入储蓄所，固定存两次。五年后他们总共存了268英镑15先令。每个人存了多少钱？利息的问题可以忽略。

034 偷自行车的贼

难易程度：★★☆☆☆　　完成时间：______

这里有一个谜题，它可以用不同伪装来展示。一个自行车手花了15英镑购买了一辆自行车，用一张25英镑的支票来支付账单。

店主到隔壁商店主那里把这张支票换成零的，这个自行车手拿着10英镑的零钱跨上自行车，消失了。

支票被证明是没有价值的，店主被隔壁的店主要求退钱。为了退钱，他被迫向一个朋友借了25英镑。因为自行车手没有留下他的地址，无法追踪。自行车的成本是11英镑，现在店主总共损失了多少钱？

035 翻转的谜题

难易程度：★★☆☆☆　　完成时间：______

大多数人都知道，如果你带着一笔钱，包括英镑、先令、便士，这里面英镑的数目（少于12英镑）多于便士的数目，反过来（把英镑当成便士，便士当作英镑），找出数目的不同之处，然后再反过来，把这两个不同的数字加起来，结果总是12英镑18先令11便士。

但是如果我们忽略条件“少于12英镑”，允许先令或便士数为零，那么，（1）这条规则不成立的最少的钱的数目是多少？（2）规则成立的最大的数目是多少？当然，当把14英镑15先令3便士翻转的时候，可能写成3英镑16先令2便士，这个数目是等同于3英镑15先令14便士。

036 裘德肯思的牛群

难易程度：★★★☆☆　完成时间：______

海拉姆·裘德肯思是得克萨斯州的买卖牛的商人。他有5群家畜，包括公牛、猪和绵羊，每一群里面家畜的数目相等。有天早上，他把所有的家畜卖给了8位商人。每个商人都买了同样数目的家畜，每头牛17美元，每头猪4美元，每头羊2美元，海拉姆总共收到了301美元。他能拥有的最大数目的家畜是多少？每一种分别有多少？

037 买栗子

难易程度：★★★☆☆　完成时间：______

尽管下面这个小谜题跟买栗子有关，谜题本身并不是“栗子”类型。这个谜题很有新意。看到的第一眼，这个谜题可能表现出“完全瞎说的谜题”的特征，但是当正确的思考时，就发现迎刃而解了。

有个男子到商店里面去买栗子。他说他想买1个便士的栗子，然后他得到了5个栗子。“这可不够，我应该有6个栗子，”男子说。“但是，如果我多给你一个栗子，你就多5个了。”店主说。奇怪的是，他们都是对的。那么买栗子的人，购买1克朗的栗子应该有多少个？

038 卖杂货和卖布料

难易程度：★★★☆☆　　完成时间：______

一家乡下的杂货店有两个互相竞争的店员，他们都以自己能快速服务顾客为荣。在杂货那边的店员可以每分钟称出两份1磅重包装的糖果，而服装店的店员可以在同时割下3匹1码长的布。

他们的雇主，在某天清闲的时候，让他们互相竞赛。他给了杂货店员一桶糖果，告诉他称出48份1磅包装的糖果，同时，服装店员把一卷48码的布分成1码1匹。两个人总共被来买东西的顾客耽误了9分钟，但是服装店员被打扰的时间是杂货店员的17倍。竞赛的结果是什么？

039 小贩的谜题

难易程度：★★☆☆☆　　完成时间：______

“你买那些桔子花了多少钱，比尔？”

“我不会告诉你的，吉姆。但是我买100个桔子从那个老家伙那里，杀价4便士下来。”

“那你得到了什么好处？”

“嗯，这意味每10个先令价值的桔子我可以多得到5个桔子。”

那比尔实际上购买这些桔子支付了多少钱？只有一种可能性符合他的陈述。

第二节 亲属年龄谜题

"我们已年届七十。"

——圣经旧约·诗篇

040 妈妈的年龄

难易程度：★★★☆☆ 完成时间：______

汤米：妈妈，你多大年纪了？

妈妈：让我想想，汤米。恩，我们三个年龄加起来正好是70岁。

汤米：那不是年龄很大了嘛。你多大年纪了，爸爸？

爸爸：儿子，我是你年龄的六倍。

汤米：爸爸，我会不会有一天年龄是你的一半？

爸爸：汤米，如果是那样的话，我们三个年龄加起来正好是现在年龄的两倍。

汤米：爸爸，假如我出生在你之前，假定妈妈全部忘记了，当我出生时她不在家，假定……

妈妈：假定……汤米，我们来说说床，来吧，亲爱的，你会头疼的。

现在，如果汤米再长大几岁，他可能就会根据父母给他的信息，计算出他父母的真正的年龄。你能算出妈妈的准确的年龄吗？

041 家庭年龄

难易程度：★★☆☆☆ 完成时间：______

最近，当斯梅里家最喜欢的叔叔来访时，父母把他们的五个孩子都叫到了他的跟前。首先来的是比利和小女孩格特鲁德，叔叔了解到，小男孩的年龄正

好是小女孩的两倍。然后亨丽爱塔来了，叔叔发现亨丽爱塔的年龄加上格特鲁德的年龄正好是比利年龄的两倍。

然后查理跑了进来。有人说，现在两个男孩的加起来年龄正好是两个女孩加起来年龄的两倍。叔叔正在对这些巧合感到惊诧的时候，珍妮特走了进来。

“叔叔，”她说道，“你正好赶上了我21岁的生日。”听到这个，斯梅里先生说：“是的，现在三个女孩的年龄加起来正好等于两个男孩年龄之和的两倍。”你能给出每个孩子的年龄吗？

042 他们的年龄

难易程度：★★☆☆☆　完成时间：______

有一天，一位女士说，“我丈夫的年龄是我的年龄的数字反过来的表示。他比我年龄大，我们年龄的差别是我们总和的1/11。

043 关于汤米的年龄

难易程度：★★☆☆☆　完成时间：______

汤米·斯马特最近转去了一所新学校。在到校的第一天，老师问他的年龄，下面就是他那令人好奇的回答：

“嗯，你看，情况是这样的。在我出生的时候——我忘记是哪一年了——我唯一的姐姐，安，正好是我妈妈的年龄的1/4，她现在的年龄是我爸爸的年龄的1/3。”

“嗯，很好，”老师说，但是我想知道的不是你姐姐安的年龄，而是你自己的年龄。”

“我刚要说到那里，”汤米回答，“我的年龄是我妈妈现在年龄的1/4，4年后我的年龄正好是我爸爸的年龄的1/4，这是不是很好玩的事情？”

这就是老师从汤米·斯马特那里所能得到的全部信息。从这些事实，你能告诉我们，他准确的年龄是多少？ 当然，这确实有点令人困惑。

044 蒂姆肯斯夫人的年龄

难易程度：★★☆☆☆　　完成时间：______

埃德温：你知道吗，当蒂姆肯斯夫妇18年前结婚的时候，蒂姆肯斯先生的年龄是他妻子年龄的三倍，今天他实际上是她年龄的两倍。

安吉丽娜：那么，蒂姆肯斯夫人结婚的时候多大呀？

你能回答安吉丽娜的问题吗？

045 母亲和女儿

难易程度：★★☆☆☆　　完成时间：______

“妈妈，我希望你能给我一辆自行车。”一个12岁的女孩有一天这样说。

“我认为你还不够大，亲爱的，”妈妈回答说，“当我的年龄是你年龄的三倍时，你就会有一辆车了。”

现在，母亲的年龄是45岁。什么时候年轻的小女孩能够收到她的礼物呢？

046 隔壁邻居

难易程度：★★☆☆☆　　完成时间：______

两户人家在图廷比是紧挨着的邻居——扎普斯和辛姆金斯。扎普斯家里四个人的年龄加起来有100岁了，辛姆金斯家的年龄加起来也一样。

在每个家庭里面都发现了这样的情形，把每个孩子年龄的平方加上母亲年龄的平方得出的和等于父亲年龄的平方。在扎普斯家里，茱莉亚的年龄比他的弟弟乔大一岁，而索菲·辛姆金斯比她的弟弟萨米大两岁。这8个人，每个人分别是多大？

047 玛丽和马默杜克

难易程度：★★★☆☆　完成时间：______

马默杜克：你知道吗，亲爱的，7年后，我们的年龄相加就有63岁了。

玛丽：真的是这样吗？事实上，我昨晚才想明白，在你是我这个年龄的时候，当时你的年龄是我年龄的两倍。

那么，玛丽和马默杜克分别年龄是多少？

048 罗佛的年龄

难易程度：★★★☆☆　完成时间：______

“汤米，告诉我，罗佛多大了？”米尔德丽德的男朋友问她的弟弟。

“恩，在五年前，”年轻人回答说，“姐姐的年龄是那条狗的四倍，但现在她的年龄是它的三倍了。”

你能算出罗佛的年龄吗？

049 玛丽多大了

难易程度：★★★★☆　完成时间：______

这里有一个很有趣的有关年龄问题的小谜题，是由已故的萨姆·劳埃德出的。这个谜题在美国非常流行，看看你是否能破解这个谜题。

玛丽和安的年龄加起来是44岁。玛丽的年龄是某年安的年龄的两倍。当玛丽过去某年的年龄是安未来某年的年龄的一半时，未来的安的年龄是过去另一个时刻玛丽的年龄的三倍；在那个时刻，玛丽的年龄正好是安的年龄的三倍。玛丽年龄多大？谜题就是这样，你看明白了吗？如果没有，让你的朋友来帮你吧。然后，当他们试着了解问题的复杂性时，看看困惑影子是怎样爬到他们脸上的。

050 人口普查的谜题

难易程度：★★★☆☆ 完成时间：______

乔金斯夫妇有15个孩子，都是每隔一年半生一个。艾达·乔金斯小姐拒绝对人口调查员提供她的年龄，但是她承认她的年龄比小约翰尼的年龄大七倍，小约翰尼是最小的孩子。艾达的年龄有多大？不要急急忙忙臆想你已经解决了这个谜题。你可能又会发现你犯了一个大错。

051 一袋坚果

难易程度：★★★☆☆ 完成时间：______

三个男孩收到了一袋坚果作为他们的圣诞礼物。他们一致同意根据他们的年龄比例分配这袋坚果。他们的年龄加起来等于17年零6个月。现在口袋里面有770个坚果，每次赫伯特拿4个罗伯特拿3个，每次赫伯特拿6个克里斯托弗拿7个。谜题是找出每个人拿了多少坚果，男孩的年龄分别是多大？

052 奇怪的关系

难易程度：★★★☆☆ 完成时间：______

在一个晚宴上，牧师说：“说起关系来，我们的立法委员把婚姻法搞得一团糟。比如说，我注意到有这样一个令人困惑的案子。两个兄弟娶了两个姐妹。一个兄弟死后，另一个兄弟的妻子也死了。然后剩下的两个人就结婚了。

“那个男子娶了去世的妻子的妹妹，在现行法律下？”律师插嘴问。

“正是如此。所以，在现行民法下，他合法结婚了，并且有了合法的孩子。但是你要知道，那个男子可是那个女人死去的丈夫的兄弟，所以同样在民

法规定下，她不应该嫁给他，她的孩子也应该是私生的。”

“他娶了她，可是她没有嫁给他！”医生忍不住了。

“就是这样。孩子是父亲的合法的儿子，但是却是妈妈的私生子。”

“毫无疑问，法律就是这样糟糕，如果允许我这么说的话。”医生惊呼了一声，加了一句，然后向律师鞠了一躬。

“当然了，”律师回答说，“我们律师恪尽职守，服务大众。我们的立法委员应该对面包负责。”

“这倒是让我想起我教区里面有个男子跟他的遗孀的姐姐结婚了。”牧师继续说。

“等一下先生，”教授说，“娶了他遗孀的姐姐？你的教区里面可以跟死人结婚吗？”

“不能，我一会儿再解释。嗯，这个男子自己有一个妹妹，他们的名字是斯蒂芬·布朗和简·布朗。上周一个小伙子出现了，史蒂芬介绍给我说，那是他的外甥。我自然把简当做他的阿姨了。但是让我惊讶的是，这个年轻人纠正了我，告诉我说尽管他是斯蒂芬的外甥，但不是简的外甥。这让我困惑不已，但这也是很对的。”

律师是第一个猜到这个谜题的核心的人，他是怎么解决这个谜题的？

053 在地铁上听到的

难易程度：★★☆☆☆　完成时间：______

第一位女士：他和你有关系吗，亲爱的？

第二位女士：嗯，是的。你看这个绅士的妈妈是我妈妈的婆婆，但是他和我爸爸只是泛泛之交。

第一位女士：真的吗？（显然你能看出来她不是那么聪明）

这位绅士和第二位女士是什么关系？

054 威尔森的谜题

难易程度：★★★☆☆　完成时间：______

在一家铁路旅馆的商务间里面，威尔森先生把一本杂志扔在桌子上，说："说起谜题来——"

"谁在讨论谜题？"斯达波斯询问。

"噢，那么，读一下这几个，如果你想了解下我刚刚遇到的跟我有关的小事情。可能你们三个绅士有兴趣。"

其时正是圣诞节前夜，四个商务旅行者在格拉斯敏斯特过着他们的节日。可能每个人都怀疑其他人没有家，可能每个人都知道其实自己也处境困窘。无论如何，他们似乎都还舒舒服服的，当他们围坐在跳动的炉火边时，谈话开始天马行空。

派克赫斯特先生问："有什么麻烦事？"

"如果你正确理解了，也没什么麻烦的事情。事情是这样的：一个名叫帕克的人有一架飞机，能载两个人。他是一个胆大的家伙，我应该说。他做事很鲁莽，他让某个兄弟帮他找个愿意随他一起玩命飞行的人。但是，我的一个叔叔觉得他要冒险一试。在一个阳光明媚的早上，他在飞机坐好后，飞机很好地发动了。当他们到了1000英尺的时候，我侄子突然——"

“嘿，等等，威尔森，你侄子在那里干嘛？你刚才说的可是你叔叔。”斯达波斯打断说。

“是吗？哦，这没关系。我侄子突然转向帕克说飞机也许不正常。因此帕克对我叔叔大喊——”

“哎，”沃特斯插话了，“我们被搞糊涂了，到底是你的侄子还是叔叔？只能是这样或者那样。”

“我说的都是对的。帕克对我叔叔大喊做点什么，这时我侄子——”

“你又来了，威尔森！”斯达波斯脱口说道，“只此一次，我们可不可以这样理解，你叔叔和侄子都在飞机上？”

“当然了，我想我说的很清楚了。我说到哪里了？哦，我侄子对帕克回答道——”

“哎呀！我很抱歉再次打断你，威尔森，但是我们不能这样继续了。这个飞机真的只能载两人吗？”

“当然了。我一开始就说了，它只能载两人。”

“那么，以空气动力学的名义，你说机上有三个人到底是什么意思？”

“谁说有三个人了？”

“你告诉我们的。有帕克、你叔叔、还有你侄子在空中这架飞机上啊，老天保佑！”

“这倒是。”

“那么，那飞机只能载两个人？！”

“你又说对了。”

“威尔森，我认识你也时间不短了，你可是个诚实温和的人啊。”斯达波斯先生严肃地说。“但是我看，自从你做起了新的商品线后，你恐怕工作过度了吧。”

“等等，斯达波斯。”沃特斯插进来说，“我想我明白了我们哪里犯错了。当然，威尔森，你是想让我们知道帕克或者是你叔叔，或者是你侄子吧。现在，如果你告诉我们帕克究竟是你的叔叔还是侄子，我们就都明白了。”

“他跟我什么关系都没有。”

三个男人叹了口气，互相焦虑地看了看彼此。斯达波斯先生从椅子上站起来去取火柴。派克赫斯特先生先生继续给他的手表上弦，沃特斯先生拿起火棍去拨弄着炉火。真是尴尬的一刻，因为正好是祝福好运的时节，没有人愿意说出威尔森先生究竟在想什么。

“这很令人好奇吧，”威尔森先生故意的说，“这真让人难过，有些人脑子就是这么笨。你们似乎没有抓住事实，你们任何一个好像从来没有想过，我叔叔和我侄子是相同的一个人吧。”

“什么！”所有的三个人都叫了起来。

“是的。大卫·乔治·林克莱特是我的叔叔，他也是我的侄子。自然的，我既是他的叔叔也是他的侄子。奇怪吧，是不是？我来解释一下这是怎么回事。”

威尔森先生把这个事情的情况说得很简单，三个人终于明白了在不允许近亲结婚的条件下这个关系是怎么来的。可能，亲爱的读者你自己能够想出来吧？

055 家庭聚会

难易程度：★★☆☆☆　完成时间：______

某个家庭聚会包含有这么几个人：1位祖父，1位祖母，2位父亲，2位母亲，4个孩子，3个孙子女，1个兄弟，2个姐妹，2个儿子，2个女儿，1个岳父，1个岳母，1个儿媳妇，好像总共是23个人，你可以看到。实际上只有7个人在场，你能说出这是怎么回事吗？

056 混乱的谱系

难易程度：★★★☆☆　完成时间：______

约瑟夫·布罗格斯：我听不懂，我亲爱的孩子。这都让我头晕了。

约翰·斯诺格斯：很简单，再听一遍。你碰巧是我爸爸的连襟，我兄弟的

岳父，也是我岳父的兄弟，那你说，我爸爸是——

但是布罗格斯先生拒绝再继续听了，亲爱的读者，你能够理清这个复杂的三角关系吗？

第三节 钟表谜题

看着这个钟表！

——《印度格尔支比家传故事集》

057 那时是几点

难易程度：★★★☆☆　完成时间：______

“嗨，拉克布兰，现在几点了？”有一天，一个熟人问我们的教授，答案显然很奇特。

“如果你把中午到现在的时间的1/4加上从现在到明天中午的时间的一半，你就会知道现在的准确时间了。”那么，那一天当教授说这句话的时候是几点钟？

058 关于时间的谜题

难易程度：★★★☆☆　完成时间：______

假如三点到距离现在50分钟前所经过的时间是现在到六点的时间的四倍，那么现在到六点这段时间有多少分钟？

059 沃普肖码头的疑案

难易程度：★★★★☆　完成时间：______

1887年1月12日的清晨，下泰晤士街道上，人群一阵骚动。原因是沃普肖码头的职员早早来上班的时候发现保险柜被撬了。有很大一笔金钱被拿走了，办公室里面场面混乱。值班的看守消失了，四处也找不到，但是了解他的人对他没有丝毫的怀疑，这次的盗窃绝不会是他干的。这个想法不久就得到的证实：当天晚些时候，老板们得到消息，这可怜的看守的尸体被水上警察捞了起来。一些被暴力造成的痕迹表明了这个事实：他受到了猛烈的攻击，然后被扔进了河里面。在看守的口袋里面找到了一只手表，这只表不走了，就像在这种情况下总会发生的那样，这应该是个确认抢劫发生的时间的很有价值的线索。但是有一个非常愚蠢的警察（在人类最聪明的群体中，我们总是会发现一两个愚蠢的家伙）把表的指针转了好几圈，据说是为了让这只表再走起来，实际上他是自己转着玩耍。当他因为这个严重的失误被狠狠教训之后，问他能不能想起来这只表刚刚被发现的时候上面指示的时间。他说他想不起来了，但是他想到当时时针和分针是重叠的，一根在另一根上面，而秒针刚刚走到49秒的地方。除了这些他什么也想不起来了。

那么当这个手表停下来的时候，准确的时间是多少呢？当然，这里我们假定这只手表走时非常准确。

060 一只令人困惑的表

难易程度：★★★★☆　完成时间：______

一个朋友拿出一只手表说：“我这只表走时不准确，我必须要时刻盯着它看。我注意到这手表的分针和时针每65分钟就会重叠一次。”那么，这只手表是快还是慢？每个小时快多少？慢多少？

061 俱乐部的钟表

难易程度：★★★☆☆　完成时间：______

“沉思者”俱乐部的钟表中有一个在一天晚上停摆了，停止时正如图示显示的样子，秒针正好在另外两个指针的中间。其中的一个会员向他的几个朋友提议，（如果钟表没有停止）他们应该告诉他下次秒针在分针和时针中间的确切时间是什么。你能说出下次这种情形的确切时间吗？

062 变化的钟表

难易程度：★★★★★　完成时间：______

上面的钟表的表盘显示刚刚不到4点42分。钟表的指针在8点23分时会再次指向同样的位置。实际上，指针还会再一次像上面那样变换位置的。在下午3点钟到午夜之间，钟表的指针会变换多少次位置？在所有的这些变换位置的时间对中，什么时候分针会距离9点最近？

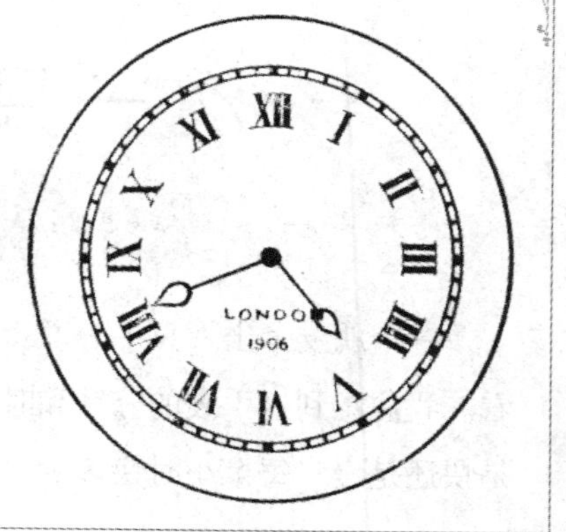

063 火车站的钟表

难易程度：★★★☆☆　　完成时间：______

有只钟表悬挂在火车站的墙壁上，墙有71英尺9英寸长，10英尺4英寸高。那是墙的尺寸，而不是钟表的尺寸。在等一列火车的时候，我们注意到钟表的两个指针正好指向相反的两个方向，并且指针和墙的一条对角线平行，准确的时间是多少？

064 村里面的傻子

难易程度：★★★☆☆　　完成时间：______

有个爱开玩笑的人在乡下长途漫步时，碰到一个乡下人坐在台阶上。当时因为他不知道路怎么走，他认为他应该问问当地的居民。但是看到那个乡下人的第一眼，他就匆忙得出了结论，他发现了一个乡下的傻瓜。他因此决定用他能想到的最简单的问题来测试一下这个家伙的智商。那就是：“今天是星期几，先生？”下面就是他得到的聪明的答案：

当后天成为昨天时，今天距离星期天的日子就像昨天成为明天时，今天距离星期天的时间。

读者能够说出今天星期几吗？很明显乡下人并不像他看的那样是个傻瓜。这位先生继续他的漫步，他很困惑但是更明智了。

065 三只钟表

难易程度：★★★☆☆　　完成时间：______

1898年4月1日，星期五，3只钟表都同时被设定在中午12点一起开始运行。在第二天的中午发现A表的时间很准确，钟表B正好走快了1分钟，钟表C正好慢了1分钟。现在，假设钟表B和钟表C都没有被重新调过，3只钟表都这样像起初一样继续运行，他们保持同样的速率一刻也不停止。在哪一天，哪一个时间3只钟表的时间再次指向同一个时间——12点钟？

066 停摆的钟表

难易程度：★★★★☆　完成时间：______

这儿有一只停摆的钟表，上面有3只指针。秒针，每分钟都会绕钟表一圈，是带有一个圆圈的指针，靠近中心。表盘显示了主人停止这只表的准确时间。你会注意到3只指针之间几乎距离一样。时针和分针指向的位置区域正好把表盘分出来1/3，但是秒针稍微有点向前。要求三个指针之间的距离精确一致是不可能的。现在，我们想知道下次什么时候三个指针会像上面显示的那样之间的距离准确一致？你能说出这个时间吗？

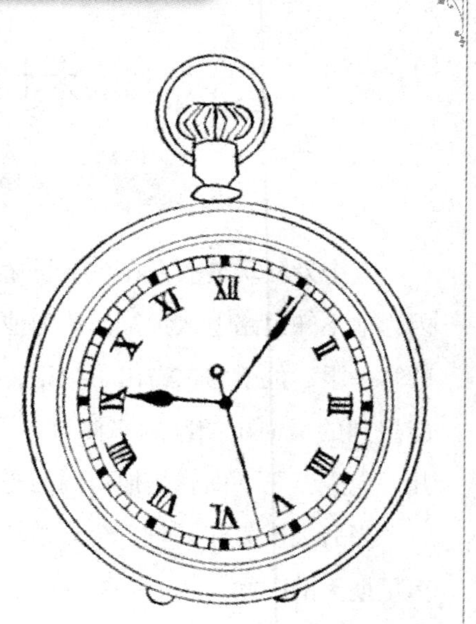

067 两列火车

难易程度：★★☆☆☆　完成时间：______

我把这个小问题抛给了一位火车站站长，他如此迅速地给出了正确答案，以致于我确信没必要再求教于在美国或其他地方的有才能的人士。

两列火车同时出发，一列从伦敦驶向利物浦，另一列从利物浦驶向伦敦。如果它们在交错后分别过了1小时和4小时到达目的地，那么，其中一列比另外一列快多少？

068 埃德温·都铎爵士

难易程度：★★★☆☆　　完成时间：______

在右边的素描中，我们看到的是埃德温·都铎爵士赶去拯救他的情人——美丽的伊丽莎白，她被邻国的一个邪恶男爵劫持为人质。埃德温爵士计算出如果他以每小时15英里的速度骑行，他会早1个小时到达城堡，而如果他以每小时10英里的速度骑行他会晚1个小时抵达城堡。现在对他来说最重要的是他能够在指定的时间准确到达，为了让拯救行动像他计划的那样成功。约定的时间是下午5点钟，正好是被抓的女士喝下午茶的时间。谜题是找出埃德温爵士要骑行多远去拯救他的情人。

第四节　移动和速度谜题

“最快的不一定能赢得比赛。”

——传道书

069 平均速度

难易程度：★★★☆☆　　完成时间：______

在最近的一次乘车旅程中，我们发现我们走的时候速度是每小时10英里，但是当我们从同一条路返程的时候，因为我们对道路状况更加了解了，所以速度是每小时15英里。我们的平均速度是多少？不要急于对这个简单的问题给出你的答案，否则我很确定你会给出错误答案。

070 三个村庄

难易程度：★★★☆☆　　完成时间：______

有一天，我开车从阿克雷菲尔德出发去巴特菲尔德，但由于差错，我选择了经过切斯百利的路。切斯百利距离阿克雷菲尔德比巴特菲尔德更近一些，位于我应该走的直达道路的左边12英里处。在到达巴特菲尔德之后，我发现我已经走了35英里。那么这几个村子之间的三个距离分别是什么？每个距离都是整数英里数。我需要指出的是，这三条路都是直路。

071 水上飞机的问题

难易程度：★★★★☆　　完成时间：______

海上的斯洛科姆的居民都因为一个飞行员的到来而兴奋不已。整个镇子万人空巷出去看了不起的水上飞机的飞行，当然道博森和他的家人也在那里。玛斯特·汤米穿着讲究，告诉他父亲说英格兰人比苏格兰人和爱尔兰人做飞行员做得更好，因为他们不是那么重。

“你是怎么研究出来的？”道博森先生问道。“嗯，你看啊，”汤米回答说，“事实是在爱尔兰有科克人，在苏格兰有埃尔人，但是在英格兰有莱特人（也有更轻的意思）。”不幸的是，关于这点必须跟道博森夫人好好解释一番，慢慢地就离题了。

水上飞机的飞行是从斯洛科姆到临近的水上城市普德勒威尔，距离有5英里远。但是因为有强风帮助，飞行员向那个顺风的地方飞行的时候只用了10分钟，然而飞行员返回在斯洛科姆的起点时却花了整整1个小时，因为有强逆风。那么，如果完全平静没有风的话，10英里会花他多长的时间？当然，水上飞机的引擎是前后始终工作如一的。

072 提取养老金

难易程度：★★★☆☆　完成时间：______

“说起奇怪的数字，”一个在政府办公室里就职的男士说道，“我认识的最奇怪的人之一是一个瘸腿的寡妇，她每周都爬山到乡村的邮局去取自己的养老金。她上山的时候的速度是每小时1.5英里，下山的时候速度是每小时4.5英里，因此她花了6个小时走完一个来回。你们谁能告诉我从山下到山上的距离是多少？

073 骑驴子

难易程度：★★★★☆　完成时间：______

在一次去海边旅行的时候，汤米和伊万洁琳坚持进行一场到达沙滩的那段距离的骑驴竞赛。道博森先生和他在沙滩上遇到的几个朋友作为裁判。但是因为驴子彼此认识熟悉，因此在整个竞赛中不愿意彼此分开，一场不分胜负的比赛是避免不了的。然而裁判们，因为站在那条路的不同的点上，而那条1英里的路被四等分的等距离分开了，所以他们记录下了如下结果：最初的3/4的距离是在6分钟45秒时间内跑完的，最初的半英里距离和后面的半英里花费的时间是一样的，第三段路竞赛所花的时间和最后一段路花的时间完全一样。从这些结果，道博森先生算出了两头驴子跑完1英里的全程花了多长时间，他觉得很好玩。你能给出这个答案吗？

074 一篮子土豆

难易程度：★★★★☆ 完成时间：______

有个男人有一篮子装着50个土豆。他向他儿子提议说，单纯为了消遣，他要把这些土豆放在地上摆成一条直线。第一个和第二个土豆之间的距离是1码，第二个和第三个土豆之间的距离是3码，第三个和第四个土豆之间的距离是5码，第四个和第五个土豆之间的距离是7码，以此类推。每两个连续放置的的土豆之间的距离都加上2码。然后那个男孩要把土豆都捡起来并一次捡一个放到篮子里面，篮子被放在第一个土豆的旁边。那个男孩要走多远才能把所有的土豆都捡起来？我们不会考虑爸爸排列土豆的那段距离，因为从他从篮子那里出发开始，把土豆都放到了地上。

075 旅客的票价

难易程度：★★★☆☆ 完成时间：______

刚刚看到的时候，你很难想象竟然因为一个小问题而引发争端，但是这确实让两个人花了些时间最后才达成一致。史密泽斯先生雇了一辆汽车把他从阿德福德载到柯林科威尔，然后返回来，价钱是3英镑。在从白金汉出发后中途的时候，他碰到了一个熟人——汤姆金思先生，并答应带他到柯林科威尔然后在返程的时候把他带回白金汉。那么他应该收这个乘客多少钱？这就是问题。汤姆金思先生合理的票价是多少？

第五节 数字谜题

“他们被称为九大权威。”

——Dryden 花与叶

076 一桶啤酒

难易程度：★★★★☆　完成时间：______

一个男子买了一批红酒，桶的数目并不是整数。其中一桶里面盛的是啤酒。正如图示所显示的样子，每个酒桶的上面都标示着桶内的加仑数。

他把几桶红酒卖给了一个人，然后又把同样数量的两倍的酒卖给了另外一个人，但是把啤酒留给了自己。谜题是指出哪个桶里面装着啤酒。你能指出来吗？当然，男子卖掉这些酒时正如他买这些酒一样，并没有把内容做任何改变。

077 数字与方格

难易程度：★★★☆☆　完成时间：______

1	9	2
3	8	4
5	7	6

如左图所示，我们要把9个数字排列在这个方格中，使第二行的数字正好是第一行的两倍，第三行的数字是第一行数字的三倍。总共有3种另外的方式排列这些数字，都能够得到同样的结果，你能找出来吗？

078 奇数和偶数

难易程度：★★★★☆　完成时间：______

奇数1，3，5，7和9相加是25，而偶数2，4，6，8相加起来总共是20。把这些数字重新排列起来，让奇数和偶数加起来一样大。复数和假分数或者循环小数都不允许。

079 柜橱谜题

难易程度：★★★★★　完成时间：______

有个男子在他的办公室中有3个柜橱，每个柜橱都有9个寄存柜，正如下图所示。他告诉他的接待员在柜橱A的每个寄存柜上放上一个个位数字，对橱柜B、C做同样的处理。

因为我们把数字0也当做一个个位数字，这里并没有被禁止使用0作为一个数字，他当然有权省略从0到9的10个数字任何一个数字。

因为雇主没有要求寄存柜按照数字顺序编号，当这个工作做完之后，他很惊讶地发现数字明显地被编号得乱七八糟。

当他要求他的接待员做出解释的时候，这个古怪的小伙子说，他突发奇想因此把数字按照这样的规则做出了排列，他做了个简单的加法，让上面两排的数字加起来等于最底下的那一排。

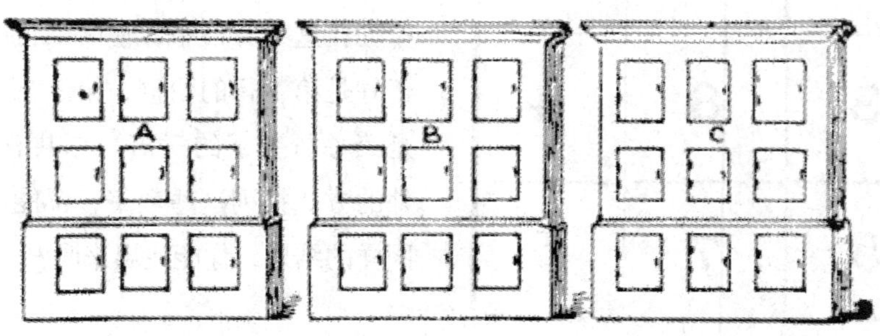

但是最令人惊讶的一点是：他排列的时候，在柜橱A的加法得出的数字之和最小，橱柜C的加法得出的数字之和最大，所有的3个橱柜的9个数字之和都不同。谜题是找出这种排列是如何做出的。不允许小数出现，数字0不能出现在百位的位数上。

080 三组数字

难易程度：★★★★☆　完成时间：______

这曾经出现在“Nouvelles Annales de Math é matiques”，下面的这个谜题是我的一个“坎特伯雷谜题”的修改版。把1到9九个数字分成3组，分别是2个、3个和4个3组，2个数字的一组乘以3个数字的一组等于4个数字的一组，比如12×483=5796。

现在，我要求把数字1个、4个、4个3组也包含在其中，比如4×1738=6952。你能找出如上两种形式的所有的可能的排列组合吗？

081 九个筹码

难易程度：★★★★☆　完成时间：______

我有9个筹码，每一个都有9个数字之一，从1到9。我把他们分成两组排列在桌子上，正如上图所示，这样把两组数字相乘后，发现两个数字一样大小。

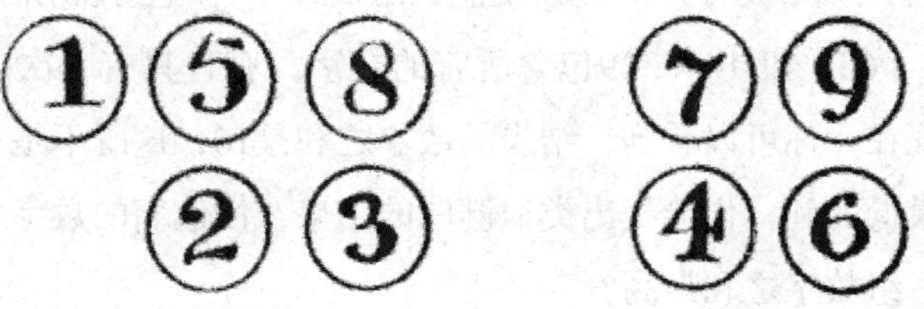

比如158乘以23结果是3634，而79乘以46的结果也是3634。现在我所提出的谜题是重新安排这些筹码，得出一个尽可能大的数字。

排列这些数字的最好方式是什么？记住，两组数字相乘的结果相同，在第一组中必须是3个筹码乘以2个筹码，在第二组中是2个筹码乘以2个筹码，就像上图展示的那样。

082 十个筹码

难易程度：★★★★★　完成时间：______

在这个谜题中，我们使用从0到9的10个数字。谜题是，如上例一样把10个筹码排列起来，使两组相乘的结果相同，这里乘数可以是一位或者多位数字，随你挑选，上面的那个谜题只是很简单的一个。

但这里的要求是找出两种排列方式，一对是结果最大的数字，另一对是结果最小的数字。当然，每个筹码必须都使用，0不能放在一排数字的最左边，因为那样是无效的。普通的分数和小数不允许使用。

083 数字乘法

难易程度：★★★★☆　完成时间：______

这里还有另一个有关9个数字的有趣的问题，不包括0在内。每个数字只用一次，仅有一次，我们可以形成两个乘法组，他们的结果都一样。这可以用很多方式达成。

比如，7×658 和 14×329包含所有的数字，有且只有一次。结果是一样的，4606。现在，你可以看到，结果的数字之和是16，这既不是可以得到的最高的也不是最低的和。你能找出类似谜题的结果，使他们的数字之和是最低的吗？并且哪一组数字之和最高？

084 小丑的谜题

难易程度：★★★★☆ 完成时间：______

上图中的小丑站立的姿势代表乘法的符号。他指示了一个特定的事实，15乘以93正好等于1395，同样的数字，不同的摆列顺序。谜题是选出四个完全不同的任意数字，用相似的方式排列这些数字，使他们小丑一边的数字乘以另一边的数字时能够得出同样的数字。仅仅有几个排列方式可以产生这样的结果，我可以给出所有可能的组合。你能把他们都找出来吗？你可以在小丑的身边放两个数字，正如图例所示的形式，或者在一边放一位数，另一边放三位数。如果我们仅仅用三位数而不是四位数，仅有的可能的排列方式是：3乘以51等于153。6乘以21等于126。

085 出租车号码

难易程度：★★★★★ 完成时间：______

有一天晚上，有个伦敦的警察，在可疑的情况下，看到两辆出租车向相反的方向驶离。这位警官特别仔细特别机警，他拿出记事本要记录出租车的号码。然而，他发现他没有带铅笔，幸运的是，他发现了一小块粉笔，他用粉笔在临近停泊点的门口处记录下了两辆车的号码。当他在巡逻中回到他站立的那个同样的地点时，再次看到了那几个号码，他注意到了这个特别之处。所有的9个数字（不包括0）都在其中，并且没有重复。但是如果他把两组数字相乘，他们再一次得到9个数字，而且有且只有一次。

当早上一个船坞码头的职员到达后，他注意到了那些粉笔字，并且认真地把它们都擦拭干净了。因为警官无法记住所有的数字，因此他们咨询了几个数学家，是否有某个特定的方法发现所有的数字对，包含警官注意到的特性。但是他们一无所知。然而，调查是非常有趣的，下面是众多问题中的一个：哪两组数字，包含所有的9个数字，在相乘时产生的另一组数字（可能是最大的一个数）包含所有的九个数字？这里不包括0这个数字。

086 奇怪的乘法

难易程度：★★★★☆　完成时间：______

如果我用51249876乘以3（也就是用所有的9个数字一次，且只有一次），那么我就得到了153749628（这个数字同样一次包括所有的9个数字）。同样的，如果我用16583742乘以9，结果就是149253678，在这几个例子中，9个数字都用到了。现在如果把6作为乘数，然后排列剩下的8个数字让他们通过相乘得到一个包含9个数字的结果，且只有一次。你知道这并不容易，不过还是可以做到的。

087 数字除法

难易程度：★★★★★　完成时间：______

另外一个很好的谜题是把9个数字排成两组（不包括0），让第一组被第二组除的时候得到一个不带余数的已知数。比如，13458除以6729得到结果2。亲爱的读者，你能找到类似的排列产生的结果分别是3, 4, 5, 6, 7, 8 和9吗？同样的情况下，你能找出每个例子中数字最小的的除数和被除数吗？比如14658除以7329得到2的例子，但是数字更大些。

088 签到卡的谜题

难易程度：★★★☆☆　完成时间：______

一群工人受雇在一幢大厦里工作，按照惯例提供给每个工人一张写有个人号码的牌子。这些号码在工人到达后就挂在一个木板上面，作为准时上班的到达记号。有一次，我注意到一个工头从号码板上取下几个号码放到了他装在口袋里面的一个扣环上。这个立刻让我有了一个出谜题的好主意。实际上，我这是在向读者透露出谜题的主意是怎么来的。你不可能真正的创造一个主意：事情发生了，然后你要保持注意，当机会出现的时候抓住它就好了。

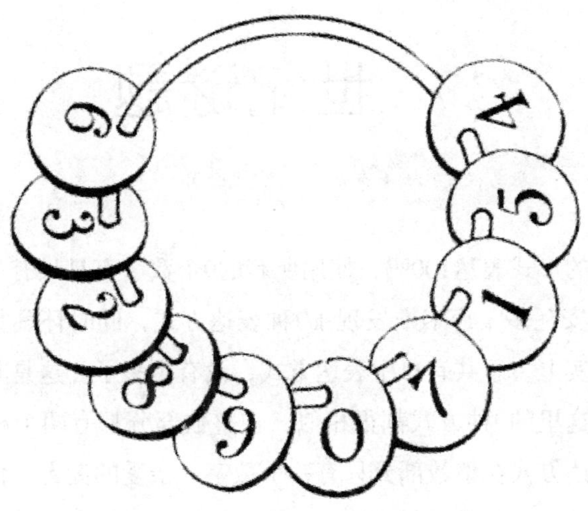

从上图可以看到，总共有10个数字牌在一个圆环上，包括0和1到9的数字。谜题是不把任何一个数牌拿下来，把这些数牌分成三组，让第一组乘以

第二组，结果正好是第三组。比如，我们可以把数牌这样分组：2 — 8 9 7 — 1 5 4 6 3，把6和3放到4后面，但是，不幸的是前两组相乘的结果并不等于第三组。你能正确地分开他们吗？当然，你可以把任意数量的数牌放到一组中。这个谜题需要你心思巧妙，除非你偶然走运猜出了问题的答案。

089 数字相加

难易程度：★★★☆☆　完成时间：______

如果我把987英镑5先令4又1/2便士这笔钱的总数中的数字写下来，并把数字累加起来，得到的结果是36。在这个加法的数字和结果中每个数字只用了一次。这是在条件允许下得到的最大可能的总额。现在找出可能最小的数，英镑、先令、便士和1/4便士几个面值的货币都包括在内。你不能选择多于9个数字，但是从头到尾不能有数字重复。在这里0不能使用。

090 世纪谜题

难易程度：★★★★★　完成时间：______

你能用分数的形式表达100吗，使用所有的9个数字有且只有一次？已故的著名法国数学家安瓦多·卢卡斯发现了7种表达方式，同时怀疑是否还有其他的表达方式。事实上，总共有11中表达方式，没有更多了。这是其中的一种，91又5742/638。这里的9种方式都很相似，在整数部分都有两个相似的数字。但是，第11种表达方式在整数部分只有一个数字。亲爱的读者，你能找出最后一种表达方式吗？

091 更多的带分数

难易程度：★★★★★　完成时间：______

当我第一次给出我最后一个谜题的答案时，我被要求用包括所有的9个数字的带分数轮流表达所有的数字直到100。这里有12个数字让读者来尝试：13, 14, 15, 16, 18, 20, 27, 36, 40, 69, 72, 94。在这个情况下，使用9个数字中的每个数有且只有一次。

092 数字的平方数

难易程度：★★★★☆　完成时间：______

这里有9个数字排列，形成了4个平方数：981324576。现在你能把它们重新排列形成一个平方数吗？要求是：（1）找一个可能的最小的数字；（2）找一个可能的最大的数字。

093 数字100

难易程度：★★★★★　完成时间：______

1 2 3 4 5 6 7 8 9 = 100

在上面的算式中，把9个数字中间加上算数符号，让他们的最后结果等于100。当然，你不能改变现在数字的排列顺序。你能给出一个正确的答案吗？（1）使用最少的运算符号；（2）使用最少的笔画和笔点。也就是说，尽量用最少的运算符号，这些符号应该格式最简单。比如加号和乘号相当于分别是两笔画，减法是一笔，除法符号是三笔等。

094 神秘的十一

难易程度：★★★★☆　　完成时间：______

你能找到包含10个数字（包括0）中任意9个的最大的，并且能被11整除而没有余数的数字吗？按照同样的规则，能被11整除的最小的数字又是哪个？这里有个例子，这个数字896743012中，不包括5。这个数字包括9个数字，同时可以被11整除，但是这个数字既不是最大的，也不是最小的。

095 四个七

难易程度：★★★☆☆　　完成时间：______

在图示中，莱克布莱恩教授正在演示他惯用的取乐学生的一个小谜题。他相信通过让学生不按正常的思维思考，便能更好的提高他们的注意力，从而得出原创性的独特的思维方式。

每个年轻的读者扫一眼就可以看出来这个例子是正确的。现在，他要求你做的是把4个7通过排列用运算符号得出100这个结果。如果他说了用4个9，你可能立刻就知道应该是999/9，但是4个7可需要一点思考了，你能发现这个 小秘密吗？

096 骰子的数字

难易程度：★★★★★　完成时间：______

我这里有一组4个骰子，并不是像平常那样用点来表示数字的，而是用阿拉伯数字，正如上图所示的样子。每个骰子当然是有从1到6的六个数字。当把他们放到一起的时候，他们会形成很多不同的数字。正如上图所示，他们表达的数字是1246。现在如果我把这些骰子所能代表的思维数字统统找出来（每个骰子上的数字不能相同，只能有一个），那么他们加起来的和是多少？你可以把6反过来代表9。我并没有要求或者期望读者把所有的数字列出一长长的单子，然后把他们加起来。生命不足以如此浪费精力。你能用其他的方式得到这个答案吗？

第六节　一些算数代数问题

"多种多样生活才有滋有味，多样化让生活更有滋味。"

——柯珀《任务》

097 桌子上的墨迹

难易程度：★★★★☆　　完成时间：______

有个男孩，刚刚从学校回家，希望把自己的聪明才智展现给他的父亲。他把一张大圆桌推到了一个房间的角落，正如图示显示的样子。桌子边缘靠着两边墙，然后他指着桌子边缘的一处墨迹对父亲说：“爸爸，我这里给你准备了一个小谜题。那处墨迹距离一边墙是8英寸，另一边墙是9英寸，不用测量，你能告诉我这张桌子的直径吗？”

偶然听到这个男孩告诉他的朋友说：“这个谜题可是把我老爸打败了。”但是，也有人听说，他的父亲告诉城镇里面的一个老相识，他在1分钟之内就把谜题解决了。我常常想孩子和父亲哪一个说的是真话呢？

098 谦虚有礼的学生

难易程度：★★★☆☆　　完成时间：______

有一所男女混合的专科学校，那里的一大特色就是对好的礼貌教养的谆谆教导。每天早上，他们有一个令人称奇的集合规矩。因为学校里面女生的人数是男生的两倍。在集合时，每个女孩要向其他女孩鞠躬一个，向每个男孩和老师也是鞠躬一个。每个男孩子也需要向其他男孩子鞠躬一个，也向其他每个女孩和老师鞠躬一个。每天早上在这所模范专科学校里面总共有900个鞠躬。现在，亲爱的读者，你能说出这所专科学校里面有多少个男孩子吗？如果你不谨慎，很可能会从你的计算中得到一个很好的教训。

099 三十三颗珍珠

难易程度：★★★☆☆　完成时间：______

在一个家庭聚会上，泰迪·尼科尔森说："我认识一个男子，他有总共33颗的一串珍珠。中间的珍珠最大最好，其他的珍珠也是千挑万选，正如图所示。从这串珍珠的一头到中间的最大的珍珠，每下一颗珍珠就比前一颗价值多100英镑，一直到最大的珍珠。从这串珍珠的另一头到最大的珍珠每一颗增值150英镑。整串珍珠的价值是6.5万英镑。那么最大的那颗珍珠的价值是多少？

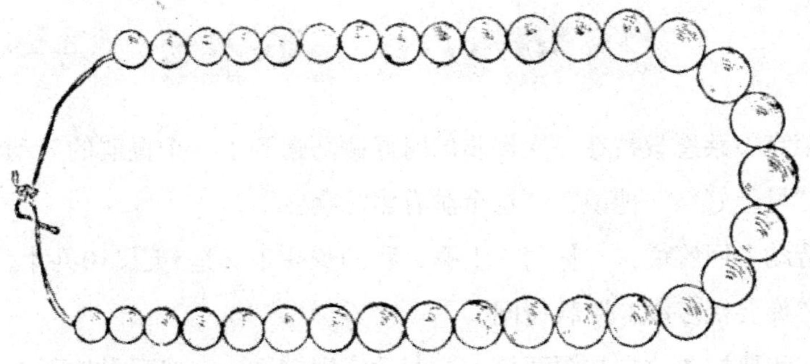

当时，珍贵宝石的价格已经被大家发现了，沃特叔叔说："珍珠和衣服上的其他饰品让我想起了亚当和夏娃。你们可能不知道，专家和权威人士对于亚当和夏娃吃掉的苹果的数目是有分歧的。有观点认为，夏娃吃掉了8个苹果，亚当吃掉了两个苹果，总共只有10个苹果。但是有些数学家算出来的结果不

太一样，他们认为夏娃吃掉了8个苹果，亚当也是，总共16个苹果。但是最新的调查者认为上面的数字是完全错误的，因为如果夏娃吃了8个，亚当吃了82个，总数应该是90个。

“嗯，”哈利说，“似乎对我来说，如果那个时代有巨人的话，夏娃吃掉81个，亚当吃掉82个是有可能的，总共是163个才对。”

“我一点都不满意，”莫德说，“似乎对我来说，如果夏娃吃掉了81个，亚当吃掉了812个，他们总共吃掉了893个才对。”

“我确信你们都错了，”威尔逊先生坚持说，“因为我考虑过了，夏娃为了亚当吃掉了814个，亚当为夏娃吃掉了8124个苹果，因此总数应该是8938。”

赫伯特插进来说：“看哪，如果夏娃吃了814个，亚当吃掉了81242个，总共的数目当然应该是82056个了。”

就这个问题，沃特叔叔建议可以到此为止了。他宣布这显然就是数学家们宣称的模糊问题。

100 体力劳动者的谜题

难易程度：★★★☆☆　完成时间：______

莱克布莱恩教授在一次漫步的时候碰巧遇到了一个掘洞的劳动者。

“早上好，”他说，“这个洞有多深啊？”

劳动者回答说：“你猜一下啊，我的身高正好是5英尺10英寸。”

“你要挖多深？”教授问。

“我要挖的比现在深两倍。”劳动者回答说，“然后在地下，我的头距离地面的距离就正好是在地面上我的头到地面的距离的两倍了。”

莱克布莱恩教授现在问，你是否能说出当这个洞挖到多深的时候就可以停止了呢？

101 干草堆

难易程度：★★★☆☆　完成时间：______

农场主汤普金斯有5个干草堆，他告诉工人霍奇在把干草堆交付给顾客之前一定要称重量。那个愚蠢的家伙用各种可能的方式依次称了两遍，通知他的主人重量分别是110，112，113，114，115，116，117，118，120和121磅。现在，农场主汤普金斯怎么才能从这些数据中找出5堆干草的每一堆是多重？读者可能开头的时候认为他应该知道哪一组数据是一对之类的，但是并没有必要，你能给出正确的重量吗？

102 油漆灯柱

难易程度：★★☆☆☆　完成时间：______

蒂姆·墨菲和帕特·多诺万受地方当局雇佣油漆某条街上的灯柱。蒂姆起得很早，第一个到达街道工作，当帕特出现的时候他已经把南边的三根柱子油漆好了。帕特指出蒂姆的合同是油漆北边的灯柱。

因此蒂姆重新开始油漆北面的灯柱，帕特继续在南面油漆。当帕特完成他那一边的工作后，他穿过街道替蒂姆油漆了6根灯柱，然后工作就完成了。因为街道两边的灯柱数目相同，一个简单的问题是哪个人油漆的灯柱更多一些，多多少？

103 雾中的歌本思先生

难易程度：★★☆☆☆　完成时间：______

歌本思先生，一位勤劳的商人，因为伦敦的大雾而备受困扰。电灯碰巧故障，他必须尽其所能的带着两根蜡烛。他的雇员告诉他尽管两根蜡烛长度相同，一根蜡烛能燃烧4个小时，而另一个能燃烧5个小时。在他工作了一段时间之后，雾气渐渐散去，于是他把蜡烛熄灭了。然后他注意到，剩余的那根蜡烛正好是熄灭的蜡烛的长度的4倍。

当那天晚上他到家的时候，因为平素喜好谜题，歌本思先生心里想，当然是有可能计算出这两根蜡烛今天燃烧了多长的时间，让我来试一下。但是不久他就发现他正处在一场更糟糕的大雾之中，你能帮他走出困境吗？两根蜡烛燃烧了多长时间？

104 抓贼

难易程度：★★★☆☆　完成时间：______

“现在，警官，”被告人的律师在反复盘问的时候说，“你说当你开始追赶犯人的时候，犯人在你前面正好27步？”

“是的，先生。”

“你发誓说他八步相当于你5步？”

“确实是。”

“那么我问你，警官，作为一个聪明人你来解释一下，如果情况是这样，你怎么抓住犯人的？”

“嗯，你看，我步子更大一些。事实上，我两步等于犯人的五步。如果你能算清楚，你就发现我所需要的步数正好能让我在那个地方抓住他。”

在这里陪审团的团长请求几分钟以计算出警官必须走的步数。你能说出警官需要走多少步才能抓住那个犯人吗？

105 地方行政区委员会选举

难易程度：★★★☆☆　完成时间：______

这里对新手来说有一个简单的问题。麻石的提特博雷的地方行政区委员会的上次选举中有23个候选人竞选9个席位。每个投票人可以选出所有候选人中的九个或者更少的数目。其中的一个选民想知道对他来说到底有多少种不同的投票方式。

106 马德镇的选举

难易程度：★★★☆☆　完成时间：______

在马德镇的上一次议会选举上，总共获得选票5473票。自由党当选，超过保守党18票，超多独立党146票，超过社会主义党575票。你能给出一个方法来计算每一个政党的候选人得到多少票吗？

107 妇女政权论者的会议

难易程度：★★☆☆☆　完成时间：______

在最近一次妇女政权论者的秘密集会上发生了严重的观点分歧。这导致了分裂，有相当多的成员离开了会议。“我自己也有一半的意愿离开这里，”女主席说，“如果我走了，那么我们的2/3的人就要退休了。”“确实是，”另一个成员说，“但是如果我说服我的朋友王尔德夫人和克里斯汀·阿姆斯特朗留下来，我们就只是损失了一半的成员。”你能说出来最开始的时候多少人出席了这个会议吗？

108 闰年的女士

难易程度：★★★☆☆　完成时间：______

最后的闰年女士在行使被求婚的特权上一点也没有浪费时间。如果我从一个神秘的来源得到的数据是正确的话，那么下面的数字就反映了这个国家的情形。

有一些妇女每个人被求婚了一次，这些人中有1/8是寡妇。同样的，有些男子结婚了，他们中1/10的人是鳏夫。在向鳏夫提议的求婚中有1/5遭到了拒绝，所有的寡妇都被接受了。35/44的寡妇嫁给了单身汉。1221位未婚女人被单身汉拒绝了。被单身汉接受的未婚女人的数量是被单身汉接受的寡妇的数量的7倍。这就是我得到的所有的详细情节。现在，有多少妇女订婚了？

109 伟大的争夺

难易程度：★★★☆☆　完成时间：______

晚饭后，家里的5个男孩碰巧发现了一包糖皮李子。这是出乎意料的战利品，紧接着一场激动人心的争夺开始了。我会准确地复述整个细节，因为这就是一个有趣的谜题。

你看，安德鲁成功地得到了这包糖李子的2/3。鲍勃立刻抓住了这些的3/8，查理也抓住了3/10。然后年轻的大卫冲上来，抓住了安德鲁剩下的所有的李子，除了1/7被埃德加机灵地用一个狡猾的手段得到了。

真正有趣的事情开始了，因为安德鲁和查理一起攻击鲍勃，鲍勃被门槛绊倒了，把抢到的一半李子丢了，这些丢掉的李子被大卫和埃德加平均分了。因为他们爬到一张桌子下面等着。

接下来，鲍勃从一张椅子上冲向查理，把查理的所有的李子打翻在地上。这些李子，安德鲁抢到了1/4，鲍勃抢到了1/3，大卫得到了2/7，而查理和埃德加把剩下的平均分配了。

就在他们以为混乱的争夺已经结束了的时候，大卫突然立刻向两个方向奋力一击，把鲍勃和安德鲁得到的李子的3/4都打掉了。他们两个人费劲九牛二虎之力终于抢回了5/8，平均分了。但是其他三人每人都拿走了同样的1/5。现在每个糖皮李子都有了归宿，他们休战了，并且把包里面的剩下的李子平均分配了。从一开始，糖皮李子的最少可能的数量是多少，每个男孩得到了多少份额？

110 修道院长的谜题

难易程度：★★★☆☆　完成时间：______

第一位英国的出谜题者，据我们所知，他的名字正是阿尔昆（公元735—804），一个约克郡人，是坎特伯雷的修道院主持。这里有一个从他的作品来的小谜题，这个谜题虽然很古老，至少是有趣的。“如果100蒲式耳的玉米分给100个人，分配方法是每个男人收到3蒲式耳，每个女人2蒲式耳，每个孩子半蒲式耳，那么有多少男人，女人和孩子在场？如果我们排除一种没有女人在场的情况，总共有六种不同的正确答案。但是，如果说女人的数量是男人的5倍，那么正确的解决方法是什么？

111 收割玉米

难易程度：★★★☆☆　完成时间：______

一个农民有一块正方形的玉米地。玉米都已经成熟等待收割，因为他缺少人手，他和他儿子就安排两人共同承当这份工作。农民首先围绕着这个正方形收割了一杆宽的玉米，然后留下了一个小一点的正方形玉米地在玉米田的中间。他对儿子说："我已经收割了我应该收的一半玉米，现在应该是你的一份了。"儿子对于分配的劳动任务并不很满意，正好村子里的学校校长经过，他就向校长请求帮助解决这件事。如果玉米地的大小没有异议的话，校长发现农民是正确的，他们对玉米地的大小并没有异议。你能说出这块玉米的的面积吗？正如那个聪明的校长算出来的一样。

112 令人困惑的遗产

难易程度：★★★☆☆　完成时间：______

有个男子留下了100英亩的土地分给他三个儿子，分别是阿尔弗雷德1/3，本杰明1/4和查尔斯1/5。但是查尔斯逝世了，怎么把这块地公平分给阿尔弗雷德和本杰明？

113 撕开的数字

难易程度：★★★★☆　完成时间：______

曾经有一天，我身上带着一个标签，上面用很大的字体写着数字3025。偶然地这个标签被撕成了两截，因此30在一片上面，25在另一片上面，正如图所示的样子。在看到这两片的时候我就开始做一个运算，几乎没有意识到我在做什么，这时我发现了这个小特点。如果我们把30和25加起来，然后做平方，

3025

得到的结果正好是原来标签上面的数字。因此，30加上25等于55，55乘以55等于3025。很有意思，不是吗？现在，谜题是找出另外一个由四个数字组成的数字，并且数字各不相同，可以在中间分割然后得出同样的结论。

114 令人好奇的数字

难易程度：★★★★☆　完成时间：______

数字48有这样一个特点，如果你把它加上1，正好等于一个数字的平方（49是7的平方）。如果你把它的一半加上1，你同样能得到一个数字的平方（25是5的平方）。在这里，对于有这个特性的数字并没有限制，一个有趣的谜题就是你能找出三个另外的数字——最小的可能的数字吗？他们分别是哪几个数字？

115 一个印刷工人的错误

难易程度：★★★☆☆　完成时间：______

在某一篇特定的文章里面，一个印刷工人必须排出$5^4 \times 2^3$，当然意思就是5的四次方（625）乘以2的三次方（8），结果就是5000。但是他打印成了5423，这当然是不对的。你能找出如上面所示的方式的四个数字并且让他们的结果相等吗？让打印工人能够准确地把这个排出来或者犯同样的错误。

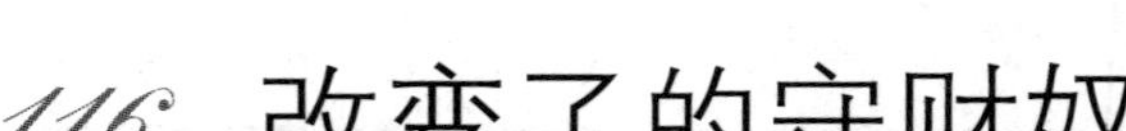

116 改变了的守财奴

难易程度：★★★★☆　　完成时间：______

杰斯帕·布里昂是一个守财奴，他对他那些不那么幸运的同胞已经变得有了责任意识。在一个充满变故的夜晚，他清点了他积聚的财富，决定分给应得的穷人们。

他发现如果他在一年中每天都给出同样数量的英镑，他能正好在一年内把全部的财富分出去，一点也不剩。

但是如果他在每个星期天休息的话，只是在工作日给出一定数量的英镑，那么在新年的前夕他能剩下1镑金币。现在，如果把钱数算到最少，那么他能够分发的确切的英镑数目是多少？

问题就是如此简单吗？一堆英镑用一定的天数来分发，没有剩余；如果用另外的天数来分发只是剩下一英镑金币，仅此而已。然而，如果你来处理这个小的问题，你肯定会惊讶这个问题是这样的令人迷惑。

117 一个栅栏的问题

难易程度：★★★★☆　　完成时间：______

谜题的现实有用性是我们容易忽略的一点。然而，事实是我经常收到大量个人的来信，他们认为掌握几个构造谜题的小原则对他们来说有着出乎意料的相当大的价值。确实，一个大家公认的很好的座右铭是谜题有很小的实用价值，只是好玩并且令人困惑，除非谜题包含了一些有益的、可能有用的特征。

然而，令人好奇的是这些习得的小知识是如何与日常生活的偶然性契合的，同样令人好奇的是我们有些读者把这些知识用于什么样的奇怪的和神秘的地方。

举例来说，这可以成为威廉姆·奥克斯雷的目标，他从衣阿华写信给我，希望知道他打算围起来的一块地的确切尺寸，如何能让包含的的英亩数跟使用的栅栏的栏杆数一样多。

两节栏杆能够扩展一根柱子（16.5英寸），也就是说，总共有14根栏杆在一根柱子上，他希望围起来一个完全是正方形的土地，这块土地包含的英亩数与需要的围栏的栏杆数量一致。每个栏杆架子或者栏杆的部分都是7个栏杆高，从线性长度来说。现在，田地的尺寸应该是多大？

118 环绕的方格

难易程度：★★★★☆　　完成时间：______

谜题是在10个方格的每一个中放上一个不同的数字，让任何两个相邻的数字的平方之和等于直径上正对着的两个方格的数字的平方之和。四个数字的排列正如图示。16的平方是256，2的平方是4。把这两个数字加起来，结果是260。同样的，14的平方是196，8的平方是64。这两个数字加起来也是260。现在，用同样精确的方式，B和C应该等于G和H（结果没必要是260），A和K对F和E，H和I对C和D，以此类推，圆圈上相邻的任何两个数字的平方。

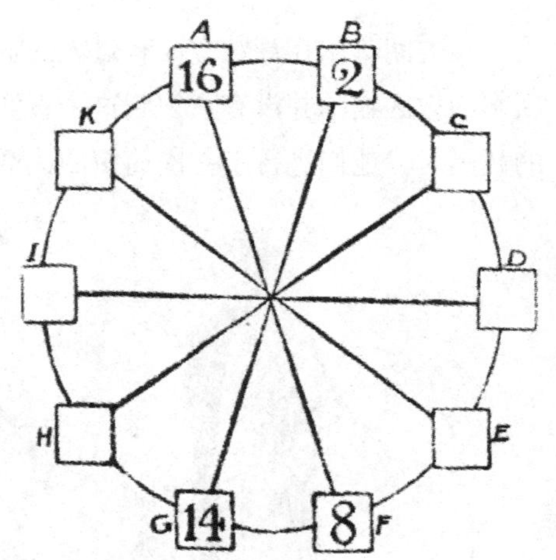

你要做的就是把剩下的六个数字填进去。不允许有小数，我需要说明的是任何一个数字都不超过两个数字。

119 莱克布莱恩的小损失

难易程度：★★☆☆☆　完成时间：______

莱克布莱恩教授正和他的老朋友珀斯夫妇一起度过一个夜晚。他们正在玩纸牌游戏，他并没有说是什么游戏。

游戏的第一局教授输了，这使得珀斯夫妇放在桌上的钱翻番。第二局游戏珀斯夫人输了，然后她丈夫和教授手里的钱翻番了。令人好奇的是，第三局游戏珀斯先生输了，结果他妻子和教授先生手里的钱翻了番。然后他们发现每个人手里的钱正好是一样，但是教授在游戏的过程中输了5先令。现在，教授问，他刚开始坐在桌边时，手里钱的总数是多少？你能告诉他吗？

120 农夫和羊

难易程度：★★★☆☆　完成时间：______

农夫朗莫尔在算数方面有过人的资质，在他的地区被称为“数学农夫”。新来的教区牧师并没有意识到这个事实，当某一天在田地里遇到这位值得尊敬的教民时，他们进行了一次简短的谈话，在谈话中他问他：“现在，你总共有

多少绵羊？” 接下来，他对朗莫尔的答案相当震惊，是这样说的，“你可以把我的羊分成两个不同的部分，这两个数字的不同和他们的平方的不同是相同的。教区长先生，可能，你自己可以计算出这个小的总数来吧？”

读者朋友，能说出农夫总共有多少绵羊吗？假如他拥有20只绵羊，他把他们分成两部分，12只和8只。现在他们的平方之间的差别，144和64，是80。这样结果就不能满足，因为4和80当然是不一样的。如果你能找出能够得出正确结果的数字，你就会知道农夫朗莫尔究竟有多少只绵羊了。

121 正面和反面

难易程度：★★★☆☆　完成时间：______

克鲁克斯是一个久赌成瘾的赌徒，最近在古德伍德对他的朋友说：“我用我口袋里的一半钱跟你打赌抛硬币，如果正面向上我赢，反面向上我输。”然后开始抛硬币，并且互相根据结果交换手里的钱币。他一次又一次地抛硬币，每次都赌上手里的钱的一半。我们并不知道游戏进行了多久，硬币抛了多少次，但是我们知道克鲁克斯输掉的次数正好等于他赢的次数。现在通过这次冒险性的赌博他到底是赚了还是赔了？

122 跷跷板谜题

难易程度：★★★☆☆　完成时间：______

的确，需要就是发明之母。有一天，在我看到一个想玩跷跷板的小朋友后，我被逗乐了。因为他找不到另外一个孩子跟他一起分享这个游戏，于是他被迫发明了一个方法，他把另一头的木板上绑上了几块砖头平衡他在另一边的体重。

事实上，因为这些砖头放在了比较短的木板那头，所以他使用了总共16块砖头。但是如果他把砖头放在较长的头上，他只需要11块砖头。

现在，男孩的体重是多少？如果一块砖头的重量等于3/4砖头加上1磅的3/4。

123 一个法律难题

难易程度：★★★☆☆ 完成时间：______

律师说："我的一个客户就要去世的时候，他的妻子正要为他生一个孩子。我草拟了他的遗嘱，遗嘱中说他要把他的财产的2/3给他的儿子（假如碰巧是个儿子的话），其余的1/3给他的妻子。但是，如果孩子是个女孩，那么2/3的财产将给他的妻子，1/3的财产给他的女儿。"事实上，他死后，他的妻子生了一对双胞胎—— 一个男孩和一个女孩。这就提出了一个很有意思的问题：怎样根据最接近逝者的遗嘱的方式来分割他的财产给这三个人？

124 一个定义的问题

难易程度：★★★☆☆ 完成时间：______

"我的财产正好是1英里的平方。"一个农场主对另外一个说。

"真是凑巧，我的是1平方英里。"他回答说。

"那么，没有差别了？"

最后陈述是正确的吗？

125 矿工的假日

难易程度：★★★☆☆ 完成时间：______

7名煤矿工人在罢工期间在海边度了一次假，其中6个人恰好每人花了半个沙弗林。但是，比尔·哈里斯更奢侈一些，比尔比所有人的平均数多花了3个先令。比尔实际上花了多少钱？

126 简单的乘法

难易程度：★★★☆☆　完成时间：______

如果我们数出6张数字卡片1，2，4，5，7和8，把他们在桌子上按照这样的顺序排列：

1 4 2 8 5 7

我们能够展示，在把这个数字乘以3以后，只要把开头的数字1移到这一排的末尾，就可以了。

数字是428571。你能找出一个数字，让它乘以3然后除以2，得到的结果正如我们上面演示的那样，把第一张数字卡片移到最后（这个例子里面的数字是3）。

127 简单的除法

难易程度：★★★☆☆　完成时间：______

有时候，一个简单的初级算术问题会需要大量复杂的思考。比如，我想把四个数: 701，1059，1417 和 2312除以一个最大的可能的数字，让他们的余数再每一个都相同，那么我需要怎样做？当然，通过大量的尝试，你能及时得出答案，但是如果你能找到的话，有一个更简单的方法来算这个问题。

128 一个平方的问题

难易程度：★★★☆☆　完成时间：______

我们这里有3个正方形的纸板。第一个正方形纸板的表面面积比第二个大5平方英寸，第二个纸板的面积比第三个大5平方英寸。你能给出各个纸板的确切的尺寸吗？如果你能解决这个小谜题，然后尝试一下找出3个等差序列的正方形，第一个序列差是7，第二个是13。

129 黑斯廷斯战役

难易程度：★★★★★　完成时间：______

所有的历史学家都知道发生在1066年10月14日——灾难性的一天——那场令人难以忘怀的战役。战役中存在诸多神秘的不确定的细节。我的谜题是有关一个修道院的编年史中有趣的一章，它也许从来没有引起应有的关注。虽然我不能担保文件的真实性，但是它依然提供给我们一个让所有对数学有偏好的人倍感兴趣的问题。这就是那章有问题的记载。

哈罗德人站在一起，正如他们习惯的那样，组成了61个方阵，每一个在那里的方阵都有相同数目的人。他们要让胆敢进入他们营地的强硬的诺尔曼人付出代价，因为只要撒克逊人的战斧一挥就会打断他们的长矛，砍进他们的衣服。当哈罗德本人也进入这个方阵的时候，撒克逊人组成了一个更强大的方阵，高喊着战斗口号：出去！ 神圣的十字架，万能的上帝！

我发现所有的当代权威专家都认为撒克逊人实际上真的用这种方式战斗过。比如，从活在战争时的亚门斯的主教，盖伊，写的一首诗中我们得知，“撒克逊人密集地站在一起”，浩廷顿的亨利记录的是“他们就像一座城堡，诺尔曼人无法穿过。”然而，罗伯特维斯一个世纪之后告诉我们同样的事情。因此，就这点来说，我新发现的编年史可能并不会有很大的错误。但是我有理由相信，实际的数字是有问题的，让读者来看看他们能得出什么来。

人数应该是61乘以一个数字的平方，但是当哈罗德本人也加入后，他们实际上组成了一个更大的方阵。那么当时那里有的最小可能的人数是多少？

为了向读者说明问题的简单性，我会用60和62举例来给出最小的可能的数字，这两个数字正好是一个在61前面，一个在后面。也就是60 × 42 + 1 = 312，62 × 82 + 1 = 632 。换句话说，60个方队，每队有16个人，总共是960人，当哈罗德加入后，总共的数目是961人。因此组成了一个每个边上有31人的方队。同样就给出的62这个例子的数字来说，是一样的。现在，发现的最小的答案是61。

130 雕刻家的问题

难易程度：★★★★★　完成时间：______

一个古代的雕刻家受命提供两尊雕像，每一尊都有一个立体的底座。我们关心的就是这些底座。他们大小不一，正如图示显示的那样，当交付的时间到了的时候，就合同是基于直线的尺寸还是立体的尺寸来计算发生了争执。

但是当他们测量了两个底座后，事情立刻就解决了。因为令人好奇的是，直线的英寸数目正好等于立方英寸的数目。

谜题就是找出拥有这个特征的两个底座的尺寸的最小的可能的数。

你可以发现，如果两个底座，举例来说，每个底座的边缘分别测量出3英寸和1英寸，那么直线的尺寸是4英寸，立体的尺寸是28英寸，结果不同，因此这种测量方法就不行了。

131 西班牙守财奴

难易程度：★★★☆☆　完成时间：______

在新卡斯提尔德一个小镇上，曾经居住着一位著名的守财奴，名字叫唐·马努尔·罗德里格斯。他对金钱的热爱，只有他对算术问题的强烈爱好可以匹敌。这些谜题通常都在某种程度上和他积累的财富有关，都是由他自己提出来的，由此他可能享受到亲自解决他们的快乐。不幸的是，很少几个谜题流传了下来，在穿越西班牙旅行的时候，我为一本将要写的著作《西班牙洋葱作为国家堕落的原因之一》收集素材，发现了几个谜题。其中的一个谜题跟出现在下面的真实的素描中的三个盒子有关。

每个盒子里面装着不同数目的达布隆金币。最上面的盒子里面的金币的数量和中间盒子里面金币的数量的不同正好等于中间盒子里和最下面的盒子里面金币数量的不同。如果任意两个盒子里面的金币的数量相加，他们会形成一个平方数。那么在这三个盒子中可能有的最小的金币的数量是多少？

132 九个宝盒

难易程度：★★★☆☆　完成时间：______

下面的这个谜题说明，能够给出一个所求数字的最小值和最大值是很重要的。这种事情经常出现。比如，我们尚不清楚国际象棋中的马走完所有的棋盘格可以有多少种不同的方式，但是我们知道，这个数字小于从168件东西中每次取出63件东西的排列组合数，大于数字31054144，因为后者只是用特定类型的方式所走的路线数。

或者，举一个更熟悉一点的例子。如果你问一个人他的口袋里面有多少硬币，他可能告诉你，他一无所知。但是如果继续深入的问，你可能从他那里得到这样的说法：是的，我肯定我有多于3枚硬币，同样确定硬币数目不会多到25枚。现在，我的谜题所知道的是有一个确定的数字，在2和12之间，这会帮助解题的人找出正确的答案；没有这个信息就会有无数的答案，从而就无法得出正确的数字。

这是从我的朋友唐・马努尔・罗德里格斯，新卡斯提尔德古怪的吝啬鬼，那里得到的另外一个谜题。在1879年新年的前夕，他展示给我了9个财宝盒，然后告诉我每个盒子里面的达布隆金币都是平方数，而且A和B的金币数目之差正好等于B和C、D和E、E和F、G和H、H和I之间的差，他要求我告诉他每个财宝盒子里面的金币的数目是多少。起初，我以为这是不可能的，因为可能有无穷无尽的不同的答案。但是考虑了一下后，我发现并不是这个情形。我发现虽然每个盒子里面都有金币，但是ABC三个盒子里面的金币的重量是按照字母顺序递增的，同样的情形适用于DEF，GHI。但是D或者E没必要一定比C重，同样的G或H也不一定比F重。同样很确定的是财宝盒A最多也不可能包含超过一打的金币，可能不是半打的数目，但是我肯定不会多于12枚金币。有了这些了解，这样我就能够得出正确的答案了。

总之，我们必须找出9个平方数，让ABC、DEF和GHI分别三组每组都是等差序列，每个组的公差是相同的，其中财宝盒A的数字小于12。那么在9个财宝盒中，每个盒子里面有多少枚金币？

133 石匠的谜题

难易程度：★★★★☆　　完成时间：______

有个石匠，有一次拥有了大量的立方体的石块，堆放在他的院子中，石块的尺寸全都一模一样。这个石匠有一些稀奇古怪的地方，其中的一个就是他把这些石块堆成了一个个立方体的石堆，而且任意两个石堆的石块数量都不一样。他自己发现了一个现象（这对于数学家来说是一个众所周知的事实）：如果他按照通常的顺序任意选择多个石堆，从只有一块石头的石堆开始，他总是能够把这些地上的石块形成一个完全平方数。对读者来说，这是显而易见的，因为一块石块的平方也是1，是个平方数，1+8=9是个平方数，1 + 8 + 27 = 36是个平方数，1 + 8 + 27 + 64 = 100是个平方数，以此类推。事实上，任何多个连续的立方体的和，只要从1开始，就会是一个平方数。

有一天，一个绅士来到了这个石匠的院子里，要求他如果能够从这些立方体的石堆中找出一些尺寸连续的石堆卖给他，并且其中所包括的所有石堆可以成为一个平方数的话，他愿意给出一个好价钱。条件是必须有3堆以上的石堆，并且他拒绝接受只有一块石头的石堆，因为那块石头上面有个瑕疵。那么，石匠最少要提供多少块石堆？

134 银行职员的谜题

难易程度：★★★★☆　　完成时间：______

一个银行职员有个喜欢冒险的客户，他总是对任何事情都想赌一把。这个职员希望客户改掉这个坏习惯，于是他提出跟客户打赌，说他不能把一个盒子里面的东西平均分成相同的堆数。这个盒子里面只有6便士的硬币，银行职员首先放入1枚或者多枚6便士的硬币（他愿意放多少就放多少），然后由顾客放入1枚或多枚硬币，但是顾客放入的6便士硬币总共价值不能超过1英镑，他们两人都不知道对方放了多少枚硬币。最后客户要按照银行职员的要求从柜台上放相应数目的6便士硬币到盒子里。谜题就是找出银行职员应该首先放入多少枚6便士硬币，他应该要求顾客从柜台放入多少枚硬币，才能有最大的赢的机会。

135 五个强盗

难易程度：★★★★☆　完成时间：______

5个西班牙强盗，阿尔方索、本尼托、卡洛斯、迪亚戈和伊斯特班，在一次抢劫后正在清点赃物。这时，他们发现他们总共抢到了正好200个达布隆金币。强盗中有个人指出，如果阿尔方索抢到了他所有的12倍，本尼托抢到了他的3倍，卡洛斯跟他抢的一样，迪亚戈抢到了他的一半，伊斯特班抢到了他的1/3，那么，他们仍然总共得到200个达布隆金币。那么每个人有多少个达布隆金币？这个问题有好多个同样正确的答案，这是其中的一个：

A	6	×	12	=	72
B	12	×	3	=	36
C	17	×	1	=	17
D	120	×	1/2	=	60
E	45	×	1/3	=	15
	200				200

这个谜题要求你找出总共有多少种不同的答案。这里需要知道的是每个人都抢到了一些钱，而且不会是分数数目，在任何情况下，都是达布隆金币。

这个谜题是由塔尔塔戈利亚提出来的（逝世于1559年），只是表达的方式不太一样，他自称找到了一个答案，但是一个著名的法国数学家拉波斯纳（M.A. Labosne）在最近的一篇文章中向读者保证说，读者会惊讶地发现这个问题有6639种不同的答案。是这样吗？到底有多少种答案？

136 苏丹王的军队

难易程度：★★★★★　完成时间：______

有一个苏丹王希望派一支军队去战场，这支军队可以用12种不同的方式排成两个标准的方阵投入战场。这支军队最少需要多少人才可以组建起来？为了让新手明白，我来解释一下。如果总共有130个人，他们组成两个方阵的方式只有两种：81和49，或者121和9。当然，每一种情形都要包括所有的人。

137 关于节俭的研究

难易程度：★★★★★　完成时间：______

有一些数被称作三角形数，因为如果按照这些数选取出筹码或者硬币，把他们放在桌子上，他们能够形成一个三角形。正如1就是一个平方数和立方数一样，它也是一个三角形数。把一个筹码放在桌子上，也就是说，第一个三角形数。现在把另外2个筹码放在它的下面，你会有一个3个筹码组成的三角形；因此3也是个三角形数。接下来把一排另外3个筹码放在下面，你就有了一个6个筹码组成的三角形，所以，6也是个三角形数。我们可以发现我们添加的每一排的筹码都比上面一排多了一个，从而组成了一个更大的三角形。

现在，任何数字和它的平方数的和的一半都是一个三角形数。比如说$2+2^2$的一半等于 3；$3+3^2$的一半等于6，$4+4^2$的一半等于10；$5+5^2$的一半等于

15，以此类推。因此，如果我们想在每一个边上用8个筹码来组成一个三角形，我们需要$8+8^2$的一半，也就是36个筹码。这是一个这些数字的小特征。在继续深入之前，我这里要说的是，如果读者看过“石匠的谜题”，那么他将会记起从1开始的任意多个连续的立方体之和总是一个平方数，这些数组成了一个序列12，32，62，102等。现在你能了解我说的解题的关键是这些数都是三角形数的平方。也就是1，3，6，10，15，21，28等的平方，任何一个数字的平方都可以形成一个三角形。

每一个整数，或者是一个三角形数，或者是2个三角形数之和，或者是3个三角形数之和。也就是说，如果我们选择任意的数字，我们总是能够用这些数字形成1个、2个或者3个三角形。数字1显然并且唯一的只能形成一个三角形。有些数字会仅仅形成能够2个三角形，比如2，4，11等。有些数字仅仅形成3个三角形，比如5，8，14等。然后有些数字能够形成1个或者2个三角形，比如6。也有一些数字既能形成一个三角形也能形成3个三角形，比如数字3和10。还有一些数字既能形成2个三角形也能形成3个三角形，比如数字7和9。而有些数字，比如21，就可以形成1个、2个或3个三角形。现在出一道三角形数的小谜题。

阿伯丁郡的桑迪·麦克阿利斯特奉行严格节约的家庭经济，并且急于把他的好妻子训练得跟他一样具有节俭的习惯。上一次新年前夜，他跟他妻子说，当她积攒的沙弗林多到能够铺在桌子上排成1个标准正方形，或者1个标准三角形，或者2个三角形，或3个三角形（按照他可能提出的要求排列）时，他就会在这些钱上面加上5英镑给她。不久他妻子就来找他，带着一个装有36英镑的沙弗林的袋子，讨要她的奖赏。读者会发现这36英镑钱可以形成1个正方形，边长为6，他们也可以形成1个三角形，边长为8，他们也可以形成2个三角形，一个边长为5一个为6，他们也可以形成3个三角形，边长分别是3，5和5。在这四种情形下，所有的36枚硬币都用上了，正如要求的那样，桑迪因此像所有守信用的人一样给了他妻子他承诺的礼物。

然后，这个苏格兰人答应把自己的承诺又延长5年，因此如果下一年他妻子手中攒的沙弗林能够用上面说明的四种不同的方式铺在桌子上，那么她可以收到第二件礼物。如果她在下一年也成功的做到了，她就收到第三件礼物。以此类推，直到她能赢得六件礼物。现在，亲爱的读者，在她赢得第六件礼物之前，她必须积攒多少个沙弗林？

你要做的就是找出5个数字，高于36的最小的可能的数字就可以了。这5个数字可以用四种方式来展示，形成1个正方形，1个三角形，2个三角形，3个三角形。5个数字中最大的那个就是你的答案了。

138 炮兵的难题

难易程度：★★★★☆　完成时间：______

“所有的炮弹都要堆成一个个正四棱锥。”这是刚刚颁布给团部的命令。当命令执行之后，又来了一道命令。所有的正四棱锥包含的炮弹的数目都必须是一个平方数。由此，麻烦来了，“这根本就做不到，”少校说。“比如，看看这堆炮弹在地面上总共有16个炮弹，然后上面是9个，然后是4个，然后有一个在顶上。总共是30颗炮弹。但是必须有另外的六颗炮弹或者减少5颗炮弹，然后才能形成一个平方数。”将军坚持说：“这必须做到，所有你要做的就是在你的正四棱锥里面放上正确数量的炮弹。”“我明白了，”一个中尉说，他是这个团的数学天才，“把炮弹都一颗一颗地放不就行了。”“胡说八道，”将军大喊说，“你不能用一个炮弹堆成一个正四棱锥。”真的能同时执行这两个命令吗？

139 荷兰人的妻子

难易程度：★★★★★　完成时间：______

我很好奇究竟有多少读者知道“荷兰人的妻子”这个谜题，在这个谜题中，你必须确定三个男士的妻子的名字，或者进一步，哪个妻子属于哪位先生。在大约30年前，这个谜题风靡一时，就像有些新潮的东西那样。但是我最近在《女士日记》（1739—1740）中发现了这个谜题，因此这个谜题在170年前对于亲爱的女性朋友来说就是颇为熟悉的了。今天，有多少我们的母亲、妻子、姐妹和女儿以及阿姨们能够解出这个谜题呢？让我们期望是一个比那时更大的比例吧。

三位荷兰人，分别叫亨德里克、埃拉斯和科尔纳留斯和他们的妻子格尔特琳、卡特琳和安娜在一起买猪。每个人买的猪的头数跟他们购买一头猪所付的先令数一样多。每位丈夫所付的钱数都比他们的妻子多3个几尼。亨德里克比卡特琳多买了23头猪，埃拉斯买的比格尔特琳多11头。现在，亲爱的读者，每个男士的妻子分别是什么名字？

140 找出艾达的姓氏

难易程度：★★★☆☆　完成时间：______

这道谜题与上面的谜题非常类似，读者可能喜欢把我解答上道谜题的说法运用到另外一个例子上。这道谜题最近投递给悉尼的一家晚报，他们主办的一个“智力磨练”的栏目，但是被拒绝了。他们说这个谜题有些小儿科，而且他们只刊登能够解出答案的谜题。5位女士由她们的女儿们陪着在同一家店里面买布料。10个人每个人买的布料的英尺数跟他们为每一英尺所花的法寻数一样多。并且，每位母亲比她的女儿多花了8先令5又1/4便士。鲁滨孙夫人比埃文斯夫人多花了6先令，而后者花的只是琼斯夫人的1/4。史密斯夫人花的最多。布朗夫人买的布料比贝西（其中的一个女孩）多21码。安妮比玛丽多买了16码，比艾米莉多花了3英镑加8便士。还有一位姑娘的教名是艾达，那么她的姓氏是什么？

141 周六的购物

难易程度：★★★☆☆　完成时间：______

这是一个有关购物的有趣的小例子，尽管这里面牵扯到很多钱，但是却是关于完全不同性质的问题。最近某个周六的晚上，4对夫妇去他们附近的市场买点东西。他们一定是很节俭的夫妇，因为他们总共只拥有40个先令的硬币。事实上，安花了1先令，玛丽花了2先令，简花了3先令，凯特花了4先令。男士们比他们的妻子更奢侈一些，因为奈德·史密斯花的跟他的妻子一样，汤姆·布朗花了他妻子的两倍多，比尔·琼斯花了他妻子的三倍多，杰克·罗宾逊花了他妻子的四倍多。在回家的路上，有人提议他们应该把他们省下的硬币平均分了。于是他们就均分了这些硬币。简单的谜题就是：每个女士的姓氏是什么？你能把这四对夫妻配出来吗？

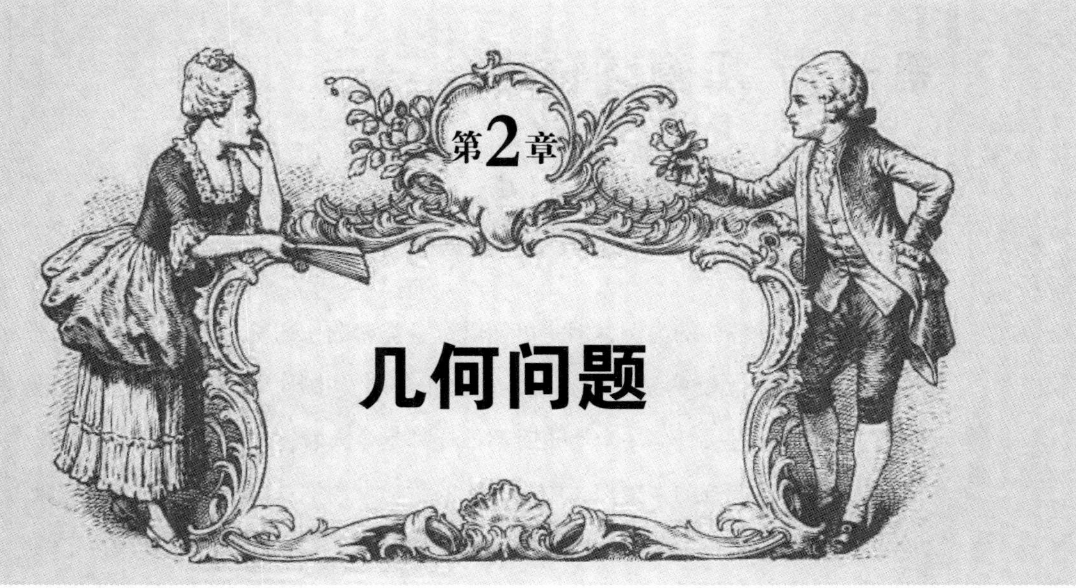

第2章 几何问题

上帝不停地研究几何学。

——柏拉图

奥古斯塔斯·德·摩根说："没有任何一门学问像几何学那样，一开始表现得很简单；也没有任何一门学问像几何学那样，我们越学下去难度增长地越快。"关于这一点，当读者开始思考下面的谜题时就会发现了，尽管他们并不是严格按照难度的顺序来排列的。

而这些从未知的时代起就令人们感兴趣、给人们以愉悦的事实，毫无疑问是因为他们在某种程度上吸引着人们的眼球的同时，也吸引着人们的思考。有时候一个代数公式或者定理似乎也让数学家的眼球获得快感，那仅仅只是智力上的快感。毫无疑问的是，在处理一些特定的几何问题时，特别是分割和叠加类的谜题，人类的审美能力同样让人愉悦。

※ 单位换算：

1英镑=20先令	1先令=12便士	1克朗=5先令	1几尼=1.05英镑=21先令
1弗罗林=2先令	1沙弗林=1英镑	1法寻=1/4便士	半克朗=2又1/2先令

第一节 切割谜题

把它带走，切割成小星星。

——《罗密欧和朱丽叶》第三幕

谜题有各种各样的类型，但是可能没有一类谜题比切割、裁剪和叠加谜题更古老了。确定无疑的是，早在公元前几千年时，中国人已经熟知这类谜题了。它们今天和过去任何一个历史时期一样都是令人着迷的。

对此进行过调查的人猜想，中国古代的哲学家们把这些谜题当作一种类似幼儿园的游戏用来传授几何学的原理。不管情况是不是真的如此，可以肯定的是，所有那些很好的切割谜题（至于拼图类的谜题只不过是些小儿科的东西，那只不过是把一幅画分割成碎片然后又拼起来而已，是不值得认真思考的），都是真正基于几何学的原理的。然而，这个说法并不会把新手吓走，因为这意味着比这更多的东西。尽管解决的方法可能经常是由那些聪明人付出耐心、技巧和常识的判断后给出的，几何学却会给我们“事情为什么是这样”的解释，如果我们对了解这一点感兴趣的话。如果我们要把一个平面图形切割成几块后调整，再拼成另一个图形，第一件事就是全力找出做到这一点的一种方法，然后是去发现如何用尽可能少的切割块来实现这一点。一道切割的谜题如果有块数的限制，通常是比较容易的。当1902年《每周快讯》上提出一种把一个等边三角形切割成4块再拼成一个正方形的方法（见《坎特伯雷的谜题》第26题）的时候，任何一位几何学家都不会在用5块做到所要求的事情上遇到困难，上面这项发现的全部特点就在于只用了4块就完成了这个工作。

对这些题目来说，纯粹的近似方法是没有价值的。解答必须从几何学上讲是准确的，否则它就根本不是解答。谬误会时而产生，我将有必要提到其中的一两个。它们之所以令人感兴趣，仅仅是因为它们是谬误。但是我要就两个小问题说一些话。这两个小问题即是“命悬一线”和“咸鱼翻身”问题。在裁剪谜题中总是发生，它们可以用一道谜题来予以充分说明。这道谜题经常在一些老书中看到，但所附的解答都千篇一律地错了。这道谜题是要求把图1所示的图形分割成3块，然后拼在一起形成一个“半正方形”。人们给出的答案千篇一律地如图1和图2所示。据宣称，那4块标着C的图形实际上只算一块，因为它们可以如此割下，使得它们处于“用一根线悬吊在一起”的状态。但是任何一位严肃的谜题爱好者都不会对此表示同意。如果这种切割可以做的让这4块

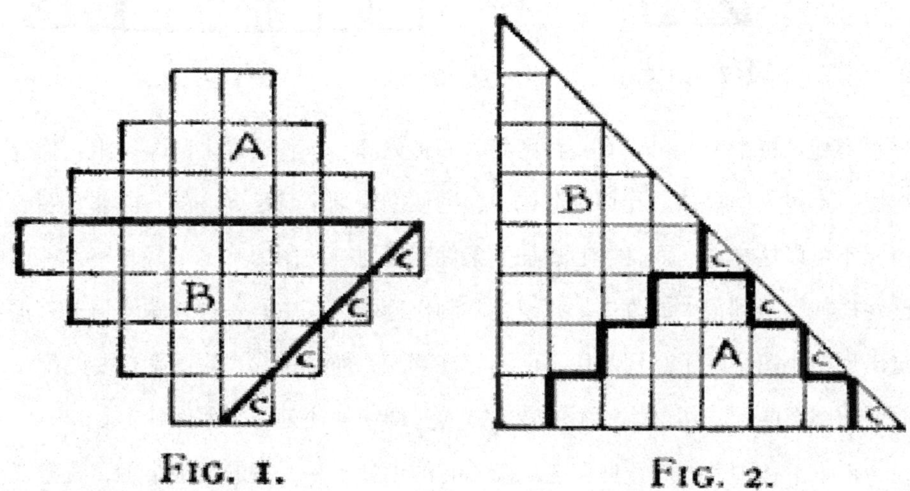

FIG. 1.　FIG. 2.

连成一块，那它不可能成为一个绝对准确的解答。另一方面，如果要让这个解答绝对准确，那么就应该算4块——或者说总共6块。因此，这不是一个仅用3块的解答。

然而，如果读者看一下图3和图4所示的解答，他就会明白，其中绝对找不出这样的错误。这里是3块，什么问题也没有。就这一点而言，这个解答令人十分满意。但是发生了另一个问题，经细察，你会发现图3中标着F的那块图形在图4中翻了个身——也就是说，必须把另一面展现出来。如果这道谜题只是在纸板或木板上做切割，那么对这种翻转可能不会有什么异议，但很可能这

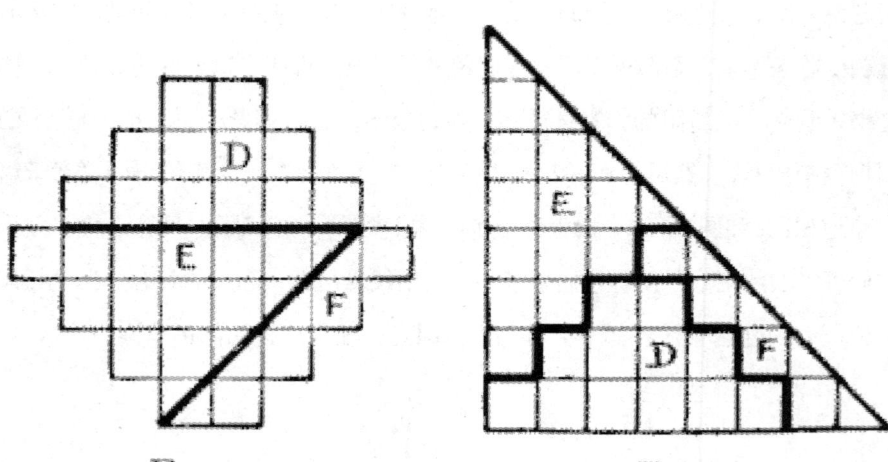

FIG. 3.　FIG. 4.

材料不允许被翻转。可能有一种图案、一种光泽、一种纹理上的差别阻止你这样做。不过人们公认，在切割谜题中，把切割块翻个身是允许的，除非它明确声明不可以这样做。而且，通过加上条件“任何一块图形都不可翻转”，一道谜题往往会得到很大的改进。我也经常制作谜题，其中有一种谜题图形上有重复出现的小图案，于是切割块不但不允许翻身，而且拼起来后图案也要匹配。而要使图案匹配，切割块就不能转换方向，即使他还是原来那面朝上。

再献上各种类型的裁剪谜题之前（有的十分容易，有的则很难），我建议先单独考察一类谜题——那些设计所谓希腊十字架与正方形的题目。这将展示一大类各种各样奇特的变换，而且，随着我们的不断向前，读者将得知有关解答，从而省去老是去翻阅本书另一部分的麻烦，什么事情都将在他的眼皮底下。希望通过这种方式，本文可以对新手起到某种启发性的作用，而对其他人起到引发兴趣的作用。

第二节 希腊十字架谜题

用十字架来磨蚀你的灵魂。

——斯宾赛

142 丝绸百衲被

难易程度：★★☆☆☆ 完成时间：______

威尔金森家族的女士们制作了一床简单的百衲被，作为一件圣诞的小礼物。这床百衲被是由同样尺寸大小的正方形布块组成的，如图所示。只要在四个角上补齐了，这床被子就可以大功告成了。有人向他们指出来，只要把中间的希腊十字架拆下来，然后按照黑边把针线切开，那么这4块同样尺寸和形状的布料就能拼成一个正方形。关于这一点，读者按图所示的解答就能知道是很容易做到的。但是乔治·威尔金森突然向她们提出了一个难题。他说，“不是像别人说的把整个十字架割下来再加4块布料拼成一个正方形，你能割下一个完整的正方形和4块布料，然后用他们组成一个标准的希腊十字架吗？”这个谜题，当然，现在是很容易了。

143 一个十字架变成两个

难易程度：★★★☆☆　完成时间：______

把一个希腊十字架分割成5块，然后组成两个这样的十字架，大小尺寸相同的两个。这个谜题的解答非常好。

144 十字架和三角形

难易程度：★★★☆☆　完成时间：______

把一个希腊十字架分割成6块，然后组成一个等边三角形。这是另一个难题，而在这里我需要说明的是，如果不是事先了解了我是怎样把一个等边三角形变成一个正方形的，解答这个问题几乎是不可能的。（参考《坎特伯雷谜题》第26题）

145 折叠的十字架

难易程度：★★★☆☆　完成时间：______

用纸分割出一个希腊十字架，然后把它折起来。接下来用剪子沿着直线只剪一下，让剪出的四块纸片能够组成一个正方形。

第三节 各种切割谜题

我们现在来思考一些选出的各种各样的切割谜题，它们的难度都不同。

146 一个简单的切割谜题

难易程度：★★☆☆☆ 完成时间：______

首先，把一张纸或纸板分割成如图所示的形状。立刻就可以发现，这个图形就是一个正方形附上了半个同样的正方形，这半个是斜着沿对角线分开的。谜题就是把这个图形切割成形状和大小都完全一样的4块。

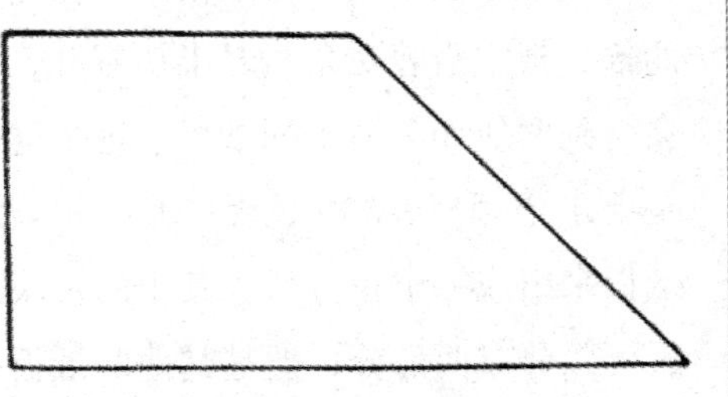

147 圆面包谜题

难易程度：★★★☆☆ 完成时间：______

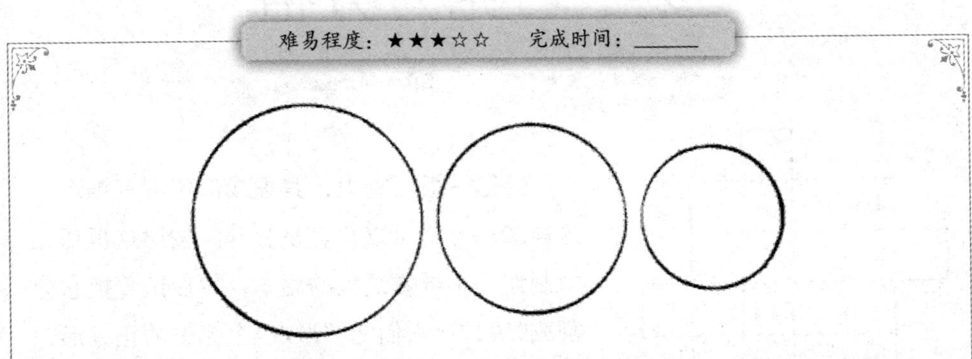

3个圆圈代表3个小圆面包，这个谜题很简单，只需要演示一下怎样把这3个小圆面包平均分给4个男孩。这些小圆面包可以认为是厚度均匀，并且彼此

厚度相同的。当然，要尽可能对它们进行最小的分割。简单地说，我要陈述的一个令人惊讶的事实是，只需要分5块就可以。从这里可以看出来，一个男孩的一份是2块，另外三个每人收到1块。我知道这个说法已经“出卖”了这个谜题，但是对于那些喜欢探究“为什么”的人来说，这并不会破坏他们的兴致。

148 一道容易的正方形谜题

难易程度：★★☆☆☆　完成时间：______

如果你拿一块矩形纸板，长为宽的两倍，把它沿着对角线对半切割开，就会得到两块如图所示的纸板。这个谜题是要求你用5块这种形状和大小相等的纸板来组成一个正方形。其中的一块纸板可以分成两部分，但是其他的纸板必须完好如初地使用。

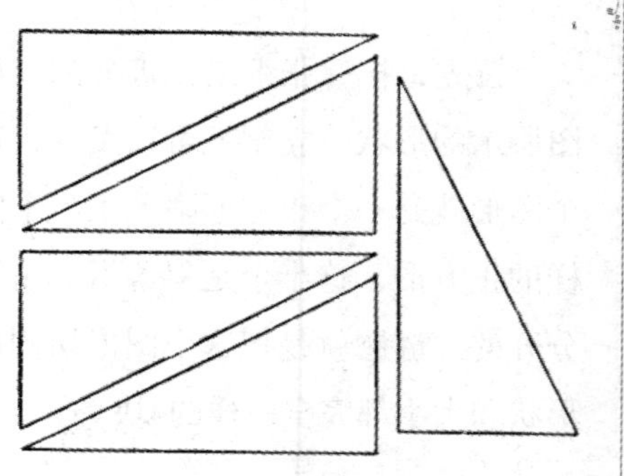

149 巧克力方格

难易程度：★★☆☆☆　完成时间：______

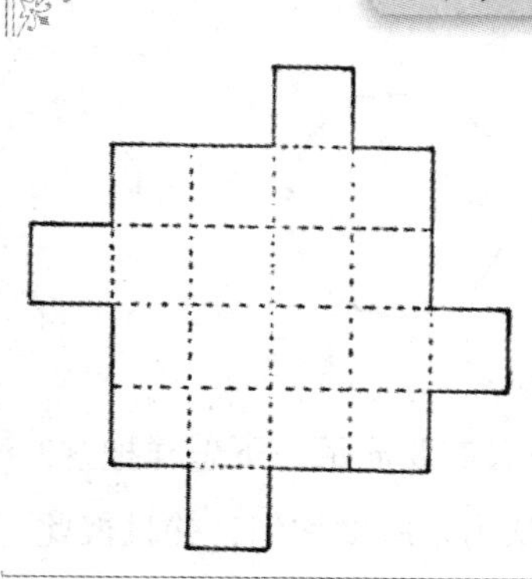

这是一板巧克力，其虚线部位刻有锯齿，这样20块方格可以很容易分开。按照这板巧克力制作一个纸或纸板的副本，然后试着把它分割成9块，让它们能够形成4个完整的正方形，全部都同样的尺寸。

150 切割一个主教法冠

难易程度：★★★☆☆　　完成时间：______

上图中让木匠费解的形状代表着一个主教的法冠。可以看到，那一部分正好是一个正方形除去了1/4。谜题就是把这个主教法冠分割成5部分然后组合起来，拼成一个完整的正方形。我来介绍一个尝试通过分割4块来解答这个谜题的方法，这个方法基于著名的“阶梯原理”，曾在美国发表，但这是一个错误的解答。

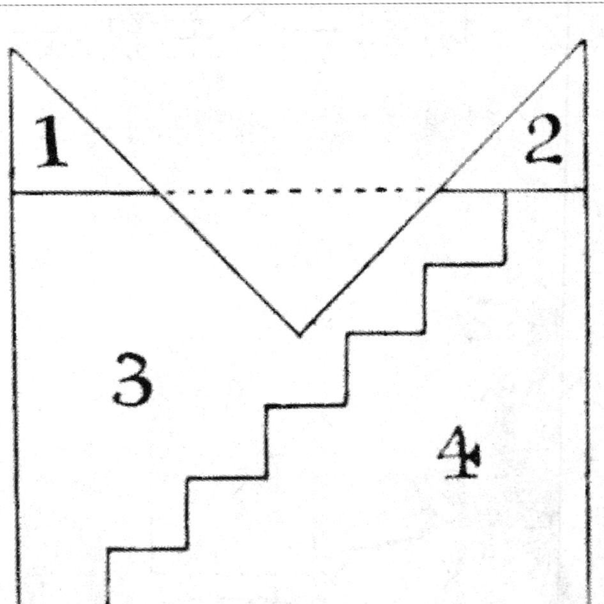

我们被告知，首先把第1块和第2块切割下来，把它们填充到虚线所标出的三角形空间里面，这样就形成了一个矩形。到这里，一切正常。现在，我们被指导要运用古老的阶梯原理，如上图所示，将切割下来的第4块往下移动一个台阶，这样就可以形成谜题中要求的正方形。然而不走运的是，这并不会组成一个正方形，只会产生长方形。

假定这个主教的法冠的3条边都是84英寸的长度，那么，在切割台阶之前，这里由3块拼起来的矩形的尺寸就是84×63。台阶的尺寸就必须是高10又1/2英寸，宽12英寸。因此，往下移动一个台阶之后，84英寸的边缩短了12英寸，而63英寸的边延长了10又1/2英寸。这样，最后我们的得到的矩形一定是72英寸×73又1/2英寸，这当然不可能是个正方形。事实是，阶梯原理只适合于某些具有特定的相对长度的矩形。比如，如果我们这个谜题中短的边长为61又5/7英寸（而不是63），那么这个阶梯原理就合适了。这是因为这些阶梯的高就是10又2/7英寸，宽就是12英寸。请注意61又5/7×84等于72的平方。到目前为止，只用4块解答这个谜题的方法还没有发现，而且我也不相信会有这样的解答方法。

151 木匠的问题

难易程度：★★★☆☆　　完成时间：______

我常常有机会谈到谜题的实际用途，这种实用性体现在当我们解答好玩的谜题时，学到的一些小技巧和“好想法”可以应用在现实的日常生活事务中。

图中的木匠想把手中的这块木料切割成尽可能少的模块，组成一个正方形的桌面，一点也不要浪费木料。他应该怎样做？你需要把木料分割成多少块？

152 另一个木匠的难题

难易程度：★★★★☆　　完成时间：______

一个木匠有两块不同形状的木料，相对的比例都显示在了图示中。他希望把它们尽可能少地切割成几块，然后组合在一起，不能浪费，组成一个完全的

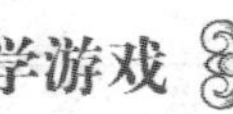

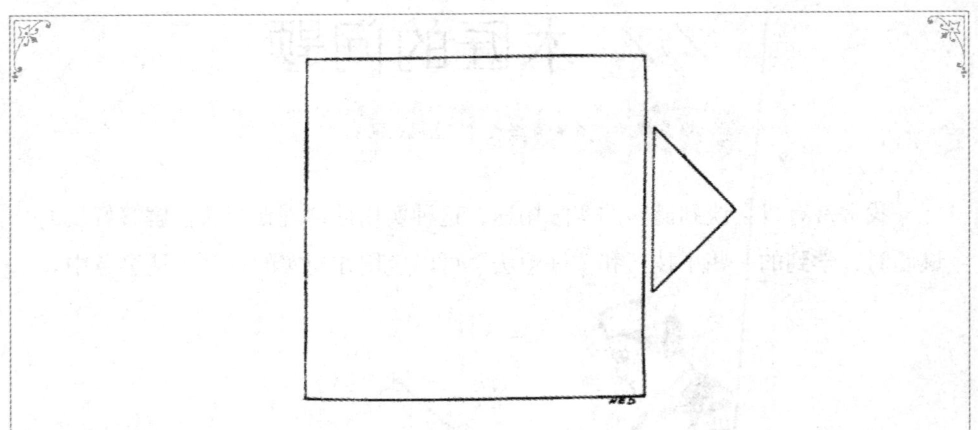

正方形桌面。他应该怎么做？没有必要去丈量具体的尺寸，因为较小的那块（它是正方形的一半）无论是大一些还是小一些都不会影响这个谜题的解答。

153 一道裁剪的谜题

难易程度：★★★★☆　完成时间：______

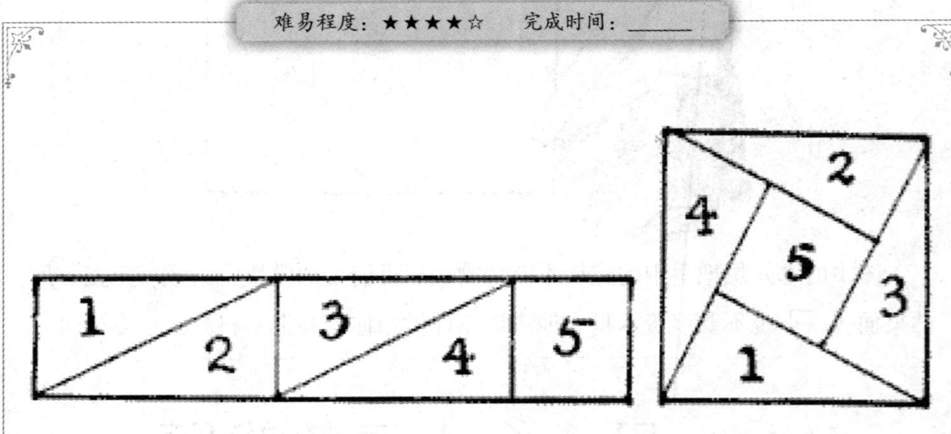

这里是一个有关裁剪的小难题。我取了一张纸条，纸条的大小是长5英寸宽1英寸。把纸条裁剪成5块，让他们组合在一起，组成一个正方形，正如上图所示。现在，一个很有趣的谜题是找出我们怎样把这张纸条只分割成4部分来组成一个正方形。

154 霍布森太太壁炉前的地毯

难易程度：★★★☆☆ 完成时间：______

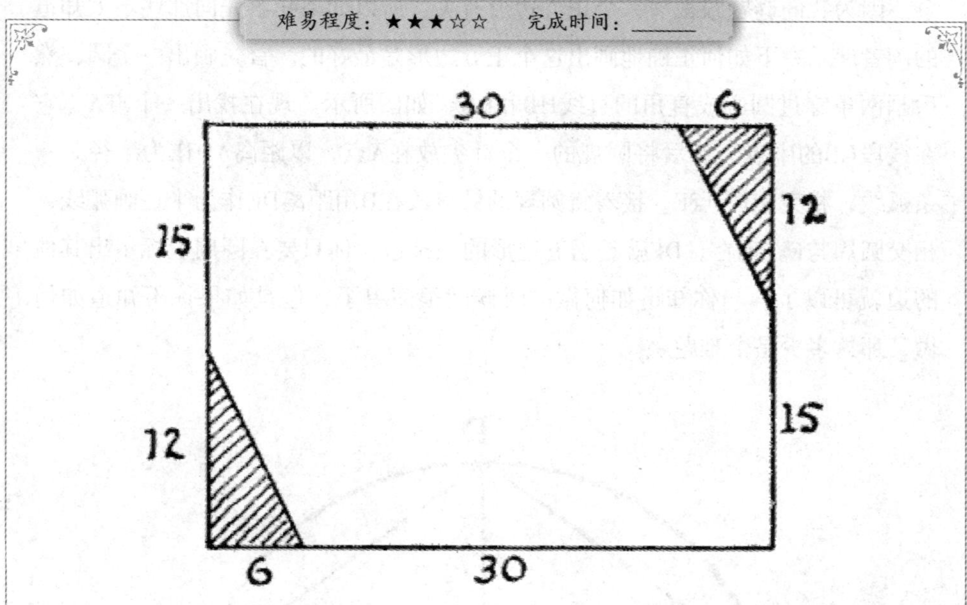

霍布森太太的儿子在玩火的时候出了事故，把一块漂亮的壁炉毯的两个角烧了。损坏的角被割去后，地毯现在的形状和比例正如图中所示。霍布森太太怎样裁剪尽量少的块数来把它们组合起来拼成一个完全的正方形地毯？可以看到地毯的尺寸比例是36×27（计量单位是英寸或者英尺都没关系），每块切下来的外边的尺寸是12和6。

155 五边形和正方形

难易程度：★★★★★ 完成时间：______

我想知道，在我的读者中有多少是很少关注几何学基本原理的人，当他们突然被要求画一个正五边形的时候能够把它画出来。画一个正六边形（或者六角形）是相当容易的，因为大家都知道，你只需要画一个圆，然后以半径作为一条边边长然后在圆周上标示出6个点就可以了。但是正五边形完全是另一回事。因为我的谜题跟裁剪一个正五边形有关，所以如果我事先向那些不太知道的读者展示一下如何正确地画出这个正五边形是最好的。首先画出一个圆，然后画两条穿过圆心成直角的直线HB和DG，如图所示。现在找出一个点A，它在线段CB的中点。然后将圆规的一个针尖放在A点，以距离AD作为半径画一条弧线，相交HB于点E。接着将圆规的针点放在D用距离DE作为半径画弧线，相交圆周与F。现在，DF就是正五边形的一条边，你只要在圆周上标示出其他的边就可以了。当你知道如何做的时候就很简单了，但是如果你不知道如何做，那这多少是个难题。

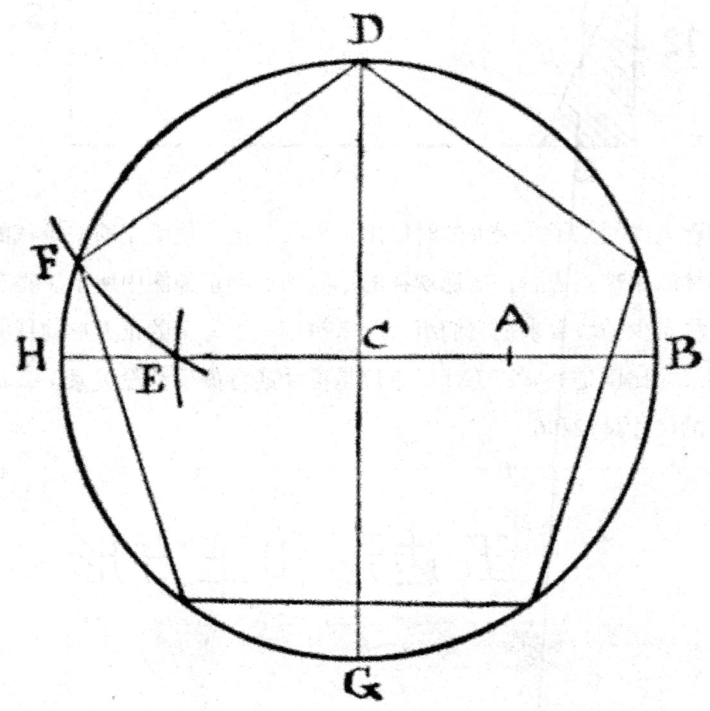

画出你的正五边形之后，谜题就是把这个图形尽可能少地分割成几块，让他们组合起来能够形成一个完全正方形。

156 被分割的三角形

难易程度：★★★★☆　完成时间：______

图中那位绅士给他的朋友们展示的是一个很好的谜题。他只不过是从一张纸上切割了一个等边三角形，也就是说，是一个三条边的长度都一样的三角形。他提出这可以分割成5块，分割后拼在一起可以组成2个或者3个小一点的等边三角形，每种情况下都把所有的材料用上。你能发现是怎么切割的吗？

记住当你把它分割成5块的时候，你必须能像期望的那样，把它们拼成或者像原先那样的一个三角形，或者是2个三角形，或者是3个三角形，所有的情况下都应该是等边三角形。

157 桌面和凳子

难易程度：★★★★★　完成时间：______

我经常在有些场合表明已经发表的解答众多古老的众所周知的谜题的方法或者是不正确的或者是有待提高的。我提议来思考一个古老的桌面和凳子的谜题，大多数读者可能在一些为孩子的娱乐而编写的图书中以某种形式看到过。

这个故事讲述的是一个既节俭又很聪明的校长，有一次想把一个没有用的圆形的桌面改成两个椭圆形的凳子，每一个都在中间有一个手孔。他指导木匠做出如图所示的切割，然后把8块木料用图示的方法拼起来。他对自己的天才般的表现非常满意，所以在几何课程上把这道谜题作为一个切割的小研究。但是这个故事的剩余部分从来就没有公布过，因为据说，专科学院的校长们从来就不承认他们可能犯错误。我是从一个当时的男孩的后人那里得到这个信息的，那个男孩很有可能对这个谜题感兴趣。

那个聪明的男孩谦虚地向校长提议，那几个手孔都太大了，一个小男孩可能会从中间掉下去。然后他提议了另一种切割方式，以弥补这个缺陷。由于他的鲁莽无礼，他得到了严厉的惩罚，因此他相信了凳子的手孔越大，坐起来就越舒服的说法。

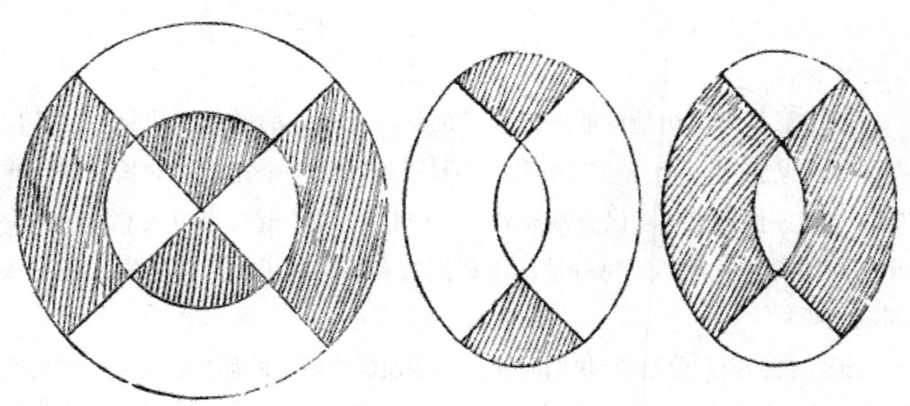

那么，这个男孩子提议的方法是什么？

你能不能演示一下一个圆形的桌面是如何分割成8块，然后组合起来成为两个椭圆形的凳子的？（每一个都是完全尺寸一样，形状一样），每一个凳子上面都有一个形状相同的手孔，而且尺寸比上面展示的要小。当然所有的木料都必须使用。

158 伟大的太极图

难易程度：★★★★★　完成时间：______

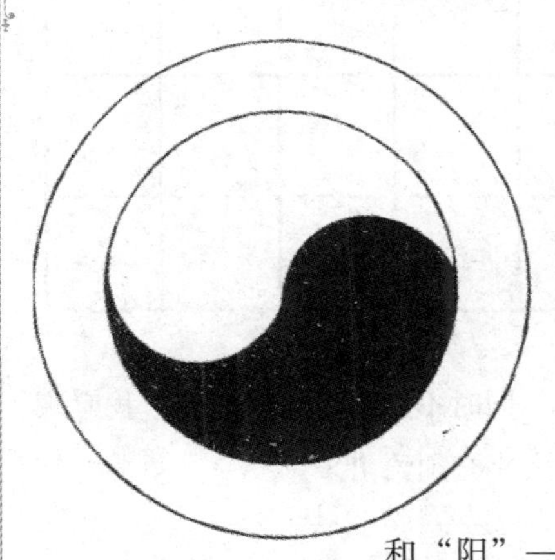

这是一个引人注意的非常古老的标志。它印在国旗上面和一些商船旗帜上，并被北太平洋铁路公司使用作为一种商业标识。但是可能没有几个人意识到，这就是伟大的太极图，正如图所示。这个标识对于中国人来说就像是十字架对于基督教徒一样，它是神明和永生的标志，而组成圆的分开的两部分叫做“阴”和“阳”——大自然的阴柔之力和阳刚之力。据说，三千多年前的一位研究这个问题的专家就太极图这样说：无极生太极，太极生两仪，两仪生四象，四象生伏羲的八卦。我希望读者不要要求我去解释这段话，因为我一点都不了解这句话是什么意思。然而我确信，多年以来，这个标识对于研究神秘事物的学生来说，具有神秘的、可能是数学方面的含义。

我将要用基本的形式来介绍太极。这里有三个关于这个伟大的标识的简单问题：

第一，哪一个的面积更大，是包含着阴和阳的内圈还是外面的外圈？

只需要切割一下，把阴和阳分成相同大小和形状的4块。

第二，切割只一下，把阴和阳分成尺寸和形状都相同的4块。

第三，把阴和阳分成大小相同，但是形状不同的四块，通过一次直线切割。

159 正方形的装饰面

难易程度：★★★★☆　完成时间：______

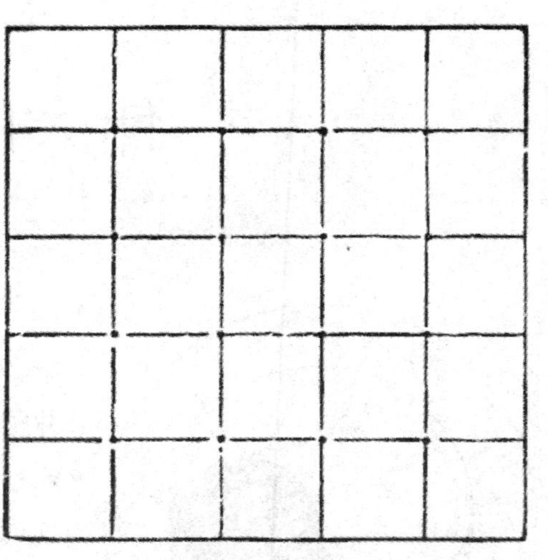

右面的这块代表着我有的一块木头，是边长5英寸的正方形。在上面画上了一些标示线后，它被分成了25个1平方英寸的小方格。我想找出一个方法，用尽可能少的切割块数，把木板切割成两个大小不一样但是尺寸已知的标准的正方形。但是很不走运的是在线段相交的16个结点处，不知道什么时候打上了16个钉子，而我的线锯碰上这些钉子就会损坏。因此我需要找到一个方法完成这个工作，同时不经过这16颗钉子。我应该怎么做呢？记住，两个正方形的确切的尺寸大小必须给出来。

160 两块马蹄铁

难易程度：★★★★☆　完成时间：______

为什么马蹄铁应该被认为是“幸运的”？这是没人能明白的事情之一。这是一个非常古老的迷信。约翰·奥布里（1626—1700）说：“伦敦西区的大多数房屋在门槛上都有块马蹄铁。在蒙默斯郡的街道，1813年有17块，到了1855年，还有7块。甚至纳尔逊爵士也在“胜利”号的舰船的桅杆上钉了一块”。今天，我们发现它更是有助于人们获得“好运气”，因为我们看到，在我们准备驾驭的马的蹄子上，都牢牢钉着马蹄铁。

不过，如同我时常有机会研究的万字符及其他符号标志那样，就马蹄铁被用来象征健康、繁荣和对人们的友好而言，我们完全可以带着一定的尊敬的兴趣来对待它。而且，难道不会有某些神秘的或者失传的数学秘密隐藏在马蹄铁的形状之中吗？我一直在对此进行着调查，而且我希望能唤起读者们对一个很了不起的事实的注意：像插图中所显示的马蹄铁，以一种令人震惊的、美丽的方式，与圆这个代表着永生的符号存在着某种关系。我用一种简单谜题的方式来提出这个事实，因此你可以看到，这种关系是多么巧妙地隐藏在长久的岁月里。就我所知，读者们在发现这个秘密的钥匙之后会非常高兴。

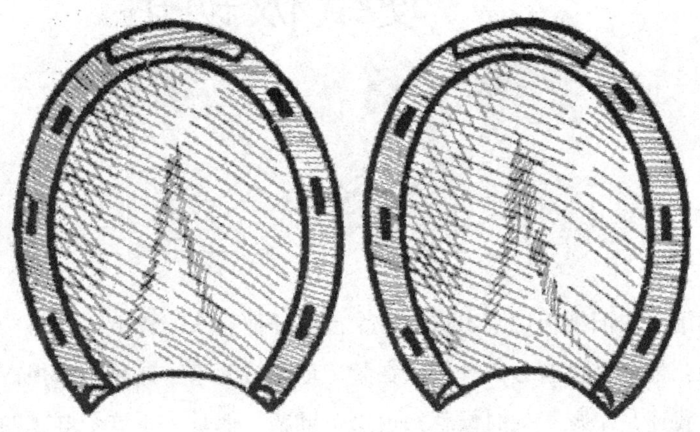

把这两个马蹄铁形状的图形小心的沿着外部轮廓切割出来，然后把它们分割成形状不同的4块，把它们组合在一起，拼成一个标准的圆形。每块马蹄铁形状的图形都要分割成两块，在轮廓线之内的马蹄铁图形内的所有部分都要用上，并把它们当作是这块的一部分。

161 贝琪·罗斯的谜题

难易程度：★★★☆☆　完成时间：______

有人写信给我，让我提供一个古老的谜题的解答方法。这个谜题来自一个叫做贝琪·罗斯的费城人，她把这个谜题曾经展示给乔治·华盛顿。她的要求是把一张纸折叠起来，只用一剪刀然后就剪出一个象征自由的五角星来。关于这个谜题的来源的故事是否是真的，我并不知道，但是我有一张照片，上面显示的据说就是那位女士在费城居住时的老房子，我相信这个房子仍然在那个地方。但是我的读者对这个小难题无疑是十分感兴趣的。

拿出一张圆形的纸片，把它折叠起来，用剪刀剪一次你就得到了一个完整的五角星。

162 硬纸板锁链

难易程度：★★★★☆　　完成时间：______

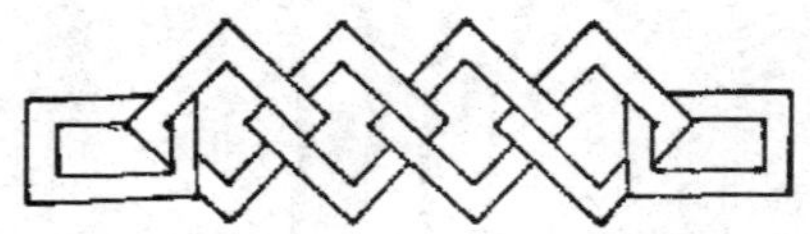

你能用一块旧纸板切割出这样一个没有任何接头的锁链吗？每一个链条都是完整的，他们都没有分割开然后在某个地方接起来。这是一道很古老有趣的谜题了，我还是个孩子的时候就知道这个谜题，但是关于这个谜题的发明者我并不知道。

163 纸盒子

难易程度：★★☆☆☆　　完成时间：______

尽管这严格说来并不是一个谜题，我觉得介绍一下还是很有趣的，这是一种制作纸盒子的天才的方法。

取出一张正方形形状的厚纸，通过连续的折叠作出所有的虚线指示的折痕，如图所示。然后把那8个小的阴影处的三角形块切割下来，沿着黑线把纸切开。第二个图显示的是半折起来的盒子，读者能毫不费力地得到完成后的效果。在全部折好以前，读者可以分割出图示的圆形部分，我现在来解释这样做的目的。

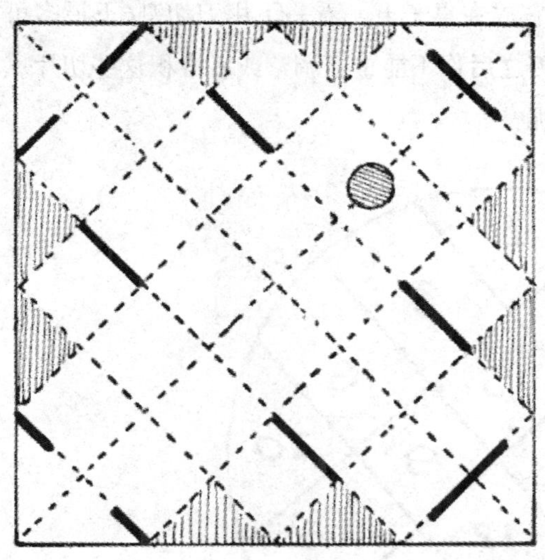

你很快就知道，这个盒子可以很好地用来产生漩涡环。这种漩涡环曾经在1858年由范·赫姆霍兹讨论过，是非常有趣的。这个带有孔的盒子（把圆形部分切下来）能够产生完美的漩涡环。轻轻地通过小孔把香烟产生的烟雾吹进盒子里，现在如果你水平地握着这个盒子，轻轻地拍打与孔相对的一边，大量的完美的漩涡环就能由香烟的烟雾显示出来了。

最好在房间里面没有气流。人们往往不知道，这些漩涡环在空气中形成是不需要烟雾的。烟雾只是让它们更容易看到。现在，其中的一个漩涡环，如果按照它的路线正确运行，会穿过房间然后把蜡烛的火焰扑灭，如果你不用烟雾成功做到这点，这个结果更令人震惊。当然，加上一点小练习，漩涡环也可以从口中吹出来，但是盒子产生的漩涡环表现得更为完美，不需要任何的技巧。凯文爵士提出过一个理论，认为物质可能是由液体中的漩涡环组成的，这种液体填满了整个空间。通过把这个假说进一步发展，它就可以解释化合作用了。

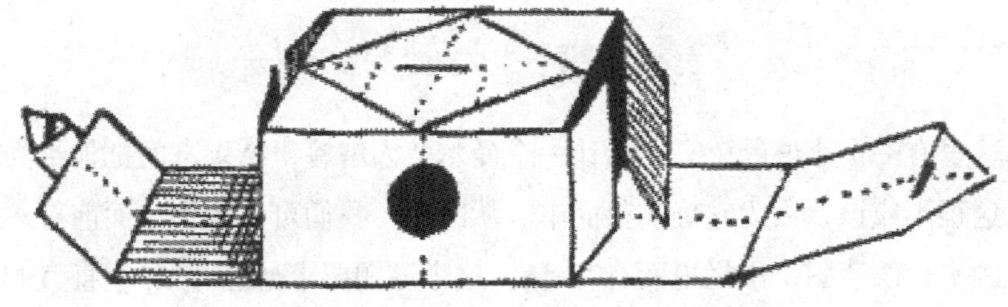

164 马铃薯谜题

难易程度：★★★★☆　完成时间：______

取一片圆形的马铃薯切片，把它放在桌子上，看一下用刀切割6下最多可以切出多少片来。当然，在切完一刀之后你不能重新调整或者堆积这些切片。那么你能得到的最多的切片是多少呢？

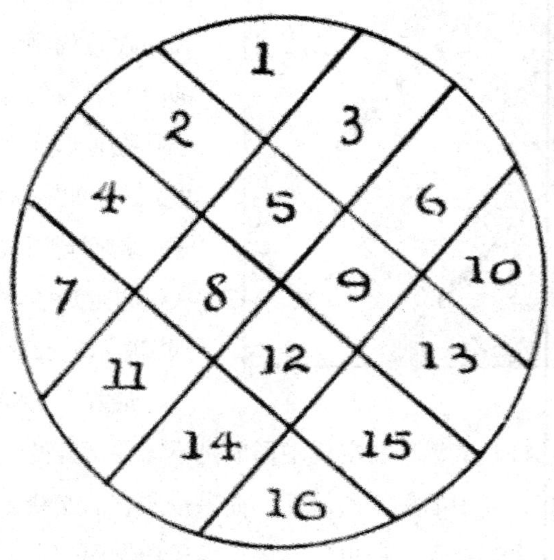

图中显示的是怎样做出16个切片，这一种方式，当然，很容易就可以超越。

165 七头猪

难易程度：★★★☆☆　完成时间：______

这里有一个小谜题，有一天让一个爱尔兰人解答，结果真的把他给为难坏了，这很不应该，因为它确实很简单。从图中，我们可以看到他面前有一张正方形的围栏的草图，围栏里面有7头猪。这个谜题要求他怎样用3个直直的栅栏

把围栏分成几块，让每头猪都在一个分割开来的猪圈里面。换句话说，你要做的就是拿起你的铅笔，然后用3条直线穿过围栏，然后把每一头猪分别圈起来。没有比这更简单的事情了。

这个爱尔兰人抱怨说在他安装栅栏的时候这群猪并不会呆在原地保持不动。他说它们会都聚集到一起，或者一头倔强的猪会跑到一个角落里面自己呆着。为了谜题的原因，需要指出的一点是所有的猪都是静止不动的。他回答说爱尔兰的猪可不是不动的，静止不动的那是猪肉。终于被说服了要做一下尝试，他画出了3条线，其中的一条穿过了一头猪。

当跟他解释说这样做是不允许的时候，他抗议说一头猪是没有用处的，直到你把它的喉咙割了，把它杀了才有用。“我的上帝呀，如果你想要的是培根肉而又不想把猪宰了，那么这就是（腌猪腿）胡说八道了。”我们不会说这个蹩脚的双关语是他故意说的，而让这个爱尔兰人感到不公正。然而，他还是没有解决这个谜题，你能做到吗？

166 地主的篱笆墙

难易程度：★★☆☆☆　完成时间：______

图示中的地主正在向他的管家咨询一个令人困惑的小问题。他其中的一块地有一张大平面图，地里面有11棵树。现在他想把这块地用树立直篱笆的方法分割成11个不同的区域，要让每个区域能够包含一棵树，好让他的牛群有地方遮荫避雨。他怎样才能用尽量少的篱笆来做到这一点？把你的铅笔拿出来在这个土地的平面图上画直线，直到你标出11个区域（不能多了），然后看一下你到底需要多少篱笆。当然，篱笆彼此之间可以相交。

167 巫师的猫

难易程度：★★☆☆☆ 完成时间：______

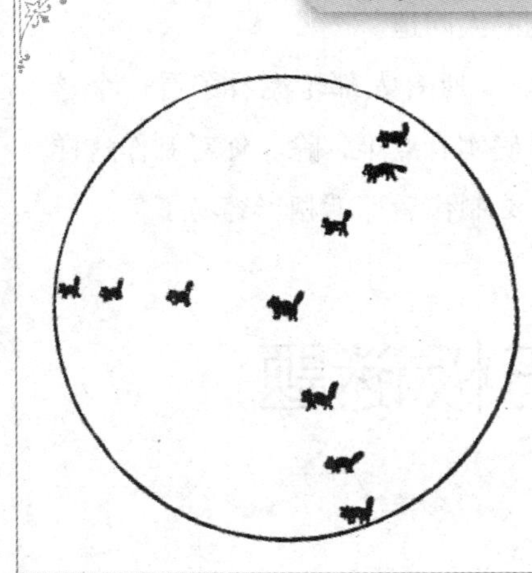

一个巫师把10只猫放在一个魔圈里面，如图所示，把它们都进行了催眠让它们能够按照他的意愿一动不动。然后他提出来要在这个大的魔圈里面再画出3个小的魔圈，让每只猫如果不穿过魔圈就不能接触到另一只猫。试着画出这3个魔圈，让每一只猫都有一个单独的区域，并且不越过线就不能接触到另外一只猫。

168 圣诞布丁

难易程度：★★★☆☆ 完成时间：______

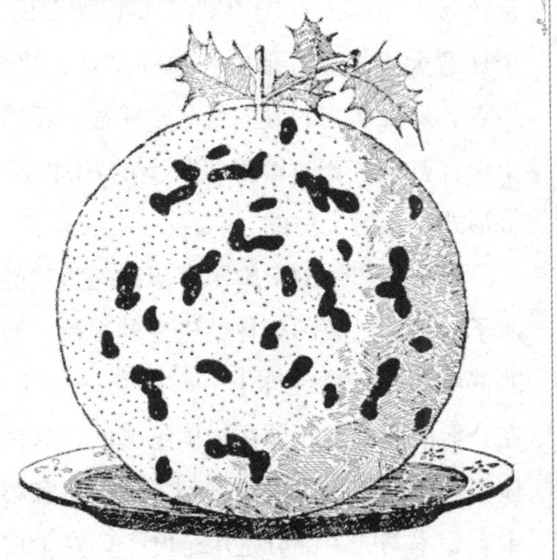

“说起圣诞布丁，”主人说着，扫了一眼放在桌子那头的精美食物，“我想起了一件事，一个朋友有一天给了我一个与它有关的新的谜题，就在这里。”他说着把手伸进自己胸前的口袋。

“问题：求出它是什么馅的。我猜。”伊顿公学的男孩说。

“不，那要吃过才知道。我来给你念一念题目的条件。”

“把这块布丁切成两半，每一半的大小和形状都相同，切的时候不能碰到任何的葡萄干。这块布丁应该被当作一块圆盘而不是一个圆球。”

“为什么你把一块圣诞布丁当作一个圆盘？为什么任何一个有理智的人会希望做这样一个精确的划分？”一位吹毛求疵的人问道。

“这仅仅是一个谜题——一个切割问题。”所有人都轮流看了看这个谜题，但是没有人能够成功地解出这个谜题。这确实有点难，除非你对制作这样的布丁的原理有所了解。但是，当你知道了怎么制作后那就相当容易了。

169 一个七巧板谜题

难易程度：★★☆☆☆　完成时间：______

几个世纪以来，许多非常古老的消遣活动，比如象棋，都经过了诸多的发展和变化，以至于他们最初的发明者可能都很难认出他们了。关于七巧板，情形并不是这样的，这个消遣活动至少有四千年的历史了。它显然并没有受到过冷落，而且也从来没有被修改过或者“提高过”，自从一个叫做Tan的具有传奇色彩的中国人首先切割出如图I所示的7块小板以来。如果你注意到点B是一个任意大小的正方形的一边的中点，比如图中的AC边，而点D是其邻边CE的中点，那么切割的方向就非常明显，不需要进一步解释了。这篇文章的任意一个设计都是基于这个黑纸板上的7块板而构建的。马上就可以知道，可能的组合形式是无穷无尽的。

已故的纽约的萨姆·罗伊德先生曾经出版过一本包括各种巧妙的设计的小册子。他有已故的柴林纳先生的手稿，后面这位先生曾经对七巧板进行过长久的仔细研究。这位绅士——据说——写道曾经有过7本关于七巧板的书，都是在公元前两千多年前在中国编纂的。这些书是这样的珍贵，所以即使在中国居住了40年的他，也仅仅看到了第一本和第七本的全本加上第二本的一部分。其中有一本书的一部分是用金叶子印在羊皮纸上的，是由一个英国的士兵在北京发现的，并把它卖了300英镑。

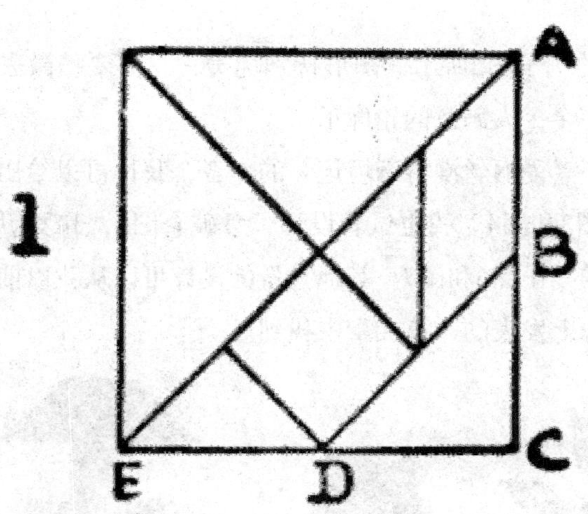

几年前我得到了一本小册子，是从已故的刘易斯·卡罗尔的私人图书馆得来的，书名叫《流行的中国谜题》，其中包含了323个七巧板的设计，大多数都是难以描述的几何学的图形，都是由七巧板构成的。这本书是由斯金纳大街42号的沃利斯父子和南德文郡的斯德茅斯的海洋图书馆的小约翰沃利斯联合出版的。书上没有出版日期，但是下面的题注说明大致锁定了出版的时间："这个奇妙的发明过去某段时间曾经是拿破仑皇帝最爱的消遣，他现在过着疲惫不堪的隐居生活，靠着这个游戏锻炼自己的耐心和智慧，以此来打发一天中的众多时间。就像这位伟大的被流放者一样，读者从构造别人的设计中也可以得到很多的乐趣，这并不是全没有教益的。读者会发现，这篇文章的插图有很多是很容易构造的，而另一些则相当困难。每一个图片都可以当作一个谜题。

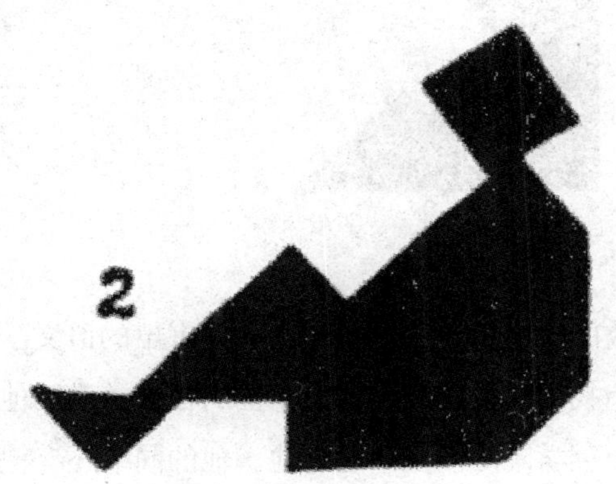

但是发明一种全新的原创的设计，比如一个人物的剪影就完全是一项娱乐了；而七巧板能够提供现实生活视角的图形，范围很广，而且各种各样，这确实是真的，并且充满了各种人物造型。我可以给出

一个躺着的造型的例子图2所示。图形特别优美，只需要稍微去掉头上的一些角度就可以得到一个令人满意的轮廓了。

既然我提到了《爱丽丝漫游奇境记》的作者，我也可以给出我设计的三月兔和帽匠的造型图3和图4。我也试着设计了拿破仑图5，和罗伊德先生的杰出的印第安人和他的妻子图6和图7。其他大量的设计可以从我以前在1908年11月份的《海滨》杂志上发表的一篇文章中找到。

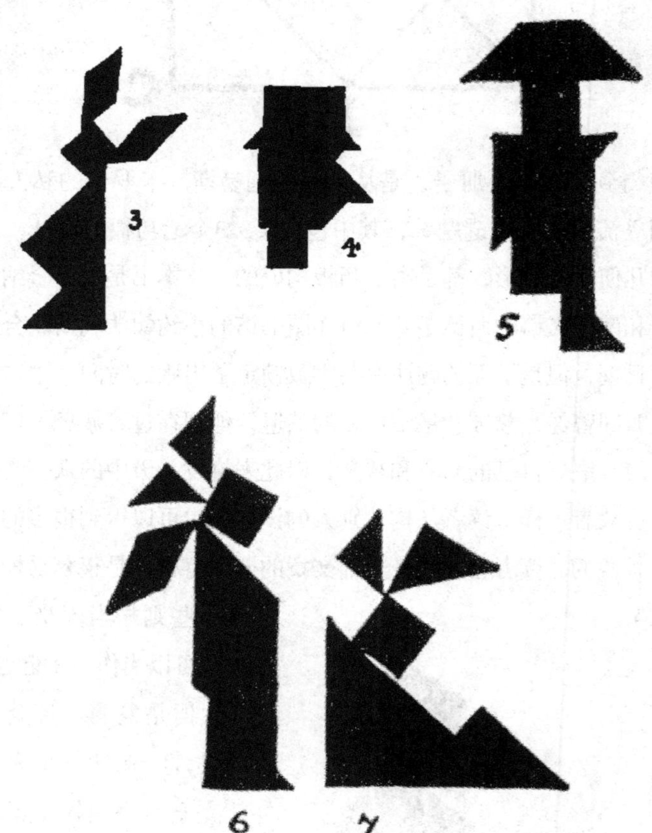

这篇杂志的文章刚刚面世，已故的詹姆斯·莫瑞爵士，一位杰出的语文学家就试着用他那惊人的勤奋工作开始找出“七巧板”这个单词的根源。最后他这样写道：我的一个儿子是天津的中英学院的教授。通过他、他的同事还有他的学生，我能够向中国学者打探那位Tan先生的情况。我们这里的中国教授朋友（指在剑桥的）对这件事情也很感兴趣，并且从伦敦的中国大使馆秘书那里获得信息，这位秘书是中国知识界的一位杰出代表。

结果就是，在中国的文学界、历史界或者传统上根本就没有一个叫Tan的人，或者叫Tan的神。对于大多数的知识渊博的人来说，这个名字或者断言这些称呼存在的说法从来就没有听说过。当然这个智力游戏是众所周知的。用中文说，这就叫做七巧图，字面意思，就是七幅巧妙的图片，或者七片奇妙的谜题图。在汉语中，没有什么单词接近于tangram或者tan，在汉语中唯一接近后面的就是“摊”，就是铺开的意思，或者唐，广东方言称呼中国就是唐。这提示给我们，也许是一个美国人或者英国人，懂一点汉语或者广东话，想给这个游戏取一个名字，可能把这个词同欧洲的单词结尾gram联系起来得出了现在的单词。我应该说，这个tangram的名字可能是由一个美国人在1864年前1847年后的某个时间发明出来的。因此我必须在我的字典中简单介绍这个词，告诉大家这个词适用于什么情况关于这个词的名称有过什么猜测和推断，给出几个引用的例句。一个来自你自己的文章里面，这让我对这个问题做了比我原来预料的多得多的工作。

好几封来信都告诉我说，他们拥有或者曾经有过那些中国古书的善本。一个美国的绅士这样写信给我：我曾经有一本丝绢质的中国图书，用黑色墨水印刷（在首页上面有中文的题词），包含着三百多个设计，属于我拥有的一盒七巧板的附属书。盒子里的七块板是由珍珠母制成的，磨擦得很明亮，两边都有精细的雕刻，这些都包含在一个2又1/8英寸见方的红木盒子里面。我有一位很了不起的

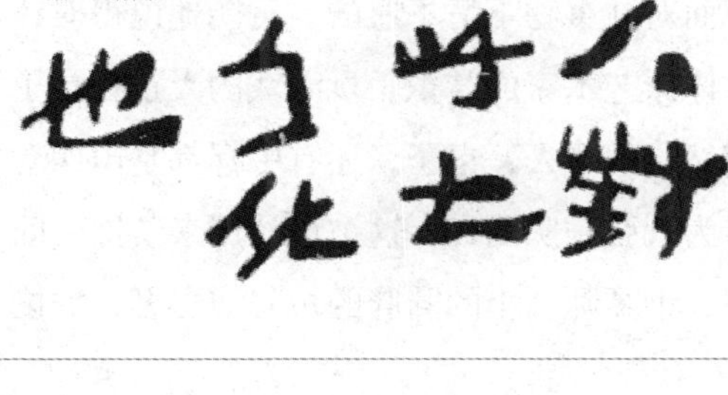

叔叔，他曾经是第一批访问中国的传教士，这个盒子和这本书加上其他的一系列的收藏品，都是他送给我的祖父然后传给我的。

我的这位读者来信很热心地提供给我了这幅七巧板的拓片，从拓片可以知道这些板切割的确切比例正如我前面提到的一样。由于这个原因，我把拓片的中文题词放在这里图8。这本书的拥有者告诉我他已经把这本书给了几个在美国的中国人看，并且提供1美元要求他们翻译。但是他们都坚决拒绝了读这些字，并且提出一个蹩脚的借口说这些字是日文。然而日本人都坚持说这是汉字。难道关于七巧板有什么神秘难解的问题，所以很难揭开它的面纱？可能这一页会在了解汉字的读者的眼睛里得出答案，他们会提供需要的翻译，这也许会也许不会把这个令人好奇的问题搞清楚。

同时使用几套七巧板我们可以创造出更多有雄心的图片。有个朋友建议我不要发送我的图片“一场桌球游戏”图9给科学院。他很确定地告诉我说这不会被接受，因为评审员都是囿于常规而对新事物不情不愿的。可能他说得对，这应该更能够得到后印象主义者和立体派艺术家的赏识。玩游戏的人正在桌子边上思考如何做出很微妙的一击。当然，两个人，桌子，还有中标都是由四套七巧板组成的。我第二张图片被命名为管弦乐队图10，这被设计用来装饰一间大大的音乐厅。这里我们有乐队指挥、钢琴师、小的胖胖的短号演奏者、左撇

子的双簧管演奏者，他的态度栩栩如生，尽管他站的位置距离他的乐器不太寻常。在钢琴后面的狗没有叫：它是一个有着欣赏眼光的听众。

关于这些七巧板拼图，一个显著的特点是：它们让人们想象出许多并不真正存在的东西。比如，看着贝林达女士（图11）和荷兰女孩（图12）几分钟，就会很快就察觉到其中一个调皮的表情，另一个傲慢的神态。接下来再看看那只鹳（图13），看看它是怎样让你认为那条腿是比其他任何部分都修长的。这实际是一种视觉上的错觉。再一次，请注意那条游艇，通过在顶部留出一个小角点，一个完整的桅杆就呼之欲出了。 如果你把七巧板放在白纸上，让他们彼此都不接触，在有些情况下拼图效果会因为白色的底边条而得到加强；但在其他情况下，这种效果几乎没有。

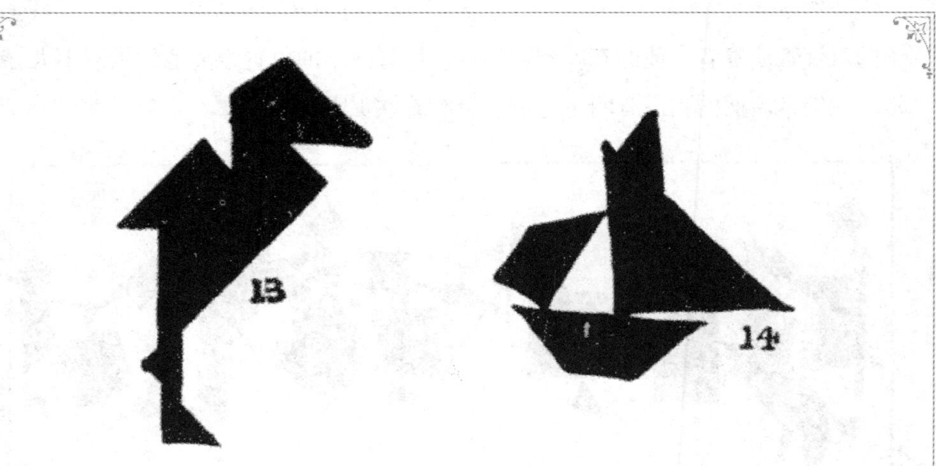

最后，我从玩七巧板的人们偶然得到的众多有趣的形态中举出一个例子。我下面展示的是两个庄严的人（图15和图16），他们表现得完全一样，除了一个事实，一个有脚，另一个没有脚。现在，这两个造型都是由同样的七巧板做出来的。那么第二个人的脚是从哪里来的?

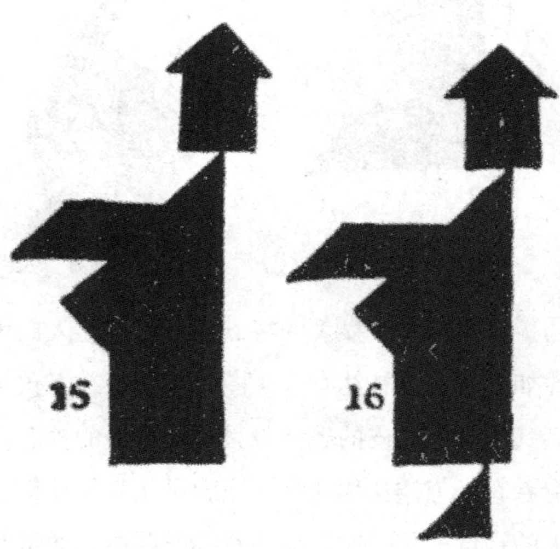

第四节 补丁谜题

东拼西凑，破破烂烂。

——哈姆雷特 第三幕第四场

170 垫子面

难易程度：★★☆☆☆ 完成时间：______

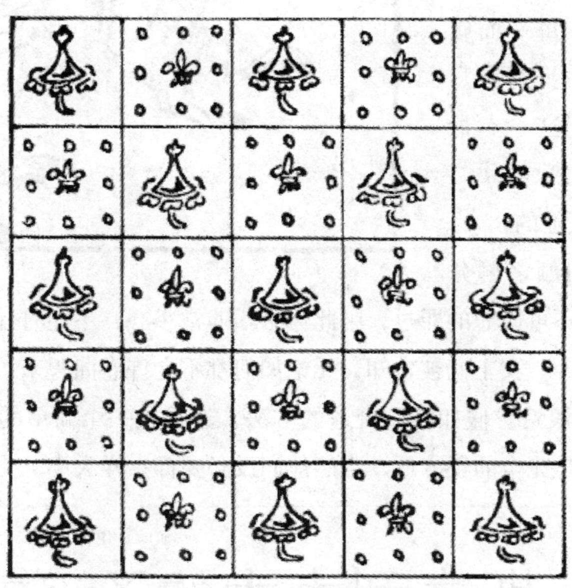

上图代表着一块正方形的织锦。一位女士希望能把这块织锦分割成4块，使得其中的2块能够拼成一个完整的正方形的垫子面，剩下的另外2块织锦组成另一块正方形的垫子面。她应该怎么做？当然，她只能沿着方格图形的边线来分割这25个正方形。垫子面上的图形必须能正确地组合起来，让布料上面的设计图形没有任何不规则的变形。只有一个方法可以做到，你知道怎么做吗？

171 旗帜谜题

难易程度：★★☆☆☆　　完成时间：______

一位女士有一块正方形的彩旗布，上面有两头狮子。右面图示就是那块布的完全一样的缩小版。她希望可以把这块布料分割成块然后组合起来，形成两块正方形的旗帜，每一面旗帜上面都有一头狮子。她发现要做到这一点最少要把布料分割成4块。她是怎么做到的？当然，要把不列颠之狮分割开将是一项不可饶恕的罪过，因此你必须非常小心，不能有任何的切割经过狮子的任何部分。女士们被告知，无论如何都不允许卷曲起来，而且布料的任何部分都不能浪费。假如找到合适的方法，这只是一个简单的切割谜题。记住，旗帜必须是完全的正方形，当然他们没必要都一样大小。

172 斯麦利太太的圣诞礼物

难易程度：★★★☆☆　　完成时间：______

当斯麦利太太的6个孙女送给她一床非常漂亮的手工拼补的被子——她们亲自做的——作为圣诞礼物时，她快乐的表情是发自内心的。被子是由正方形的丝质布料制作成的，所有的正方形都是一样大小。因为她们制作的大被子每一条边都有14个方格，很明显总共用了196块这样的正方形缝制了这床被子。现在6个孙女每个人都贡献了被子的一部分，每一部分都是完全的正方形，所有的6部分都大小不一，但是为了把它们拼补起来组成一个正方形被子，有必要把一个女孩的部分分成3块。你能演示一下怎么来做这些拼补吗？当然那一部分也不能卷起来。

173 正方形织锦

难易程度：★★★☆☆　　完成时间：______

我有一次去一位女士家里拜访，在她家的桌子上碰巧发现了两块可爱的正方形的织锦。它们是东方艺术品的美丽代表作，都是同样的设计，同样精妙的方格样式。

“它们难道不是很精美吗？”我的朋友说。“它们是由我的一个刚刚从印度回来的侄子送给我的。现在，我需要你给我一点帮助。你看，我决定把它们拼起来做成一个大的正方形的垫子面。我应该怎么做才能尽量不让材料变得残缺不全？当然，我提议只能沿着方格线来做裁剪。”

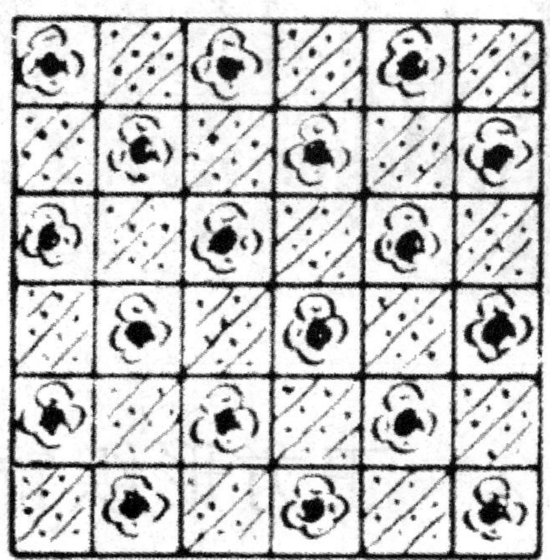

我按照朋友的期望，把两块正方形布料分割成了4块，使它们能够拼合到一起，组成另一个大的正方形，同时考虑到让方格样式能够正确地组合。当我完成的时候我注意到，两块布料大小完全一样，也就是说，每一块布料包含的方格数目都一样。你能展示给我这些裁剪是怎么符合这些条件的吗？

174 帕金斯太太的被子

难易程度：★★★☆☆　完成时间：______

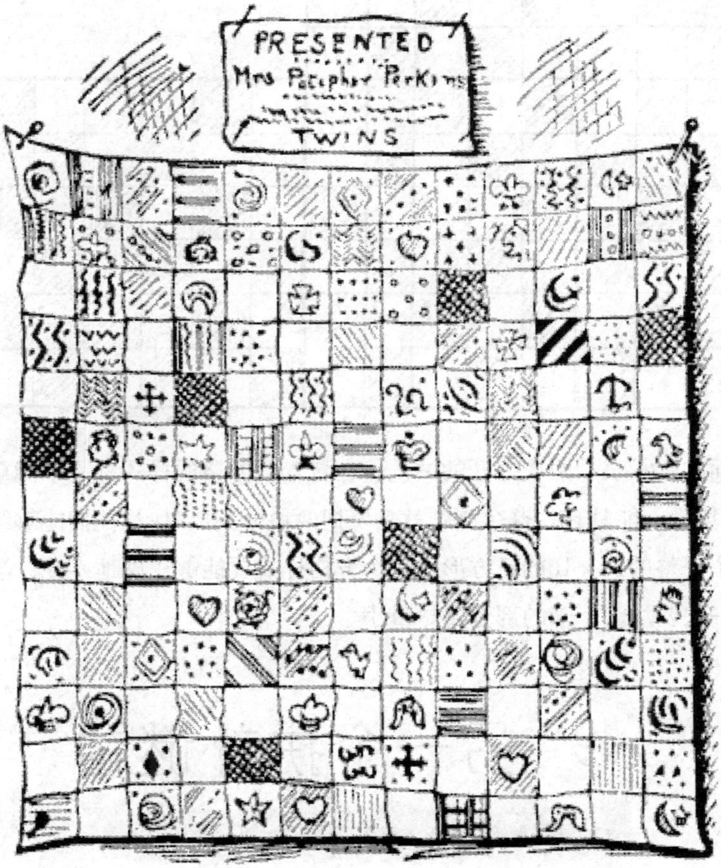

读者可以看到，这一块正方形的拼布被子是由169块正方形拼补起来的。谜题就是找出被子被拼补起来所用的最小可能的正方形数目，并且演示一下它们是怎么被拼布起来的。或者，用反过来的方式，把被子分割成尽可能少的正方形块数，但是只能分割针脚线。

175 切割油毡

难易程度：★★★☆☆　完成时间：______

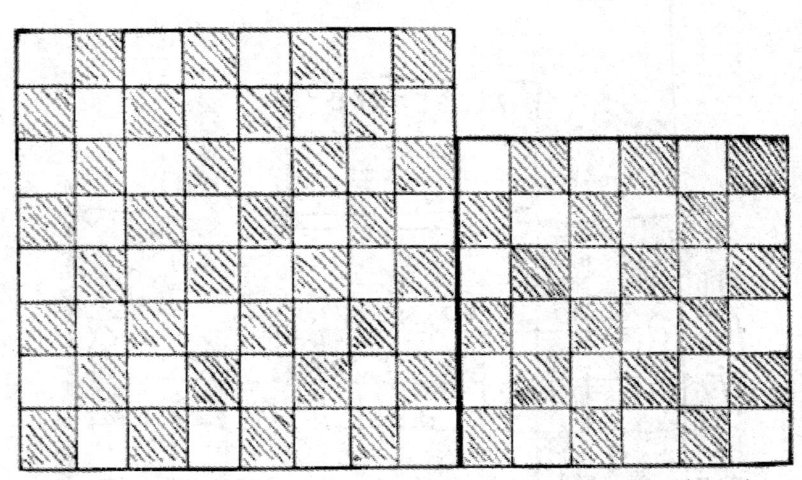

上面的图示表示两块分开的油毡。在背景的方格的样式都是不能重复的，因此这2块都不能翻转。这个谜题就是要把两块分割成4块让他们能够组合起来组成一个完整的10×10的正方形，这个方格样式要能够正确地匹配，当然大一点的那一块要切割下来的部分要尽量小。

176 另一个拼补谜题

难易程度：★★☆☆☆　完成时间：______

一位女士的两个女性朋友送给了她一件礼物，是两块美丽的拼补起来的丝绸，正如我们的图示所示。可以看到，这两块丝绸是由同样尺寸大小的方格组成的。一块丝绸的比例是12×12，另一块是5×5。她提议把它们组合起来，做一个正方形的拼布被子，比例是13×13。但是当然，她希望不要分割任何一块布料，只能裁剪必须的针脚，然后再一次把它们缝补起来。让她困惑的是这个问题。一个朋友向她保证说，总共只需要不超过4块布料就能组成一床新被子。你能给她展示这个小针线活谜题是怎么用这几块布料解决的吗？

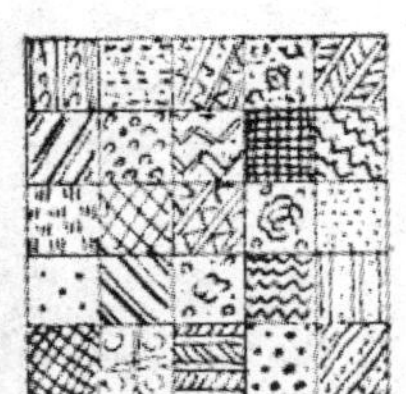

177 另一个油毡谜题

难易程度：★★☆☆☆　完成时间：______

你能把这块油毡切割成4块，让它们能够彼此组合起来组成一块大的完整的正方形吗？当然，切割只能沿着线进行。

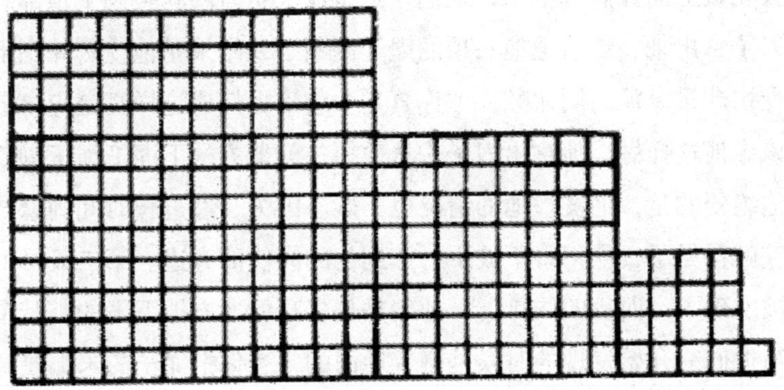

第五节 各种几何谜题

人的口味是这样的多种多样。

——马克·艾肯斯德

178 纸板盒子

难易程度：★★★☆☆ 完成时间：______

这个谜题并不困难，但那时如果能发现解答这类谜题的简单规则，那么将是有趣的。我有一个巨型的纸板盒子。顶部的面积是120平方英寸，边的面积是96平方英寸，底的面积是80平方英寸。盒子的具体尺寸是多少？

179 窃贼偷钟绳

难易程度：★★★☆☆ 完成时间：______

两个人在某个夜晚闯进一座教堂的钟楼去偷钟绳。两根钟绳穿过他们头顶的木质天花板上的孔洞垂下来，他们一点也没浪费时间就爬到了顶部。其中一个人把刀子拿出来，然后把他头顶的绳子割断了，结果是他立刻摔到下面的地板上，受伤严重。他的同伙喊："你真是个傻瓜，摔成这样真是应该。"他说同伙应该像他这样做。他拿出刀子来从他抓住的地方的下面把绳子割断了。然后，让他绝望的是，他发现他的情况也不妙。因为，经过长时间的悬挂之后，他的力气就耗尽了，他不得不放手，摔到他的同伙的旁边。第二天早上，他们两个都被发现了，而且四肢骨折。他们是从多高的地方掉下来的？其中的一条绳子，当他们一开始发现的时候是碰着地面的，当你把绳子的末端拉到接触墙壁的时候，让绳子紧绷，它正好碰到墙壁离地面3英寸的地方。当绳子垂下来的时候，墙壁距离绳子是4英尺。那么绳子从天花板到地面的距离是多长？

180 四个儿子

难易程度：★★★☆☆　完成时间：______

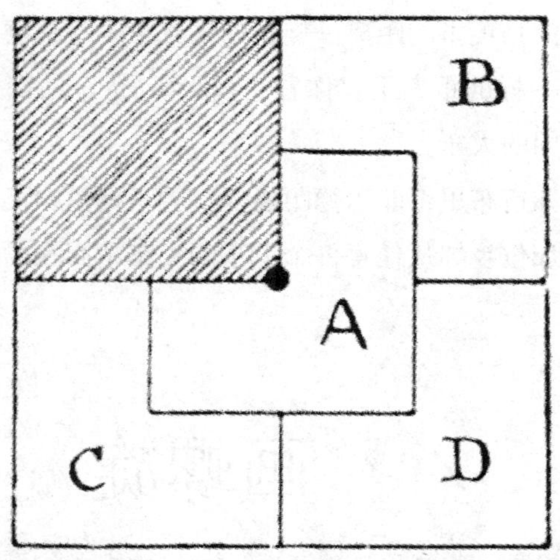

读者们一般都会认出这个图示是他们小时候就熟悉的一位老朋友了。有一个人拥有一块正方形形状的地产。他把这块地产的1/4分给了他的遗孀，就是如图中阴影的那部分。剩下的要平均分配给他的4个儿子，让他们每个孩子都收到同样面积大小的土地，每一块都在形状上相似。我们都知道这是怎么做到的。但是这个故事的剩余部分并不是那么的广为人知。在地产的中央有一口井，由图中黑色的圆点表示出来。本杰明、查尔斯和大卫抱怨说这个划分不平等，因为阿尔弗莱德能很方便地接近这口井，但是他们却不得不穿过其他人的土地才能接触到这口井。谜题就是演示一下怎样划分这块地产才能让每个儿子都能有同样面积的地产，而且每个人都不需要走出他自己的土地就可以接触到这口井。

181 三个火车站

难易程度：★★★☆☆　完成时间：______

当我坐在一个火车的客车车厢里面时，我注意到在隔间的那一头有一位可敬的乡绅，看上去我认识他，正在和另一个乘客聊天，那显然是他的一个朋友。“从火车站开车到你家有多远？”我不认识的那位问他。

乡绅回答说：“嗯，如果我从爱普福德下车，那么这段距离正如我到布里奇菲尔德再走另外的15英里的距离一样；如果我在爱普福德换乘，再走13英里到卡特敦，那也是一样的距离了。你看，我距离3个车站都是一样的距离，因此我能选择好多不同的火车。”

现在，我碰巧知道布里奇菲尔德距离卡特敦正好是14英里，因此我为了娱乐自己，开始计算那位乡绅从任意一个下车的火车站回家的确切距离。距离应该是多少？

182 画螺旋

难易程度：★★★☆☆　完成时间：______

如果水平地握着这张纸，并且在盯着螺旋的中间的同时快速转动这张纸，你会觉得螺旋似乎正在旋转。可能很多读者都会熟悉这个小小的视觉错觉。但是谜题就是展示一下，我能够只用一个圆规和一张纸，不用其他的任何东西，就能精确地画出这个螺旋来。在这样的条件下，你能怎么做出这个图形来？

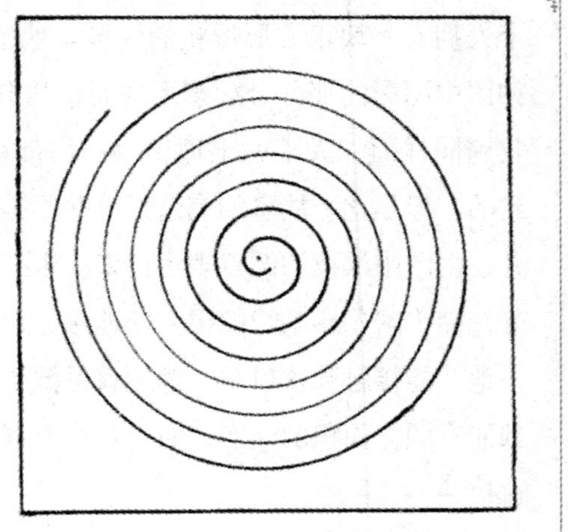

183 花园谜题

难易程度：★★★☆☆　完成时间：______

莱克布莱恩教授告诉我，他最近正在一个乡下的熟人花园里的树下，边吸烟边聊天。花园是由四堵竖墙围起来的，他的朋友告诉他，他量过这些墙发现他们的尺寸分别是80码、45码、100码和63码。“然后，”教授说，“我们能计算出这个花园的确切尺寸。”“不可能！”主人回答说，“因为用着四个边你可以得到无限数量的不同图形。”“但是你忘了，”莱克布莱恩说，眼睛眨了眨，“你告诉过我一次你种植的这颗树距离花园的四个角落的距离是一样的。”你能计算出花园的面积吗？

184 圣乔治的旗帜

难易程度：★★★☆☆　完成时间：______

在一次庆祝圣乔治（Saint George，英格兰主保圣人，基督教殉教者，生平不详，传说曾讲杀蛟龙救一少女）节——这个英格兰全国性的公假日（译者注：在每年的4月23日）的时候，我看着我们国家这位主保圣人的熟悉的旗帜，不由得陷入沉思。我们都知道那是白色底子上有一个红色的十字架，正如我们的插图所示。这就是圣乔治的旗帜。使徒安得烈（译者注：Saint Andrew，耶稣的十二门徒之一，苏格兰主保圣人）的旗帜（苏格兰）是蓝色底子上一个白色的“使徒安得烈十字架”（译者注：一种X形的十字架，据说使徒安得烈被钉死在这样的十字架上），而圣巴特里克（译者注：Saint Patrick，在爱尔兰建立基督教会的传教士，爱尔兰主保圣人）的旗帜（爱尔兰）则是白色底子上一个同样红色的十字架。这三者组合起来就形成了我们大英帝国联合王国的国旗。

当我看着圣乔治的旗帜时，忽然想到下面这个问题可以作为一道简单的小趣题。假如这面旗帜长4英尺、宽3英尺，如果要求使用同样面积的红色旗布和白色旗布，那么十字架的臂该有多宽？

185 怎样画一个椭圆

难易程度：★★★☆☆　完成时间：______

你能不能在一张纸上用圆规一下子就画出一个椭圆来？当你知道了怎样画时，你会发现这是世界上最简单的一件事情。

186 挤奶女工的谜题

难易程度：★★★☆☆　完成时间：______

这里是一道关于牧场的小谜题。一眼看去，读者可能会以为这道题非常深奥，会涉及一些高深的计算。读者甚至会说这根本不可能得出答案，除非告诉我们某些确定的距离。然而，这道题其实真的很“幼稚和平常”。

在一个牧场的一角，我们看到一位挤奶女工正在给一头牛挤奶。牧场的另一侧是乳品间，挤出的牛奶必须存放到那里去。但大家注意到，这位年轻的挤奶工总是先提桶到河那边去再回到乳品间。在这儿，有疑心的读者可能会问为什么她要到河那边去。我只能说这不关我们的事。这些所谓的牛奶完全是在当地消费的。

“你去哪里，可爱的姑娘？”

“我去河那边，先生。”她说。

“我不会选用你的乳品了，可爱的姑娘。”

“没人用斧子逼您，先生。”她说。

如果有人对这件事有好奇心的话，那么这样一种我行我素的态度会彻底让你无法招架。所以我们还是跳过这个商业道德的问题，转到我们这道谜题的主题上来。

请你从那个挤奶凳开始，向河边画一条直线，然后再画到乳品间的门口，为这位挤奶女工标明一条最短的路径。就是这些。其实很简单，在河岸上找出一个确定的点，如果她想走最短的路，那么就应该走向这个点。你能不能找出这个点呢？

187 与石球有关的问题

难易程度：★★★★☆　完成时间：______

一个石匠，在某一天按照客户的要求，凿出来一个用作建筑装饰用的石质的大圆球，这时来了一个聪明的男孩，他看到了这个场景。

“看这里，”这个石匠说，“你看起来是个机灵的小家伙，你能不能解答我这个问题？如果我把这个石球放在水平的地面上，那么我在这个石球周围一圈可以放多少个同样大小的其他石球（也放在平地上）？而且每个石球都要同它接触。” 这孩子立刻就给出了正确的答案，然后他问了石匠下面这个小问题：

“如果这个石球表面积的平方英尺数与它体积的立方英尺数相等，那么石球的直径长度是多少？”

这位石匠无法给出男孩问题的答案。你能不能既回答石匠的问题又解答这个男孩的问题呢？

188 约克郡的地产谜题

难易程度：★★★★★　完成时间：______

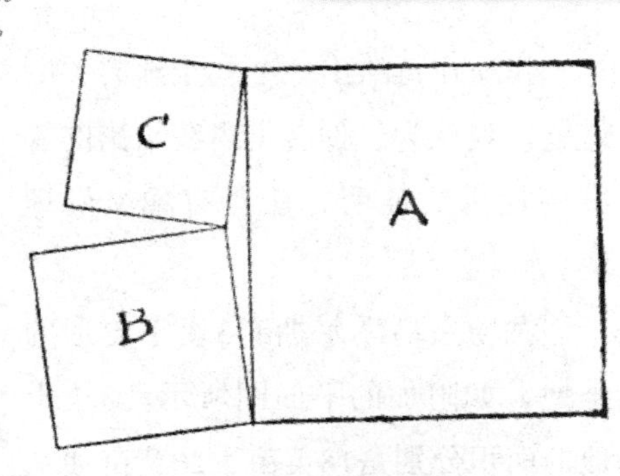

我拜访了约克郡的一个大城镇。离开城镇的那一天，在我去火车站的时候，路上有人递给我一张广告传单。我拿着它进了火车车厢，当作一种消遣我就看了起来。那传单上面说，约克郡有3块相邻的土地准备出售。每一块土地的形状都是正方形，而且它们在顶角处互相连着，正如图示显示的那样。土地A的面积是370英亩，土地B的面积是116英亩，而土地C的面积是74英亩。

不过，这3块正方形土地围着的一小块三角形土地并不准备出售。没什么特别的原因，我对这块土地的面积很好奇。它的面积是多少呢？

189 新月谜题

难易程度：★★★☆☆　完成时间：______

这是一道很容易的几何谜题。上面那轮新月是由两个圆周形成的，而C是那个大圆的圆心。这轮新月在B与D之间的宽是9英寸，在E和F之间的宽是5英寸。这两个圆的直径分别是多少？

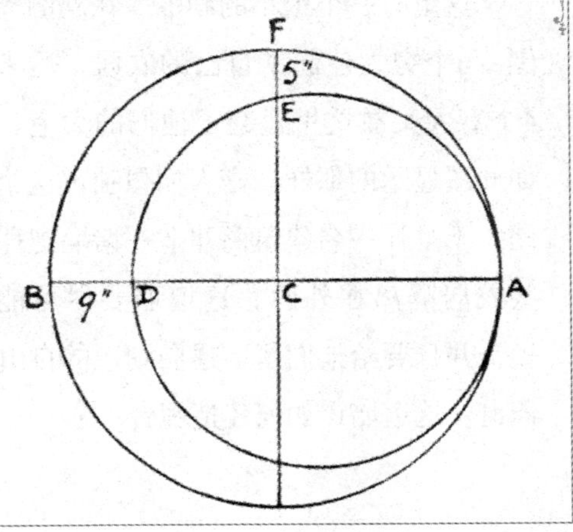

190 农场主乌泽尔的土地

难易程度：★★★★★　完成时间：______

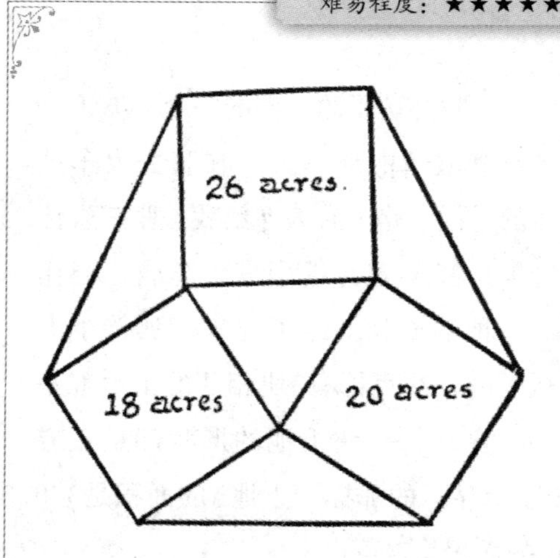

我现在再给出一个与土地有关的谜题。我认为，你会觉得我给出的答案中提供的证明方法既有趣又好理解。

农场主乌泽尔拥有3块正方形的土地，如附加的平面图所示。3块土地的面积分别是18英亩、20英亩和26英亩。为了在他的地产周围建起一个圆形的栅栏，他买下了这4块互相交错的三角形土地。这道谜题是要你求出：在此之后他的土地总面积是多少？

191 令人困惑的墙

难易程度：★★★☆☆　完成时间：______

这里有一个很小的湖泊，在湖的周围，4个穷人建起了自己的农居，后来4个富人又在这里建起了他们的大宅，如插图显示的那样。富人们想独占这个湖，于是让一名建筑商建造一堵墙把那些农居隔离在外面，这道墙要尽可能短，并且要给他们留下通向湖边的自由通道。这道墙该如何建造呢？

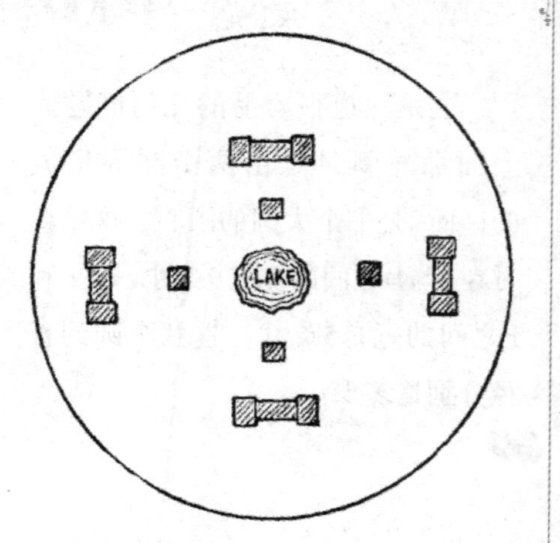

192 羊圈谜题

难易程度：★★★★☆　完成时间：______

一个令人好奇的事实是，在过去五十年或者一百年间出版的每一本关于炉边小游戏的图书中，给出的一些众所周知谜题的答案，往往不是非常让人不满，就是有明显的错误。然而，似乎从来没有人能察觉到它们的错误之处。这里有一个例子。一位农场主有一个用50个栏架围起来的羊圈，羊圈只能容纳100只羊。假如他想把这个羊圈扩大，让它能够容纳之前羊的数目的两倍，那么他需要多少个栏架？

193 花园的围墙

难易程度：★★★★★　完成时间：______

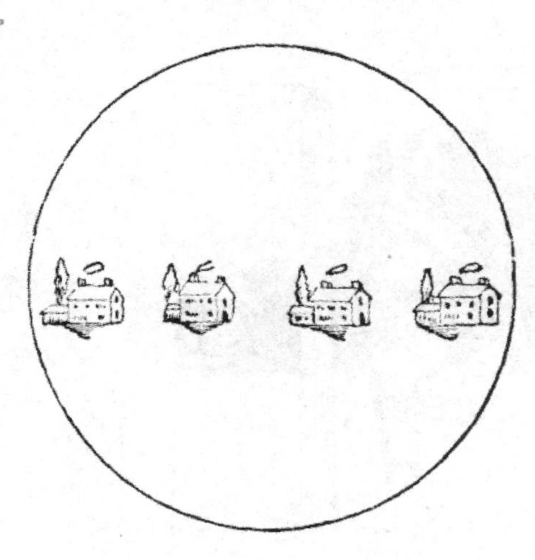

一位善于投机的乡下建筑商人有一块圆形的土地，他在那上面建造了4所房子出租，如插图所示。这块土地有一道砖墙围绕着，而这位房东答应再建造3道砖墙，好让每一家都不会被左邻右舍一览无余。不过，这里的4个租户都坚持要求房东不能有偏袒，每一户都要有相等长度的围墙，这样他们可以种植篱壁果树。这个谜题是要你说明，这三道墙应该沿怎样的线路建造，才能让每个租户都具有相等面积的土地和相等长度的围墙？

当然，每个租户的花园必须完全被其围墙围住，而且必须能证明，每个租户的花园拥有相等长度的围墙。这道谜题如果用正确的方法解答，连图都不需要画。

194 贝琳达女士的花园

难易程度：★★★★☆ 完成时间：______

贝琳达女士是一位热心的园艺师。这幅图示显示她正在努力思考着一个好玩的小谜题，下面我来讲述一下这个谜题。贝琳达女士有一个长方形的花园，由一道高高的冬青树篱围绕。她打算把它改造成一个玫瑰园，种植一些她精选的玫瑰。她打算把这个花园的一半面积作为一个大花圃来种植这些花，而另外一半面积则修建一条围绕花坛的等宽的道路。这样的一个花园正如插图右下角那张图示显示的那样。在这些简单的条件下，她应该怎样对这个花园进行划线规划？她只有一把卷尺可用来做这件事情，卷尺的长度等于花园的长度。而且由于冬青的树篱又高又密，她所有的测量工作必须在花园内侧进行。贝琳达女士不知道花园的准确尺寸，而且她也没必要知道，所以我也就不给出任何尺寸了。不论这个花园的尺寸或者比例是多少，这都是一件非常简单的任务。可是，会有多少位女园艺师知道该如何做呢？那把卷尺可以是完全空白的——也就是说，它不必是一种标有刻度的工具。

195 拴住的山羊

难易程度：★★★☆☆　　完成时间：______

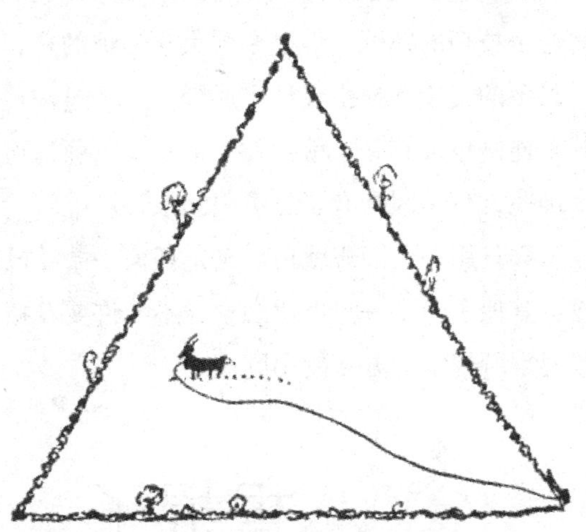

这里有一道小谜题，每个人都应该知道怎样去解答。一只山羊被放置在一块大小为半英亩的牧场上，这块牧场的形状是一个等边三角形。山羊被拴在这块牧场一角的一根柱子上。要让它能吃到牧场上正好一半面积的草，这根拴绳应该有多长（只需要最接近的整数英寸数）？这里我们假定这只山羊能吃到拴绳尽头的草。

196 圆规谜题

难易程度：★★★★☆　　完成时间：______

真是很奇妙，有时候增加一个条件或者限制，就会使一道非常简单的趣题变成一道非常有趣但可能十分困难的谜题。记得在许多年以前，我在大街上买过一个很小的机械玩具，当时这种玩具十分畅销。那是一块金属牌子，上面有一些孔洞，要求你设法把一个带有缺口的圆环从一个孔洞移动到另一个孔洞，

最终脱离金属牌子。当时我正走在街道上，我很快就明白了其中的诀窍，我可以把这个机械玩具放到口袋里，用一只手就把那个环取下来。我曾经把这个小小的成就表演给一位朋友看，他也开始试着自己来做。几天之后，我遇到他，他向我展示了他对这个技巧的熟练。但是令他大吃一惊的是，我从他手中拿过那个玩具，只用一只手的食指和拇指夹住金属牌子，经过一连串小小的摇晃和颤动，那个环我甚至连碰也没有碰，就掉在了地上。下面这道小难题对于读者来说很可能是一个难题，只是因为有了那个限制条件。

请演示一下，怎样只用一个圆规就可以确定任何一条线段的中点。不允许使用直尺、铅笔或者其他东西——只能用圆规；不允许要花招，比方说把纸折一下。你只能按照通常所规定的方法使用圆规。

197 八根棍子

难易程度：★★★☆☆　完成时间：______

我拥有8根棍子，其中4根棍子的长度正好是另外4根棍子的一半。我把这8根棍子的每一根都平放在桌子上，让它们围成3个正方形，而且每个正方形的大小相同。我是如何做到这一点的？必须让它们头尾相连，不能够留下零碎的接头。

198 爸爸的谜题

难易程度：★★★★☆　完成时间：______

这里有一道由帕普斯（译者注：Pappus of Alexandria，生活于约公元300～350年，希腊数学家，通称“亚历山大学派的帕普斯”；生平不详）提出的谜题。帕普斯大约于公元3世纪末生活在亚历山大城。这道谜题是他的《数学汇编》（Mathematical Collections）第八卷中的第五个题目。我发现这道谜题采用的形式，跟我在几年前用“爸爸的趣题”作为题目提出它时类似，就是要观察一下有多少读者能发现这个谜题实际是由帕普斯本人提出的。“这个小姑娘的爸爸拿着两块不同大小的矩形纸板。他把其中的一个矩形剪去一个三角形，用一根线在A点把它悬挂起来时，让它的长边能保持绝对的水平，如插图所示。他把孩子难住了，因为他要求她在另一块纸板上也找到这样的一个A点，使得同样剪去一个三角形后用一根线吊起来也有同样的效果。”当然，这个点绝不能通过试验的方法找出来。在这道谜题的条件中，有一个奇妙而好玩的地方。读者能发现吗?

199 布带谜题

难易程度：★★★☆☆ 完成时间：______

一个男孩把一根布带从一根立柱的顶端系到另一根立柱的底端，又从后者的顶端系到前者的底端。然后他对他的爸爸提出了如下问题：已知一根立柱高7英尺，另一根立柱高5英尺，那么两段绷着的布带的交叉点离地面有多高？

200 怎样做蓄水箱

难易程度：★★★☆☆ 完成时间：______

图示中的我们这位朋友有一大张锌板，（在切割前）这块锌板的尺寸是8英尺长3英尺宽。他已经从锌板的四个角上割下了同样大小的正方形小块，现在准备把锌板的四边折起来，焊接住边缝，制作成一个蓄水箱。但有一个令他大伤脑筋的问题：要让这个蓄水箱所能储存的水量最多，那么，割下来的那些正方形小块的大小是否恰当呢？你可以看到，如果把它们割得非常小，那就得到一个很浅的蓄水箱；如果把它们割大了，就得到一个又高又细的水箱。这个问题最根本的就在于找出一种方法，能让这4个正方形小块的大小恰到好处。我们怎样才能避免它们被割得过小或者过大呢？

201 圆锥谜题

难易程度：★★★☆☆　完成时间：______

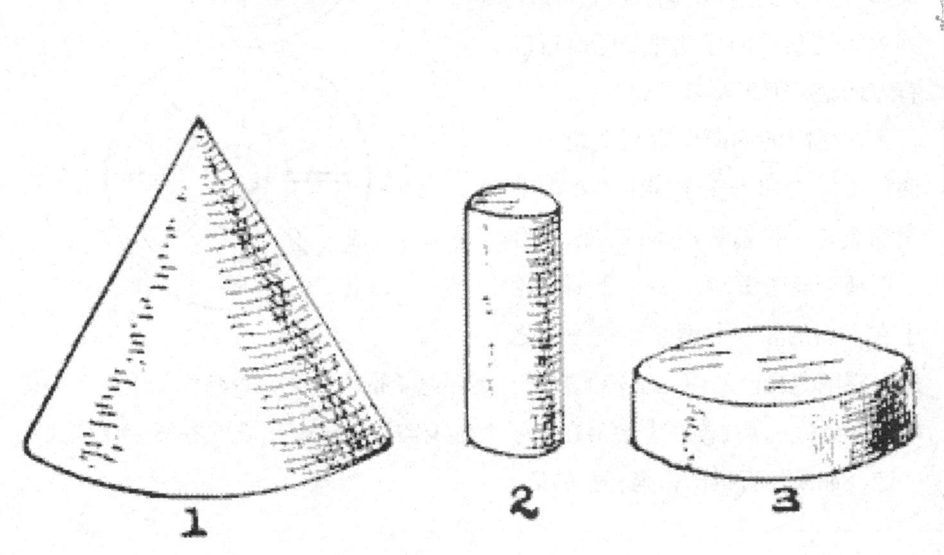

我有一个木质的圆锥体，如图1所示。我怎样可以把圆锥体切割成一个最大的圆柱体呢？读者可以看到，我可以切割出一个又高又细的圆柱体，如图2所示；也可以切割出一个又矮又粗的圆柱体，如图3所示，但这两个都不是最大的。如果了解了其中的规律，一个小孩子也能告诉你从哪里进行切割。你能不能找到这个简单的规律呢？

202 有关轮子的谜题

难易程度：★★★★☆　　完成时间：______

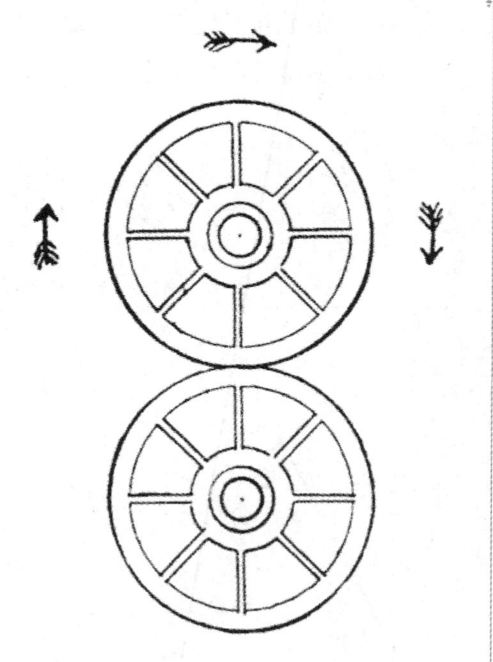

有关轮子的运动，有一些奇妙的事实很容易让一些新手感到困惑。比如，当一列火车正在从伦敦开往克鲁，那么在任意给定的瞬间，火车的某些部分实际上是正在从克鲁向伦敦运动。你能不能指出那些部分来？这似乎很荒唐，同一列火车的某些部分竟然能随时可以背道而驰，但事实就是如此。

在所附的插图中有两个轮子。假如下面的那个轮子固定不动，上面那个轮子按箭头指示的方向围着下面那个轮子滚动。好，上面的轮子在下面的轮子上滚完整整一圈之后，它围绕自己的中心轴转了几圈？不要急于得出答案，否则你几乎肯定会得出错误答案。用2枚便士硬币在桌子上做个实验试试，正确的答案会让你大吃一惊，如果你看得出正确答案的话。

203 六个羊圈的谜题

难易程度：★★☆☆☆　　完成时间：______

这是一个新的有关火柴的小谜题。读者可以从插图中看到，13根火柴代表的是一位农夫的栏架，火柴特意摆放成6个大小相同的羊圈。好，现在其中的一个栏架被偷了，这位农夫仍然想用剩余的12个栏架摆成6个大小相同的羊圈。他应该如何做到这一点呢？这12根火柴都必须完全用上，不能有火柴重叠，也不能留有不衔接的地方。

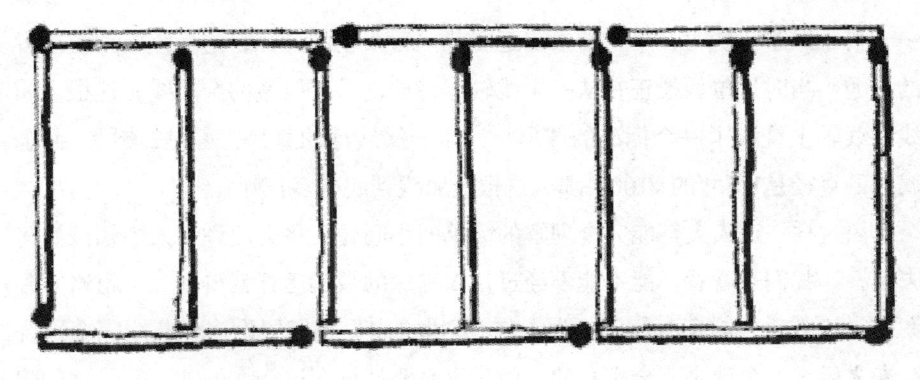

204 一道新的火柴谜题

难易程度：★★★☆☆　完成时间：______

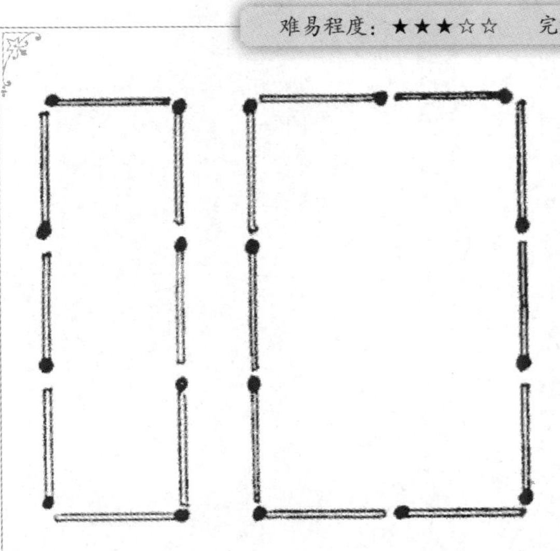

如左图所显示的那样，用18根火柴摆放成两个区域，其中一个区域的面积是另一个区域的两倍大。你能不能重新摆放这些火柴，让它们：（1）摆放出2个四条边的区域，其中一个区域正好是另一个的三倍大；（2）摆放出2个五条边的区域，其中一个区域正好是另一个的三倍大？在每一种情形中，这18根火柴都必须完全用上，两个区域必须完全分离，而且不能留有不衔接的地方，火柴也不能重叠。

205 一道关于放风筝的谜题

难易程度：★★★★☆ 完成时间：______

当我陪一个朋友——海弗利特教授——在苏塞克斯郡的南部山丘地区参加一个科学风筝竞赛时，一个情景引起了我一番小小的计算，这应该能引起读者的兴趣。当时这位教授正在从一个线轴上释放出系着风筝的金属线，这根金属线在线轴上绕成了一个标准的球形。这个金属线球的直径正好是2英尺，而金属线的直径是1英寸的1/100。那么这根金属线到底有多长呢？

像这样一道人人都能完全理解的简单的小问题，将会使许多人不知该如何去解答。我们来看看，能不能不经过什么高深的数学运算就得到一个粗略的答案——比方说，与正确解答的误差在1英里之内！我们假设当金属线完全缠绕起来之后，这个球是完全实心的，而且没必要计算穿过绕线的轴。经过这种简化后，我很想知道多少读者能给出这根金属线的长度，误差甚至可以与正确答案相差1英里。

第3章 点和线问题

线加上线，线加上线；这里一点，那里一点。

——《圣经·以赛亚书》第二十八章第十节

很多人都觉得以“点和线”而闻名的一类谜题非常有趣。这里给出一个大家最熟悉的例子。要求种9棵树，使它们能连成10行，每行有3棵树。这个谜题是由艾萨克·牛顿爵士提出的。但我相信，这类谜题最初是被收集在一本非常罕见的小册子——《冬日晚间的智力娱乐》（*Rational Amusement for Winter Evenings*）里。我收藏了这本书，它出版于1821年，书的作者是约翰·杰克逊（John Jackson）。这本书的作者给出了10个“植树成行”的例子。

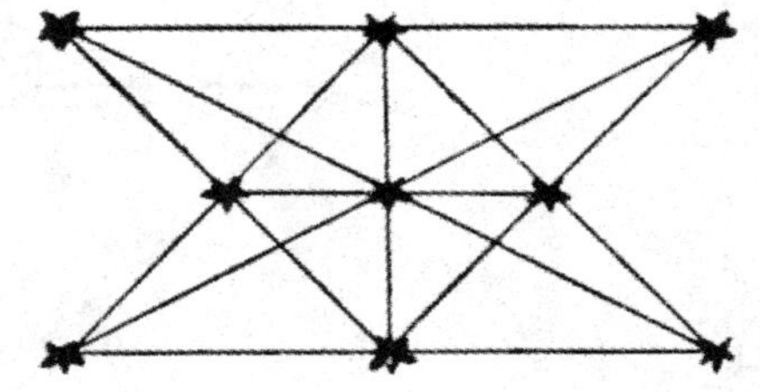

这些植树谜题始终是一些让人困惑的问题。它们是真正的“难题”，因为目前为止，还没人能成功找出一种直接解答它们的方法。可能有一天，一个天才会发现彻底解开这个奥秘的钥匙。记住，必须把这些树看作仅仅是点，因为如果我们允许把树当作足够大，我们很可能会“篡改”我们的草图，插入一些额外的行，这些行与其说是真的，不如说看起来像真的。

※ 单位换算：

1英镑=20先令　1先令=12便士　1克朗=5先令　1几尼=1.05英镑=21先令

1弗罗林=2先令　1沙弗林=1英镑　1法寻=1/4便士　半克朗=2又1/2先令

206 国王和城堡

难易程度：★★★☆☆ 完成时间：______

在很久很久以前，曾经有一位强大的国王，他对军事建筑的设计有一些古怪的想法。他认为，在对称的形式中隐藏着巨大的力量和能量，而且总是引用蜜蜂的例子来加以证明大自然支持他的观点：蜜蜂使用完美的六边形来构建它们的蜂巢。这位国王决定在他的国土上建造10座新城堡，并用防御城墙把城堡全部连接起来。这些墙要形成5条直线，每一条直线上都要有4座城堡。皇家建筑师给出了初步的设计图示，它们就像我展示的那个样子。但这位君王要求，每一座城堡都能从外面直接抵达，所以命令这个设计应该加以修改，要让尽可能多的城堡能免受外来的直接攻击，而且它们只有翻过防御城墙才能抵达。这位建筑师回答说，他认为这样的设计，即使国王只打算让王室的一座城堡受到如此的保护也是不可能的。但在不久后国王陛下向他指示怎样可以做到这一点时，建筑师立即恍然大悟了。假如你来设计，你会怎样建造这10座城堡以及那些防御城墙，以最大程度地满足这位国王的要求呢？记住，这些城堡必须形成5条直线，每条直线上要有4座城堡。

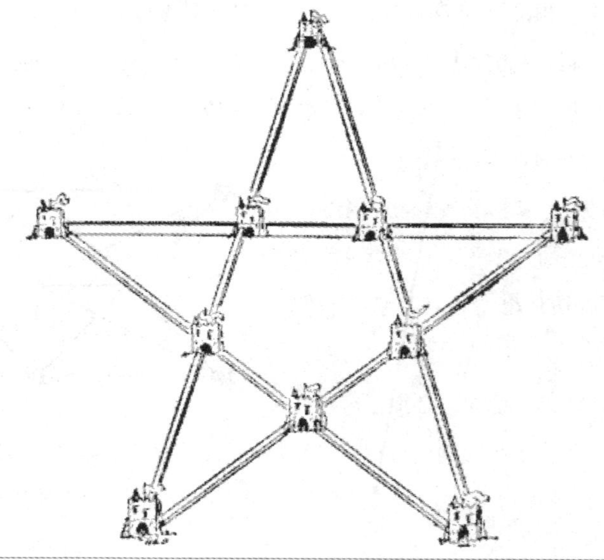

207 樱桃树与李子树

难易程度：★★★☆☆　　完成时间：______

图示显示的是一所房子的平面图。这座房子位于一个果园中，由果树围绕着。果园里一共种植了55棵果树，其中10棵樱桃树，10棵李子树，其余的都是苹果树。樱桃树可以形成5条直线，每条直线上有4棵樱桃树。李子树也可以连成5条直线，每条直线上有4棵李子树。这道谜题要求你指出这10棵樱桃树都是哪些树，这10棵李子树又都是哪些树。为了让樱桃树和李子树具有最有利的方位，（在满足给出条件的前提下）尽可能在果园的北面和东面比较少得种植。当然，在指出这10棵树（也许是樱桃树，也许是李子树，随具体情况不同）时，你完全不必在意介于其中的树。也就是说，一条直线上只要有我们考虑的那个品种的4棵树就可以了，不管它们之间有什么其他品种的树（或者那所房子）。做了上面那道谜题之后，这道谜题应该很容易解答。

208 一道关于种植的谜题

难易程度：★★☆☆☆　完成时间：______

一个人拥有一个正方形的种植园，在那里他种了49棵树。然而，读者可以从插图中的空缺看到，有4棵树被大风吹倒并除去了。他现在想把剩下的树砍倒，只留下10棵树。这10棵树要能够连成5行，每一行有4棵树。哪10棵树必须留下呢？

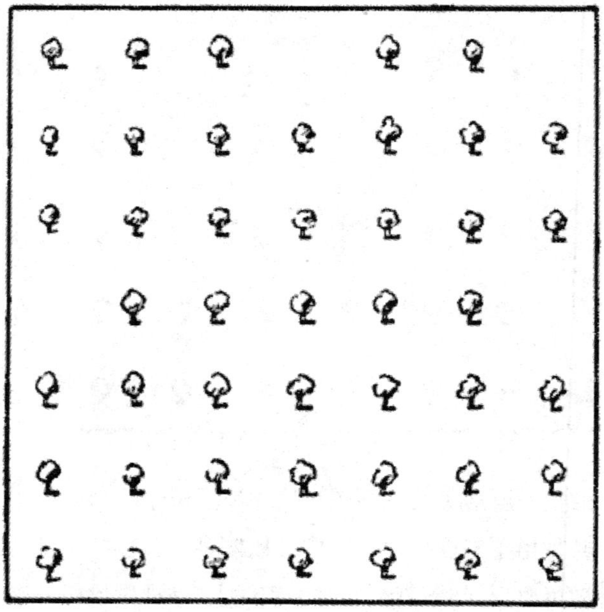

209 二十一棵树

难易程度：★★☆☆☆　完成时间：______

一位绅士想在自己的花园里种植21棵树。这21棵树要能连成12行，每一行有5棵。亲爱的读者，你能否给他提供一个满足条件的相当对称的布局排列呢？

210 十枚硬币

难易程度：★★★★☆　完成时间：______

把10枚硬币放在一张大纸或者纸板上，如右面图示所示，每条边上要有5枚。现在取走其中的4枚硬币，其他的保持不动。把这4枚硬币重新放上去，要让这10枚硬币能连成5条直线，每一条直线上有4枚硬币。这个谜题本身并不难，但是你应该努力找出能解决这个谜题的不同方式一共有多少。假定在任何情况下最初都是这样的两行硬币。

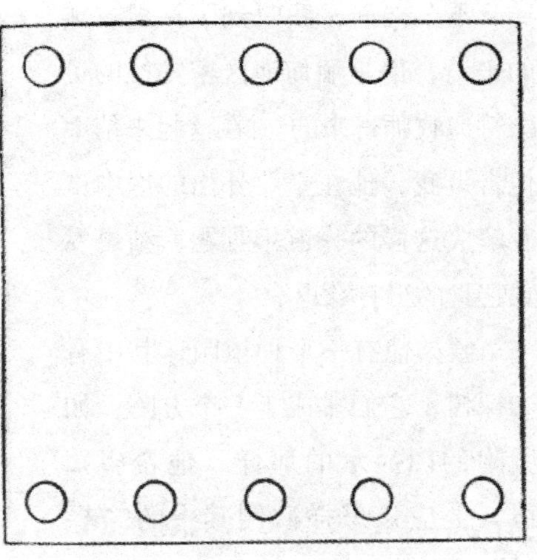

211 十二块肉馅饼

难易程度：★★★☆☆　完成时间：______

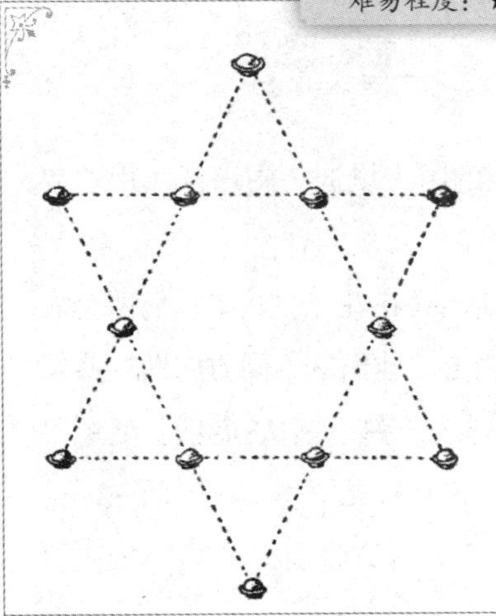

读者可以从我们的插图上看出，12块肉馅饼可以摆放在桌子上连成6行，每一行有4块馅饼。这道谜题只要求你把其中的4块馅饼重新放到新位置上，从而使得它们能连成7行，每一行有4块馅饼。你会重新摆放哪4块馅饼？你要把它们放到什么位置呢？

212 缅甸的种植园

难易程度：★★★☆☆　　完成时间：______

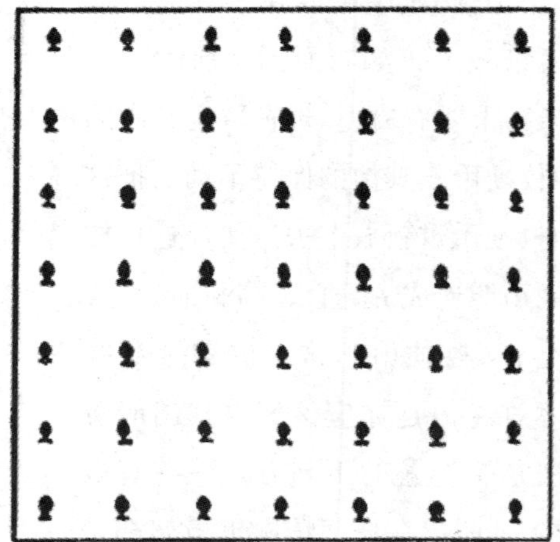

不久之前，我收到了一封有趣的来信，信是缅甸地区密铁拉的英国特遣牧师寄来的。在这封来信中他告诉我，他在坐船外出的途中试着解决这样的一道小难题，结果发觉它真的很有意思。

假如他有一个种植园，其中有49棵树，它们排成了一个方阵，如所附的图显示的那样，他希望知道，他应该怎样砍倒其中的27棵树，才能使仍然留下的22棵树连成尽可能多的行，条件是每一行有4棵树。

当然，任何一行都不能多于4棵树。

213 土耳其人与俄罗斯人

难易程度：★★★★★　　完成时间：______

这道谜题与我几年前在《精选》杂志上发表的阿夫里迪（阿富汗东南边界地区的一个山地部落）问题非常相似。

在一片开阔平坦的乡村土地上，有一支俄罗斯步兵在驻守。其中任何两个人占据的位置都不同。突然，有32名土耳其人前来袭击，他们从不同方向向这些俄罗斯人开火。每一个土耳其人同时射击了一颗子弹，子弹每颗从3名俄罗斯军人的脑袋上方紧贴着飞过，直到这些射出来的每颗子弹都打死了一个不同的人，这道谜题要你求出这支俄罗斯步兵至少有多少名军人，每一方分别有多少人阵亡？

第4章 移动筹码谜题

没有筹码，我可做不了。

——威廉·莎士比亚《冬天的故事》第四幕第三场

这种类型的谜题，除了与那些实际游戏，例如国际象棋相联系的之外，似乎是一种比较现代的新事物。近代的数学家，比如著名的范德蒙德（译者注：18世纪法国数学家，行列式理论的奠基人之一。有一种特殊的行列式被命名为“范德蒙德行列式”）和赖斯（19世纪德国数学家，对行列式理论、对策以及组合数学的早期发展有所贡献）曾经关注过它们，但它们显然没有引起古代学者们的思考。就筹码游戏而言，除奥维德的作品中明确提到的那个比较简单的游戏（见《坎特伯雷趣题》第110题“奥维德的游戏”）更古老些外，历史上最古老和最著名的或许就是“九子棋”（Nine Men’s Morris）了。这个游戏还有许多其他的名字，我在下面会提到。

※ 单位换算：			
1英镑=20先令	1先令=12便士	1克朗=5先令	1几尼=1.05英镑=21先令
1弗罗林=2先令	1沙弗林=1英镑	1法寻=1/4便士	半克朗=2又1/2先令

214 六只青蛙

难易程度：★★★★☆　　完成时间：______

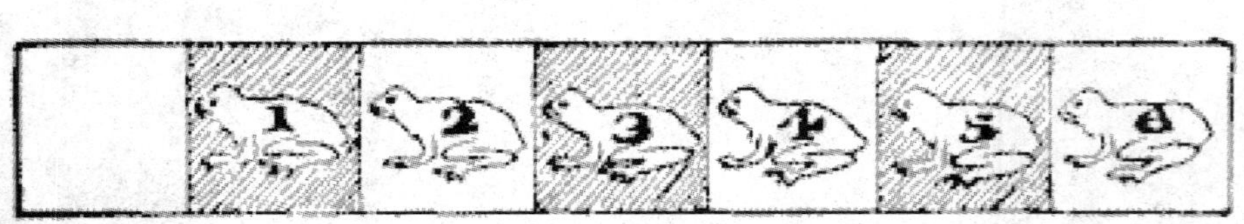

插图中显示的这6只经过训练的青蛙已经练到可以任意调转他们的顺序，这样他们的编号就应该是6，5，4，3，2，1，而且现在空着的那个位置仍然是空着的。青蛙可以跳到相邻的方格中去（如果方格空着），也可以跳过一只青蛙跳到另一侧的方格中（如果方格空着），就像我们在国际跳棋中的走步那样，而且可以随它们的意愿向前或者向后跳。你能不能演示一下他们是如何用最少的步数完成这一项任务的？这相当简单，所以当你完成这个任务后，在右边再加上第7只青蛙试一下。然后不断加上新的青蛙，直到你能找出对任何数目的青蛙都适合，而且跳法最短的解答。因为不论青蛙的数量有多少，只要有空着的方格，这个任务总能完成。

215 蚂蚱谜题

难易程度：★★★★★　　完成时间：______

据说，这种类型的谜题是16、17世纪的伦敦城中年轻学徒的最爱。读者可能会注意到伦敦交易所屋顶上的那个奇特的铜蚂蚱。这个命长的动物躲过了伦敦1666年和1838年的大火。1579年逝世的食品杂货商托马斯·格雷新爵士模仿这个蚂蚱制作了自己的家族徽章；由于这个原因这个蚂蚱被众多的食品杂货商用作了商店的标志。遗憾的是，虽然这种类型的谜题的来源具有传奇色彩，但这里的谜题只不过是直到1900年我才自己创造出来的。在13个黑圆盘的12个上面分别放着一枚标着号码的筹码，一枚筹码代表着一只蚂蚱。这个谜题要求你用反方向排列这些筹码，让它们的编号在反方向上念起来是1，2，3，4等，让现在空的圆盘仍然空着。每次移动一只蚂蚱（移动的顺序随你），就像国际象棋的走步一样。随便什么时候，只要可以，走步或者跳步可以沿着两个方向中的随便一个进行。完成这个任务需要的最少的步数是多少？

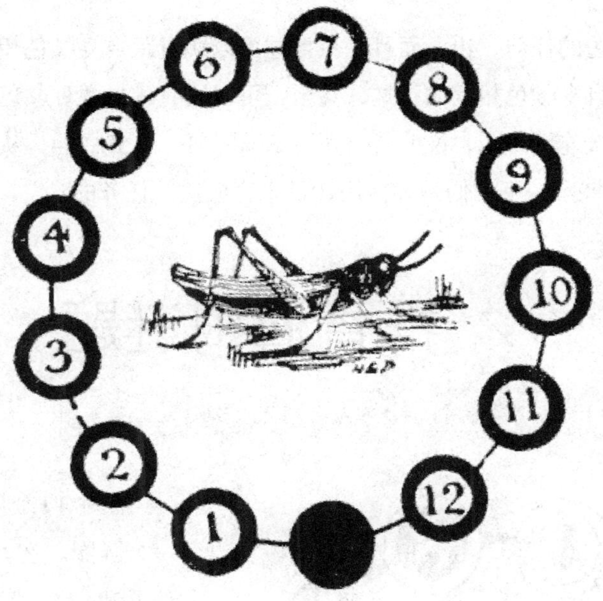

216 训练有素的青蛙

难易程度：★★★★☆　　完成时间：______

上次那6只经过训练的青蛙学会了一种漂亮的新本领。如图所示，把这些青蛙放在平底的玻璃杯上面，它们就能左右换地方，让3只黑的换到左边，3只白的换到右边，空的玻璃杯是一端的第7号平底杯。这些青蛙可以跳到临近的空的平底杯上，也可以越过一只或者两只青蛙到另一个空的平底杯上。跳跃的

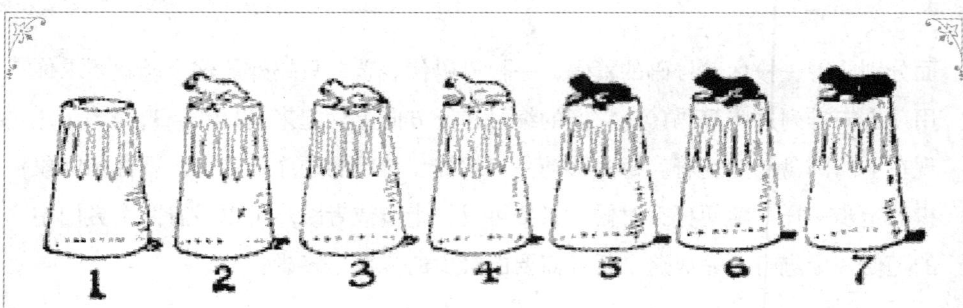

方向可以是两边的任何一边，而且一只青蛙可以跳过跟自身颜色相同的青蛙，也可以跳过跟自身颜色相反的青蛙，甚至，可以同时跳过两种颜色的青蛙。下面示范性的四次连续跳跃，说明了一切：从4跳到1，从5跳到4，从3跳到5，从6跳到3。你能展示一下它们是如何用10跳来完成这一任务的？

217 推肯海姆谜题

难易程度：★★★★☆　完成时间：______

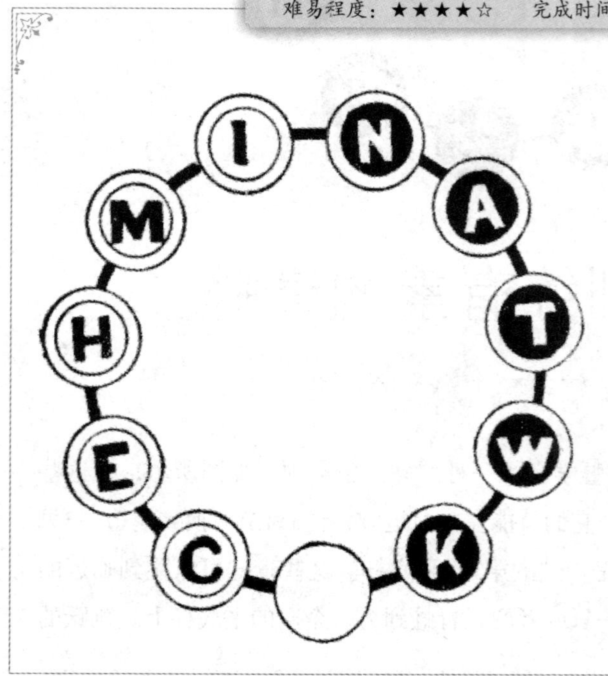

图中11个圆盘组成了一个圆圈。在其中的5个圆盘上我们放置了标有白色字母的黑色筹码（如图所示），而在另外的5个圆盘上面放置了标有黑色字母的白色筹码。最底下的那个圆盘空着。从这里开始，要求我们做的是把筹码按照顺序排列起来，也就是，让它们沿着顺时针的方向拼出TWICKENHAM

这个单词，而原来的那个空闲的圆盘仍然留空。黑色筹码沿着顺时针方向移动，而白色筹码则沿着逆时针方向移动。一枚筹码可以跳过与自身颜色相反的筹码，跳到下面一个空着的圆盘。比如说，如果你的第一步是移动K，那么C就可以跳过K。如果接下来K向E移动，下一步W就可以跳过C，诸如此类。这道谜题可以在26步内完成。记住，任何一枚筹码都不能跳过与自身颜色相同的筹码。

218 维多利亚十字架谜题

难易程度：★★★★★　完成时间：______

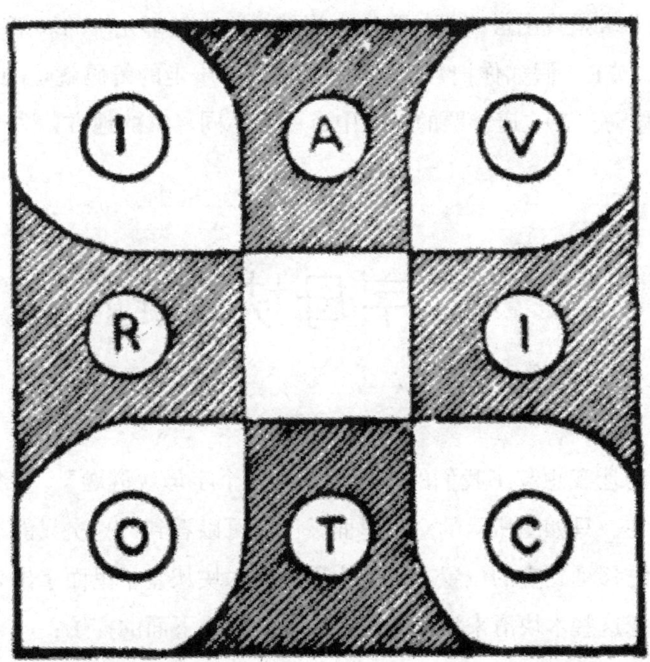

谜题的构建者是独特的“琐事的关注者”，他的作品通常都是用最微小的东西制作而成的。别人完全没有注意到的琐事，或者即使注意到了也认为是很

细微的事情，常常会为正在寻找谜题的人提供一个漂亮的主题或者创意，他会认为这些事情具有某种“基本的价值”。

在维多利亚女王即位60周年的纪念日，我坐在一节火车车厢中，对面坐着一位小姐。我被她佩戴的一枚胸针吸引住了。它有着马耳他十字架或者维多利亚十字架的形状，上面有VICTORIA这个单词的所有字母。这些字母的数目和排列方式立刻激发我想到了这道我现在提出的谜题。

读者可以看到，这个图示包括9个部分。这道谜题要求你完全按照图示的方式放置8枚带有VICTORIA这个单词的各个字母的筹码，然后一次滑动一个筹码，从黑色部分到白色部分，或从白色部分到黑色部分，如此交替进行，直到这些筹码沿着同样的方向在圆圈上读起来仍然是这个单词，只是这里的第一个字母V要放在十字架的黑色臂上。无论何时都不能让2枚筹码一起在一个部分。谜题的要求是找出最简短的方法。当然，跳步是不允许的。第一步明显是要走A、I、T或R。假如你把T移动到中央，下一步走的筹码就是O或C，因为I和R都不能移动。在这道谜题的答案中有一点不同寻常的地方，关于这点，我会解释的。

219 字母块谜题

难易程度：★★★☆☆　完成时间：______

这个谜题让我想起了我们的老相识“十五个字母块谜题”。8个被写上字母的木块放在一只如图所示的盒子里面。读者可以看到，一次只能移动一块木块，暂时把它移动到空的位置上，因为不能把木块从盒子里面拿出来。这道谜题要求读者把这些木块滑来滑去，直到让他们形成下面的样子：

A B C

D E F

G H

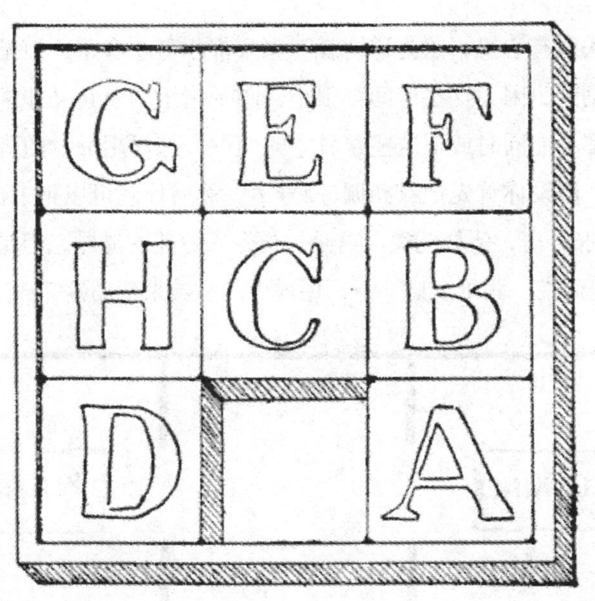

如果允许你走任意的步数，你会发现这一点都不难。但这道谜题要求用最少的步数来完成这个任务。我不会说最少的步数是多少，因为读者可能愿意自己把这点计算出来。在写下你的步数时，你只需要按照滑动的顺序记录字母。比如，你开始的五步可能是C、H、G、E、F。而且这种记录不会产生歧义。实际上，在解答这个谜题时，你只需要8枚筹码和画在纸上面的一个图示就可以了。

220 租房的难题

难易程度：★★★☆☆　完成时间：______

道博森一家在海边小镇斯勒客姆租到了几个房间。同一层楼上有6间房间，都是互相通着的，如图所示。他们租下的房间是4、5、6号，全部都朝着大海。但是，有一个小小的难题。道博森先生坚持要求钢琴和书橱应该调换一下房间。这个想法很有心机，因为道博森一家人都不喜欢音乐，但是他们要防止其他人玩这个钢琴。因为这些房间都很小，图示指示的家具又非常大，以至于任何一间房间都不能同时放下这些家具中的两件。怎样用最少的劳动来实现这个调换？比如，假设你首先把衣橱挪进2号房，然后你就可以把书橱挪到5号房，再把钢琴挪到6号房，诸如此类。这是一道令人着迷的谜题，但是女房东有理由不赞成。用筹码在一张纸上试一下，用最少的步数来帮助她完成这个难题。

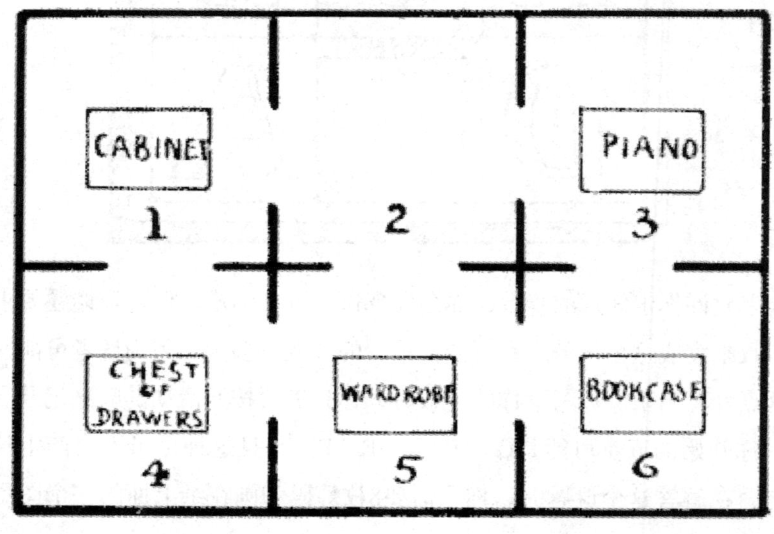

221 八台火车机车

难易程度：★★★☆☆　完成时间：______

这个图示显示的是一家管理方式奇特的铁路公司的停车场。这些火车机车只允许在图示中的9个点停靠，其中有一个点现在还空着。现在谜题的要求是移动这些火车机车，每次只移动一辆，从一个点移动到另外一个点，要求在17步内让这些机车的编号在圆圈上以自然数顺序排列，中间的那个点留空。但是，有一台机车已经熄火了，没有办法移动。怎么把这个任务完成？其中哪一台机车是熄火而始终不动的？

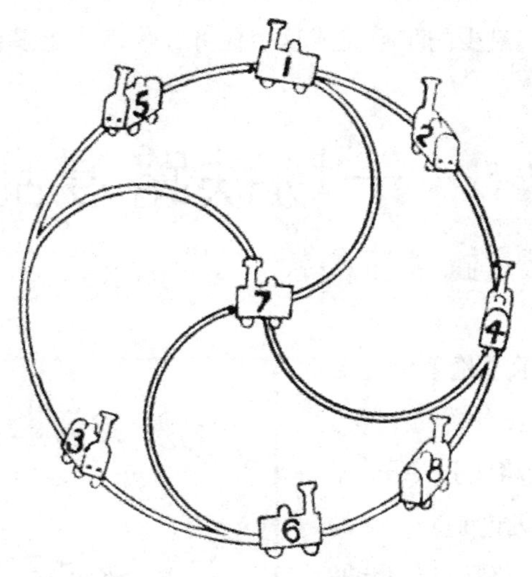

222 一道铁路谜题

难易程度：★★★☆☆　完成时间：______

在一张比较大的纸张上面画出一张示意图，如右图所示，把3枚筹码标上A，3枚筹码标上B，另外3枚筹码标上C。读者可以看到在线段的交界处有9个停靠点，而第10个停靠点连在外面的圆上，就好像字母Q的尾巴一样。将3枚标着A的筹码，或者说3台标着A的火车机车，以及3台标着B和C的火车机车停在如图所示的停靠处。这道谜题的要求是移动这些火车机车，每次移动一

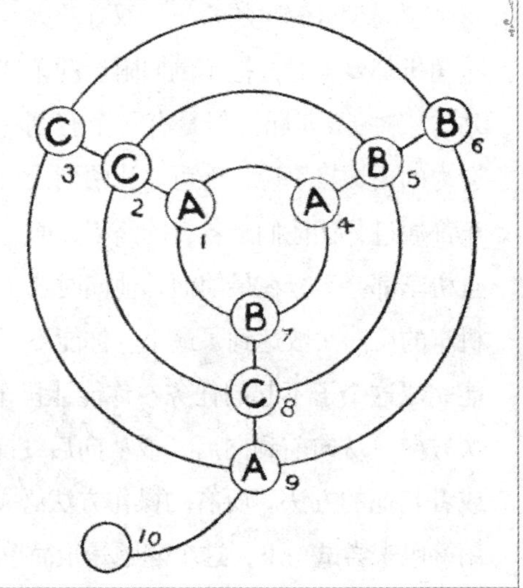

台，沿着线路移动，从停靠点到停靠点，直到你成功让每个圆圈上面都有A机车、B机车和C机车各一台，而且每条直线上也都有A机车、B机车和C机车各一台。谜题要求你用最少的步数完成这个任务，你需要走多少步？

223 一场铁路混乱

难易程度：★★★★☆　完成时间：______

这个示意图显示了伦敦，克劳德维尔和马德福德铁路公司的一部分路线。这是一条单线路加上一条分车线。在B和C中间，无论是分车线的左侧线路还是右侧线路都只能容纳8节车厢或者一台火车机车加上7节车厢。有一次，两列火车不知道什么原因开到了图示显示的位置（都是由一台机车加上16节车厢组成）。看起来这个僵局没有解决的希望，双方的火车司机都要求对方把车倒回附近的车站，去掉9节车厢。但是有一个有创造力的司炉接手说，他可以让两列火车都通过，让他们走各自的路程，而且机车都会运行在最前面。他同时让机车的反向次数达到了最小。你能不能完成这个了不起的任务？你能让机车反向多少次？一次“反向”指的是改变一次方向，从向前到向后，或从向后变向前。这里不能用绳索牵引法，溜放调车法或者其他的方法。所有的操作方法必须用这两台机车的常规方法进行。假如读者用筹码来尝试一下，这个谜题是很简单而且有趣的。

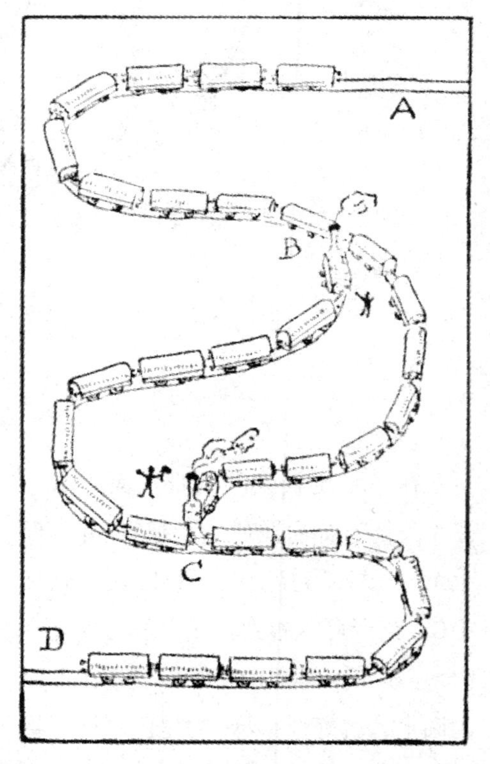

224 汽车车库谜题

难易程度：★★★☆☆　　完成时间：______

一间汽车车库的老板遇到的难题变成了一个小的消遣谜题，这个谜题有种特别的魅力。你所有要做的只是在一张纸或者纸板上面画一张简单的平面图或者图示，再把8枚筹码编号从1到8。然后一家人就能开始一场有趣的竞赛，看谁能找出解决这个谜题的最好方法。

下面的图示代表一间汽车车库的平面图，带有12个车位。但是这间房屋因受限制而多有不便，因此经常给业主带来相当多的混乱。比方说，编号从1到8的8辆车放置在如图所示的位置，那么怎么用最快速的方式把他们移动，让1、2、3、4和5、6、7、8互换位置，也就是说，编号仍然像现在一样从左到右排列，但是顶行与底行互换位置？最少可能的移动次数是多少？

每次只移动一辆汽车，不管移动距离多远，都算移动一次。为了防止理解失误，车位都用方格标出来，一个方格中同时只有一辆汽车。

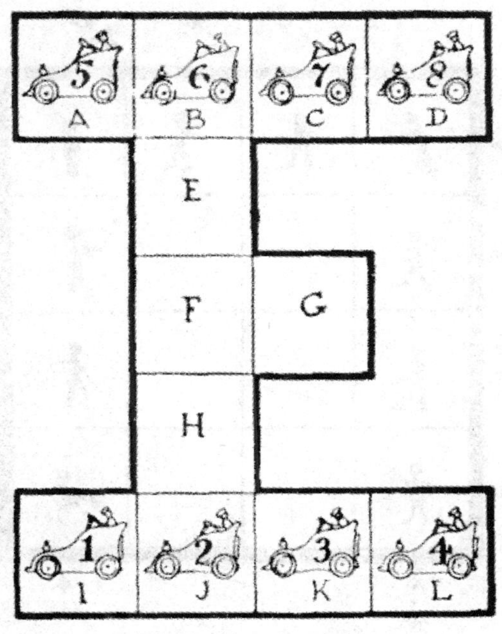

225 十个囚犯

难易程度：★★★☆☆　　完成时间：______

如果监狱没有其他的用处，它们仍然可以保留用来作为制作谜题的特殊用处。它们看起来似乎是一个取之不尽的谜题创意宝藏。这里有一道小小的难题，它可以让读者的兴趣保持一段时间。我们在插图中看到的监狱一共有16间囚室。读者可以看到图中10名囚犯的位置。狱卒对于奇数和偶数有奇怪的迷信，他想重新安排10名囚犯的囚室，以尽可能多的安排出偶数行，即在水平方向上、垂直方向上和对角线方向上尽可能有偶数个囚犯。现在读者可以看到，箭头指示的只有12个偶数排，上面有2个和4个囚犯。我立刻要说这样的偶数排的最大的可能是16排。

但是，狱卒仅仅允许4个囚犯可以移动到其他的囚室，而且通知我，因为坐在右手底角的囚犯体弱，他不能移动。现在，在要求的条件下，我们如何安排这16排偶数排？

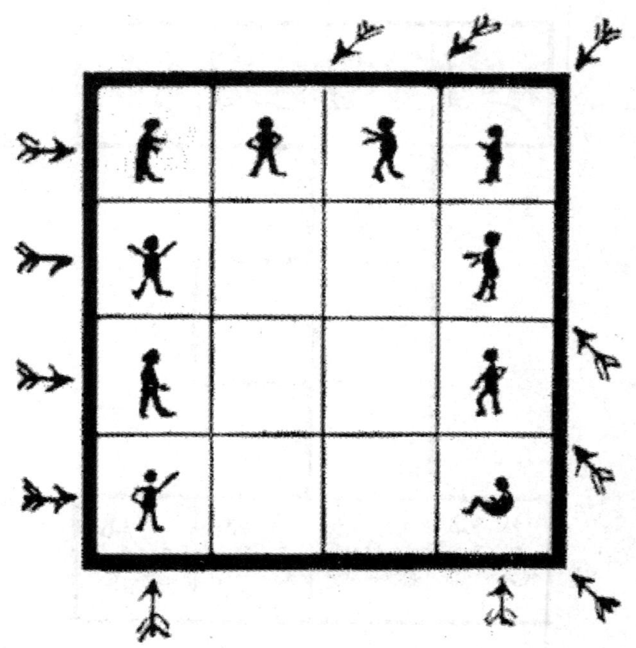

226 绕着海岸

难易程度：★★★★☆　完成时间：______

我认为，读者会发现下面这个谜题既有娱乐性又有教益。我们这里有一个圆环，是由8个圆圈组成的。读者需要用这种方式写出一个英国的7个字母的港口名字，但是要把这些圆圈留空。用你的铅笔点到一个空白的圆圈上，然后朝着围绕圆圈的任何一个方向跳两个空格，写下第1个字母。然后点着另外一个空白圆圈，跳过两个空格写下第2个字母，用同样的方式按照单词的顺序继续写其他的字母，直到你写完这个单词。因此，假定我们选择的港口是“格拉斯哥”（Glasgow），用如下的方式写单词：6—1, 7—2, 8—3, 7—4, 8—5, 意思就是我们点着6，跳过7和8，然后在1上面写下“G”；然后接触着7，跳过8和1，在2上写下“l”，以此类推。读者可以发现，在我们写下开头的如上的五个字母“Glasg”后，我们不能再继续下去了。或者是单词“Glasgow”有不对的地方，或者是我们跳跃方式不对。你能揭开这个谜底吗？

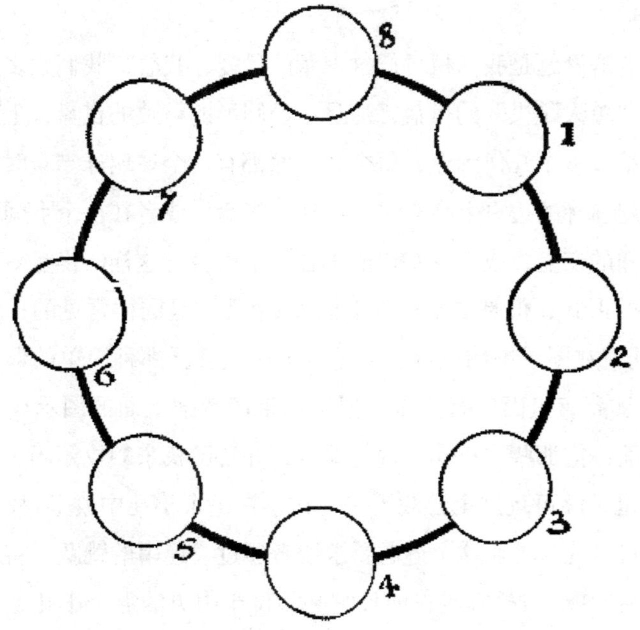

227 中心的单人跳棋

难易程度：★★★☆☆　完成时间：______

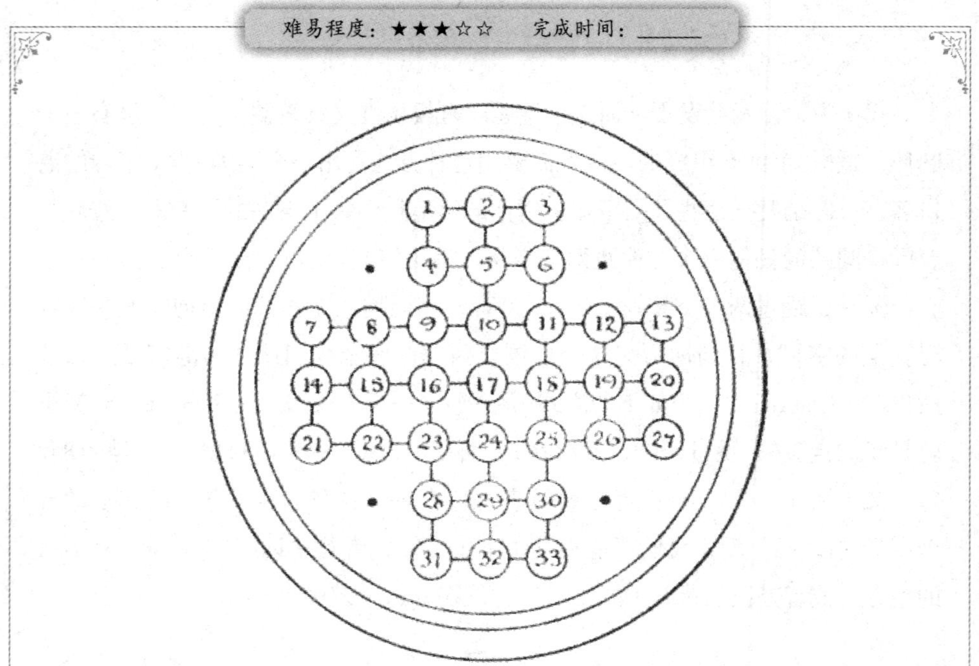

这种古老的谜题是我们祖母们这一辈的最爱，我想，我们大多数人都会偶然碰到一个“单人跳棋”的棋盘，那是一个圆形的精致的棋盘，上面挖有很多小孔，小孔组成一个几何图形，每个孔里面都有一个玻璃球。有时侯我注意到在郊区的房屋前廊的边桌上会有一个这样的棋盘，或者在一个乡间的小屋的书架上会有这样的棋盘，或者在路边的小客店里面会有这样的棋盘。有时候他们是上面呈现的形式，但是如果棋盘上面多4个孔也是同样常见的；棋盘上面多出来的4个孔就在图示中用点标注的位置上。我选择那种简单的形式。虽然单人跳棋在玩具商店里面仍有销售，但是如果读者把上面的图示放大在一张纸或者纸板上面，把那些“小孔”进行编号，并自己找来33枚筹码（纽扣或者豆子），这样也足够可玩这个游戏了。现在，在每个小孔中放上1枚筹码，但中央的那个第17号孔除外。这个谜题要求读者通过一连串的跳跃，将筹码一枚一枚取走，最后只剩下1枚筹码，而且它必须位于中央的那个小孔上。读者可以让1枚筹码跳过1枚相邻的筹码到另一个空着的小孔位置，就像国际象棋的走步一样，被跳过的筹码立即就可以从棋盘上取下来。唯一需要记住是，你的每一步都是一个跳跃。于是你每跳跃一步就取下一枚筹码，当然，用31步跳跃就可以取下全部的31枚筹码。但是这里允许读者连续跳跃（类似国际象棋的走步那样），因此步数就可以大大减少，因为只要一枚筹码在连续跳跃，其中所有的跳跃总共只算一步。

这里有一个设想的解答的开头，它们将会把这种棋的走步方式表现得清清楚楚，并且展示给解答者应该怎么把他的每一步尝试写下来: 5–17，12–10，26–12，24–26 (13–11，11–25)，9–11 (26–24，24–10，10–12)等。包括在一对括号里面的跳跃算一步，因为它们是由同一枚筹码进行的连续跳跃，请找出最少的步数。当然对角线方向上的跳跃是不行的，读者只能沿着线的方向跳跃。

228 九个杏仁

难易程度：★★★☆☆　完成时间：______

“这里有一个小谜题，”牧师说，“我认为它特别令人着迷，谜题很简单，然而它会让你觉得趣味无穷。”这位牧师拿出一张纸来，然后把它分成25个方格，就像国际象棋的正方形的一部分。然后他把9颗杏仁放在中间的方格上，如图所示，这里为了解答方便，我们用标着号码的筹码来代表杏仁。

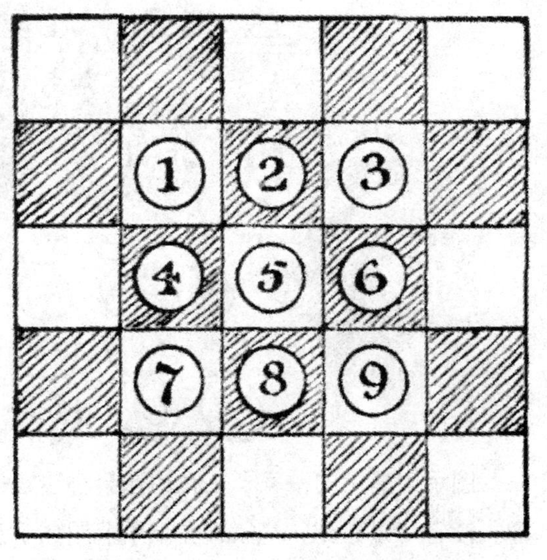

牧师继续说，“现在，谜题就是移去所有的8颗杏仁，然后把第9颗留在中间的正方形上。”做出移动的时候就是跳过一个杏仁到达旁边空着的方格，然后取下跳过的杏仁——就像在国际象棋中一样，只是在这里你可以在任何方向上跳跃，除了对角线方向上。谜题的要求就是用最少可能的步数完成任务。

下面的示范尝试将把一切说的清清楚楚。把4跳过1，5跳过9，3跳过6，5跳过3，7跳过5和2，4跳过7，8跳过4。但是8没有留在中间的正方形上，正是应该的情形。记住，移去你跳过的那些杏仁，同一个杏仁连续地跳跃，不管跳多少次，都应该算作一步。

229 十个苹果

难易程度：★★★☆☆　　完成时间：______

图示中显示的一家子正在用这个小谜题自娱自乐，这个谜题不难而且很有趣。读者可以看到，一家人在桌子上用16个盘子组成了一个正方形，并且在其

中的10个盘子中每个都放上了一个苹果。他们想找出一种方式把所有的苹果移去，最后只剩下一个。一次跳跃过一个苹果到下一空白处，就像国际象棋，或者更确切地说就像走单人跳棋那样，因为读者不允许在斜线方向上移动，只能沿着正方形边线的平行方向移动。很明显，因为现在苹果所在的位置，任何移动都是不可能的，但是你可以在开始前把任何单个苹果移动到一个空盘子里面。然后接下来的移动必须都是跳跃，拿下跳过的所有的苹果。

230 十二便士

难易程度：★★☆☆☆　完成时间：______

这里有一道精致的小谜题，只需要用12便士或者筹码。把它们用如图所示的方式，排列在一个圆圈中。现在一次拿起1枚便士，跳过2枚便士，把它放在第3枚便士上面。然后拿起另1枚便士做同样的事情，以此类推，直到在6步这样的移动中，把这些硬币成对放在位置1、2、3、4、5、6上面。在每一步上你都可以围绕圆圈在任何方向上移动，而且无论你跳过的是单个还是一对，都没有关系。如果你稍微思考一下就会发现这很容易。

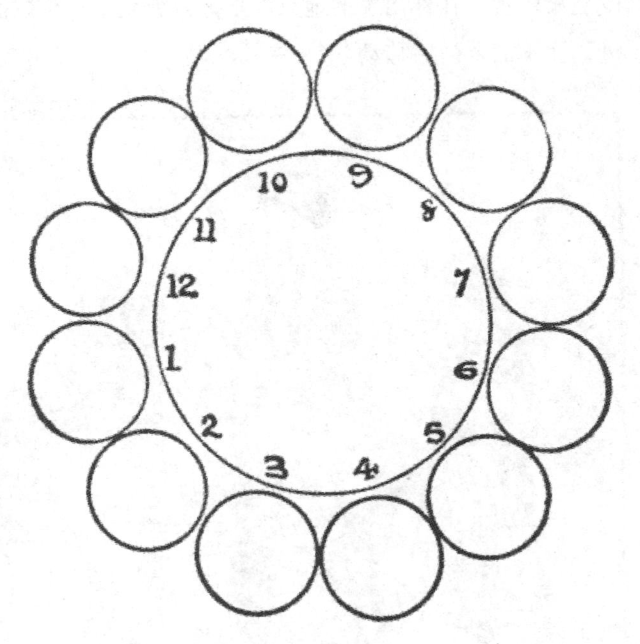

231 盘子和硬币

难易程度：★★★☆☆　完成时间：______

在一张圆桌上面放置如图所示的12个盘子，在每个盘子里面放上1个便士或者橘子。你可以从任何一个盘子开始，围绕着桌子总是朝一个方向走，拿起1枚硬币经过2枚另外的硬币，把它放到下一个盘子中。再次继续向前走，拿起另外1枚硬币，跳过2枚硬币，把它放到另一个盘子中；这样继续你的旅程。你只能移动6枚硬币，当他们都放下后，6个盘子中应该各有2枚硬币，另外的6个盘子应该空着。这个谜题重要的一点是围绕着桌子走尽可能少的圈数。无论被越过的2枚硬币是在一个盘子里面还是分别在两个盘子中，都没有关系。不论你将1枚硬币越过多少只空盘子，也没有关系。但是，你必须总是向一个方向围绕桌子走，在你出发的地点停下。也就是说，你的手要坚定地向一个方向前进，而不需要向后移动。

232 抓老鼠

难易程度：★★★★☆ 完成时间：______

“请公平一些啊，”老鼠们说，“你了解这游戏的规则。” “是啊，我了解规则，”小猫说，“我要围绕着圆圈一圈一圈走，朝着你们看的方向走，每次数到第13只老鼠就吃掉它，但是我必须保留那只小白鼠作为最后的甜点。13是个不吉利的数字，但是我会尽量让你们满足的。”

“那么就快点吧。”老鼠们喊。

“给我点时间考虑考虑吧，”小猫说，“我不知道从你们中间的哪一个开始呢，我必须合计合计。” 这只小猫想着想着就睡着了，于是诅咒就解除了，老鼠们安全地回到了自己的窝里。为了让小白鼠是最后一个被吃掉的，这只小猫应该从哪只老鼠开始数呢?

当读者解决了这道小谜题后，这里还有第二个谜题。如果从小白老鼠开始数（即把它算作1），而且最后还是吃这只白老鼠，那么小猫一圈一圈可以数的最少的圈数是多少?

如果还是从小白鼠开始数（把它算作1），并且作为第3个老鼠吃掉，第3个谜题就是找出小猫数圈圈的最小数字。

233 古怪的干酪商

难易程度：★★★☆☆　完成时间：______

图示中的这位干酪商是个对谜题成瘾的爱好者。他最爱的一个谜题就是在他的库房里堆奶酪，他发现这是一个对身体和智力都很好的娱乐活动。他把16块干酪放在地板上成一直行，然后把他们摞成4堆，每堆有4块干酪，摞的方式是把一块干酪越过4块其他干酪放到另一块上。如果你用16个筹码，并且把他们按照顺序从1到16进行编号，然后你可以把1放到6上，11放到1上，7放到4上，以此类推，直到每堆里面有4块干酪。读者可以看到，无论被越过的干酪是成堆的还是分开放置的，都没有关系，他们都是一样计数的；而且每次你都可以在任何方向上移动干酪。

有许许多多的方法可以在12步内完成这件事。但是要让4堆干酪留在不同的规定位置，这样就形成了一个需要"耐心"的好游戏。比如，你可以把这些堆放在一行的两端，在1，2，15和16的位置上。然后你可以试着让其中3堆靠在一起，放在13，14和15的位置。然后下一次的时候把他们留在3、5、12和14的位置。

234 交换位置的谜题

难易程度：★★★☆☆　　完成时间：______

这里有一个移动筹码的很好玩的谜题。你只需要12个筹码——6个是相同的颜色，标为A，C，E，G，I和K，其他的6个筹码为另一种颜色，标为B，D，F，H，J和L。首先你要把他们放在图示中的位置，如图所示，这个谜题就是把这些筹码按正常的字母顺序排列如下：

A	B	C	D
E	F	G	H
I	J	K	L

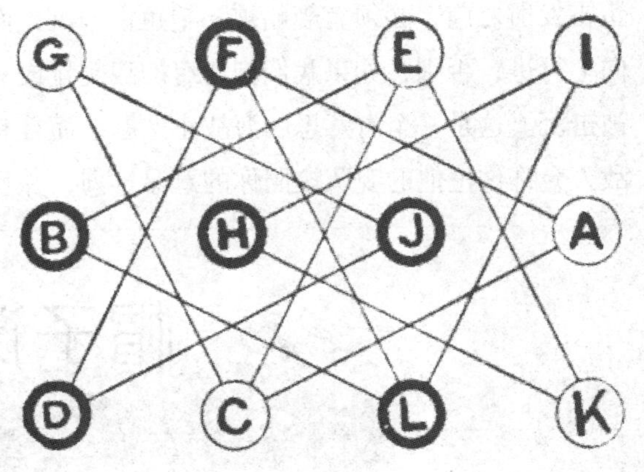

完成这个谜题的每一步都需要把在同样一条线上的颜色相反的筹码进行交换。于是，G和J可以交换位置，或者F和A也可以，但是你不能交换G和C的位置，或者F和D的位置，因为前面都是白色筹码，而后面都是黑色筹码。你能通过17次交换就完成要求的排列吗？互换的次数更少是不可能做到的。如果解题的方式正确，这道题其实比看上去容易的多。

235 鱼雷演习

难易程度：★★★☆☆　完成时间：______

一支由16艘战舰组成的舰队停泊在港口，四周被敌人围困。假如敌人的每一枚鱼雷都沿着直线发射，而且要从3艘战舰底下穿过，击沉第4艘战舰，那么会有多少艘舰船会被击沉？在图示中我们把战舰排列成正方形的形状，读者可以看出，通过发射箭头指示的鱼雷，最多有7艘战舰可能被击沉（即那些在顶行和第1列的舰船）。如果可以按照我们的意愿来停泊这些舰船，那么我们可以把这个数字增加到什么程度？记住，在下一个鱼雷发射之前，必须有舰船被一个鱼雷击沉，而且每个鱼雷都要求向不同的方向上行进；否则，如果我们把所有的战舰排成一条直线，就会有13艘战舰可以被击沉。这是一个有意思的海战小课题，而且有着很明显的实战意义——假如敌人允许你把他的舰队按照你的意愿排列，并且答应呆在那个地方不动的话。

236 帽子谜题

难易程度：★★★☆☆　完成时间：______

10顶帽子如图所示悬挂在挂钩上——其中5顶帽子是丝绸帽子，5顶帽子是毛毡的“圆顶高帽”，两种帽子交替悬挂着。在末端的两个挂钩空着。

谜题就是要求把相邻的两顶帽子移动到空挂钩上，然后把另外的相邻的两顶帽子放到空出来的挂钩上，以此类推，直到5对帽子得到移动，使得这些帽子再次悬挂成连续的一列，但是所有的丝绸帽子放在一起，所有的“圆顶高帽”放在一起。

记住，移动的两顶帽子必须总是相邻的，你必须一只手拿一顶帽子，把它们放到新的挂钩上，而不颠倒它们的相关位置。你不允许交叉双手，也不能一次只挂一顶帽子。你能解答这个老谜题吗？我把这个谜题作为下一个谜题的引导。试着用两种颜色的筹码或者硬币来代替解决，并且要记住排列完成后，两个空的挂钩必须在这一排的一头上。

237 排列果酱瓶

难易程度：★★★☆☆　完成时间：______

我碰巧有一次看到一个小女孩在排列一些壁橱里面的果酱。她把不同种类的果酱分开放在橱架子上。我注意到她一只手拿了一瓶西洋李子果酱，另一只手拿了一瓶醋栗酱，把它们交换了位置；然后她又把一瓶草莓酱和一瓶覆盆子酱交换，如此这般。看到她做了很多不必要的互换给自己也带来了很多的麻烦，是很有趣的一件事。于是我想应该可以成为一个好谜题。

读者在图示中可以看到，小多萝西必须把这24个大果酱瓶放到一样多的橱格里面。她想把它们用正确的数字顺序排列——也就是说，1，2，3，4，5，

6在顶层上，7，8，9，10，11，12在下一层上，以此类推。现在如果她总是右手拿一个，左手拿一个，让它们互换位置，那么需要交换多少次才能把所有的果酱罐排列成正确的顺序？她自然首先要改变1和3的位置，然后2和3，这时她把前3个果酱罐放到位了。然后你建议她应该怎样继续？读者可以在一张纸上画出方格代表所有的橱格，然后用编号的筹码来代替果酱，你会发现这是一道很好玩的谜题。

238 男孩和女孩

难易程度：★★☆☆☆　完成时间：______

如果你在一张纸上标出10个区域，代表椅子，用8个编号的筹码代表孩子，你就能有一个令人着迷的谜题了。让奇数代表男孩，偶数代表女孩，或者你可以用两种颜色的筹码或者硬币来代替。

这道谜题要求你抱起两个坐在相邻的椅子上的孩子，首先要让他们互换位置，然后把他们放在两张空椅子上，然后从两张相邻的椅子上再抱起一对孩子把他们放到现在空着的椅子上面，也要先让他们互换位置；以此类推，直到所有的男孩在一起，所有的女孩在一起；就像现在一头上有两张空椅子。

你必须在5步内解答这个谜题，两个孩子必须总是从相邻的椅子上抱起来，并且一定要记住两个孩子先互换位置这件重要的事情，因为后面这一点正是这个谜题的特殊之处。所谓的互换位置，我仅仅指你首先把1和2移动到空白的椅子上，然后把第1个椅子让2坐，第2个椅子让1坐。

第5章

笔画线路问题

我看见他们在逶迤而行的路上。

——雷金纳德·赫伯

这样假设是合乎情理的，在很久很久以前的某个时代，有个人曾经问另一个人这样的问题：哪条路是回家的最近的路？哪条路是最容易让人快乐的路？我们怎么才能找到一条路让我们避开乳齿象和蛇颈龙？我们怎么才能到达那里而不需要穿过敌人的领地？所有的这些问题都是基础的道路问题，通过引入一些条件把事情复杂化，他们都能转换成好的谜题。大量的这种谜题将在下面的例子中找到。我也收录并列举了一些差不多难度的谜题。这些谜题都是很好的思维能力训练的题材，就最有教益的对称形式来说，让人可以在一定程度上练习归纳和概括能力。

※ 单位换算：

1英镑=20先令	1先令=12便士	1克朗=5先令	1几尼=1.05英镑=21先令
1弗罗林=2先令	1沙弗林=1英镑	1法寻=1/4便士	半克朗=2又1/2先令

239 一个青少年的谜题

难易程度：★★★☆☆　完成时间：______

有好多年了，一直有一些青少年的读者朋友就这个小谜题向我咨询。大多数的孩子似乎知道这个谜题，然而，令人好奇的是，他们总是与答案擦肩而过。他们经常问的问题是“请你，一定，告诉我，这个是不是真的可能。”我相信魔术师霍迪尼过去很喜欢把这个谜题出给他的童年朋友。但是我不能判断是不是他发明了这个小谜题。毫无疑问的是很多我的读者会很高兴来揭开这个谜题答案的神秘面纱，因此我来介绍这个古老的捉弄人的谜题就没必要道歉了。

谜题就是画出如图所示的小女孩展示的图案，要求用铅笔3笔把它画出来。当然，你在画一笔的时候必须不能让你的铅笔离开纸或者再次重复同样的路线。你会发现连续的一笔能画出很多不同的图形来，但是似乎总是需要4笔才能完成。

谜题的另外一种形式是在一块石板上画出这个图案，然后用3次橡皮，把它擦掉。

240 英国国旗

难易程度：★★★☆☆　　完成时间：______

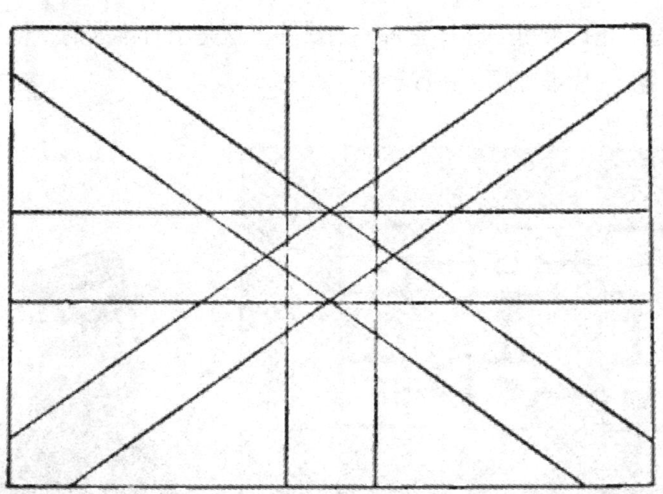

上面的图示是一个简单的草图素描，有点类似于英国的国旗。用铅笔1笔画完这整个图形而不把铅笔抬离纸面是不可能的，或者不重复同样的笔画2次画完它也是不可能的。谜题就是找出画完这个图形可能需要几笔画，当然你在画的时候不能让铅笔离开纸面或者同样的线路画2条。拿起你的铅笔，看看你怎样能做的最好。

241 地铁巡视员的谜题

难易程度：★★☆☆☆　　完成时间：______

在图示中的男子现在是左右为难。他刚刚被指定为某一个地铁系统的巡视员，他的任务就是在一段规定的时间内定期巡视。公司所有的17条线路连接着12个地铁站，正如他正在凝视的那个大的规划图展示的那样。现在他想安排一下自己的线路好让自己能够尽可能地走的路比较少而且能够覆盖所有的线路。

他从哪里开始都可以，从哪里结束也由他喜欢。那么他最短的路线是什么？有没有简单的方法？但是读者很快就会发现，无论他决定怎么走，巡视员一定会不止一次经过同样的一些线路。换句话说，如果每个车站的距离是1英里远，他必须经过不止17英里去巡视完每一条线路。这是小有难度的，他必须走多远才能走完一次？你推荐哪一条线路？

242 切开的圆

难易程度：★★★☆☆　完成时间：______

不把你的铅笔抬离纸面，你需要多少笔连续的笔画才能画出如图所示的图案？每当你改变铅笔的方向就相当于画出新的1笔，如果你喜欢你可以不止一次经过同样的笔画线路。这个谜题就是需要小心谨慎一点，否则你会发现自己会因为1笔而失败。

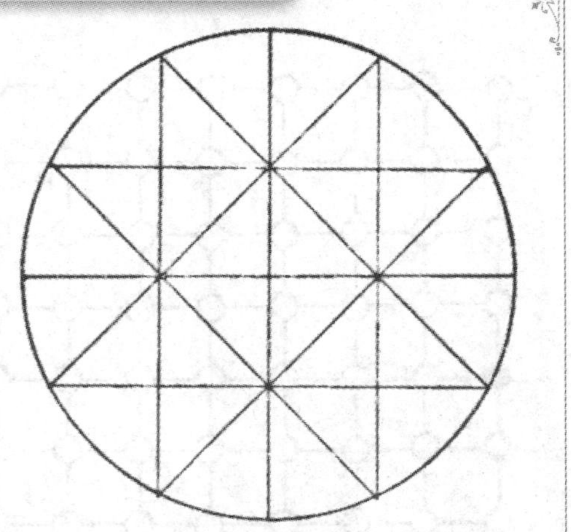

243 参观城镇

难易程度：★★★☆☆　完成时间：______

一个旅行者，从1号城镇出发，希望能够参观每个城镇一次，而且只一次，而且只走直线指示的道路。他可以选择的不同的路线总共有多少条？

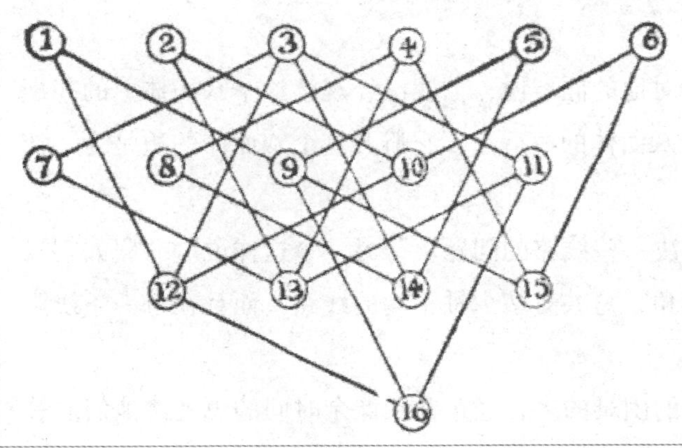

当然，他必须在1号城镇结束他的旅程，从他开始的地方，必须不关注横着的道路，直接从一个城镇到另一个城镇。如果你走了正确的道路，这将是一个非常简单的谜题。

244 十五个转弯

难易程度：★★★☆☆ 完成时间：______

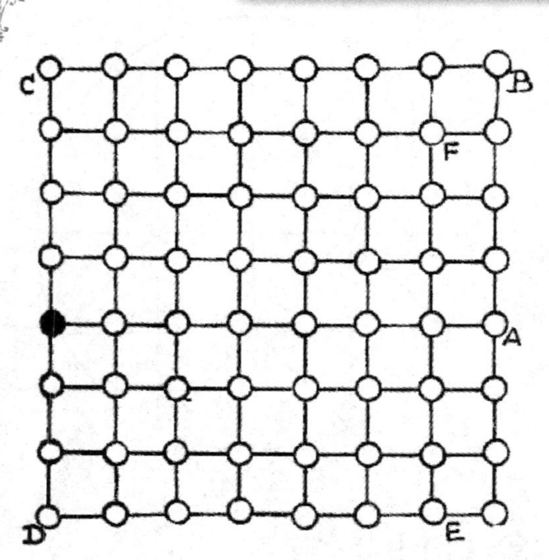

这里有另一个奇怪的旅行谜题。解决这个谜题可是需要一点创造性的。在这个情况下，旅行者从黑色的城镇出发，希望能够只转弯15次走得尽可能的远，并且同样的道路不走两次。城镇之间的距离假定是1英里。举例说，他直接到A城镇，然后直接到B城镇，然后是C、D、E和F，你会发现他走过了5个转弯旅程是37英里。现在，读者朋友，他走15个转弯究竟能走多远？

245 八面体上的苍蝇

难易程度：★★★★☆ 完成时间：______

“看看这里，”教授对他的同事说，“我已经观察这个八面体上的苍蝇很久了，它总是完全沿着八面体的棱行走，它避开这个八面体的边是为了什么原因？”

“可能他是努力要解决一些线路的问题。”另一个这样说。“假如它从顶点出发，走遍全部的棱角，总共有多少种不同的线路？而且在每一条线路中它同样的棱不能走两次。”

这个问题比他们想象的困难的多，经过几天课余时间的思考，他们的答

案都不相同。事实上，他们都错了。如果读者朋友对他们的失败感到惊讶，那么自己尝试一下这个小谜题。我只是解释一下，一个八面体是5个规则的或者说柏拉图式的物体之一，是由8个相同的等边三角形组合起来的。如果你切去图示中空白处展示的纸板图形的两块，并且沿着圆点线从中间切到一半，然后把他们折叠组合到一起，你就会得到一个完整的八面体。不论是走什么路线，经过所有的棱角，你就会发现苍蝇肯定会在顶部出发的地点结束。

246 巡视矿井

难易程度：★★★☆☆　　完成时间：______

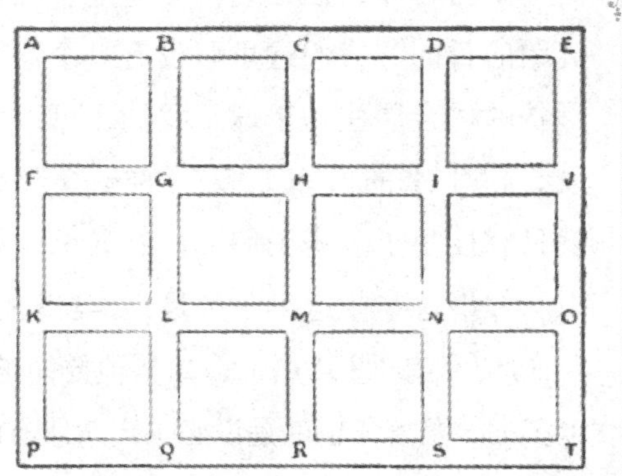

这个图示假定代表着矿井里面的通道或走廊。我们假定每一条通道，A到B，B到C，C到H，H到I等，都是1弗隆长（相当于0.2公里）。你可以看见，总共有31条这样的通道。现在一个官员必须巡视所有的这些通道，他通过升降机到

达点A处。他必须走多远才能巡视完所有通道，你有什么推荐路线吗？读者最初可能会说，“不是有31条通道吗？每一条通道1个弗隆长，他必须走过31佛隆。”但是这只是假定他从来没有走过一条通道超过一次，但是情况并不是这样的。拿出你的铅笔来，试着找出最短的路径。你不久就会发现这个谜题需要相当多的思考判断。事实上，这是一个令人费解的谜题。

247 二十面体的谜题

难易程度：★★★★★　完成时间：______

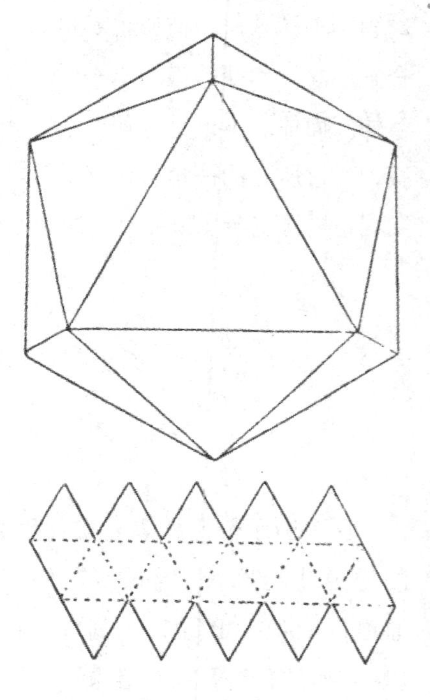

一个二十面体是5个规则的或者柏拉图式的物体之一，它的所有的边、角或者平面都是相同相等的。它是由20个同样的等边三角形组合起来的。如果你把小一点的图示中展现的图案的纸板割下一块来，然后从中间虚点的线路切割一半，把它折起来，就会组成一个完整的二十面体。

好，一个柏拉图式的物体没有必要是个太空物体，但是它一定要适合我们谜题的目的，我们这里假设有一个这个形状的适合居住的星球。我们也可以假设，由于水的过多，仅有的干燥陆地就只有棱角了，居民们并没有导航的知识。如果这些棱边每一条是1万英里长，一个孤独的旅行者被放在北极点上（如图所示的最高点），如果他要能够拜访到星球上所有可居住点，他必须走多远的距离？也就是说必须走遍所有的棱角。

248 自行车手的旅程

难易程度：★★★☆☆　　完成时间：______

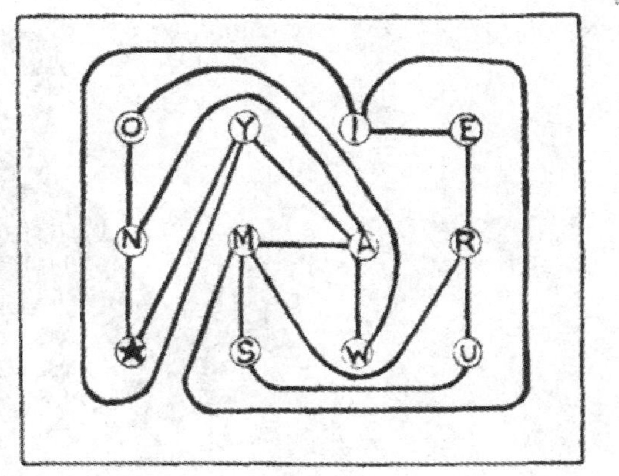

两个自行车手正在研究一张地图，准备一起进行一次小的旅程。地图上的圆圈代表城镇，所有的状况完好的马路都是用线段表示的。他们从用星星表示的城镇出发，必须到达E点完成他们的旅程。但是在到达那里之前，他们想用间隔的方式拜访一个个城镇，并且只拜访一次。“那是个难题，”斯拜瑟先生说：“我确信我们能够找到一个方法来完成这次旅程。”但是麦格斯先生说：“没有办法，我确定。”现在，他们哪个人是正确的？拿出你的铅笔，然后看看你是否能够找出完成这次旅程的方法。当然你必须走指定的路线。

249 投票者的谜题

难易程度：★★★☆☆　　完成时间：______

下面这个谜题，很有可能是一个形式最有意思的谜题。你能有多少种方式读这个政治口号，“Rise to vote，sir，”在与前面的谜题一样的条件下。在这种情况下，每次回文阅读都需要使用V字母作为中间字母。

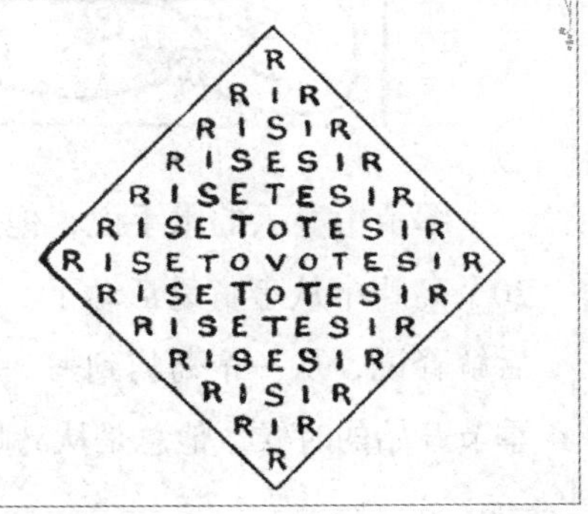

250 水手的谜题

难易程度：★★★★☆　完成时间：______

图示中显示的水手说，他从孩提时代就开始跟着一条小船在太平洋中的20个岛屿中从事贸易活动了。他提供了一份粗略的简图，我复制了一份，然后解释说，从一个岛屿到另一个岛屿的线代表他走过的唯一的线路。在贸易季节开始的时候，他总是从岛屿A出发，然后拜访每个岛屿一次，并且只有一次，然后回到原点岛屿A，并结束他的航行。但是他总是尽可能长地推迟他对岛屿C的拜访，因为某些我不知道的贸易原因。谜题就是找出他确切的路线，这肯定能够做到。拿出你的铅笔，从A点开始，努力画出线路来。如果你按照拜访岛屿的顺序写下岛屿的名称，举例来说，A、I、O、L、G等，你立刻就能发现是否你拜访一个岛屿两次或者忽略了任何一个岛屿。当然相交的线路可以忽略，也就是说，你必须笔直继续你的路线，不允许在十字交界口换路线走另外一个方向。在这个谜题里面没有什么诀窍可循。水手知道最好的路线，你能找出来吗？

251 盛大的旅程

难易程度：★★★★★　完成时间：______

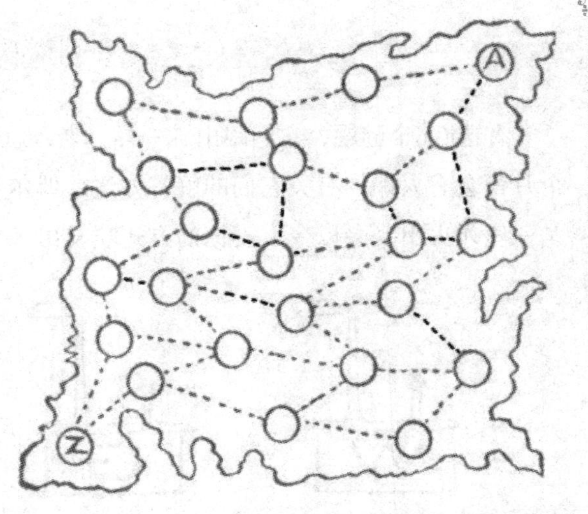

日常生活中的一个谜题就是规划路线。如果你骑着自行车或者开车在一个假日里旅行，总会有一个如何充分利用时间和其他资源的问题。你决定要去某个特别的地方，包括拜访这样或那样的一个城镇，努力去看一些有特别兴趣的东西，可能去拜访一个某地的老朋友，而这并不会让你走远路。然后你就必须计划你的路线以避免走糟糕的道路、无趣的乡村，而且如果可能，你可以从你走的同样的路线返回去。面前放着一张地图，一个有意思的谜题被处理并解决了。我会基于这些线路给出一个小难题。

我给出了一个简略的乡村地图——没必要说这个是什么特别的乡村——圆圈代表着城镇，虚线代表连接它们的铁路。现在在标注A的城镇里曾经住着一个人，他出生在那里，在他的一生中他从来没有离开过这个地方。从他年轻的时候他就非常勤奋，一直坚持不断地从事自己的贸易，没有去外面漂泊的意愿。然而，在他到了自己的50岁生日的时候，他决定要看一看自己的祖国，特别是要拜访一个居住在标注着Z的城镇的老朋友。他提议如下，他要从家里出发，并且每次进入一个城镇，只进入一次，在Z城镇结束他的旅程。当他决定只通过铁路来实行这次盛大的旅程后，他发现如何规划线路是一个难题，但是他最后成功地做到了。他是怎么成功的？不要忘了，每个城镇只拜访一次，不能超过一次。

252 水、燃气和电

难易程度：★★★★★　完成时间：______

有这么6个谜题，它们跟山脉一样古老，总是不停地浮现，一年中几乎每个月都会有人询问有关它们的解答方法。偶尔其中的一个谜题，人们原认为是一座死火山，会以令人震惊的方式喷发出来。我现在就收到了与一个古老

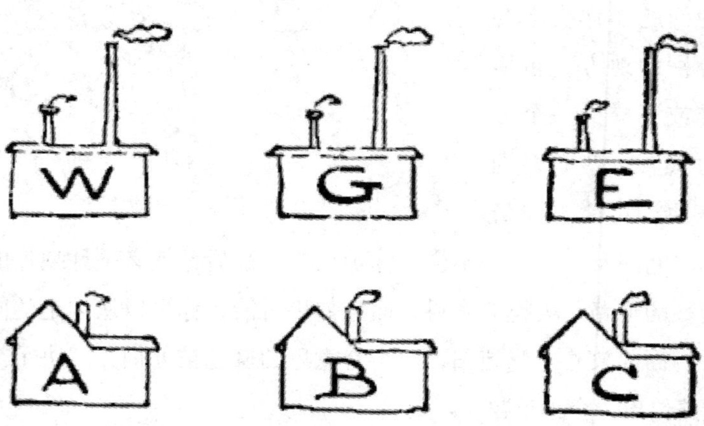

的谜题有关的的令人惊讶的数目的关于这个信件，这个谜题我称之为“水、燃气和电”。这个谜题比电灯照明可古老多了，甚至燃气，但是它被穿上了新衣服得以更新。这个谜题就是把水、燃气和电力从W、G和E点输入到三间屋子A、B和C的每一间去，而不必让管道交叉。拿出你的铅笔来画线，看看是怎么做到这一点的。你很快就会发现自己处在困境之中了。

253 驾驶员的谜题

难易程度：★★★☆☆　完成时间：______

8位汽车驾驶员某天早上开车去教堂。他们各自的房屋和教堂以及能够走的唯一的道路（用虚线表示）已经如图展示出来了。一个人从他的房屋A到他的教堂A，另一个从他的房屋B到他的教堂B，另一个从C到C，以此类推。但是后来发现任何一个司机都没有穿过另外一辆车走过的路线。拿出你的铅笔来，绘出他们各自不同的路线。

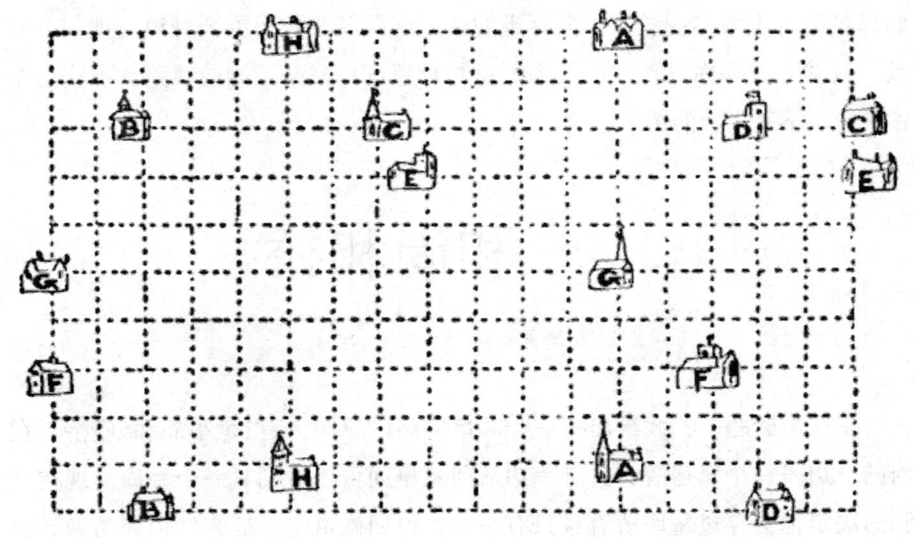

254 公共休假日的谜题

难易程度：★★★★☆ 完成时间：______

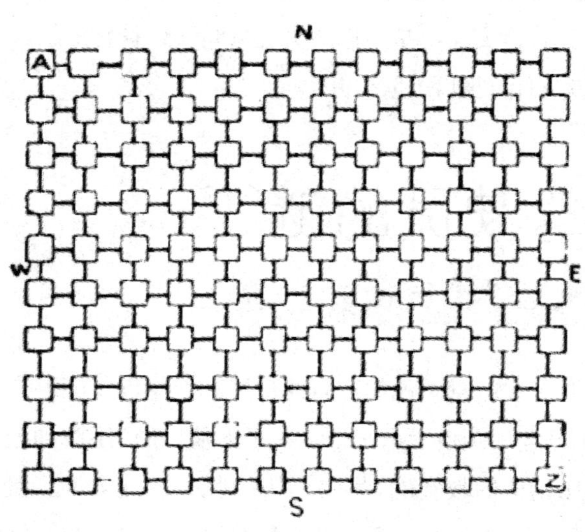

两个朋友正骑着自行车度过他们的公共假日。在一个村子的小酒馆停下来休息的时候，他们看了看线路地图，这个地图就是我们图示中展示的非常简单的图案，因为不需要原来复杂的其他东西，这个谜题已经足够有趣了。他们从顶部左手标注A的角落出发。可以看见，图中有120个这样的城镇，所有的城镇都是用直线线路连接起来的。现在他们发现总共有1365条不同的线路可以到达终点，如果他们总是朝着正南方或者正东方行进的话。谜题就是找出哪个城镇是他们的终点。当然，如果你发现到达一个镇总共有超过1365条不同的线路，那么这个镇子应该不是正确的镇子。

255 和尚和桥

难易程度：★★★★☆ 完成时间：______

在这个谜题中，我给出了一个简单的河的草图，有1个小岛和5座桥。在河的一边是一个修道院，另外一边从前景里面可以看到是一个和尚。现在，和尚决定他会穿过每座桥有且只有一次，返回修道院。这当然很容易做到，

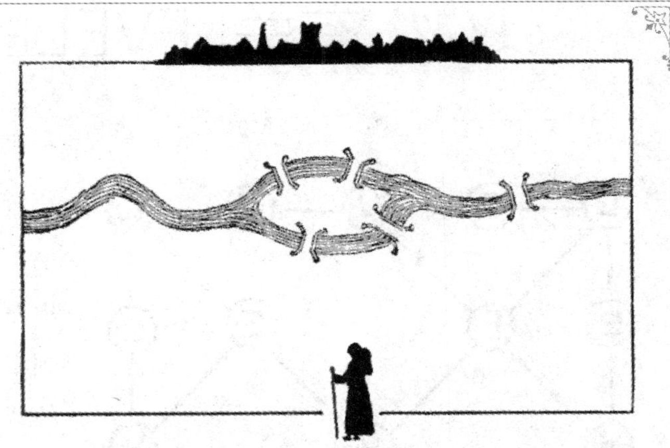

他心里暗自盘算。他想知道他到底有多少条不同的道路可以选择。你能告诉他吗？那就是谜题。拿起你的铅笔，勾画出一条线路，让你能够一次都经过5座桥。然后画出第二条路线，然后第三条，看看你是否能数出所有的不同路线。你会发现有两方面的难处：一方面，你必须避免没有遗漏一些桥；另一方面你要避免同样的路走两遍。

256 汽车旅行

难易程度：★★★★★　完成时间：______

在右图的图示中，圆圈代表者城镇，线段代表着好的道路。一个汽车司机从伦敦出发（用L表示的圆圈），走遍所有的城镇，并且每次只走一个城镇一次，总是在最后一程回到伦敦，总共有多少条不同的路线？每条路线原路返回不算不同的路线。

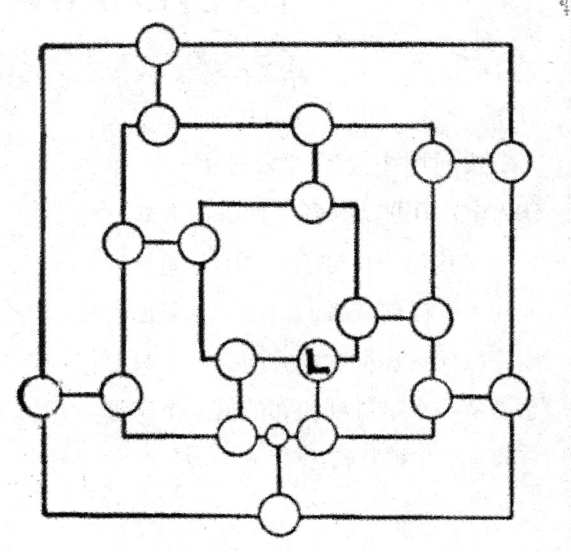

257 有关LEVEL的谜题

难易程度：★★★☆☆ 完成时间：______

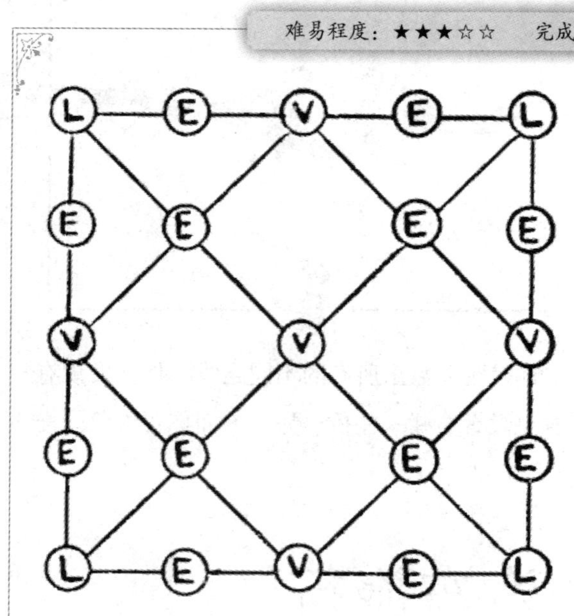

这是一个简单的计数谜题。你有多少种方式可以拼出单词LEVEL？把铅笔尖放到字母L上面，然后沿着字母的线路从一个字母到另一个字母。你可以走任何一个方向，向后或者向前。当然，你不能错过任何一个字母，也就是说，如果你碰到一个字母，你必须使用它。

258 钻石DIAMOND谜题

难易程度：★★★☆☆ 完成时间：______

按照图中显示的安排方式，单词DIAMOND可以有多少种拼读方式？你可以从任何一个你喜欢的D开始，向上或向下，向前或者向后读，从里面到外面，以任何你喜欢的方向拼读，只要你总是从一个字母到相邻的另一个字母。总共有多少种方式？

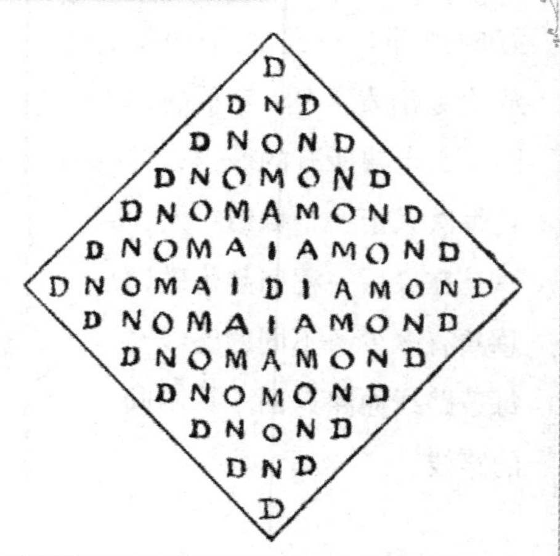

259 DEIFIED谜题

难易程度：★★★★☆　完成时间：______

根据上一个谜题同样的条件，按照这种排列方式，单词DEIFIED有多少种不同的拼读方式？一个附加条件是你可以在同一个拼读中使用任何字母两次。

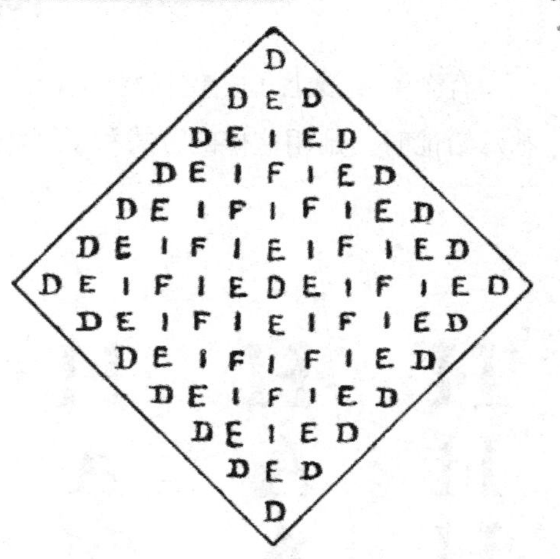

260 蜂巢谜题

难易程度：★★★☆☆　完成时间：______

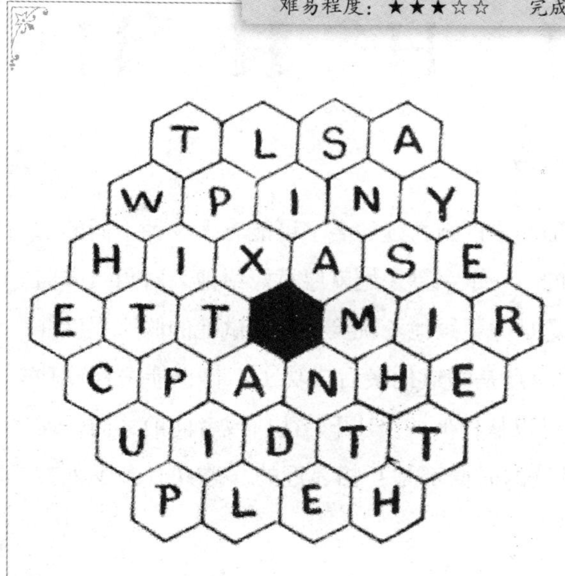

这里有一个小谜题，有着尽可能简单的条件。把你的铅笔尖放在蜂巢的单个小室的一个字母上，通过从一个字母到另一个相邻的字母，来勾画出一个很熟悉的格言。如果你选到了正确的路径，你只需要经过所有的蜂室一次，只有一次，谜题其实比看起来的要简单的多。

261 汉娜的谜题

难易程度：★★★☆☆ 完成时间：______

有个男子爱上了一位年轻的女士，她的教名叫做汉娜。当他向她求婚请她嫁给他时，她用这样的方式写下了她的名字：

H H H H H H
H A A A A H
H A N N A H
H A N N A H
H A A A A H
H H H H H H

并且承诺说，如果他能够正确的告诉她，她的名字可能有多少种不同的拼法，并且总是从一个字母到相邻的另一个字母，她就愿意嫁给他。对角线方向在这里也是允许的。她这样做究竟是为了跟他开玩笑还是测试他的聪明程度并没有记录下来，但是令人满意的一点是知道他最后成功了。你也能一样成功吗？拿起你的铅笔来试一下。你可以从任何一个H开始往后或者向前，向任何一个方向，只要所有的字母在拼读的时候都是互相邻近的。总共有多少种方式？任何两种都不是完全一样的。

第6章 组合群组问题

一个组合和一个形式，确实是。

——《哈姆雷特》第三幕 第四场

在这一类别里面可能有各种各样的谜题被称作“情境几何”的问题，但是问题的解答真的需要靠排列组合理论，我把我的圆桌谜题（第273题）放在了这里，如果n个已婚的女士以特定的顺序坐在圆桌周围，那么他们的n个丈夫可以有多少种不同的就座方式？条件是让每两位女士中间有一个男士，但是不能靠近自己的妻子坐着。

在这里棋盘分析的理论被运用来解决这类循环问题。把一个正方形分成36个格子，6×6的比例，删去所有从底角左手边角到顶部右手边角上的对角线经过的所有格子，包括对角线上面挨着的5个格子和底角右手的那个格子。6位夫妇的答案和你可以放置6个棋子车（不用删掉的格子）的方法数是一样的，这样一个棋子车就不会吃掉另外一个车。你会发现6个棋子车可以有80种不同的放置方法，这和上面的图表是一致的。

※ 单位换算：

1英镑=20先令	1先令=12便士	1克朗=5先令	1几尼=1.05英镑=21先令
1弗罗林=2先令	1沙弗林=1英镑	1法寻=1/4便士	半克朗=2又1/2先令

262 那十五只绵羊

难易程度：★★★☆☆　　完成时间：______

有人告诉我，某一本百科全书有这样一个好玩的问题。“把15只绵羊放到4个围栏中，让绵羊在每一个围栏中的数目都一样。”这里并没有给出一个确切的答案，因此我想我应该调查这个问题。我知道如果是处理苹果或者砖头的同类问题，这看起来是不可能的，既然4乘以任何数字一定是个偶数，但是15是个奇数。所以我认为，绵羊一定有一些不太为人所知的特别特征。

因此我决定就这一问题询问一些农夫。第一个农夫告诉我说：“如果我们把一个围栏放入另一个围栏，正如靶环一样，把所有的羊都放入最小的围栏里面就可以了。”但是我表示了反对，因为你自己也承认了是把所有的羊放入了一个围栏而不是4个围栏。第二个人说：“如果我把4只羊放入3个围栏中的每一个，3只羊放入最后一个围栏（总共是15只绵羊），最后一个围栏里

面的一只母羊在夜晚的时候生了一头小羊羔，这样在早上的时候每个围栏里面的绵羊数量就一样了。”这当然也不能让我满意。

第三个农夫说：“我的一块农田里面就有4个围栏，还有一群公羊，因此如果你随我走过去，我就给你演示一下是如何做到的。”这个插图描述的就是我的朋友，他正要给我演示这是怎么做到的。他那明白易懂的解释显然就是百科全书的作者脑中所想的。那么这是怎么做到的?你能放好这15只绵羊吗?

263 亚瑟王的骑士

难易程度：★★★☆☆　完成时间：______

亚瑟王连续三个夜晚和他的骑士们围坐在圆桌前，他的骑士们包括比利巴斯、卡拉多克、德瑞雅姆、埃里克、弗劳尔和格拉海德，但是在任何的场合下，任何人都没有和挨着自己坐的人再一次相邻。在第一晚上，他们按照字母顺序围坐在圆桌边。但是随后亚瑟王重新安排了接下来的两个座次，好让比利巴斯可以坐得距离他尽可能的近而格拉海德可以坐得离他尽可能的远。他是怎样安排这些骑士们的座次到最合适的？记住规则，一个骑士是不能两次有同样的邻居的。

264 城市午餐

难易程度：★★★☆☆　完成时间：______

位于伦敦城的一家大公司的12个雇员每天都在同一个屋子里坐在一起吃午餐。屋子里的桌子都很小，每张桌子只能同时坐下两个人吃饭。你能展示一下这12个人是怎样在11天里面成对一起吃午餐的吗？好让任何两个人不会坐在一起两次。我们用字母表中的12个字母来代表这些人，假定第一天的配

对方式是这样的：

(A B) (C D) (E F) (G H) (I J) (K L)

然后给出你喜欢的第二天的配对方式，比如说——

(A C) (B D) (E G) (F H) (I K) (J L)

以此类推，直到你能完成你的11天的安排，让每一对不会同时一起坐两次。有很多可能的不同安排方式，试着找出其中的一种。

265 玩牌者的谜题

难易程度：★★★☆☆　完成时间：______

一个俱乐部的12个成员安排了在11个晚上一起打桥牌，但是任何一个成员都没有与同样的伙伴一起打牌超过一次，或者同样的对手超过两次。你能给出一个计划演示一下他们每天晚上是怎么在3张桌子上就座的吗？把12个成员用字母表的前12个字母来代表，试着来给他们分组。

266 错误的帽子

难易程度：★★★☆☆　完成时间：______

“这是我最近遇到的最让人费解的事情了，”威尔森先生说，“8个男子正在伦敦的某个餐厅里面用餐，虽不够明智但是吃得很满意。他们是最后一批离开的，但是没有一个人能够认出哪个是自己的帽子。”现在，考虑到他们可以随机取他们的帽子，那么每个人拿到不属于自己的帽子的几率有多大？

“首先要看看拿走8顶帽子总共有多少种不同的方式。”沃特森先生说。

“那很简单啊，”斯塔布斯先生解释说，“把这些数字1、2、3、4、5、6、

7、8乘起来。让我看一下，给我30秒，是的，总共有40320种不同的方式。”

“谢谢你，但我不会这样做的，”派克赫斯特先生说，“我不会嫉妒那个尝试着写出所有4万多种方式，然后选出他想要的方式来解决这个任务的人。”

他们都赞同，生命很短暂不应该用来做那种事情当作娱乐。因为其他人找不出其他方式来得到答案，这件事情就被无限期的推迟了。你能解决这个谜题吗？

267 网球锦标赛

难易程度：★★★★☆　　完成时间：______

4对已婚夫妇一起玩混合双打网球锦标赛，一位男士和一位女士作为一对和另一位男士和女士比赛。但是每个人都不会和同伴或者和任何一个其他的对手一起比赛超过一次。你能演示一下他们是怎么在两个场地上连续三天进行比赛的吗？这是一个很实用的小谜题。它足够复杂也很有趣。

268 编钟的谜题

难易程度：★★★★☆　　完成时间：______

有人来信问我他怎样才能打造他称之为“逼真的和正确的”4个钟组成的编钟序列，他显然对鸣钟法非常感兴趣。他说每个可能的4个钟的排列方法必须只能奏响一次，并且只有一次。他补充说，任何一个钟一次必须不能移动超过一个地方，而且在最开始或者最后位置的任意一个钟都不能做连续两次的敲击。最后的移动必须能够转变成第一种方式。你可以发现，这些古怪的条件可以在由3个钟组成的编钟上得到满足，如下排列：

1 2 3

2 1 3

2 3 1

3 2 1

3 1 2

1 3 2

我们如何能给他的由4个钟组成的编钟提供一个正确的解决方案呢?

269 在船里的三个人

难易程度：★★★★★　完成时间：______

一个慷慨大方的伦敦制造商每年自己花钱让他的工人在海边度假一周。有一年他的15个工人去参观赫恩海湾，在他们从伦敦出发的早上，他们的雇主给他们讲话，表达了希望他们玩得愉快的祝福。

他接着说，有人告诉我说你们有几个人特别喜欢划船，因此在这个时刻我提供给你们这个娱乐活动，再同时提出一个娱乐的小谜题供你们解答。在赫恩海湾的7天的假期里面，你们七人每个人每天都可以同时去划船，但是在一条船里面必须只能有3个人，不能多了。任何两个人都不能一起在一条船里面超过一次，如果你们能成功做到这一点，并且使用了尽可能少的不同的船，你们可以让公司报销你们的费用。

其中一个员工告诉我，他在处理这类事情中获得的经验很快就让他能够得出令他们每个人和雇主都满意的答案。但是有趣的一点是，实际上他们从来没有真正解决这个小谜题。我发现他们的方法都是不正确的，我想让我们的读者来找出他们应该怎么来一起划船才能是很有趣的。

因为他们的名字碰巧是安德鲁斯、贝克、卡特、丹比、爱德华兹、弗利斯、盖伊、哈特、伊萨克斯、杰克逊、肯特、朗、梅森、奈珀和昂斯娄，我

们可以用他们的首字母来称呼他们，用下面这种方式写出7天中每一天的5组安排方式：

	1	2	3	4	5
第一天	(ABC)	(DEF)	(GHI)	(JKL)	(MNO)

这里看到的在括号中的每组三个人都是在同一条船中，所以A再也不能和B和C再一次出去，C再也不能和B再次出去。同样的适用于其他的4条船。图示的数字展示的就是船上的号码，因此A、B或C，举例来说，就再也不能乘一号船再一次出来了。

270 十五个字母谜题

难易程度：★★★★☆　　完成时间：______

ALE　FOE　HOD　BGN
CAB　HEN　JOG　KFM
HAG　GEM　MOB　BFH
FAN　KIN　JEK　DFL
JAM　HIM　GCL　LJH
AID　JIB　FCJ　NJD
OAK　FIG　HCK　MLN
BED　OIL　MCD　BLK
ICE　CON　DGK

上面是我给出的1896年夏季《精选》的谜题的解答方式。要求就是用字母A、B、C、D、E、F、G、H、I、J、K、L、M、N和O组成3个字母一组的25组，好让这些组合拥有最多数目的日常英语单词。

任何两个字母都只能在一组中一起出现不超过一次。因此A和L字母一起出现在ALE中，下一次就再也不能出现在一起了。A同样也不能和字母E一起出现在同一组中了，当然L和E也是如此。在上面的解答中这些条件都必须得到满足，形成的单词的数量总共是21个。许多人努力尝试打破这个数目，但是目前为止还没有成功过。

在这些条件下，15个字母是不能形成超过35种组合的。理论上，不能形成超过23个单词，这个数目的单词组合可能在每一个单词中有元音存在。因为从给出的元音中取3个元音是不能形成英语单词的，比如（A、E、I和O），所以我们必须要减少可能的单词的数目到22个。这在理论上是正确的，但是实际上22个单词是达不到的。如果像上面展示的那样，JEK也是一个单词的话，那就可以了，但是它并不是一个单词。和其他字母组合的数量并不会产生比上图展示的结果更好。我应该说明一下，特定的专有名词和缩写，比如，Joe、Jim、Alf、Hal、Flo、Ike等，是不允许的。

现在的谜题是上面的谜题的一个变体。只是像这样：不用给出的15个字母，读者允许从字母表中选择任意的他喜欢的15个字母。然后根据条件，组合出35个组合，尽可能展示出更多好的英语单词。

271 玻璃球

难易程度：★★★★☆　完成时间：______

几个聪明的神枪手呆在一间乡村的房子里，主人提供了一点娱乐，把几串玻璃球悬挂了起来用来瞄准射击，正如图中显示的那样。

在他们对技艺进行了充分训练之后，有人问了下面的问题：如果我们总是必须把留在串上最下面的玻璃球打碎，那么总共有多少种不同的方式可以打碎这16个玻璃球？

这样，一个人可以连续打碎每一串上所有的4个玻璃球，按照从左边到右

边的绳串顺序。另外一个可以先把4串上的所有的第4个玻璃球都打碎，然后打碎第1串上的3个剩下的玻璃球，然后按照从右向左的顺序依次打碎其他3串上剩下的玻璃球，以此类推。

因为总共有很多种不同的方式（既然每个小的顺序变化都是一种不同的方式），所以这会让人首先感到这个问题非常困难。

然而，这真的是很简单的问题，一旦你找到了正确的解决方法。总共有多少种不同的方式？

272 九个男生

难易程度：★★★★☆　　完成时间：______

相比起“十五个学校女生”（看第269题的解答），这是一个新的、有趣的伙伴谜题。即使我用可能是最简单的方式展示它，仍然很有难度。9个男生在一个星期的6天里3个一组一起上学，任何一个男生和另外一个男生肩并肩走路不能超过一次。你怎么安排他们？如果我们用字母表的前9个字母代表他们，他们第一天的分组情况可能像下面这样：

A　B　　C

D　E　　F

G　H　　I

然后A再也不能和B肩并肩走了，B和C一样，D和E也是，以此类推。但是A当然可以肩并肩和C一起走。这里并不是同一组中在一起的问题，而是肩并肩在一个三人组中。在这些条件下，他们能够6天一起出去，在学校女生的条件下，她们只能一起走4天。

273 捕鼠器谜题

难易程度：★★★☆☆　　完成时间：______

这是从1个同样名字的古老的谜题那里得来的不同的现代版本。数出21张牌，从1一直到数字21，把他们按照特定的顺序放到一个如图所示的圆中。

这些牌都代表老鼠，你可以从任意一张牌开始，把那张牌喊作“1”，然后开始数数，“1、2、3”等，按照顺时针方向，当你数的数跟卡片上的数字吻合的时候你就抓住了一只老鼠，你就可以移去这张牌。

然后从下一张牌开始，你可以数“1”，再一次试着抓住另一只老鼠。以

此类推。假定你是从数字18开始的，把那张牌喊作“1”，你第一只抓住的老鼠应该是数字19的牌。移去19，你的下一只老鼠是10。把10移去，你的下一只老鼠应该是1。把1移去，如果你一直数到21，（你必须不能超过）你不能抓住老鼠了。现在理想的状态是抓住所有的21只老鼠，但是在这儿这是不可能的。如果这可以的话，最多只需要21次不同的尝试就能够成功了。但是读者可以在开始之前把任意两张牌改变位置。你可以把6的位置用2来替换，或者7的位置用11来替换，或者其他的一对。这可以用几种不同的方式做到，以帮助你抓到所有的21只老鼠，如果你能在正确的位置开始。你绝对不能跳过你抓住的“老鼠”，你必须总是移去牌，然后重新开始。

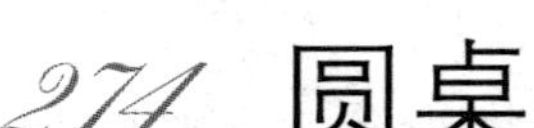

274 圆桌

难易程度：★★★★★　完成时间：______

把同样的n个人在(n－1)(n－2)/2个场合下安排在圆桌上，让他们任何一个都不能和相同的两个邻座在一起两次。当然，也就是说相当于说每个人必须只能在一起坐一次，且只有一次，在每一对可能的人中间。

275 十六只绵羊

难易程度：★★★☆☆　完成时间：______

这里有用火柴和筹码或者硬币制作的一个谜题。在图示中的火柴代表围栏，筹码代表绵羊。16个围栏在外面，绵羊必须被当作是不能移动的。谜题是完全和里面的9个围栏有关。

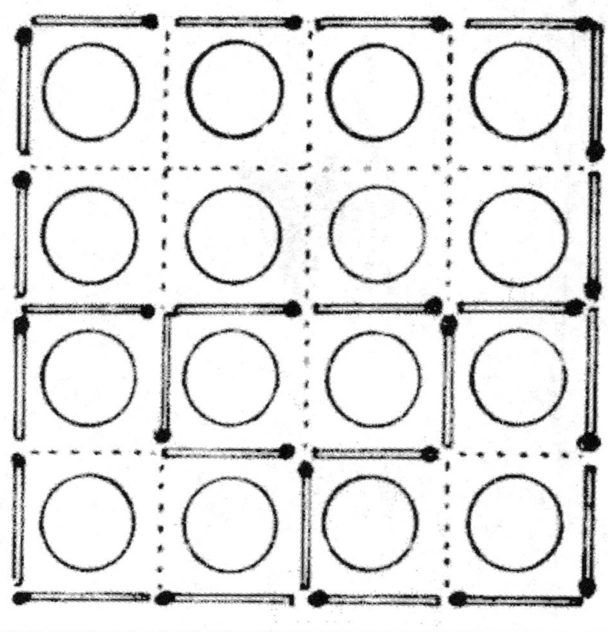

你可以看见现在这9个围栏围起了4组绵羊，分别是8、3、3、2只共四组。农夫需要重新调整一些围栏，好用这些围栏围起3组数量分别是6、6和4的绵羊。你能仅仅替换两个围栏就做到这一点吗？

当你成功的时候，然后试着替换3个围栏来做到这一点，然后4个、5个、6个接着是7个。当然，围栏必须正确地放在虚线上，如果留下没有连接在一起的围栏，或者两个围栏紧靠着放在一起，或者仅仅让围栏变个地方，是不允许的。实际上，条件很简单，任何农场的工人都能直接理解这一点。

276 八座别墅

难易程度：★★★★★　完成时间：______

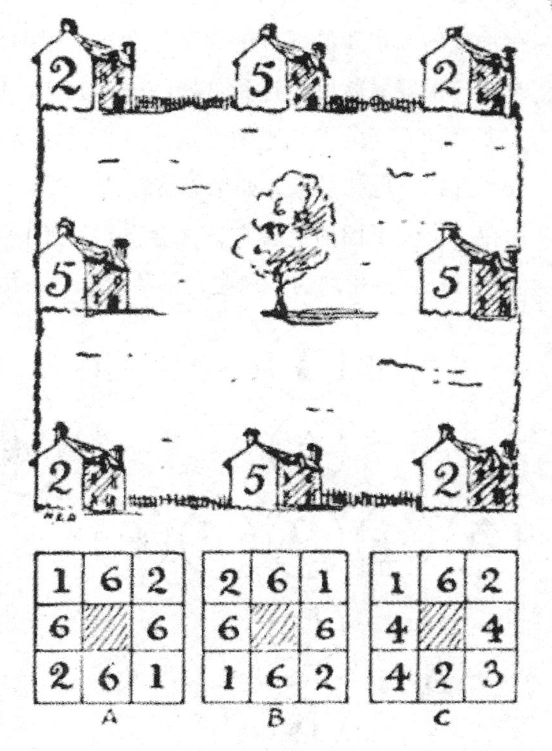

在伦敦偏远的郊区，一个人有一块正方形的土地，他决定要在土地上建造8座别墅，在中间建造一个娱乐中心，正如图示显示的那样。在所有的房子都建成之后，把所有的或者部分的出租出去，他发现在形成正方形的一边的三个房子里面居住者的人数在任何一种情况下都是9个。他并没有说明居住者是怎么分布的，但是我已经用数字在房子的边上标注出了一种可能的方式。谜题就是找出所有或部分的房子被占据总共会有多少种方式，要求让每一边上有9个人。为了不引起误解，我需要解释一下，尽管B我们称之为是A的映射，这应该被计算成2种不同的排列方式，而C，如果把它旋转，可以有4种不同的排列方式。如果在一个镜子面前旋转，你会得到另外4种不同的排列方式。所有的8种计算方式都要考虑在内。

277 筹码十字架

难易程度：★★★★★　完成时间：______

关于这个谜题我们所需要的就是9个筹码，把他们命名为从1到9的9个筹码。读者可以从插图中看到，在A中，这些筹码排列在一起形成一个希腊十字架，而在例子B中，他们组成一个拉丁十字架。在这两种情形下，读者会发现在垂直的十字架的部分的数字之和与水平的部分的数字之和是一样的。通过尝试，很容易就可以达到这样的排列方式，但是问题是在每一种情形下可以有多少种不同的方式来做到这一点。记住反方向和映射不能算作一种不同的排列方式。也就是说，如果你旋转这一页你会得到4种不同的希腊十字，如果你在一个镜子面前旋转它，你会得到另外4种不同的方式。但是这8种都被认为是一种，是相同的。现在，每种情形下总共有多少种不同的方式？

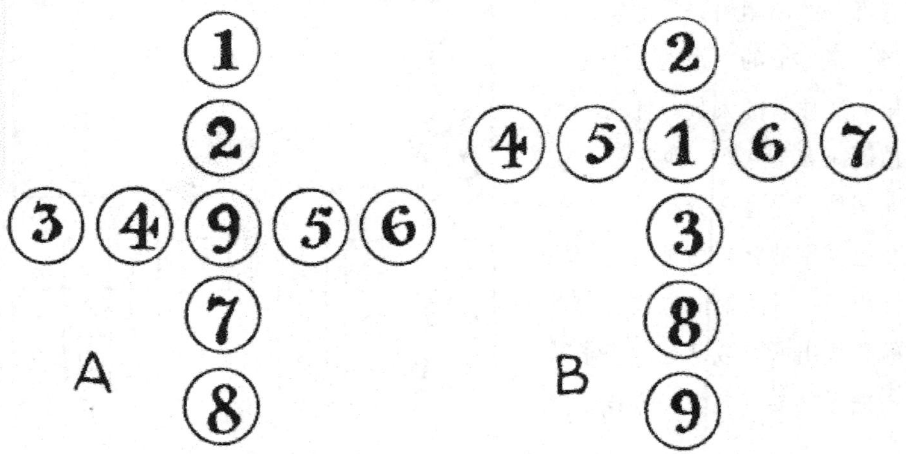

278 一个集体宿舍谜题

难易程度：★★★☆☆　　完成时间：______

在一间修道院里，在一楼有8间很大的集体宿舍，在中间有一个旋转楼梯，正如我们的草图显示的那样。在周一的一次巡视中，女修道院长发现大家都喜欢睡南边，所以在南边睡觉的修女的数量是其他三边任意一边的六倍。她对这种过度拥挤很反对，命令应该减少人数。

周二的时候，她发现仍然有五倍数量的修女在南边睡觉。她再一次抱怨这一点。在周三的时候，她发现四倍的修女睡在南边；周四的时候三倍；周五的时候两倍。她要求这些修女们做出进一步的努力，在周六的时候她很高兴地发现在房子的四边睡觉的修女人数终于一样多了。那么最少的可能的修女人数应该是多少？在那6个夜晚的每个晚上他们分别是怎样来安排的？条件是任何一个房间都不能空着。

279 香脂桶

难易程度：★★★☆☆　完成时间：______

一个巴格达的商人有10桶珍贵的香脂等待出售。他们都编了号码，排列成两行，一行在另一行的上面，正如图片显示的那样。桶上面的数字号码越小，价值就越大。因此质量最好的就编号为1，最差的编号为10，所有的其他号码价值依次排列。现在，商人——阿米德·阿辛的规则就是他从来没有把一桶香脂放在价值比它更小的香脂桶下面或者右边。图示显示的排列方式，当然，是最简单的符合这个条件的方式。但是还有其他的各种方式，举例来说，下面这个：

1　2　5　7　8

3　4　6　9　10

这儿再一次说明，任何一个号码比另一个小的桶不能放到它的右边或者下面。谜题就是找出巴格达商人怎样来在两行中安排他的香脂桶，同时不打破他的规则。你能数出有多少种方法吗？

280 建四面体

难易程度：★★★☆☆　完成时间：______

我有一个四面体，或者叫做三棱锥，是由6根棍子粘在一起形成的，正如图示中显示的那样。你能正确的数出这6根棍子粘在一起形成一个棱锥的不同方式数吗？

有几个朋友在一起解答了一个晚上，每个人拿出6根火柴来帮助自己来思考，但是大家发现没有任何两个人的想法是一样的。你看，如果我们移去其中的一根棍子，把它换个其他方向，那就是一个不同的棱锥。如果我们把其中的两根棍子变换位置，结果也会不一样。但是，记住，每个金字塔每一个棱锥都可以用其中的一个面站立着，他们都是同样一个棱锥，没什么不同。那么总共有多少种方式？

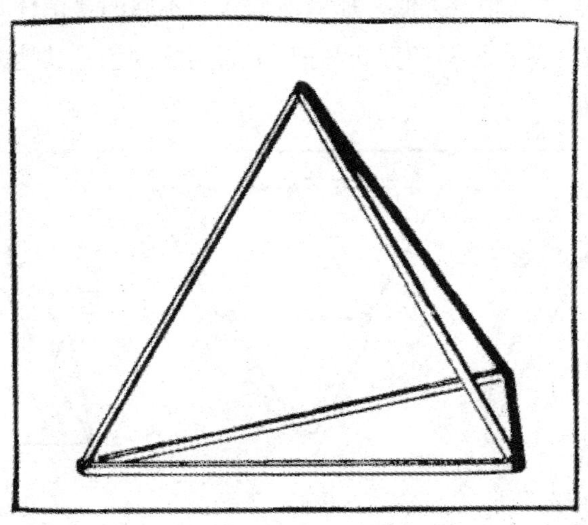

281 油漆一个棱锥

难易程度：★★★★☆　完成时间：______

这个谜题涉及油漆一个四面体或者三棱锥的四个面。如果你分割出一片如图1所示的三角形纸板，然后沿着虚线切一半，把它折起来就成了一个完整的三棱锥。我首先提醒读者太阳光谱的基本颜色是七种——紫、靛、蓝、绿、黄、橙和赤。当我还是个孩子的时候，我就通过一个由7种颜色的首字母组成的笨拙单词“vibgyor”记住了这一点。

一个三棱锥可以有多少种油漆方式？在每次油漆的时候可以用颜色谱系中的一种、两种、三种或者四种。当然一个面只能用一种颜色，任何一个面都不能留着不油漆。

但是有一点我必须清楚地指出来，四个面并不是被当作分别不同的。也就是说，如果你把棱锥油漆成图2所示的样子（底部是绿色的，其他看不到的都是黄色的），然后把另外一个按照图3指示的顺序油漆，这两个其实是一样的，只能当作一种方式。

因为如果你把图2推倒，就成了图3。要避免这样的重复才是这个事情中真正的谜题。如果一个油漆过的棱锥不能通过改变放置方式而与另外一个在颜色上或相关顺序上完全类似，那么他们就是不同的。记住，一个方式就是把4个面都刷成红色，另一种方式是把2个面刷成绿色，其他的面刷成黄色和蓝色，以此类推。

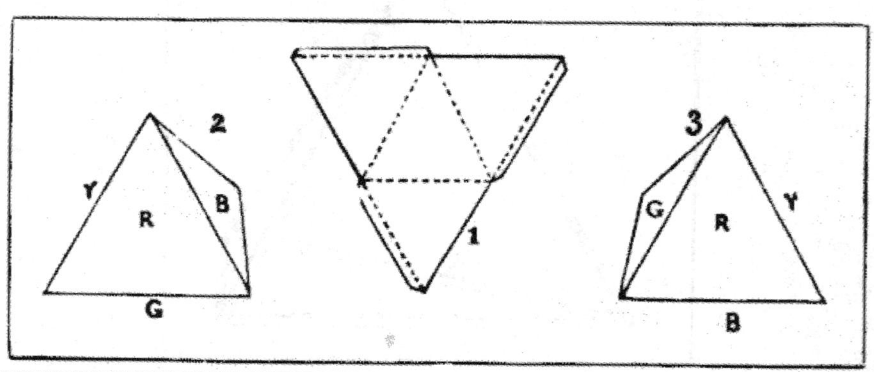

282 古董商人的锁链

难易程度：★★★★★　完成时间：______

有个古董商拥有许多稀奇而古老的锁链，他把它们带给一个铁匠，告诉铁匠把它们连起来组成一整条锁链，只有一个条件，就是两个圆形的锁链扣不能在一起。下面的图示显示了锁链的外观和每一个链扣的形状。

现在，假定古董商可以把锁链再一次分开，然后把它们拿给另外一个铁匠，然后准确地重复他先前的指示。那么锁链像第一个人那样再次连在一起的几率有多大？记住，每个连续的锁链扣可以由两种之中的一种方式连接起来，正如你可以在指头上有两种方式戴上一个戒指一样，或者是把你的食指和拇指用两种方式连起来一样。

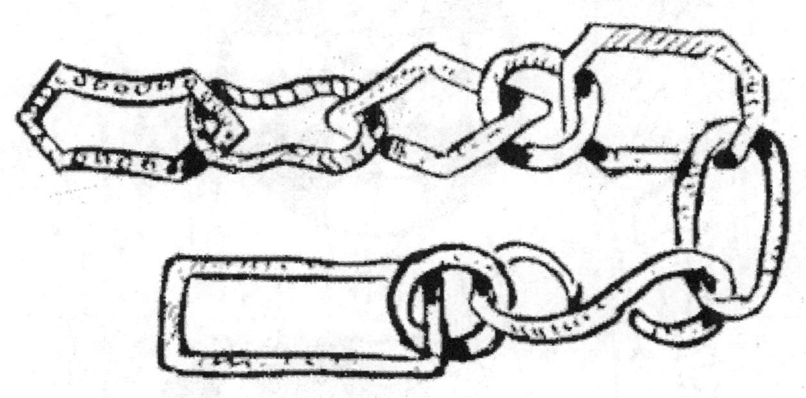

283 十五个多米诺骨牌

难易程度：★★★★★　完成时间：______

在本例题中，我们不能使用在平常盒子里找到的整套28个多米诺牌。我们把所有带有一个5或者一个6的多米诺骨牌摒弃，然后只使用剩下的15个，

那样双4就是最高的。

那么15个多米诺骨牌根据游戏的简单规则排成一条直线，也就是说一个数字必须总是与另外一个相同的数字对在一起。比如，一个4对一个4，一个白板对着一个白板，以此类推。从左到右或者从右到左的同样的排列方式算作不同的两种方式。

284 十字架靶子

难易程度：★★★☆☆　完成时间：______

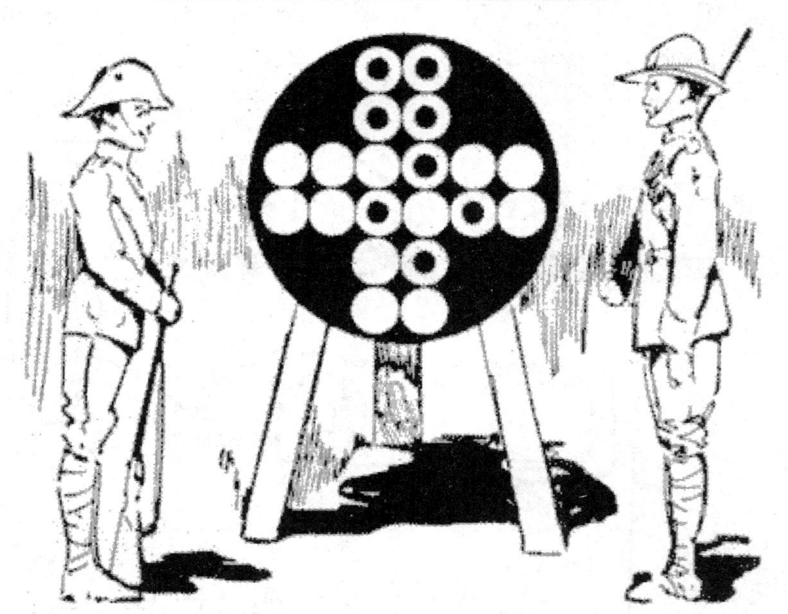

在上面的图示中我们可以看到一个奇妙的靶子，它是由一个怪癖的神射手设计的。他的想法是如果要得分你必须用尽可能多的子弹击中4个圆圈，这样4发子弹就可以形成一个正方形。可以看到靶子上录到的结果，两次尝试是成功的。第一个人击中了十字架顶上的4个圆圈，然后形成一个正方形。

第二个人也打算击中底部的4个圆圈，但是他的第二发子弹，在左边那一

发，射得太高了。这就迫使他用一种与他想到的不同的方式来完成这四发射击。可以看到，尽管第一发子弹击中哪一个圆圈并不很重要，但是如果你想得到一个正方形，第二发子弹必须用准确的步骤以做到这一点。现在，谜题是总共可能有多少种不同的方式在靶子上用4发子弹形成一个正方形？

285 四枚邮票

难易程度：★★★☆☆　　完成时间：______

“简单得就像数数一样。”这句话是有人偶尔听到的一句表达。但是仅仅数数有时候也可能是很令人迷惑的。拿下面这个简单的例子来说，假如你刚刚买了12枚邮票，在这个3×4的表格中，一个朋友问你要4枚邮票，邮票都要连在一起的，不能有邮票只挂在一个角上。

那么你可能总共有多少种不同的方式撕下那4枚邮票呢？你可以看到，你能给他1、2、3、4，或 2、3、6、7，或 1、2、3、6，或1、2、3、7，或者2、3、4、8，以此类推。你能够数出总共有多少种不同的方式来撕下这4枚邮票吗？总共不超过50种方式，因此数起来并不复杂。你能得出准确的数字吗？

1	2	3	4
5	6	7	8
9	10	11	12

286 油漆骰子

难易程度：★★★☆☆　完成时间：______

把一个单独的骰子上的数字漆上标记总共有多少种不同的方式？唯一的条件是1和6，2和5，3和4都要在相对的两面。这是个足够简单的问题，然而可能会让很多人感到迷惑。

287 一个离合体诗的谜题

难易程度：★★★☆☆　完成时间：______

在创作双离合诗的时候，你是否曾经考虑过适合做混合词的首字母和尾字母对的多样性和局限性？你可能必须找到一个单词以字母A开始，以字母B结束，或者A和C，或者A和D，以此类推。有些组合很明显是不可能的——比如举例来说，那些以字母Q结束的。但是让我们假定在每种情况下都可以找到一个很好的英语单词。那么，总共有多少对可能的字母是合适的？

第7章 棋盘问题

"你和我一起来下棋。"

——格林的急智小问题

一阵大风经过，有个烟袋锅从空气中呼啸而来，摔到了人行道上的一个行人面前。他平静地说："我要这个东西没有用，我根本就不吸烟。"有些读者在碰巧看到棋盘上用棋子代表的谜题时会立刻做出同样的一致的评论，"这个对我可没有用，我不下棋的。"

这在很大程度上是由一个平常但错误的观念造成的结果。这个观念就是，一般在报纸上我们熟悉的与棋有关的谜题（因为某种原因，都用一个高贵的名字"疑难问题"），都是和象棋这个游戏本身有很大关系的。

※ 单位换算：

1英镑=20先令　1先令=12便士　1克朗=5先令　1几尼=1.05英镑=21先令

1弗罗林=2先令　1沙弗林=1英镑　1法寻=1/4便士　半克朗=2又1/2先令

第一节 象棋棋盘

"好的公司就是一个棋盘。"

——拜伦的《唐璜》十三章

288 双色方格图案棋盘的划分

难易程度：★★★★★ 完成时间：______

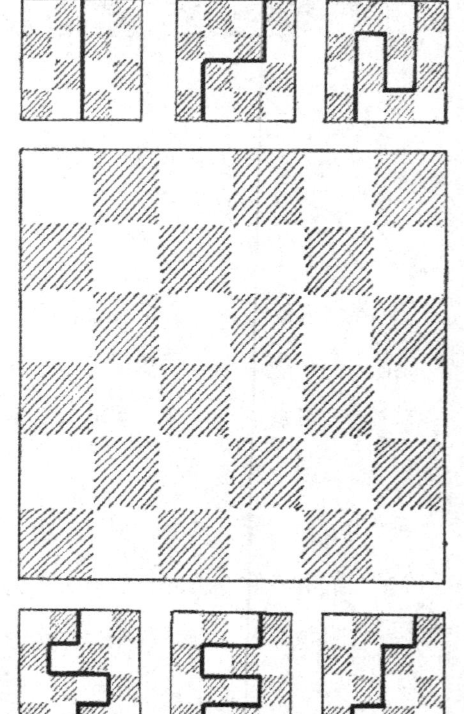

我最近问我自己的一个问题是：通过沿着正方形的线切割，把一个棋盘分成大小和形状都相同的两部分，总共可能有多少种不同的方式？不久就发现这个问题既迷人又充满了困难。我把这个问题用简单的表格方式展现出来，用一个小尺寸的棋盘表示。

很显然，一个包含4个正方形的棋盘只能有一种分割方式——通过中间的纵切方式——因为我们不能把反向和映射也算作不同。在一个包括16个正方形方格的棋盘上，也就是4×4的棋盘，也只有六种不同的分割方式。

在图示中，我已经把所有这些都给出了，读者们不会发现其他的了。现在把包含36个方格的大棋盘拿出来，试着找出把它分割成两块同样尺寸和形状的部分总共有多少种不同的方式？

289 狮子和王冠

难易程度：★★★☆☆　完成时间：______

图示中显示的年轻女士遇到了一个切割方面的小难题，读者可能会乐于帮助她。她希望能够把手中那块珍贵的正方形材料切成四块，每一块的尺寸大小和形状都相同，但重要的一点是每一块上面必须包括一只狮子和一个王冠，她并没有跟我说这样做的原因。

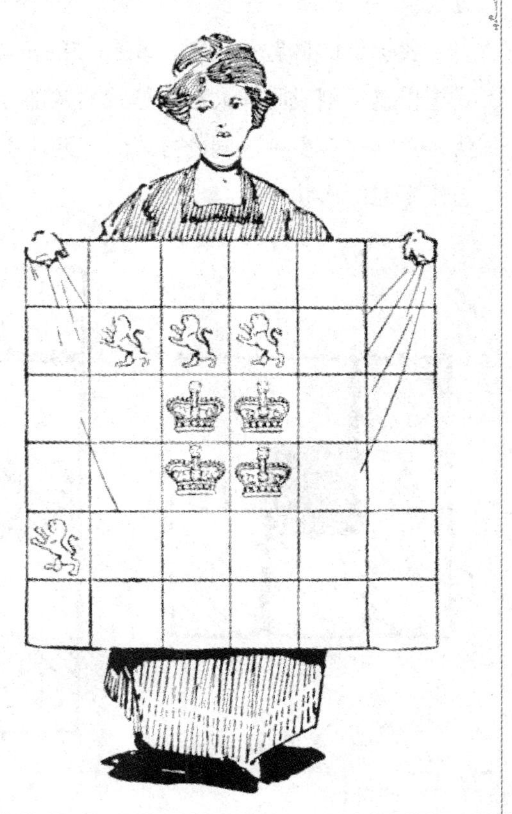

因为她坚持分割的时候只能沿着方格线进行，所以应该怎么切割这块材料令她非常困扰。你能告诉她切割的方式吗？切割这块材料只有一种可能的方式。

290 正方形个数为奇数的棋盘

难易程度：★★★★☆　完成时间：______

我们在这里考虑包含奇数个数方格的棋盘问题。我们假设中间的方格首先切割下来，留下偶数个数的方格用来分割。

现在，很显然的，一个3×3的正方形棋盘格只能有一种分割方式，正如图示1显示的那样。可以看见A和B部分尺寸大小相同，形状也一样，其他的分割方式只能产生同样形状的部分，因此，记住这些变化都不能被称为不同的分割方式。

我提供的谜题是切割一块5×5的棋盘，如图2所示。用尽可能多的不同方式把棋盘切割成同样大小和形状的两部分。我在图示中已经展示了一种切割方法。总共有多少种不同的方式？把两块中的一块翻转过来与另一块类似并不能当作不同的形状。

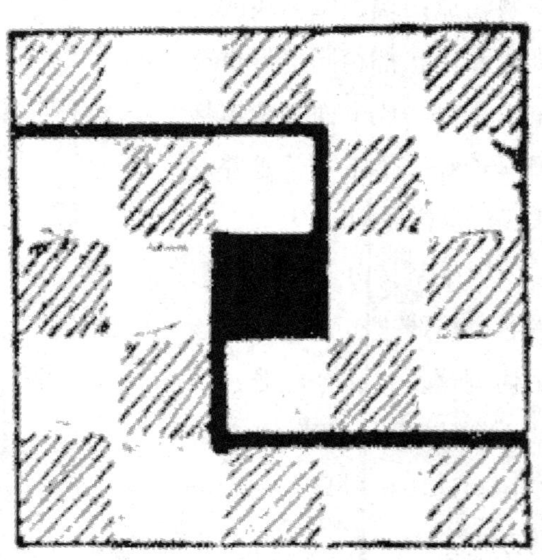

291 大喇嘛的问题

难易程度：★★★☆☆　　完成时间：______

曾经在很久之前有一个大喇嘛。他有一个纯金子做成的棋盘，雕刻精致，当然价值不菲。每年在拉萨的喇嘛僧侣中都会举行一场象棋联赛，每当有人打败大喇嘛的时候，都会被当作一种巨大的荣耀，他的名字就会被镌刻在这个棋盘的背后，昂贵的珠宝就会被放在给出将军那一步的特定的方格上面。在这位无上的喇嘛被四次击败之后，他去世了——可能是因为懊恼。

现在新就任的大喇嘛不擅长玩象棋，喜欢其他形式的娱乐，比如砍别人的头。因此他把下象棋看作一项低俗的游戏，认为它既不能提高思维，也不能提高道德修养，就草率地废除了这个联赛。然后他把曾经“厚颜无耻地”击败过大喇嘛的四位僧侣召集来，对他们说了下面这番话：低劣的异教徒们，竟然把自己称作喇嘛。你们知不知道宣称自己有能力比我的前任做得更好是一项死罪？把棋盘拿来，在黎明降临到囚室之前，把这块棋盘分割成4块同样形状和大小的四部分，每一部分都包括16个完整的正方形，每一块上都有一块宝石。如果这个任务你们失败了，就只能设计其他的游戏项目供你们的特别娱乐了。开始吧！四个僧侣成功地完成了这项看起来不可能完成的任务。你能展示一下这块棋盘怎样可以分割成4块大小一样，每块形状相同的部分吗？只能沿着方格线来分割，并且每一部分都要包括一颗宝石。

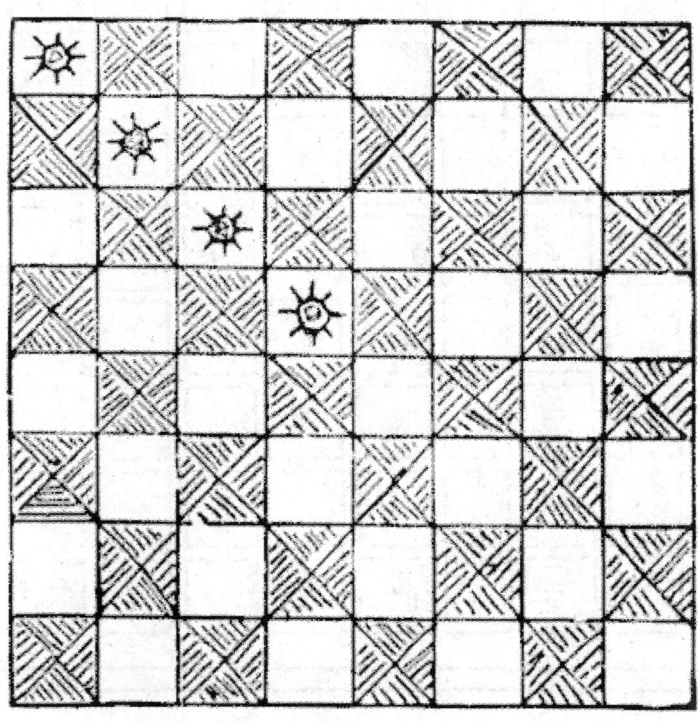

292 主教的窗户

难易程度：★★★☆☆　完成时间：______

在很久很久以前，圣·埃德蒙德布雷的大主教因为非常着迷于自己的头脑和智力生病了，不能离开自己的床。当他醒着的时候，他在床上无休止地翻来覆去，体贴的僧侣注意到有什么事情正在困扰着他；但是没人敢问可能是什么，因为大主教性格严厉，从来不会忍受别人的询问。突然他召唤约翰神父，然后那个受尊敬的神父就来到了他的床边。

“约翰神父，”主教说，“你知不知道我是在一个圣诞前夜来到这个邪恶的世界的？”神父点头表示知道。

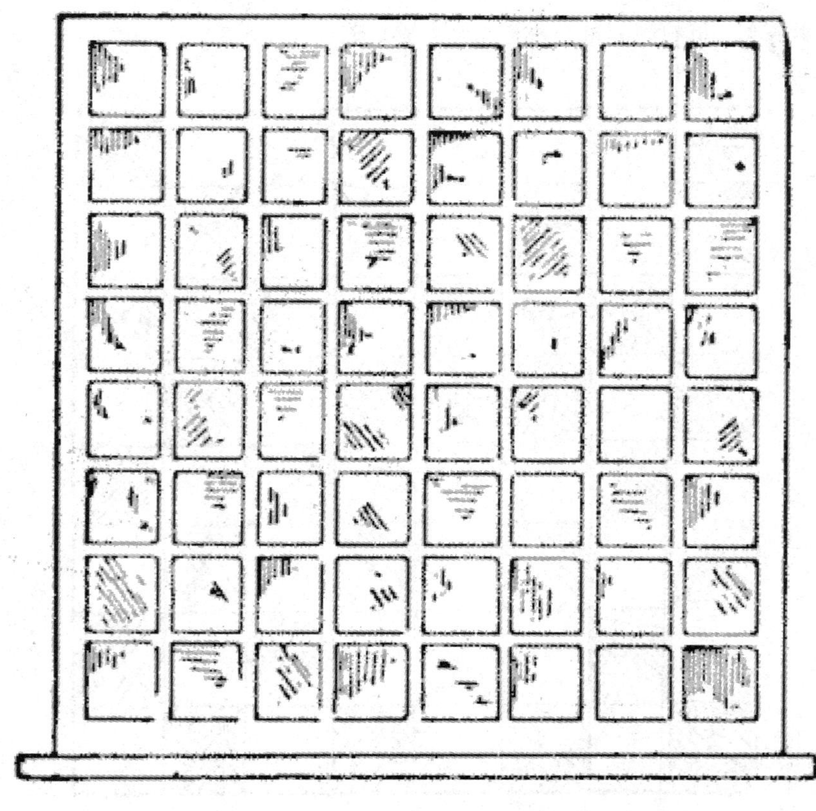

“我不是经常告诉你出生在圣诞前夜的人，像我，是不喜欢奇数个数的东西的的吗？你看那里！”

主教指着大大的房间玻璃窗，“我给那个玻璃窗画了一个草图。”

神父抬头看着它，很困惑。

“你难道看不见，64个灯在水平方向和垂直方向加在一起数目都是一个偶数，但是所有的对角线上灯的数目加起来，除了14的那个，剩下的都是奇数，这是为什么？”

“确实是这样，我尊敬的主教，这正是事情的本质，是不能改变的。”

“不，这必须要改变。我把你叫来就是叫你今天要把几盏灯关掉，好让每条线上的灯的数目都是偶数。你不许延迟，马上就做，否则就要被关到地窖里面一个月还会有其他的灾难降临到你身上。”

约翰神父黔驴技穷了，但是在咨询了一个神秘的博学的人之后，他找出了一种方式，满足了大主教的突发奇想。有几盏灯被盖了起来，那样剩下的灯无论是在哪条线上，水平的、垂直的还是对角线都是一个偶数。怎么样来盖住最少可能的灯来形成这种状况？

293 中国的象棋棋盘

难易程度：★★★☆☆　完成时间：______

把一个象棋棋盘分割（只能沿着方格线），让每两块都不完全一样，总共会有多少不同的块数？记住白色和黑色的组合也构成不同。因此，一个简单的白色方格是不同于一个黑色的方格的，一行3个方格包含2个白色的方格同样是不同于一行3个包含2个黑色方格的，以此类推。如果两块放在桌子上面不能完全类似，那么他们是不同的。因为棋盘的背面是平面的，所以每一块都不能翻转过来。

294 棋盘句子

难易程度：★★★☆☆　　完成时间：______

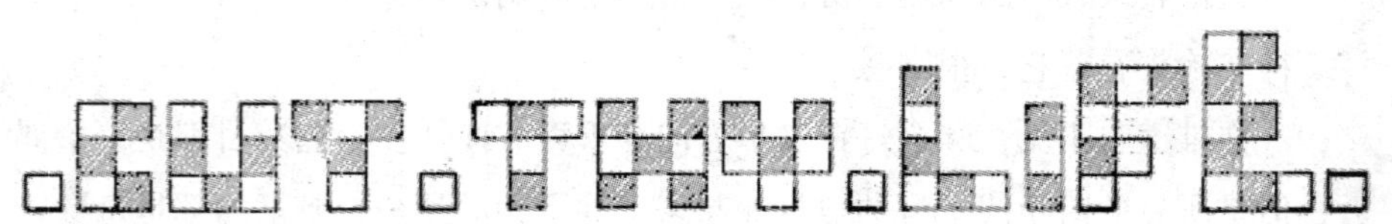

我又一次自娱自乐找了个任务，让自己把一个寻常的棋盘切割成为字母表中的字母，好让他们组合成一个完整的句子。可以从图示中看到，几部分组合起来得出了句子“CUT THY LIFE”中间还有句号。完美的句子当然应该只有一个句号，但是我并没有成功做到这一点。

这个句子对于那些想逃离平乏的生活、不走寻常路的人很有吸引力。你能把这些拼起来形成一个完整的棋盘吗？

第二节　静止的棋盘谜题

他们也服务那些只站着等着的人。

——米尔顿

295 被防守的象

难易程度：★★★★☆　　完成时间：______

现在，如果每个方格上都或者被占据或者被进攻，那么需要多少个象？每个象应该被另外一个象防守着。应该怎样来放置这几个象？

296 八个车

难易程度：★★★★☆　完成时间：______

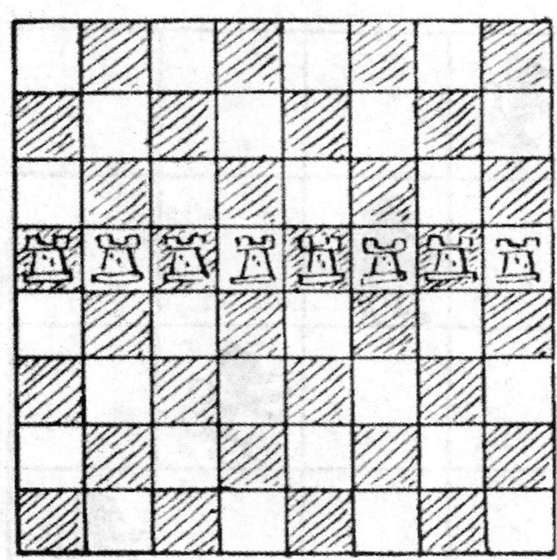

从第一个图示可以看到，棋盘上面的每个方格或者被车占据了或者可以被车进攻，每个车都被另外一个车“防守着”（如果他们轮流是黑色和白色的车，我们应该说被“进攻了”）。把8个车放在任何一行或者一列明显都会有同样的效果。

在图示2中，每个方格或者是被占据了或者是被进攻了，但是在这种情况下，每个车都是没有被防守的。现在，把8个车放在棋盘上，让每一个方格或者被占据或者被进攻，任何一个车都不能被另一个防守，那么总共有多少种不同的放置方式？这种情况下，我不希望存在反向或者映射问题，因此把车放在另外的一条对角线上算作一种不同的方式，同样的，通过转变方向得到的其他重复应该也算作不同。

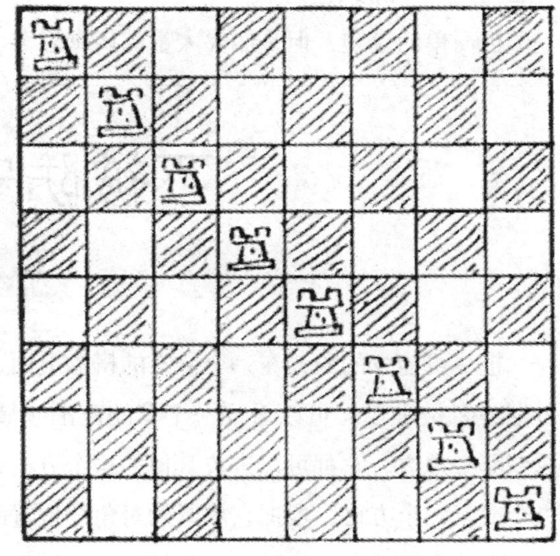

297 四头狮子

难易程度：★★★☆☆　完成时间：______

谜题是找出有多少种不同的方式可以放置4只狮子，好让每一行或者一列只有一头狮子。简单的翻转和映射是不能算作不同的。因此，考虑到给出的例子，如果我们把狮子放到其他的对角线上，会当作一个同样的排列。因为，如果你把第二种排列放在镜子的前面或者旋转1/4个角度，那么你得到的还是第一个排列。这是一个很简单的谜题，但是需要大量的认真思考。

298 不被防守的象

难易程度：★★★☆☆　完成时间：______

把尽可能少的象放在一个寻常的棋盘上面，好让每个棋盘的方格都或者被占据或者被进攻。可以看到一个车的范围领域比象大得多：因为不论你把车放到哪个地方，它都可以进攻其他的14个方格；但是后者只能进攻7个、9个、11个或者13个方格，根据它放置的对角线位置的不同。

在这里需要指出的是，当我们谈到与棋盘相关的对角线时，我们不仅仅局限于从一个角到另一个角的线，也包括其他的平行的线段。为了防止将来一些状况下的误解，读者需要很认真地注意到这一个事实。

299 召集在一起的象

难易程度：★★★☆☆　　完成时间：______

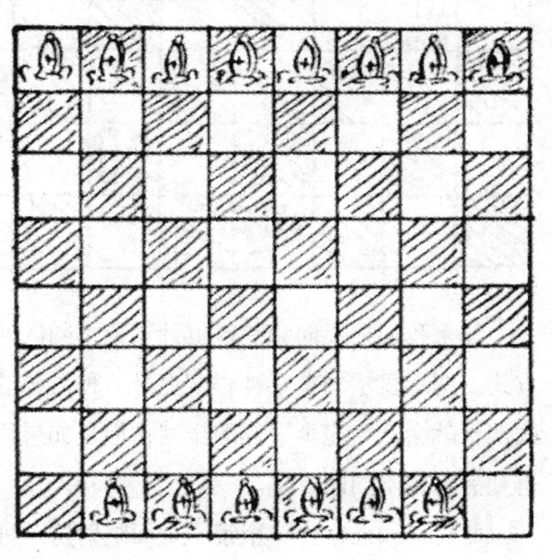

能够在棋盘上被同时放置，并且一个象不会进攻另外一个象的最大数目应该是14个。我已经在图示中展示出了做到这一点的最简单的方式。事实上，在一个包含任意数目方格的双色图案的棋盘上，放置不被进攻的象的最大数目总是比一个边的方格数的两倍少2个。找出可以放置14个象而不会让他们互相攻击总共有多少不同方式是一个很有意思的谜题。我会给出一个非常简单的规则来得出一个任意方格数目的双色棋盘有多少种放置方式。

300 八个王后

难易程度：★★★☆☆　　完成时间：______

王后是棋盘上面非常厉害的棋子。如果你把王后放在一个棋盘的中心的四个方格之一，她可以攻击至少27个其他的方格；如果你试着把她藏在一个角

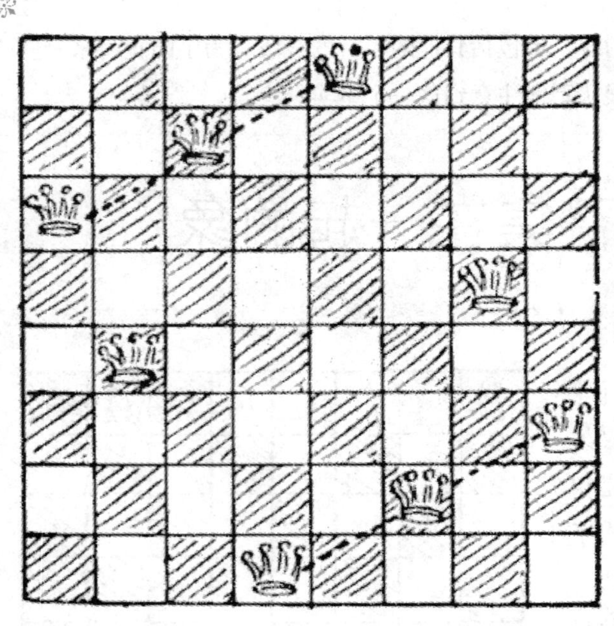

落，她仍然能够进攻21个方格。

8个王后一起放在棋盘上，让一个王后不会进攻另外一个，找出有多少种不同的方式可以做到这一点。这是一个古老的谜题（首先是由诺克在1850年提出来的，它本身有一定的学问），我在图示中展示了一种方式，总共有12种基本的不同的方式。

如果我们把反向和映射也计算成不同的话，这12种不同的方式会产生92种方式。图示显示的在某种程度上是一种对称的排列方式。如果你把这一页上下颠倒，就会产生完全一样的排列；但是如果你从底下的某一条边看着它，你会得到另一种不同的方式。

然后，如果你在一个镜子里面映射这两种方式，你就会得到另外的两种方式。 现在，所有的其他11种解答都不是对称的，所以，每一种方式可以有8种方式呈现，包括反向和映射。可以看到，为什么12种基本的不同解答方式可以产生仅仅92种排列方式，正如我说的，不是96种，如果所有的12种都是不对称的，才会出现96种。在处理棋盘相关的谜题时，对于反向和映射，应该有一个清晰的认识。

读者能不能把8个王后放到棋盘上，让任何一个不会进攻另外一个，任何3个从任何一个斜的方向看都不会在一条直线上？再次看一眼图示,你会发现这种排列并不能满足这个条件，因为从虚线标出的两个方向看，3个王后在一条直线上。在12种基本的方式中只有一种方式可以解答这个谜题，你能找出来吗？

301 八颗星

难易程度：★★★★☆　　完成时间：______

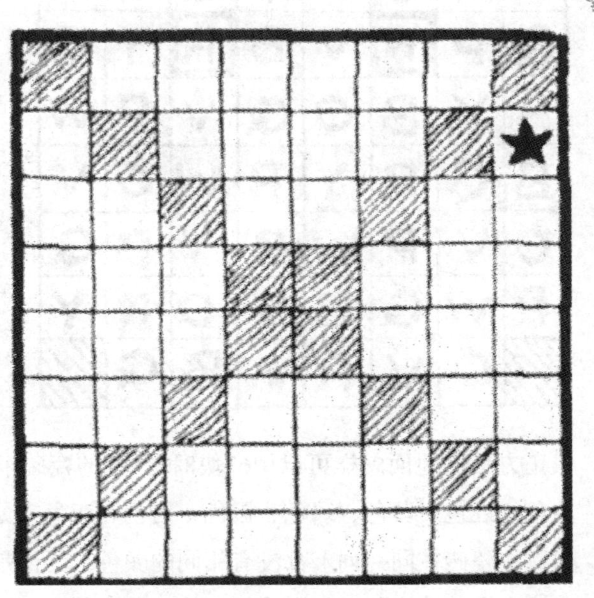

这个谜题要求在图示中放8颗星，让任何一颗星星不论在垂直方向、水平方向还是在对角线方向都和另外一颗星不在一条线上。一颗星已经放好了，是不能移动的，因此现在只剩下7颗星，留给读者放置。但是你不能把一颗星放到任意一个阴影的方格里面。只有一种方式可以解决这个小谜题。

302 马赛克问题

难易程度：★★★☆☆　　完成时间：______

通过把坚硬的物质，不论是自然上色的还是手工上色的，一块块连接在一起，来产生图画或设计的方法，是很伟大的古老的艺术形式。已经确切知道的是在法老时代，我们在《以斯帖》书中发现的注释是“红色、蓝色、白色和黑色大理石拼成的人行道”。

一些流传到我们这一代的古老艺术品，尤其是一些罗马的马赛克，似乎可以清晰地显示出来，即使那些设计起初不是很明显，很多的想法也显然通过凌乱的排列而被传达出来了。举例来说，艺术品已经由很有限数量的颜色

V	R	Y	G	O	P	W	B
W	B	O	P	Y	G	V	R
G	P	**W**	V	B	**R**	Y	O
R	Y	B	O	G	V	P	W
B	G	R	Y	P	W	O	V
O	V	P	W	R	Y	B	G
P	W	G	B	V	O	R	Y
	O	V	R	W	B	G	

生产出来了，有证据表明当时在防止同样的颜色靠在一起已经存在伟大的创造力。对拼补被子的构造比较熟悉的女性读者会知道，当她们有时候在材料的选择上有限制时，防止同样的材料靠得很近是多么的令人满意的事情。现在，这个谜题同样适用于拼补被子或者镶嵌花样的人行道。

从图示中可以看到，一块正方形的地面怎样可以用62块8种颜色的瓷砖来铺好。八种颜色分别是紫罗兰色、红色、黄色、绿色、橙色、白色和蓝色（分别用首字母指示），要让任何一块瓷砖在同一列上都没有相同的颜色，无论是垂直方向、水平方向还是对角线方向。64块这样的瓷砖是不可能在这些条件下拼起来的，但是两块有阴影的方格碰巧被铁的通风孔占据了。

这就是这个谜题。这两个通风孔必须被移到黑边瓷砖指示的位置，两块瓷砖被放到底部角落的方格里面。你能重新调整这32块瓷砖，好让任何两块同样颜色的瓷砖都不在一条线上吗？

303 面纱之下

难易程度：★★★★☆　　完成时间：______

如果读者仔细观看下面的图示，他就会看到我放了8个V、8个E、8个I、8个L在上面的图示中，并且任何一个字母无论是水平上、垂直方向上或者对角斜线方向上都没有另外一个相同的字母。也就是说，V字母和另一个V字母不在一条线上，一个E也和另一个E不在一条线上，以此类推。在这个条件下，有很多种不同的排列字母的方式。这个谜题就是找出一种排列方式好形成最多数量的4个字母的单词，无论是从上往下读还是从下往上读，或者从前往后，从后往前读，或者是斜线方向读。所有的重复都被当作不同的单词，可以使用的5个不同的变化是：VEIL，VILE, LEVI, LIVE, 和EVIL。

		V	E	I	L		
		I	L	V	E		
I	V					L	E
L	E					I	V
V	I					E	L
E	L					V	I
		E	V	L	I		
		L	I	E	V		

这样就很清楚了，当我说起上面的排列方式应该算8次，因为最上面的一排和最下面的一排都是VEIL；第2栏和第7栏也都得出VEIL；两个斜线的方向上从第5行的L和第8行的E开始，都得出了LIVE和EVIL。所有总共有8种不同的单词读法。

这个困难的单词谜题只是用棋盘分析来解决这类问题的一个例子。只有一个熟悉“八个王后”问题的人才有希望解决这个问题。

304 巴赫特的正方形

难易程度：★★★★☆　完成时间：______

一个最古老的纸牌谜题是由克劳德·卡斯帕·巴赫特·德·麦兹瑞克首先在他的1624年版本中出版的作品中。把16张花牌重新安排（包括A牌）排放在一个正方形中，这样在任何一排的4张纸牌，无论是水平的、垂直的或者是斜线的方向上都不能有同样花色或者同样大小的纸牌。

这本身是一个很简单的事情，但是一个谜题就是找出有多少种不同的方式可以做到这一点。一位著名的法国数学家A.莱博森，在他的现代版本的巴赫特中给出了不正确的答案。可是谜题真的是很简单的。任何一种排列方式都会通过转动正方形和放在镜子前面反射得到另外七种排列方式。这些根据巴赫特都被算作不同的方式。注意是一行4张牌，因此仅有的斜线应该考虑的是两条长的对角线。

305 三十六个字母块

难易程度：★★★★☆　完成时间：______

A	B	C	D	E	F
A	B	C	D	E	F
A	B	C	D	E	F
A	B	C	D	E	F
A	B	C	D	E	F
A	B	C	D	E	F

图示显示的是一个包括36个字母块的盒子。谜题就是重新排列这些字母块好让一个A，无论是水平线上、垂直线上或者斜线上，都和另外一个A不在一条线上；B和另一个B也不在一条线上；C和另一个C也不在同一条线上。以此类推。你会发现在这个条件下，把所有的字母都放在盒子里面是不可能的，但是条件就是尽可能多地放。当然，除了那些展示的字母，别的都不能使用。

306 彩色的筹码

难易程度：★★★☆☆　完成时间：______

R2 B2 Y2 O2 G2
R3 B3 Y3 O3 G3
R4 B4 Y4 O4 G4
R5 B5 Y5 O5 G5

图示代表着25个彩色的筹码，红色、蓝色、黄色、橙色和绿色（分别用他们的首字母指示），每个颜色都有5个筹码，表示成1、2、3、4和5。谜题就是把它们放到一个正方形上，让任何颜色和数字在任意的5行、5列和2个对角线上都不能重复。你能重新安排这些筹码吗？

307 五十九个筹码

难易程度：★★★☆☆　完成时间：______

你能重新排列右面的59个筹码吗？好让任何一个字母和数字都跟相同的字母不在同一条线上，无论是水平线上、垂直线上还是斜线上。当然，我这里指的是与对角线平行的斜线，就一个棋盘来说。

A1 A2 A3 A4 A5 A6 A7
B1 B2 B3 B4 B5 B6 B7
C1 C2 C3 C4 C5 C6 C7
D1 D2 D3 D4 D5 D6 D7
E1 E2 E3 E4 E5 E6 E7
F1 F2 F3 F4 F5 F6 F7
G1 G2 G3 G4 G5 G6 G7

308 拥挤的棋盘

难易程度：★★★☆☆　　完成时间：______

谜题就是在棋盘上重新排列51个棋子，让任何一个王后都不能进攻另外一个王后，任何一个车都不能进攻另外一个车，任何一个象都不能进攻另外一个象，任何一个马都不能进攻另外一个马。在考虑这种情况的时候，不需要注意有其他类型的棋子插在中间。也就是说，两个王后被当作会互相攻击的，尽管中间可能有另外一个棋子，比如说，一个车、一个象和一个马，同样的情形适合于车和象。分别安排同一个类型的棋子并不困难，困难的是你必须找到地方，在棋盘上同时做好所有的排列。

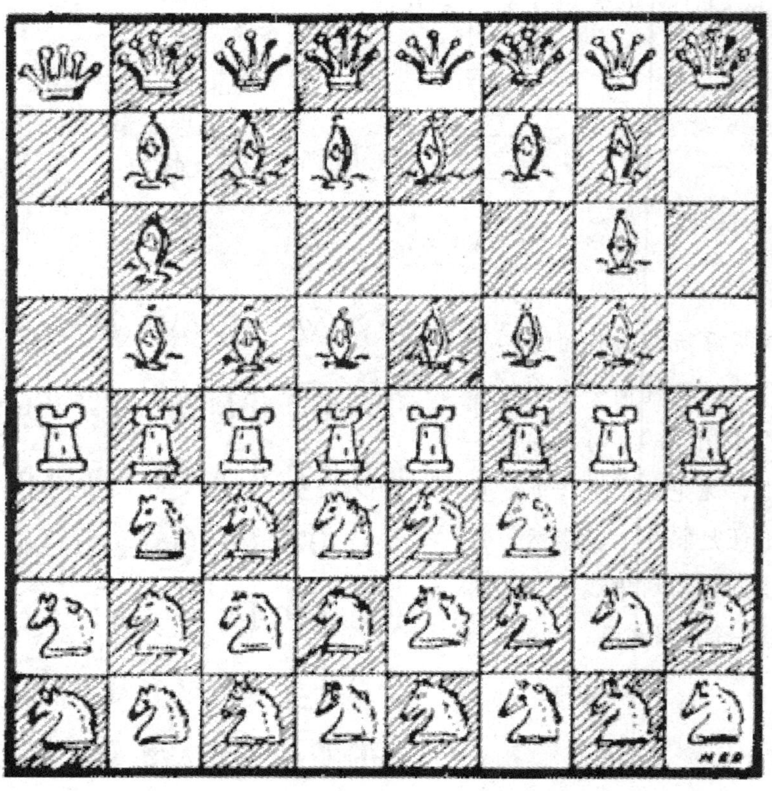

309 贴邮票的柔和艺术

难易程度：★★★☆☆　　完成时间：______

保险条例是有趣谜题最多产的一个来源，如果你碰巧在被豁免之列，那就特别有趣。

贴邮票的温柔艺术的入门就是下面的小谜题：如果你有一张卡片被分成了16个格子（4×4），并且提供给你足够的邮票，面值分别是1便士、2便士、3便士、4便士和5便士，那么你能粘在卡片上的最大面值是多少？如果财政大臣禁止你把任何一张邮票和另一张同样面值的邮票放在一条线上，无论是水平线、垂直线还是斜线上。

当然，一个空格只能贴一张邮票。读者可能会发现，当他找到解决的方法时，就像那些邮票一样，他也被粘住不动了。最大可能是他离最大值还差2便士。有个朋友问邮局怎么做到这一点，但是邮局把他送到海关的税务官员那里去，而税务官把他又打发到了保险专员那里，保险专员把他送给了一个立案社团，他们很世俗地打发了他，但是没关系。

310 拜占庭的五轮新月

难易程度：★★★☆☆　　完成时间：______

当马其顿王国的菲利普，亚历山大大帝的父亲，发现他自己在拜占庭被围困着，面临着巨大的困难时，他派他的人暗中破坏城墙。然而，他的愿望流产了，因为行动开始不久，一轮新月突然出现在天空中，把他的计划暴露给了他的敌人。拜占庭人自然兴高采烈，为了表示他们的感恩，他们竖起了一尊狄安娜的神像，然后新月就变成了这个国度的一个象征符号。

在供奉狄安娜神像的寺庙里面，有一个正方形的人行道，是由64块大且昂贵的瓷砖铺就的。这些都很平常，除了五块例外，他们上面带着新月的标

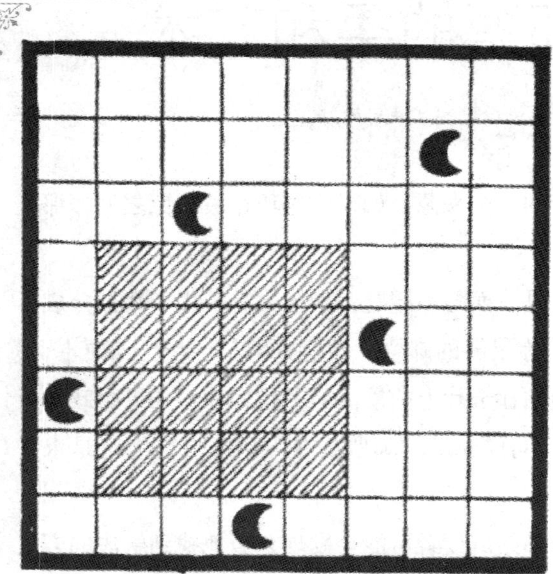

志。这五块带有新月的瓷砖，由于神秘的原因，在排放的时候要求每一块瓷砖都必须由至少一轮新月守护着（也就是说，成一条直线，无论是垂直线上、水平线上或者斜线上）。被拜占庭的建筑师采用的排列方式如左图所示：

现在，如果把五轮中的一轮新月盖起来都是死罪，这种死刑是痛苦而漫长的。但是在一个特别的节日场合，需要在这块人行横道上放一块足够大的正方形尺寸的地毯，我已经把适合的最大的尺寸用阴影在图示中表示了出来。

谜题就是找出建筑师是怎样排列这五轮新月的瓷砖的，假设他预见到了这个地毯的问题，而与要求的条件保持一致，以容许最大可能的正方形地毯放到人行道上而不盖住任何一块带有新月的瓷砖，或者盖住瓷砖的某一部分。

311 五只狗的谜题

难易程度：★★★☆☆　完成时间：______

在1863年，C.F.德·詹尼士首先讨论了“五个王后的谜题”——也就是把5个王后放到棋盘上让每个方格或者被进攻或者被占据——这是由他的朋友“德. R先生”提出来的。詹尼士演示的是，如果任何王后都不能进攻另一个王后，总共有91种不同的方式来放置5个王后，反向和映射不能算不同。如果王后可以互相进攻我记录的有几百种方式，但是把他们一一列举出来是不适用的。

右面的图示假定代表着64个狗窝的排列方式。可以看到5个狗窝里面每个都有一只狗，进一步地观察可以看到64个狗窝的每一个都和至少一只狗在一条直线上面，或者是水平方向上，或者垂直方向上，或者斜线方向上。选择任意一个你喜欢的狗窝，你会发现可以用提到的三种方式中的一种或另一种方式画出一条直线连接到一条狗。谜题是替换5条狗，找出有多少种不同的方式可以把他们放在一直排的5个狗窝里面，这样每个狗窝总是可以和一只狗在同一条线上。反向和反射这里不能算不同的方式。

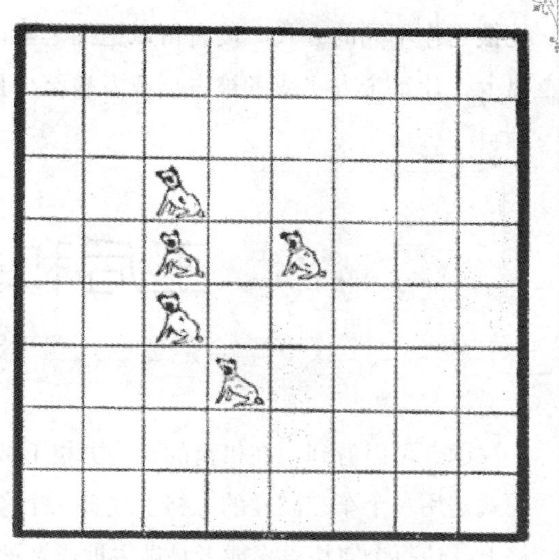

312 三只绵羊

难易程度：★★★★☆　完成时间：______

一个农夫有3只绵羊，安排了16个围栏，如图所示用栏架分割开来。他有多少种不同的方式来放置绵羊？条件是每个围栏或者都被占据，或者在一条线上——水平的、垂直的或者斜线的——至少有一只绵羊。我已经给出了一个能够满足条件的排列方式。你能找出多少其他的方式？简单的反向或者反射不

能被当作不同的方式。读者可以把绵羊当作王后。问题就是把3个王后放到棋盘上，让每个方格或者被占据或者被至少1个王后进攻——最多的不同方式的数目。

313 王后和象的谜题

难易程度：★★★★☆ 完成时间：______

读者可以看到，在棋盘的每个方格上或者是被占据的或者是被进攻的。谜题就是用一个车在同样的方格上代替一个象，然后把4个王后放在其他的4个方格上，让每个空格再次或者是被占据或者被进攻。

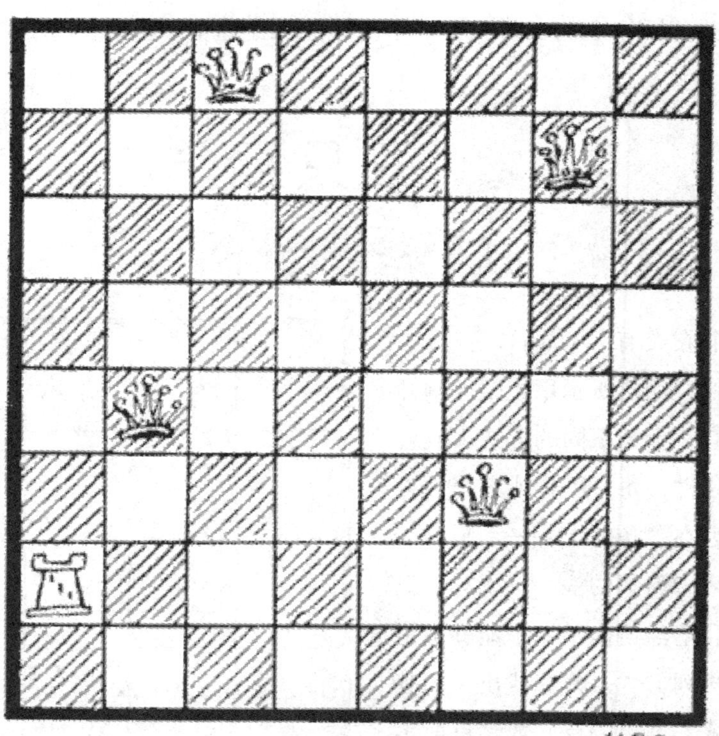

314 南十字星座

难易程度：★★★☆☆　完成时间：______

在右面的图示中，我们有5颗行星和81颗固定的星星，有5颗星星被行星挡在后面。可以发现，每一颗星星，除了10颗中间有黑点的的星星，都和至少一颗行星在同一条直线上，垂直线、水平线或者斜线上。这个谜题就是重新安排这些行星，让所有的星星可以和行星中的一颗或多颗都在同一条线上。

在重新排列这些行星的时候，5颗行星的每一颗可以在直线上移动一次，直线指的是上面提到的三种方向之一。这些行星当然会盖住其他的5颗星星，代替现在被盖住的那5颗星星。

315 一个卒子谜题

难易程度：★★★☆☆　完成时间：______

把两个小卒放到棋盘的中心，一个在Q4，另一个在K5。现在把剩下的其他14个小卒（总共有16个小卒子）放置到棋盘上，让任何3个卒子在任一个可能的方向上都不在一条直线上。

注意，我有意的没有说王后，因为这句话“任何可能的方向上”，我就排除了在斜线上的进攻。小卒子可以只当作空间上的点——在方格的中心。查看第300个谜题“八个王后”图示上的虚线。

316 帽钉谜题

难易程度：★★★☆☆ 完成时间：______

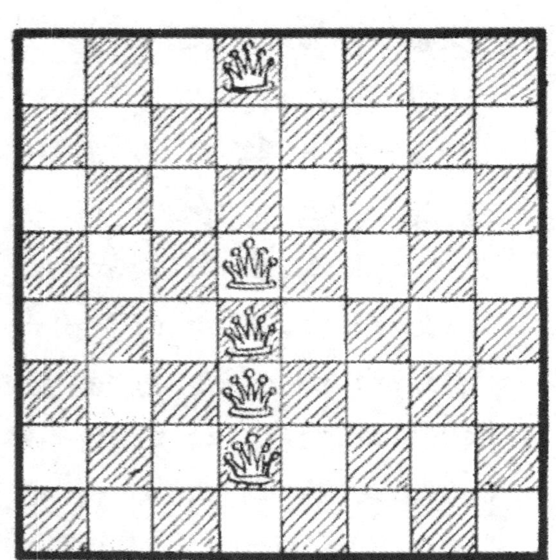

这里有一个“五个王后”的谜题，我曾经在1897年的一件漂亮的衣服上印制过。因为王后是由64个帽钉上的帽子来代表的，我就紧靠着题目“帽钉谜题”。可以看到，每个空格都是被占据的或者被进攻的。

谜题就是移动一个王后到一个不同的方格，仍然让每个方格或者被占据或者被进攻，然后在同样的条件下移动第二个王后，然后第三个王后，最后是第四个王后。在第四个移动之后，每个方格必须被进攻或者被占据，但是任何一个王后必须不能进攻另一个。当然，这种移动不需要按照王后的走步来移动，你可以移动一个王后到棋盘上面的任何一个地方。

317 猎狮子

难易程度：★★★☆☆ 完成时间：______

我的朋友保泽姆·豪尔上尉，一个因专门猎取大猎物而知名的猎人，说没有比猎取一组、一堆、一队、一集合、一大群（足足用了我一刻钟寻找那个合适的单词，但是我最后找到了）——是一群狮子，更令人兴奋的了。为

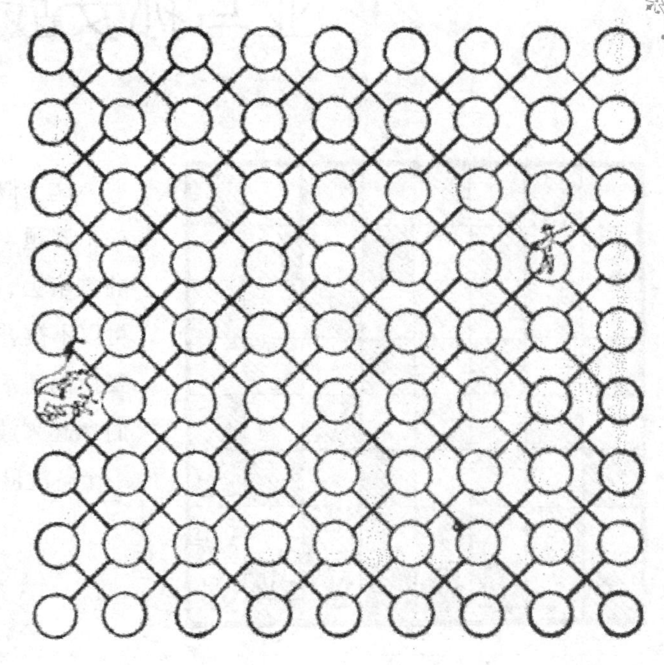

什么几个狮子的集合叫做一群（这里是pride），几只鲸鱼叫做一群（这里是英语中特有的称呼school），几只狐狸用一群（这里是英语中特定的skulk），这些用法是什么的哲学问题，我就不深入了。

嗯，上尉说如果一个有灵性的狮子穿过你在沙漠中走的路，它就会变得充满活力。因为狮子通常都是在寻找人类，就像人总是搜寻森林之王一样。然而当他们遇到一起的时候，他们总是争斗和互相竞争。

在对这种不幸的长期存在于两个值得尊敬的物种之间的世仇进行了一番思考之后，就森林里面人与狮子之间互相穿过对方走过的路的可能性，我得出了几个计算结果。

在这些情形下，一个人必须从或多或少的任意的假设开始。这就是为什么在上面的插图中，我认为有必要用这样僵硬而苛刻的规律性来表示沙漠中的路。尽管上尉跟我保证说狮子的路径通常差不多就是这样的，我仍然有疑问。

谜题就是简单地找出人类和狮子被放到不是同一条路径的两个不同的点上有多少种不同的方式。这里的路径必须明白的是，我仅仅指有平行线条的线。因此，除了四个角落的点例外，每个搏斗对手都总是在两条路上，不会更多。可以看见在沙漠里面有很多的地方可以避免碰到彼此，这一点正是大家都明白的。

318 亚马孙女战士

难易程度：★★★☆☆　完成时间：______

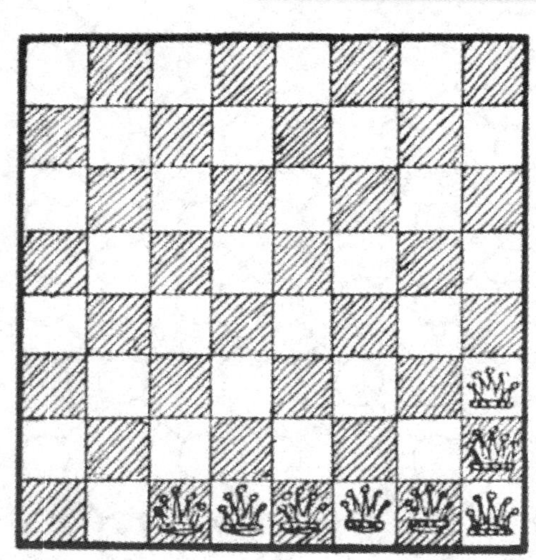

这个谜题是基于特顿上尉的一个谜题。把3个王后移动到其他的方格去，让棋盘上的11个方格可以不被进攻。移动3个王后不需要使用王后的走步。你可以把它们拿起来放到任意的位置。只有一个解决谜题的方法。

319 守护者马

难易程度：★★★★☆　完成时间：______

在棋盘上，马是不负责任的、地位低下的丑角演员。一位美国作家这样描述它，“马是很靠不住的、畏缩的、意志消沉的捣蛋鬼。它每次只能走两个格，但是它用它的运动资质来弥补它数量的不足，因为它可以从一个方格跳到斜的方格，同时也向前一步，像一只猫；可以用一条腿站在棋盘的中间，跳到它喜欢的8个空格之一；可以跳到防线的一边，辱骂另一边的三四个人；它有一种令对方不快的把自己插入到一个安全位置的方式，在那里它可以威胁王迫使他移动，然后狼吞虎咽地吃掉一个王后。”

在单纯的简单固执方面，没有其他子可以与马匹敌，当你把它围到一个空间的时候，它可以跳到另外一个地方。人们一遍一遍地尝试试图得出一个关于马的移动的简短而准确的定义都没有成功过。他包含了像车一样从一个方格移动到另一个方格，然后跟象一样移动到另一个方格，一两步行动在一跳中完成，前面一个空格是否被别的棋子占据一点关系都没有。事实上，这是象棋中仅有的跳步前进。但是尽管很难定义，一个孩子可以通过观察在几分钟内把它学会。

我在图示中展示了12匹马（完成这个谜题的最少数目的马），把它们放到棋盘上，让每个方格或者被占据或者被进攻。轮流检查每一个方格，你会发现确实是那样。现在，这个例子中的谜题就是找出需要的最少数目的马，让每一个方格或者被占据或者被进攻，每个马被另外一个马保护着。你会怎么安排它们呢？你会发现，图示中显示的12匹马只有4个被另外的马的走步所保护着。

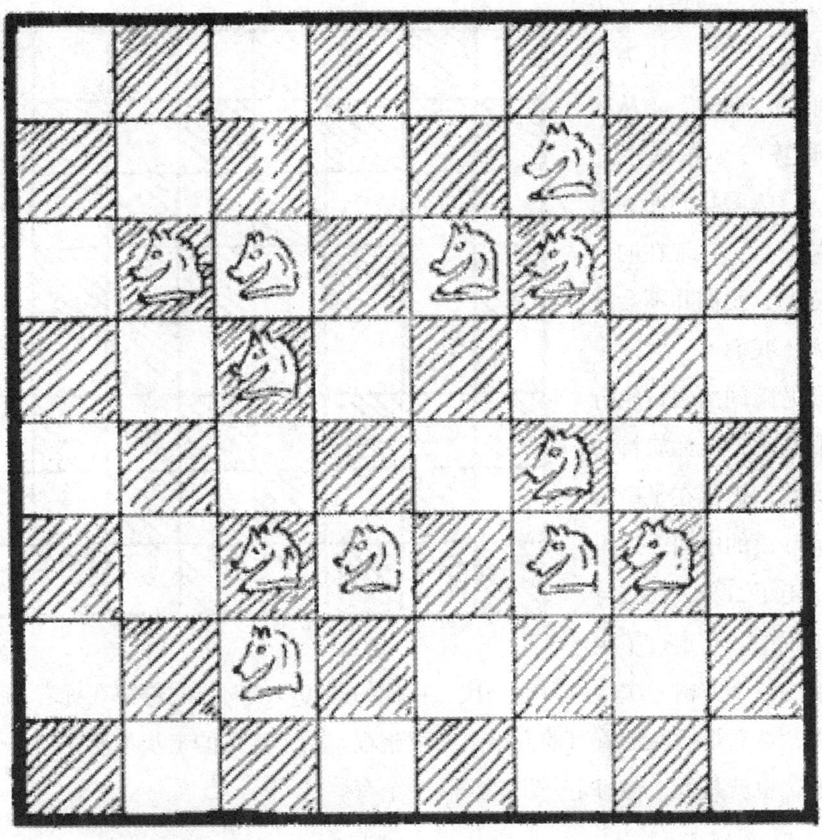

第三节 动态的象棋谜题

“继续向前，继续移动。”

——莫顿：心痛的治疗

320 车的旅行

难易程度：★★★☆☆ 完成时间：______

这个谜题我称之为“车的旅行”，因为这个单词“巡游”（从一个旋转的车轮派生而来）意味着我们回到出发的原点，在现在的这个谜题，我们并不会这样做。我们不会对一个有导游陪同的假日旅行感到满意，假如旅行的中间我们被留在了撒哈拉大沙漠的中间。这里的车走了21步，在旅行的过程中，它走过了棋盘上的每个方格一次，且只有一次，在他的第10步的时候它停留在标着10的方格上，然后最后在标着21的方格上结束旅程。两个连续的走步不能在同一个方向上，也就是说，你每走一步必须转一个弯。

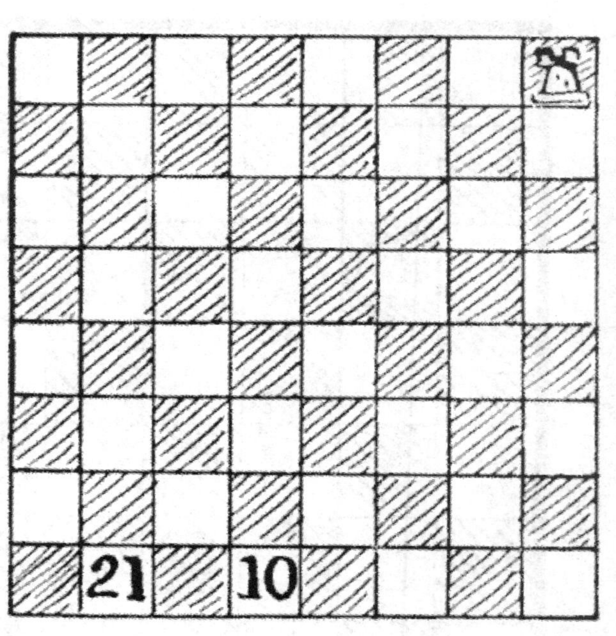

321 车的巡游

难易程度：★★★☆☆　完成时间：______

谜题就是把单个车在整个棋盘上面移动，让它在每一个方格都走一次，只有一次，从开始的方格结束它的旅程。你必须用尽可能少的走步来完成，除非你非常仔细，以至于把一步当成太多。当然，一个正方形棋盘不管你仅仅经过一个方格还是在一个方格做停留，都同样算作走过，我们不会吹毛求疵于是否一个方格被实际上走过两次这一点。我们假定不是这样。

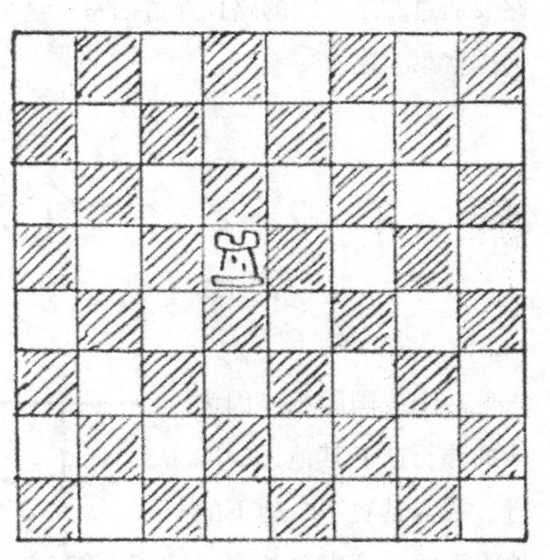

322 日渐衰弱的少女

难易程度：★★★☆☆　完成时间：______

在过去的古老的日子里，一个邪恶的男爵在城堡护城河下的最深的地牢里面囚禁了一个天真无邪的少女。从我们的图示中，可以看到，在地牢里面总共有63个囚室，都是由开着的门连接着的，少女被锁链锁在囚室里面，如图所示。现在有一位勇敢的骑士，他爱着这位落难的少女，并成功

地从敌人那里把她救了出来。在图示中可以看到他到达了地牢的一个入口，在进入了每个囚室一次并且只有一次之后，他成功地找到了少女。拿出你的铅笔，努力画出这样的一条路线。当你成功的时候，然后试着找出一条路，这条路要通过22条直线的路径穿过囚室。这个数字就可以做到了，而不需要进入任何囚室第二次。

323 一个地牢谜题

难易程度：★★★☆☆　完成时间：______

一个法国囚犯，因为他的罪行或者其他人的罪行，被囚禁在一个地下的地牢里面，地牢总共有64个囚室，每个囚室都有门可以通到其他的囚室，如图所示。为了打发无聊的被囚禁的日子，他开始给自己出各种各样的谜题，这就是其中的一个。从图中展示的地牢开始，他怎么才能走一个地牢一次且只有一次，并且转尽可能多的弯？他的第一次尝试已经用虚线的路径表示出来了。读者可以发现他的路径包括了多达55条直线，但是经过多次尝试后，他已经有了提高。你能得出超过55的数字吗？你可以在任何囚室停下来。用铅笔在棋盘的草图上试着画一下，或者你可以把它们当做一个棋盘上的车的移动。

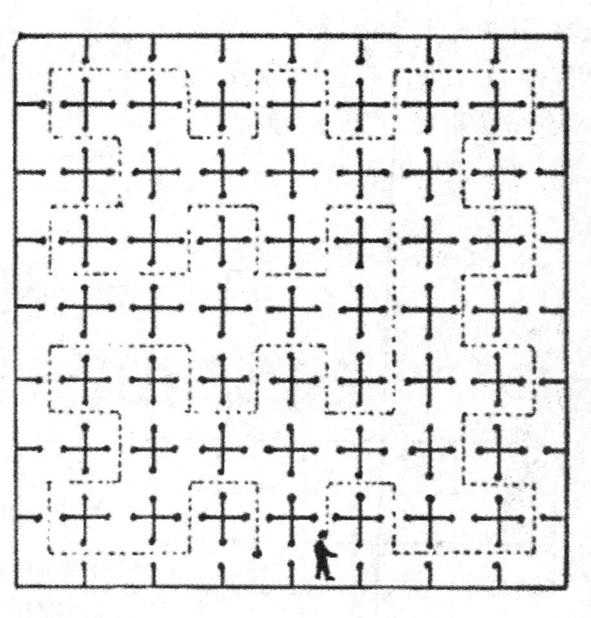

324 狮子和人

难易程度：★★★★☆　完成时间：______

在罗马的公共场所，曾经有一座监狱，被分割成64个囚室，都是露天的，并且彼此相连，如图所示。人们从一个高塔上观看这里发生的运动。最受欢迎的运动是把一个基督教徒放到角落的囚室里面，一只狮子放到对角线另一端的那个囚室里面，然后把囚室的所有门都打开。后面的结果有时候非常有意思。有一次里面的人得到了一把宝剑。他一点也不胆怯，很急于找到狮子，正如狮子毫无疑问想找到他一样。

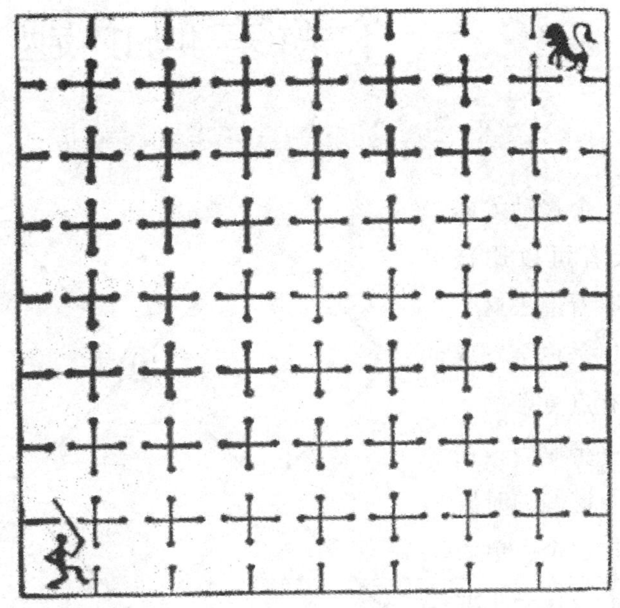

这个人每次只进一个囚室，并且只进一次，尽量用最少的直线路径，直到他找到狮子的囚室。狮子，令人好奇的是，也是每次只进入一个囚室，并且用尽可能少的直线路径，直到他最终到达这个人所在的囚室。他们一起出发，以同样的速度走，然而，尽管他们偶尔会看到彼此，他们却从来没有相遇。谜题就是找出狮子和人分别走的路径。

325 主教的访问

难易程度：★★★☆☆　　完成时间：______

棋盘上的白色方格代表着一个教区的职权范围。把象放在任意一个方格上面，让它在尽可能少的步子里面走到它的每一个范围。当然，所有的职权内的方格只要经过就应该当作被走过。你可以走任何一个方格超过一次，但是你不能在相邻的两个方格里面同样走两次。最少的走步应该是多少？象不需要从它开始的地方结束它的走步。

326 一个新筹码谜题

难易程度：★★★☆☆　　完成时间：______

这里有一个移动筹码的谜题，或者可以用钱币，似乎一眼看上去这个非常简单。但是你会发现它其实还是有点复杂的。这里我给出一个原因，在我们做下一个谜题的时候我会解释。把这个简单的图示拷贝一下，在一张纸上放大，然后把两个白色的筹码放在点1和2上，两个红色的筹码放在9和10上，谜题就是把红色和白色的筹码交换位置。你可以用你喜欢的顺序移动，一次只移动一个筹码，沿着线段从点到点，仅有的限制是一个红色的筹码和一个白色的筹码不能一起待在同样的直线上。因此，第一步只能是从1或2到3，或者从9或10到7 。

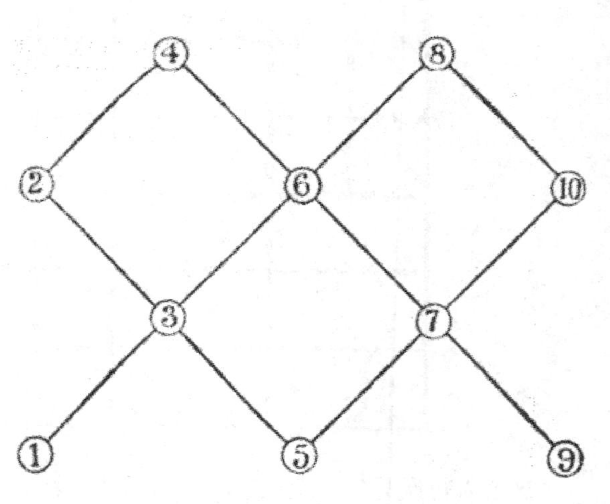

327 一个新的象的谜题

难易程度：★★★☆☆　完成时间：______

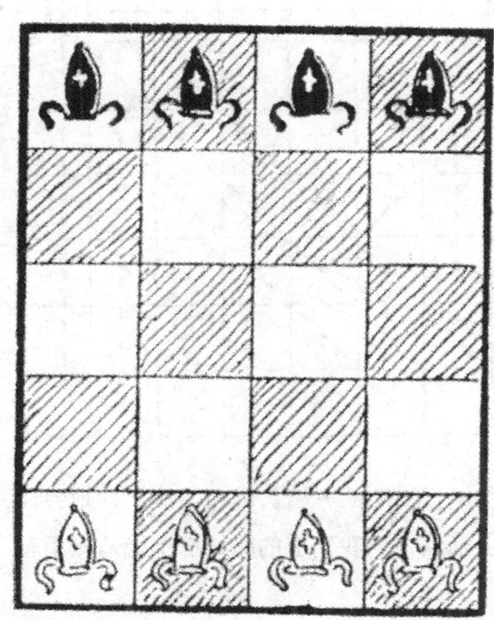

这是一个非常令人着迷的小谜题。把8个象（4个黑的4个白的）放在一个缩小的棋盘上，如图所示。谜题就是把黑色的象和白色的象互换位置，任何一个象都不能进攻另外一个相反颜色的象。他们必须轮流走步，首先是白色的，然后是黑色的，然后是白的，以此类推。当你成功地做到这一点后，试着找出最少的可能的步数。如果你把在黑色方格上的象忽略，只在白色的方格上走步，你会发现你会对我的上一个谜题感兴趣。

328 王后的旅程

难易程度：★★★☆☆　完成时间：______

使王后在棋盘上用尽可能少的步子走完全程的谜题最初是由已故的山姆·洛伊德在他的象棋策略中给出的（在这个谜题中棋盘的方格可以走超过一次）。但是下面展示的解题方式是1868年他在美国象棋迷杂志上给出的一个解答。我目前为止收录了至少六种不同的解题方式都是用最少的步数，14步，这个答案是所有里面最好的一个解答，我下面会解释原因。

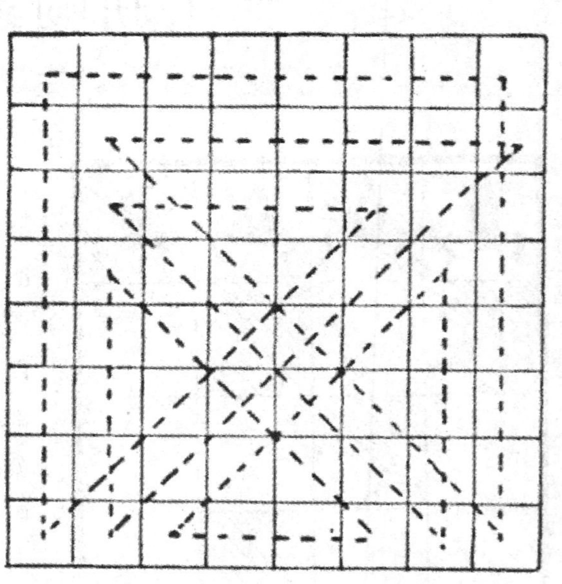

如果你看一下标了字母的方格，你就会明白只有10个真正不同的方格放置在一个棋盘上，就是那些用黑线包着的方格，所有其他的方格只是反方向或者反射的。

比如说，每个A是一个角落的方格，每个J是一个中间的方格。因为图示展示的解答方式在围困的D方格有一个转折点，我们可以仅仅通过转动这个棋盘就得到一种解答方式，开始和结束都在任意一个标着D的方格。现在，这个计划会让你从任意一个ABCDEF 或H开始旅程，而其他的我知道的路线都不能适应于超过5个不同的出发点。

A	B	C	G	G	C	B	A
B	D	E	H	H	E	D	B
C	E	F	I	I	F	E	C
G	H	I	J	J	I	H	G
G	H	I	J	J	I	H	G
C	E	F	I	I	F	E	C
B	D	E	H	H	E	D	B
A	B	C	G	G	C	B	A

在14步完成的王后的巡游，是不可能从G、I或J开始的（记住这个巡游必须是重新返回的）。但是我们可以在整个棋盘上用14步完成一个不返回的旅程，从任何一个方格出发。下面就是谜题：

从标着字母的图示中封闭部分的J出发，用14步走过棋盘上的每个方格，在任意一个你愿意的地方结束。

329 星星谜题

难易程度：★★★☆☆　　完成时间：______

把你的铅笔尖放在白色的星星中的一颗上（不用从纸上抬起你的铅笔），用14条连续的直线划过所有的星星，在第二颗白色的星星结束。你的直线线段可以走任意你喜欢的线路，只是每个转弯必须在星星上拐。你可以在一颗星星上划超过一次。在这种情况下，因为你的起点和终点的方格都是固定的，你不可能通过阻断一个王后的旅程或者通过王后的走步的其他方式来得到一个解答。但是允许你使用斜线，比如从上面的白星直接到角落的星星。

330 帆船竞赛

难易程度：★★★☆☆　　完成时间：______

现在，你们这些旱鸭子们，升起你们的上桅帆，打开你的大三角帆，把帆放松一点，把你的斜帆弄好。我们的竞赛从图示中显示的帆船停靠的点开始，要经过14条直线的64个浮标中的每一个，然后在最后的航行回到我们出发的浮标。第七条路线必须经过旗帜飞扬的那个浮标。这个谜题因为有很多急

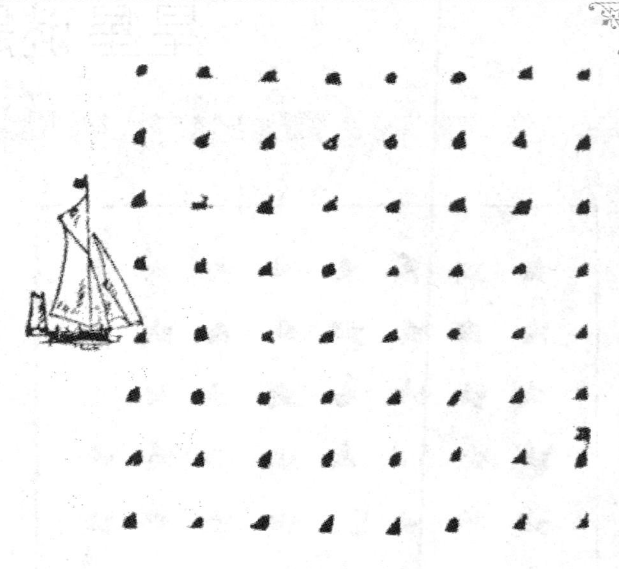

剧的转弯，有时候是必须要抢风掉向的，需要很多航海技巧。一支铅笔和一双航海眼光很好的眼睛是我们需要的所有装备。

这很困难，因为那个与旗帜浮标有关的条件，这是一个需要返航的旅程。但是再一次说明，我们允许有斜线。

331 科学的滑冰者

难易程度：★★★★☆　完成时间：______

读者可以看到，这个滑冰者在冰上标注了64个点或者星星，他提议从他现在靠近角落的位置出发，进入14条直线上的每一个点。他应该怎么做？当然，一个点可以经过超过一次，但是他最后的直线必须让他回到他开始的位置。这其实是一个简单的问题。拿出你的铅笔，从滑冰者的脚开始的地方画出14条直线，经过所有的星星，回到最开始你出发的地方。

332 四十九颗星星

难易程度：★★★☆☆　完成时间：______

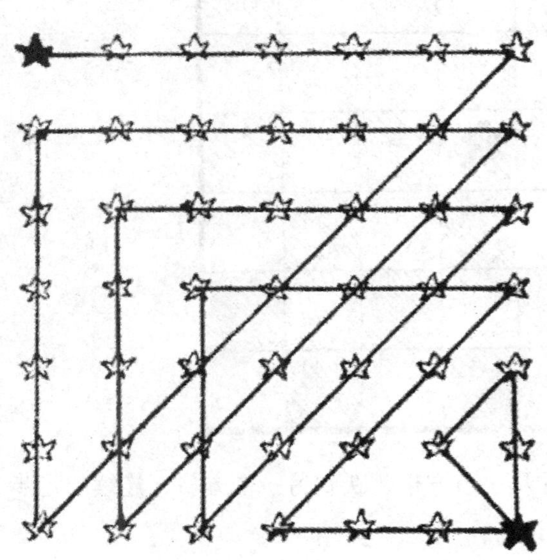

这个谜题只是需要你简单地拿出你的铅笔，从一颗黑色的星星开始，画出12条直线经过所有的星星，最后在另一颗黑色的星星结束。可以看到，在图示中显示的尝试需要有15条线。你能用12条就做到吗？每一个转弯必须是在一颗星星上完成，所有的线都必须和边线或者和对角线平行，正如图所示。在这种情况下，我们只是在一个缩小了尺寸的棋盘上操作，但是只需要王后的走步（不能像上一种情况那样走出边界）

333 圣乔治和龙

难易程度：★★★☆☆　完成时间：______

这里有一个谜题是关于一个缩小的49个方格的棋盘。圣乔治希望把龙杀死。杀死龙对他来说是一种人所共知的消遣，作为一个骑士，他希望能够通过一系列的马的步伐来完成这一伟大的功绩。你能展示一下他如何能够从中间的方格出发，每个方格只走一次，通过一系列的骑士步伐走过棋盘的每个方格，最后一步结束的时候抓住龙吗？当然，他可以用各种各样不同的方

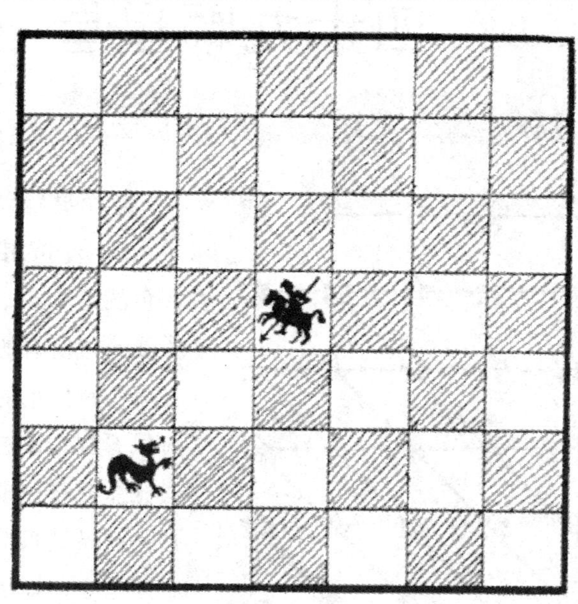

式，因此努力找出一条路，当你从一个方格跳跃到另一个方格，连续的走步时，这条路可以形成一些漂亮的设计。

334 女王的旅程

难易程度：★★★★☆　完成时间：______

把王后放在她自己的方格里，如图所示，然后试着找出，她五步在整个棋盘上走的最远距离，这里，经过每个方格仅仅一次。把王后的路线在棋盘上标出来，同时要小心注意，她不能穿过自己走过的路径。似乎这个谜题非常简单，但是读者将会发现自己会犯错误。

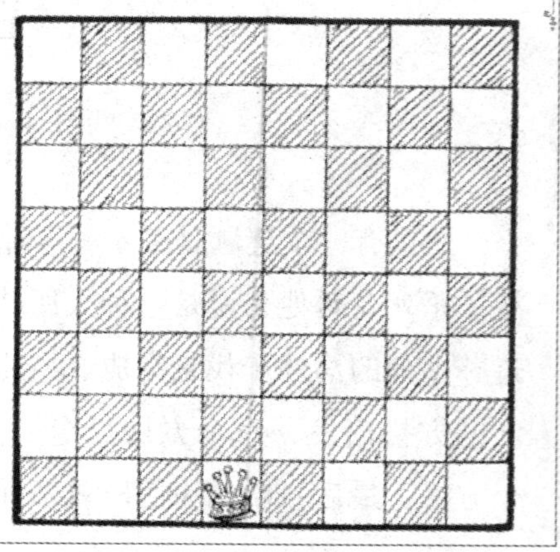

335 劳伦斯农夫的玉米田

难易程度：★★★☆☆　完成时间：______

要在伦敦郊区进行一场夏日的漫步，其中一个最美丽的区域要数白金汉郡的一部分了，它以名字象棋谷而知名。至少，在几年前，在它被投机的建筑商发现之前。在本世纪开始的最初，距离拉提摩斯不远的地方住着一位令人尊敬的有些偏执的农夫，名字叫做劳伦斯。他有一个奇怪的概念，任意一个住在象棋河岸的人都应该在某种程度上熟悉这种同样名字的高贵游戏——象

棋。为了让他的工人和邻居们把这个事实记住，他不时使用奇怪的术语。比如说，当他的一只母羊生下一只小羊羔的时候，他说王后多了个小卒子；当他靠着公路建起一个新的谷仓的时候，他把它叫做“在王的边界建立城堡”；当他派人拿着枪驱赶邻居的家禽时，他把这称之为“攻击对手的车”。邻居里的每个人都习惯于被劳伦斯农夫的小笑话逗得哈哈笑。有个男孩是村子里面的小喇叭，曾经因为偷窃他的栗子而被农夫拧过耳朵，把他称呼为“一个又老又傻的象棋保护者”。

有一年，他把自己的一块正方形的田地分割成了49个方格块，如图所示。白色的方格种上了麦子，黑色的方格种上了大麦。当收获的季节来临的时候，他命令他的人要首先把标志着1的那块地收割了，然后下面的每一次收割都必须是从上一步开始的精确的马步，第13次收割要到标着13的那块地，第25次收割要到第25号地，第37次要到37号，最后一次收割，或者说第49次收割，就在标着49的那块地。这对于可怜的霍奇来说实在是有些过分，每一天劳伦斯农夫必须要到地里面去，告诉他每天要割哪一块地。但是问题可能对于亲爱的读者来说并不是什么难题。

336 四只袋鼠

难易程度：★★★★☆　　完成时间：______

为了介绍一个很小的联邦问题，我必须首先解释一下，下面的图示代表一个澳大利亚的新住宅区的64块土地，都是通过篱笆彼此分割开，然而我并没有说我的澳大利亚亲戚总是用这种教条的和精确的方式安排他们的土地。可以看到在四个角落的每个角落里面都有一只袋鼠。为什么袋鼠会对角落的地方有一种明显的偏好一直没有令人满意的解释，在这里讨论这一点是不恰当的。我应该加上一句，众所周知，袋鼠总是用被我们称为“马的走步”的方式跳跃。实际上，假如象棋在袋鼠之前没有被发明出来的话，象棋玩家可能

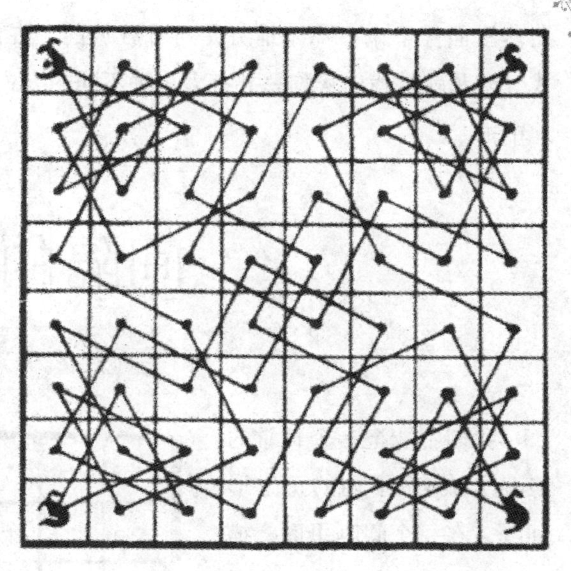

会采用一个更好的术语“袋鼠跳跃”。这个谜题其实是这样。一天早上每只袋鼠都出去散步，在16步连续的马步跳跃后，走过15块不同的土地，然后跳回自己的角落。任何一块土地都不能被超过一只袋鼠走过。右面的图示显示了他们是怎么安排这个事情的。你被要求做的就是展示一下他们是如何完成这个任务的，同时任意一只袋鼠都没有穿过中间用来分割棋盘成两等分方格的水平线。

337 灰狗谜题

难易程度：★★★★★　完成时间：______

在这个谜题里，20个狗窝并不是彼此用门互相连接的，而是通过一堵矮墙分隔的。孤独的居住者是一只住在左上角落的狗窝里面的灰狗。当他被允许放出去玩的时候，他必须用马的走步，走过每一个狗窝一次而且只有一次，最后在底部的右手

角落里面停下来，那个地方是对外开放的。在图示中的线显示了一种解题方式。谜题就是找出灰狗总共有多少种不同的方式可以从他的狗窝走到外面的天地中去。

338 间隔的棋盘

难易程度：★★★★☆　完成时间：______

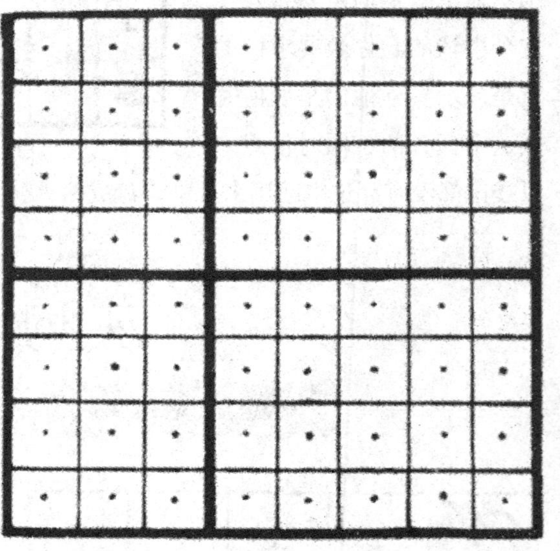

我们不能把一个日常的棋盘分成4个平均的正方形间隔，在每个间隔里面，描述出一个完整的旅程，或者路径。但是我们可以把棋盘分成4个间隔，如图所示，两个间隔每个包含这20个方格。另外的两个间隔每个包含着12个方格，这样就出现了一个有趣的谜题。要求你在这个棋盘上描述一条完整的回程路线，从任意你喜欢的地方开始，但是在每一个间隔中需要走完每一个方格，然后才能进入到另外一个间隔，做出最后的跳跃后回到马出发的方格。这并不困难，但是你会发现这很好玩，也不是没有教益。一个回程的旅程或者完全的马的路径在一个给定尺寸的矩形棋盘上是不是可能的不仅取决于它的尺寸，而且取决于他的形状？一个这样的旅程在包含着奇数个数的棋盘上是明显不可能的，比如5×5或者7×7，因为如下的原因：马的每一个连续的跳步必须从一个白色的方格到一个黑色的方格，然后轮换着从一个黑色的方格跳到白色的方格。

但是如果有奇数个数的方格，一定是一种颜色的方格比另一种颜色的方格多一个，所以路线必须是从多出一个方格的那个颜色开始，在同样颜色的方格上停止，因为从一个颜色的方格跳到同样颜色的方格的马步是不可能的，所以这个路径就不会是回程的旅程。但是一个完美的旅程可以从一个任意尺寸的矩形棋盘上得出，只要方格的数目是偶数，在一边的方格数目不少于6，另一边的方格数不少于5。也就是说，能够完成一个回程的旅程的最小的矩形棋盘的可能性是6×5。

如果一边只有2个方格，一个走过棋盘的所有方格的完整的马步的路径（不用返回的）是绝对不可能的；同样的在一个小于5×5的尺寸的正方形棋盘上也是不可能完成一个完整的马步路径的。因此在一个4×4的棋盘上我们既不能描述出一个马步旅程，也不能描述一个完全的马步路径；我们必须剩下一个方格不走。然而在一个4×3的棋盘上（包含的方格少四个）可以用16种不同的方式描述一个完整的马步路径。这可能会让读者有兴趣来发现所有的这些方式。每个开始和结束在不同的方格上的路径都算作不同的解答方式，甚至反向的路径也可以被当做不同。

339 立方体的马步旅程

难易程度：★★★☆☆　完成时间：______

几年前，我碰巧在某处读到了艾伯内特·范德蒙德——一个生于1736年、逝于1793年的聪明的数学家，他就马步旅程问题所作的大量的研究。

由于收集到的仅仅是几部分片段式的注解，我并没有认识到他的调查的确切的本质和结果，但是一个问题引起了我的注意，也就是他关于在立方体的六个面上进行马步旅程的声明，这里的每一个面都是一个棋盘。我不知道他是否得出了一个解答方式，但是我从来没有看到有解答出版问世。因此为了掌握这个有趣的谜题，我立刻开始动手。可能读者喜欢尝试一下。

340 四只马的旅程

难易程度：★★★☆☆ 完成时间：______

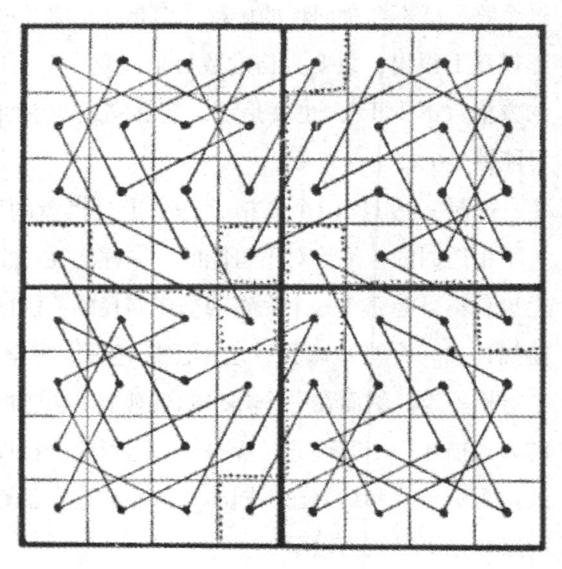

我要重申一下，如果一个棋盘被分割成四等份，正如图示的黑线显示的那样。在四块中的任何一块上都是不可能完成一个马步旅程的，不管是不是回程的。最好的回程的路线尝试如图所示，在这个尝试中，每个马必须两次跳到其他的部分上。谜题就是把棋盘分割成四块不同的部分，每一块都是相同的尺寸、相同的形状，让一只马可以在每一块上完成回程的旅程。沿着虚线分割是不行的，因为棋盘的4个中间方格或者是分开的或者是仅仅靠一条线连着。

341 清朝官员的谜题

难易程度：★★★★☆ 完成时间：______

接下来的谜题有一个附加的兴趣点，那就是谜题的正确的解答方式可以为某个年轻的中国人保住他那迷人新娘的一只手。在北京城方圆100英里的范围内，最富有的清朝达官贵人就是西差超，他美丽的女儿——佩宝儿，有着数不清的追求者。她最热切的追求者之一是温克希，当他向这位年老的官员提亲请求他答应他们的婚姻时，西差超给他提出了下面的谜题，并且说如果年

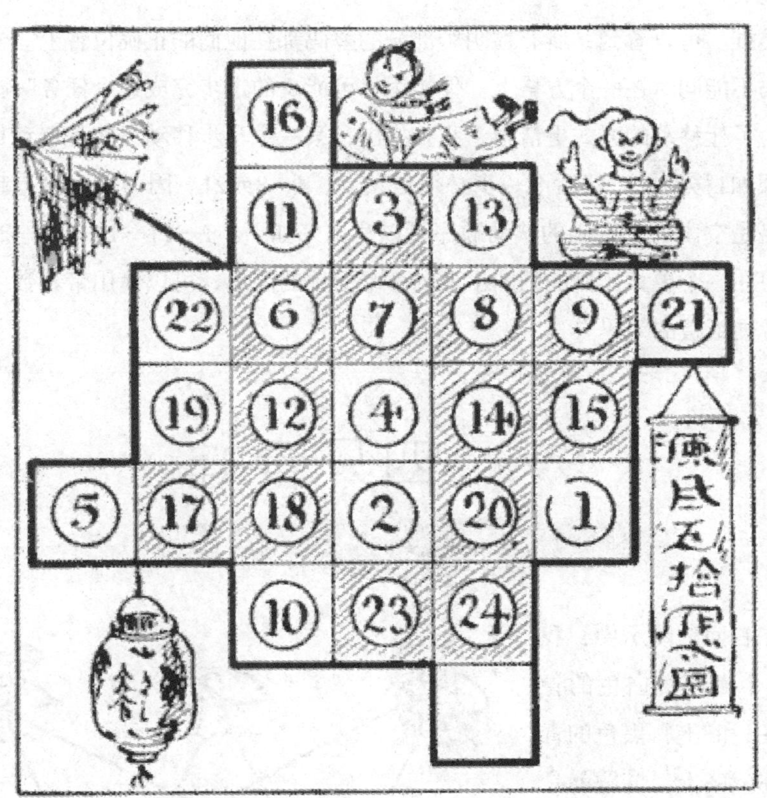

轻人在一周内能够给出他正确的答案，他就把女儿嫁给他。温克希有个习惯，在今天的许多解题人中也有这样的，他把这个谜题告诉了他所有的朋友，当他比较了他们的解答后，他把自己的当做最好的一个交了上去。幸运的是他的答案完全正确。因此这个官员遵守了他的承诺。一只肥胖的小狗被宰杀掉做为婚礼的宴席，当西差超递给温克希一块肝尖时，所有出席的宾客都知道这象征着永久的祝福，和很久以来的中国习俗一致。

官员把一张桌子分成了25个方格，正如图示显示的那样。在24个方格的每一个上面放着一个标着数字的筹码，就像我已经指示的那样。谜题就是把筹码按照数字顺序排列起来，使用我们称之为马步的方式。一次只移动一个筹码，筹码1应该在筹码16的位置，2应该在11所在的位置，4应该在13现在的位置，

以此类推。可以看到，所有在阴影部分的筹码都在他们的正确位置上。当然两个筹码不能同时在一个方格上。你能用尽可能少的走步完成这个任务吗？

为了让移动的方式更清晰，我要指出，第一个马步移动只能是移动1或2或10。假如1移动了，然后下一步必须是2、3、4、8或21。因为从来没有超过一个方格是空闲的，筹码的移动顺序可以写出来如下：1—21—14—18—22，可以练习在一个更大比例的的图示上画一个简单的图示，可以使用带着数字的筹码或者硬纸板的筹码。

342 四只青蛙

难易程度：★★★★★　完成时间：______

在右面的图示中，我们有8个毒菌，白色的青蛙放在1和3上，黑色的青蛙放在6和8上。谜题就是一次只移动一只青蛙，用任何顺序，沿着从一个毒菌到另一个毒菌的直线，直到他们都交换位置，白色的青蛙被放在6和8上，黑色的青蛙被放在1和3上。如果在一个简单的图示上，你使用4个筹码，你会发现问题很容易，但是如果只用7步就完成这个小谜题可能更令人困惑一些，一只青蛙的任何连续的走步数目都算作一步。当然，一只毒菌上面不能超过一只青蛙。

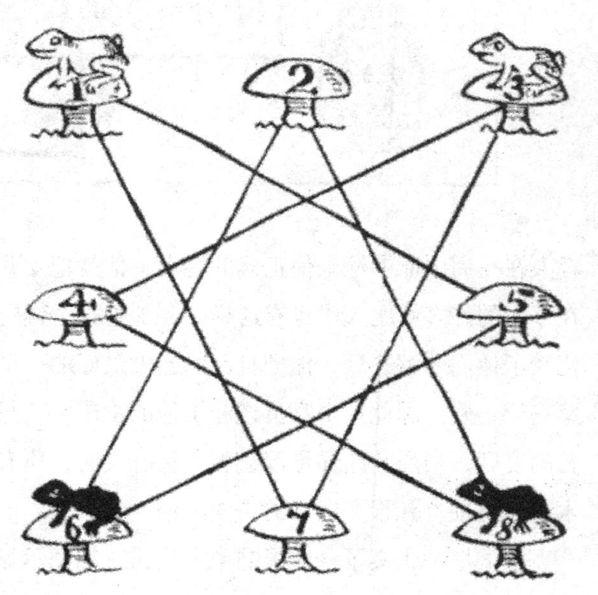

343 囚犯的锻炼

难易程度：★★★★☆　完成时间：______

下面的这张图是某个监狱的北边部分的草图，图中展示了16个牢房，都是由开放的门互相通着的。15个囚犯被编好了号，安排在如图所示的牢房里。他们被允许尽可能地互换牢房，但是如果两个囚犯一起待在同一个牢房里面，那么他们将受到严厉的惩罚。

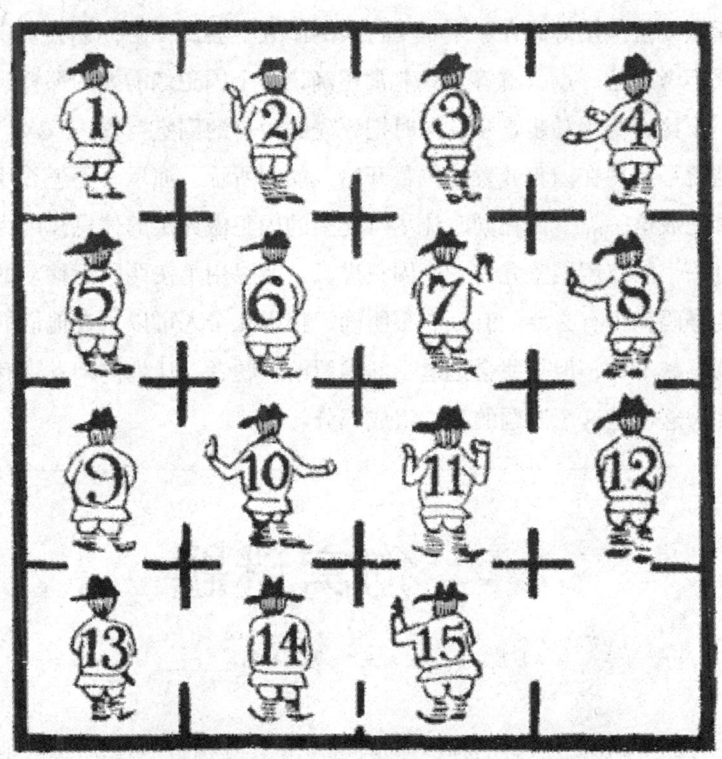

现在，为了减少他们日益增加的体重，把体力劳动和脑力娱乐结合在一起，囚犯们决定，接受他们其中一个对马的走步非常感兴趣的囚犯的建议，试着让自己形成一个完整的马步路径，同时不打破监狱的规章制度，像原先一

样，把底边右下角的牢房空置。这件事情好玩的是，他们最后达成的安排结果如下：

8	3	12	1
11	14	9	6
4	7	2	13
15	10	5	

监狱看守没有察觉一个重要的事实：这些囚犯如果不在一个囚室里待一些时间就无法就位。用筹码在一个有平行线的图表上尝试一下，你会发现确实如此。如果不考虑这一点，解答方式非常正确，每个囚犯像需要的那样，从前面的号码一个接一个用马步走步，同时把原先的角落的囚室空置。

谜题就是从现在囚犯放置的位置开始，如图所示，演示一下怎么用尽可能少的走步完成这一点，而在同时让尽可能多的囚犯做充足的休息。因为从来不会有超过一个的空闲囚室允许一个囚犯进入，所以用笔按照囚犯移动的顺序写下他们的号码就很有必要。有一点很明确，很少几个人可以呆在他们的囚室里面从头到尾都不动，但是我会把这个问题留给解题者，让他们来发现有多少个囚犯，因为这也是这个谜题的基本组成部分。

344 狗窝谜题

难易程度：★★★★★　完成时间：______

某人有25个狗窝，所有的狗窝都是彼此用门连通的，如图所示。他希望安排他的20只狗让他们可以从1号到20号组成一个骑士的排列，让底部的一排5个狗窝空置，就像现在一样。通过一次移动一只狗进入空闲的狗窝就可以做到这一点。这些狗都受过极好的训练能够服从命令，可以放心让他们留在他们

被放置的狗窝里面，除非两只狗被放到了同一个狗窝里，他们会争斗到死。怎么用最少可能的走步来解决这个谜题，同时不让两只狗在一起呢？

345 两个卒子

难易程度：★★★★☆　完成时间：______

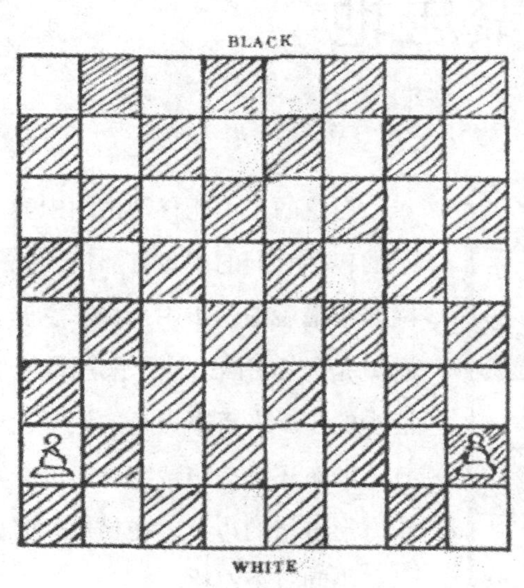

这里有一个与技术有关的简洁的小谜题。两只小卒子前进到第八个方格可以有多少种不同的方式？你可以用任何你喜欢的顺序来移动他们，形成一个不同的顺序。比如，你可以首先移动QRP（一个或者两个方格），或者首先移动KRP，或者移动一个卒子到足够远的距离，只要不碰到其他棋子。任何的顺序都可以允许，只是在这个谜题中，只要一个卒子到达第八个方格，它就会死掉，停留在那里不再变化。你能算出不同顺序的数目吗？起初你可能觉得这很困难，但是我会演示一下，如果你正确地解答了，这真的很简单。

第四节 各种各样的象棋谜题

"下象棋对某些人来说是很好的益智运动。"

——伯顿的《精神病分析》

346 放置棋盘

难易程度：★★★★☆ 完成时间：______

我有一个棋盘和一套棋子。在游戏开始时，要正确地放置所有棋子总共有多少种不同的方式？我发现大多数人在计算的时候会漏掉一个特定的情况。

347 聚居地

难易程度：★★★★☆ 完成时间：______

白色的车不能移动出图中显示的包括它们的小正方形格子，除非是最后的一步用来将军。谜题就是怎么用第8号车采用尽可能少的步子来将军黑色的棋子，其他的车还是按照数字顺序围在正方形方格的边上，在1号车和7号车中间有个空格。

348 数长方形

难易程度：★★★★☆　　完成时间：______

你能正确说出一个棋盘包含着多少个正方形和其他的长方形吗？换句话说，可能有多少种不同的方式来用棋盘上分割方格的线指示出正方形或者其他长方形？

349 和局

难易程度：★★★☆☆　　完成时间：______

几年前，有个谜题提出来了，就是构建一场想象的象棋游戏。在游戏中应该用尽可能少的步数把白色棋子逼成和局，需要用到所有的棋盘上的32个棋子。你能在20步以内完成这个任务吗？

350 被遗弃的国王

难易程度：★★★☆☆　　完成时间：______

在图表中摆好如图所示的棋子位置。这个谜题的条件是——白色棋子走步，并且在6步将军。尽管很复杂，我会演示一下怎么把这种玩法浓缩成几条线，只是这里需要指出的是，白棋的最初2步是不能改变的。

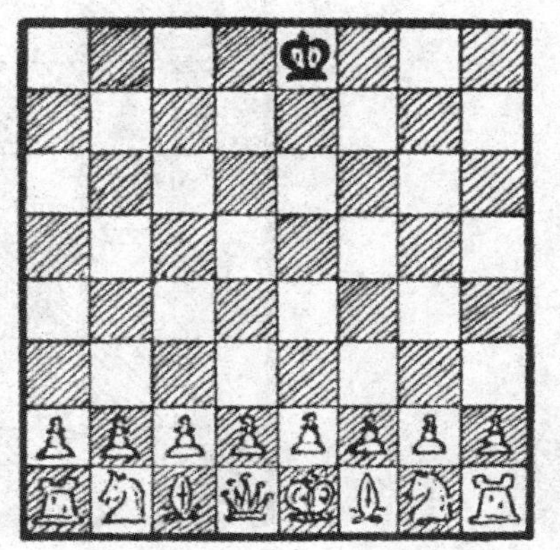

351 十字军战士

难易程度：★★★★☆　　完成时间：______

下面的这个谜题是一个有奖谜题，是我在几年前提出来的。进行一场象棋游戏，在16步之后，应该让白棋的所有的16个棋子都在他们原先的方格里，黑色的棋子只有国王还在（但是没必要在它自己原来的方格里面），然后白色的棋子在3步内可以强制将军。

352 三十六种将军

难易程度：★★★★☆　　完成时间：______

把剩下的8个白棋放到棋盘上如图的位置，这样白棋就会有36种不同的将军选择。每一步将军和离开一个不同的位置都是一种不同的将军方式。已经放好的棋子必须不能移动。

353 不能移动的卒子

难易程度：★★★★☆　　完成时间：______

BLACK

WHITE

从一场棋局的最初排列方式开始走步，最少需要用多少步可以达到下面的棋子位置？当然，两边的走步必须严格按照象棋游戏的规则进行，尽管结果会是一种很奇怪的象棋游戏。

354 令人惊异的僵局

难易程度：★★★☆☆　　完成时间：______

在一场黑先生和白先生的象棋游戏中，黑先生遇到了困难，跟平常一样他不得不去赶火车。因此他提议白先生应该在他不在的时候完成这局游戏，条件是无论如何黑色棋子不能移动，只能移动白色棋子。白先生接受了，但是令他气馁的是，他发现在这个条件下想要赢得游戏根本完全不可能。尽管他尝试了，但他不能将死他的对手。那么，黑先生在哪个方格上

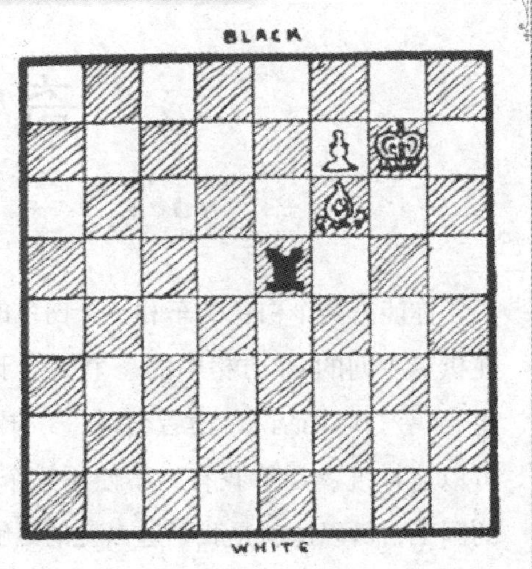

留下了他的国王？其他的棋子都在图表中他们的正确的位置上。每次他想的时候，白棋可以随时让黑棋处于被将军的位置，但这没什么差别，因为他永远也不能到达将死的位置。

355 将军

难易程度：★★★☆☆　完成时间：______

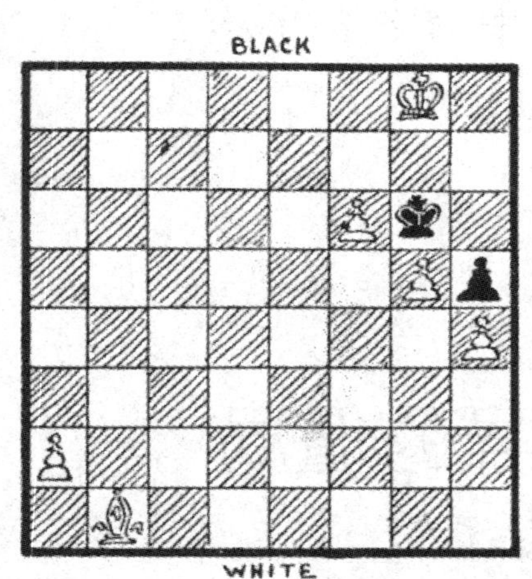

漫步到伦敦一个俱乐部的某个房间时，我注意到一个由两个离开的棋手留下的残局。残局如图所示。很明显的一点是，白棋正在将黑棋军。但是他是怎么做到的？这就是谜题。

356 奇怪的象棋

难易程度：★★★☆☆　完成时间：______

你能把两个白色的车和一个白色的马放到棋盘上，让黑方的国王（它必须在棋盘中间的4个方格中的一个）处于被将军的位置，同时让他不可能被走步将到吗？换句话说，读者会说："国王显示被将军。"恩，如果你喜欢，你可以这样说，尽管我有意不使用这个术语。简单的事实是，棋盘上没有白色的国王，所以这就是我不这么说的足够理由。

357 古老的中国谜题

难易程度：★★★☆☆ 完成时间：______

我的下一个谜题来自中国，有几百年的历史了，每次都能引起读者的兴趣。白色的棋子走步，将军，移动3个棋子中的任意一个一次，只有一次。

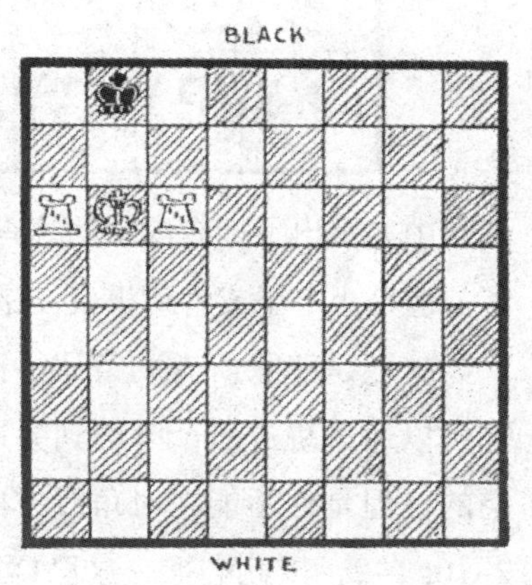

358 六个卒子

难易程度：★★★★★ 完成时间：______

把6个卒子放到棋盘上，让每一行每一列不被占据的方格都是偶数，总共有多少种不同的摆放方式？这里我们不考虑对角线的情况，每次占据6个不同的方格就成了一种不同的解答方式，因此我们没必要排除反向和反射。

359 筹码单人跳棋

难易程度：★★★☆☆ 完成时间：______

这里有一个相当简单的单人跳棋游戏，但是不会简单到无趣。你可以在一块纸板或纸上用直线画出方格，或者你可以用一个棋盘的一部分。我已经在

9	10	11	12	13	14	15	16
1	2	3	4	5	6	7	8

图示中表示出了标有数字的筹码，这样就让解答变得容易并且让读者明白易懂了。但是小卒子或者跳棋仅仅是练习用的。

谜题是移除所有的筹码，除了一个，这个被留下的必须是第1号筹码。你可以通过跳过一个筹码到旁边的空白处来移去一个筹码，如果那个方格是空的，但是你不能在对角线方向上跳跃。下面的移动会让游戏更简单：1–9，2–10，1–2，以此类推。这里1可以跳过9，你可以在棋盘上把9移去；然后2跳过10，你可以移除10；然后1跳过2，你可以移除2。每个走步就是吃一个子，直到最后所有的子都被1吃掉。

360 奇怪的人

难易程度：★★★★★　完成时间：______

在一个圣诞节的前夜我正在铁路上旅行，要去南部城镇的一个小地方。车厢很满，乘客们都紧紧得挤在一起。在角落的座位里面，我的一个邻座正在全神贯注地研究一个棋盘残局，残局放置在可以装在口袋里的一个便携的折叠棋盘上，我几乎无法避而不见。残局是这样的：

我的邻座忽然转过头看到了我眼睛中的困惑。

“你会下象棋吗？”他问。

“是的，一点点，那是什么？一个难题？”

“难题？不，是游戏。”

“不可能！”我相当无礼地大声说，“这个残局可是一个完全的怪物。”

他从口袋里面拿出一张贺年卡递给了我。上面一边写着一行地址，另一边写着几个字“43K to Kt8。”

“这是一个来信游戏，”他说，“那是我朋友的最后一步，我正在考虑我的应答。”

“但是恕我冒昧，这个残局似乎是完全不可能的。究竟，比如说——”

“啊哈，”他微笑着插话说，“我明白了，你是一个初级玩家。你玩游戏只是为了赢。”

“当然了，你不可能是为了输棋或者平局吧？”

他大声地笑起来。

“你要学的还有很多。我的朋友和我玩游戏不是为了那种老式的输赢结果。我们在象棋中寻找精彩、异想天开和古怪奇特之处。你曾经看到过这样的残局吗？”

我内心暗自庆幸我从来没有遇到过。

“先生，这个残局把两种需要智力同步并列的特质具体化了——曲折的自然进化和人造的合成。这个残局来自两性和中间的交互。”

“你读了今天的晚报吗，先生？”对面的男人打断说，手里握着一份报纸。我注意到在他的大拇指旁边的空白处有一些铅笔写的字。感谢他，我拿过报纸，开始读了起来，“有些疯癫，但是对我没什么伤害，他仍然在我可以容许的范围内。”在那之后，我让那个可怜的家伙继续他疯狂的想法，直到我们

都在下一站下车。

但是那个奇特的残局深深地烙在了我的脑海中，黑棋最后一步从43K走到Kt8。一段时间后，我发现实际上在43步内走到这样一个残局是可能的。读者能够建构这样一个顺序吗？白棋怎么把他的车和王的象放到他们现在的位置？需要注意的是黑棋方王的象是不能移动的。这里没有侥幸的机会，每一步必须是合情合理的。

361 棋盘上的单人跳棋

难易程度：★★★★☆　完成时间：______

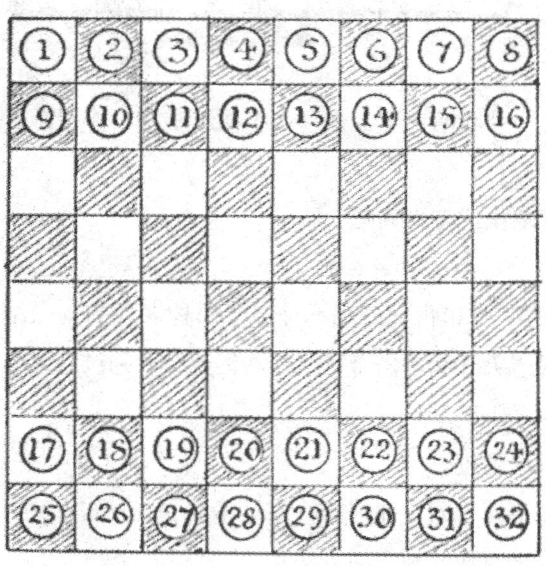

这里有一个359题跳棋游戏的扩展游戏。你所需要的就是一个棋盘和32个棋子，或者同样数目的跳棋或者筹码。在图示中使用的是标有号码的筹码。谜题就是移除所有的筹码除了两个，这两个筹码必须原先在棋盘的同一边上；也就是说，两个剩下的筹码必须属于1到16的一组，或者17到32的另一组。如果那个方格是空白的，你可以通过跳过一个筹码到相邻的空白处来移除一个筹码，但是你不能在对角线方向上跳跃。下面的走步会让这个游戏更清楚：3–11，4–12，3–4，13–3。这里3跳过11，你可以移去11；4跳过12，你可以移去12；以此类推。可以发现这是一个令人着迷的需要耐心的游戏，解答方式需要运用一些智谋。

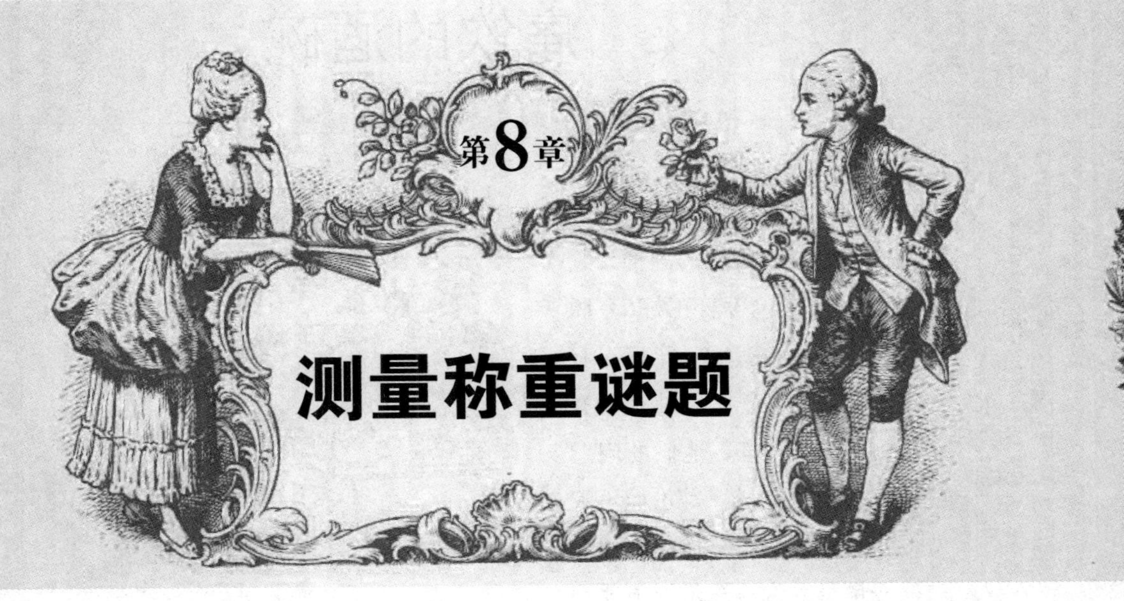

第8章 测量称重谜题

"一报还是还一报"

——莎士比亚《恶有恶报》第5章第1节

很显然，可以采用把液体从一个容器里面倒入另外的已知容量的容器中来测量特定数量的液体，与此相关的第一个印刷出来的谜题是由尼古拉·方塔纳提出来的，他的"达塔格里亚"（口吃者）这个名字更为人所知（1500–1559）。

这个谜题涉及把24盎司的珍贵香脂分成三等份，可用的衡量器具是5盎司、11盎司和13盎司的容器各一个。这个谜题有六种操作方式，多种不同的解答方案，或者说多种不同的从一个容器倒入另外一个容器的方式。巴切特·德·麦兹瑞艾克在他1612年的书中重印了这个谜题，还有其他一些达塔格利亚谜题。通常认为，这类的谜题仅仅能通过尝试来解决，但是我认为针对这种特定的有关的情形，可以建构一个公式。这实际上是一个尚待调查的领域。

※ 单位换算：

1英镑=20先令	1先令=12便士	1克朗=5先令	1几尼=1.05英镑=21先令
1弗罗林=2先令	1沙弗林=1英镑	1法寻=1/4便士	半克朗=2又1/2先令

362 痛饮的酒碗

难易程度：★★★☆☆ 完成时间：______

一个圣诞节前夜，三个懒汉得到了一个货真价实的酒桶，它是一个小桶，包含着正好6夸脱的优质麦芽酒。其中一个懒汉有一个5品脱的水壶，另外一个有一个3品脱的水壶。他们的问题就是怎么把酒分成三等份而不浪费。当然，他们不会使用其他的容器或量具。你能演示一下这个是怎么做到的，然后试着找出需要最少的操作步骤的方法吗？每次单独地从一个容器倒入另外一个容器，或者倒入一个人的喉咙，都算做一次操作。

363 医生的疑问

难易程度：★★☆☆☆ 完成时间：______

“今天早上在我的医务室里，发生了一件令人好奇的事。”一个医生说，“我有一个装着10盎司酒精的瓶子，另外一个瓶子装着10盎司的水。我把1/4盎司的酒精倒进了水里，然后摇了摇。混合的比例显然是40：1。然后我把1/4盎司的混合物倒了回去，这样两个瓶子应该是每个包含着同样数量的液体。那么这个瓶子里面酒精和水的比例现在是多少？”

364 木桶谜题

难易程度：★★★☆☆　　完成时间：______

右图中的人正在为桶里面包含的液体内容而争执。我们不可能知道那个桶里面是什么特定的液体，因为我们不能看看桶里面，因此我们假定是水。一个人说这个桶是半满的，另一个人坚持不是半满。那么解决这一点的最容易的方式是什么？不需要用棍子、绳子或者任何测量的器具。我给出这个谜题只是用来作为一个可能的简单例子来表明日常洞察力在解决谜题中的价值。如果我们懂一点基本的常识，那么看起来可能很困难的问题经常可以用很简单的方式来解决。

365 新的测量谜题

难易程度：★★★☆☆　　完成时间：______

这里有一个测量液体的新难题，读者会发现这个谜题很有趣。一个人有两个10夸脱的容器盛满了酒，一个5品脱的和4品脱的容器。他想把正好3夸脱的酒分别倒入两个容器。他应该怎么做？你认为需要有多少种操作方式（从一个容器倒入另一个容器的方式）？当然，浪费酒、倾斜或者其他的花招都是不允许的。

366 诚实的牛奶工人

难易程度：★★★☆☆　完成时间：______

一个诚实的牛奶工人在为公众消费准备牛奶的时候使用一个标着B的罐子装奶，一个标着A的罐子装水。他从罐子A倒入足够多的液体到B中让B里面的液体容量加倍，然后他从罐子B倒入A中足够多，让A中的容量加倍。最后他从A中倒入B中，直到他们的容量完全一样多。在完成这些操作之后，他就把罐子A送到伦敦去，这个谜题就是找出他提供给伦敦人的餐桌上的牛奶中包含的奶和水的相对比例关系。里面的奶和水的比例是一样的吗？或者奶和水的比例是2∶1，还是什么？这是个有意思的谜题，尽管令人足够好奇的是，我们并不知道最初他在操作的时候两个罐子里的水和奶究竟是多少。

367 酒和水

难易程度：★★★☆☆　完成时间：______

古德费勒先生最近有了一个非常好的主意。每次当他举办的晚餐会到了吸烟时间后，女士们刚离开，他发现谈话就开始倾向于太政治化、太个人化、太拖沓或者太令人反感了。然后他总是成功地介绍给其他人某个新谜题，他把谜题藏在袖子里面就是为了这个场合。谜题总是能引起大家大量的有意思的思考和辩论，让每个人都有一个好心情。

这里有一个他某天晚上提出的小谜题，很不寻常的是这伙人的答案都不同。他把一个酒杯装满了一半的红酒，另外的一个玻璃杯装上红酒的1/3的两倍。然后他把每个杯子用水填满，把两个玻璃杯的液体都倒进一个空玻璃杯。现在，他说："这个酒水混合物中有多少酒，多少水？"你能给出正确的答案吗？

368 一桶酒

难易程度：★★★☆☆　完成时间：______

这里有一个令人好奇的小谜题。一个人有一个10加仑的盛满了红酒的酒桶和一个水壶。一天，他抽出了一水壶的红酒，然后用水填满了酒桶。后来，当红酒和水完全混合了以后，他又抽出了一壶红酒，然后再一次用水把酒桶填满。然后他发现酒桶里面的红酒和水的比例是相同的。你能从这些事实得出水壶的容量吗?

369 混合茶

难易程度：★★★☆☆　完成时间：______

"斯波恩夫人今天早上来电话了，"诚实的食品杂货商对他的助手说。"他想要20磅茶叶，要价格是每磅2先令4.5便士的那种。当然我们有很好的2先令6便士的茶，也有稍微差点的2先令3便士的茶，还有更便宜的1先令9便士的印度茶，但是她总是对她的价格特别在意。"

"你是怎么建议的？"他头脑简单的助手问。

"怎么做？"杂货商大声说，"当然了，就把这三种不同的茶叶以不同的比例混合然后算出20磅的茶叶，让它们相当于那位女士的价格就可以了。只要你注意不要多放了最好的茶叶就行，那样我们就赚不到钱，当然你只能用我们的完整的成磅的包装。不能做任何称重。"

那么这个可怜的伙计要怎么混合这三种茶叶？你能给他展示一下怎么做吗?

370 一个包装谜题

难易程度：★★★★☆　　完成时间：______

通过经验我们都知道，要把物品放到一个盒子里面，而让空间不会被过多浪费，最需要的就是相当大的创造力。有一次一个人告诉我，他有大量的铁球，所有的直径都正好是2英寸，他希望把它们尽可能多地放到一个矩形的盒子里面，这个盒子长24.9英寸，宽22.8英寸，14英寸深。现在他最多可以往这个盒子里面放多少个球？

371 俄罗斯的黄金包装

难易程度：★★★★☆　　完成时间：______

《泰晤士报》的编辑被一个俄罗斯高管邀请去视察储存在圣彼得堡的黄金，为了让他自己满意，那不是另一个“亨伯特保险柜”。他回答说，怎么做都没有用，因为尽管黄金看上去是在那里，他不能通过简单的查看就断定他看到的就是真正的黄金。一个《每日邮报》的记者于是接受了这个挑战，可是尽管他对看到的景象印象深刻，他不得不承认他也不确信那是不是真的黄金。

在讲述下面这个小谜题的时候，我希望大家明白我不能保证黄金的真正存在，这一点对我们的目的来说一点都不重要。所以，如果读者说黄金金条通常不是我给出的那个尺寸，我只能说这是为了谜题需要。

俄罗斯的官员要包装800块金条，每一块金条有12.5英寸长，11英寸宽，1英寸高。那么能够正好装下所有的金条而不剩一点空地的盒子应该多大？这个盒子长宽应该是尺寸相等，足够高。根据政府的条例放在边缘的金条不得多于12条。这是一个有意思的包装小谜题，一点也不难。

372 蜂蜜桶

难易程度：★★★☆☆　完成时间：______

很久很久以前，曾经有一个年老的巴格达商人，所有认识他的人都很尊敬他。他有三个儿子，他的人生准则就是要待他们一模一样。不论何时当一个儿子收到礼物的时候，另外两个人每人都会收到同样价值的礼物。一天这个受尊敬的商人生病去世了，他把他所有的遗产都平均分给了他三个儿子。

唯一遇到的的困难就是库存的蜂蜜，一共正好有21桶。老人留下指示说，每个儿子得到的蜂蜜数量要相同，并且也要得到同样数目的桶，考虑到可能会有浪费，不允许从一个桶倒入另外一个桶。

现在，有7个桶里面装满了蜂蜜，7个里面是半满的，另外7个是空的，这确实是难题。特别是因为每个兄弟都反对取超过4桶满的、半满的或者空的蜂蜜。你能演示一下怎么正确划分这份财产吗？

第9章 过河谜题

"我的船在岸上。"

——拜伦

这是另外一个中世纪类别的谜题，可能最早的案例来自于艾伯特·阿尔昆，他735年生于约克郡，804年死于图尔斯。每个人都知道这个故事：一个人带着狼、羊和一筐子白菜过河，船一次只能载三样中的一样再加上这个人自己。他的难题就是，他不能把狼和羊单独放在一起，或者羊和白菜放在一起，这些谜题被许多人所思考，包括达塔格利亚、巴切特，后来被很多人调查，包括卢卡斯、德·方特尼、德莱诺依、泰瑞和其他人。我给出的这些谜题增加了一个或者两个新的条件，加大了问题的难度。我也收录了一个滑轮谜题，涉及到同样的原理。

※ 单位换算：

1英镑=20先令	1先令=12便士	1克朗=5先令	1几尼=1.05英镑=21先令
1弗罗林=2先令	1沙弗林=1英镑	1法寻=1/4便士	半克朗=2又1/2先令

373 穿过小溪水

难易程度：★★★☆☆　　完成时间：______

在一次乡下的漫步中，索芙特雷夫妇发现他们遇到了一个进退两难的问题。他们必须乘坐一条只能载重150磅的小船过一条小溪，但是索芙特雷和他的妻子每个人都正好是150磅重，他们的两个儿子每个重75磅。然后还有一条狗，这条狗无论如何是都不会游泳的。本着女士优先的原则，他们立刻把索芙特雷夫人送过去了，但是这是一个愚蠢的疏忽，因为她必须把船驾驶回来，因此那次操作归于无效。他们应该怎样成功过河？读者可能会觉得这很容易做到，而不像索芙特雷一家人那样觉得，因为他们最大的敌人是不能被真正称作了不起的四人组合——而那只狗完全就是一个傻瓜。

374 穿过斧子河

难易程度：★★★★☆　　完成时间：______

许多年以前，在以“西部的强盗罗伊”出名的船的走私时代，一个海盗团伙在南德文河岸上埋藏了大量的珍宝，那当然是用某种神秘的方式埋在了那里。过了一段时间，珍宝的埋藏地点被三个乡下人发现了，他们某天夜里光顾了那个地方，然后瓜分了赃物。吉尔斯得到的财宝价值800英镑，杰斯帕得到了价值500英镑的财物，迪莫西得到了价值300英镑的财物。在回来的路上，他们必须穿过斧子河，他们做了准备，在某一个地方留了一条小船。然而，

他们遇到了没有预料到的难题。小船只能装两个人，或者一个人一个包裹。但是他们都不信任彼此，没有人愿意单独留在岸上，或者带着比他应得的更多的财物上船。这里，两个人（可以彼此监督）可以带着多于自己的财物留下来。谜题就是演示一下他们怎么用最少的过河次数渡过这条河，并且带着他们的财宝。不能有花招，比如使用绳子、飞桥、冲浪、游泳或者类似的方式绕过河去。

375 五个嫉妒的丈夫

难易程度：★★★★☆　完成时间：______

在某次当地的洪灾中，五对已婚夫妇被水围困，必须用小船从被困的地方逃生，但是小船一次只能载三个人。每个丈夫都很善妒，所以他们不允许自己的妻子和另一个男人一起，无论是在船里或者在任何的一个岸边（或者和其他男人们），除非他自己在场。那么找出把这五对夫妇送到安全地点的最快方式。把丈夫称为ABCDE，他们各自的妻子为a、b、c、d、e。过去和回来算做两次渡河，不能使用绳子、冲浪等。

376 四个私奔者

难易程度：★★★★★　完成时间：______

B上校是一个很沉默寡言的鳏夫。他对四个女儿很严厉，甚至接近残酷，她们自然地对这一点感到怨恨。作为具有每种美德和众多成就的迷人女性，四个女儿每个人都有自己的仰慕者，这一点也不令人惊讶。但是父亲禁止年轻的小伙们拜访他家，拦截了所有的书信，并且把他的女儿们更加严厉地看管了起来。不过，爱情会蔑视一切的枷锁和围墙，能够随机应变，所以四个年轻人一起密谋，计划了一次全面的私奔。

在花园底部网球场地的坡脚处，银色的泰晤士河缓缓流过。一天晚上，四个女孩安全地从宿舍的窗户下到了地面，然后轻轻地溜到了河岸边，有一条属于B上校的小船停靠在那里。她们计划用这条小船穿过河去到达河对岸，然后她们可以到达一个草坪，那里等着的交通工具会载着她们离开。唉，刚到了水边，她们的困难就已经开始了。

年轻的小伙子们都是很有妒忌心的，他们没一个愿意让自己将来的新娘留下来和另外一个男士或其他男士待在一起一会儿，除非他自己也在场。现在，小船只能容纳两个人，当然需要有一个人摇船。看起来让四对恋人过河似乎是不可能的事情。

但是在小河的中间有一座小岛，这好像提供了一个走出困境的方法，因为一个人或者几个人可以留在那里，让小船摇回去或者摇到河对岸。如果他们对困难都准备好了，那么他们在任何时候能够很容易地找出一个解决谜题的答案。但是他们很匆忙，在逃离的过程中很慌乱，所以非常有趣的是他们不久就遇到了混乱的局面，或者说这种混乱本来可能会发生在任何一人身上而不会是他们身上。

结果就是他们花了两倍长的时间，而且他们过了两次河，每次都是真的必要的情况。与此同时，上校是一个睡眠不好的人，他觉得自己听到了船桨划水的声音，就立刻让家里人提高警觉，然后发现四个女孩都不见了。上校立刻派人报告了警察局，几个警官不久就加入到了追捕逃亡者的行列，而那几位女孩由于过河时耽搁了时间，很快就被追上了。四个女孩伤心地回到了她们的家，然后不快地解除了她们的婚约。

在一段相当长的时间里，这八个人是如何成功地用那条小船渡过了河一直是一个秘密，而且除非她的未婚夫也在场，任何女孩都不能和另外的男士一起待着。我最喜欢用的方法就是取出8个筹码或者8块纸片，把它们分别标注为ABCDabcd，来代表四位男士和他们的未婚妻，用一个火柴盒（代表船）把他们从桌子的一边运到另一边，把1个便士放到桌子的中间代表小岛。

现在要求读者们找出最快把这八位送过河的方法。从一边的陆地到另外一边的陆地有多少必须的路径？这里的陆地可以理解为河岸或者是小岛。尽管小船不必每次过河的时候都在小岛那里停靠，必须说明的是它可能会这么做。比如，如果碰巧有一个女孩单独在岛上，但并不是这位男士订婚的那个，那么单独有这位男士在船里面是不行的（尽管可以理解为他只是打算从一边到对面）。

377 盗取城堡里的财宝

难易程度：★★★☆☆　完成时间：______

有一盒子的财宝被用特别聪明的方式从格鲁姆赫斯特城堡偷走了，这盒子里面主要是一些珠宝和珍贵的玉石，他们被当作一项传统在德古厄尼家族里面流传下来。盗贼包括一个男人、一个年轻人和一个小男孩，他们带着这盒子财宝的唯一逃跑方式就是通过一个高高的窗户。在窗户外面系着一个滑轮，滑轮的上面有条绳子，绳子的两头分别有一个篮子。绳子的安装方式让篮子里面的人既不能用绳子帮助他们自己也不能从其他人那里得到帮助。简单来说，使用这两个篮子的方法就只能是在一个篮子里面放的东西比另一个篮子

里面的更重一些。

现在，这个男子体重195磅，年轻人体重105磅，男孩体重是90磅，盛满财宝的盒子重75磅。下沉的篮子里面的重量不能超过另外一个篮子15磅。这样做的目的是不让下沉的速度太快，否则会很危险，尽管这并不会损害到偷来的财宝。一次下去只能是两个人或者是一个人和财宝可以放在同一个篮子里。他们是如何成功带着财宝逃脱的？这个谜题就是找到完成这一任务的最快的方式，这并不困难。记住，一个人不能靠握住绳子来帮助自己下来，唯一的方式就是在另外一个篮子里面放上一个平衡物来沉下来。

第10章 游戏谜题

“游戏的小乐趣。”

——马修·普赖尔

每一种游戏都有助于提出各种各样的谜题。正如我们看到的，它们可以从棋盘上棋子的特别的走步中创造出来。我现在给出几个玩纸牌和多米诺的游戏的谜题的例子，同时走出家门，在板球场地、在足球场上、在马术比赛和汽车赛道上，想出几个小谜题。

※ 单位换算：

1英镑=20先令　1先令=12便士　1克朗=5先令　1几尼=1.05英镑=21先令
1弗罗林=2先令　1沙弗林=1英镑　1法寻=1/4便士　半克朗=2又1/2先令

378 连续的多米诺

难易程度：★★★★☆　完成时间：______

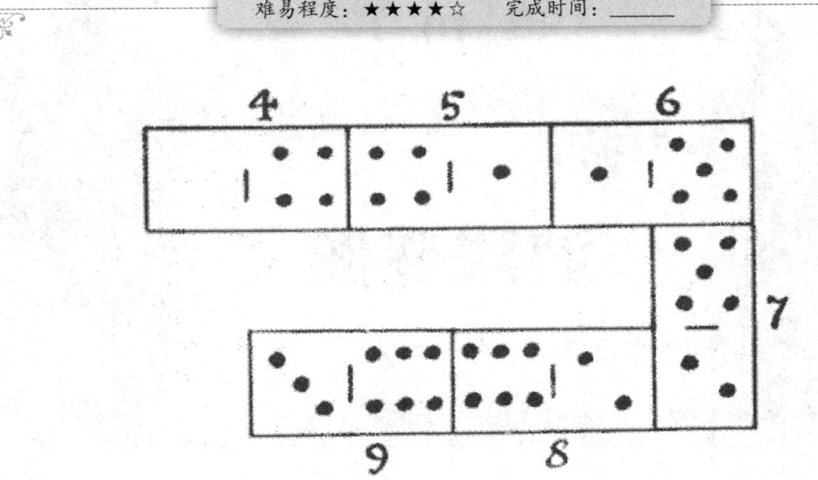

读者可以看到，在图示中我玩的6块多米诺骨牌是按照游戏的规则来进行的，4对4，1对1，以此类推，然而在连续的多米诺骨牌上的点数4，5，6，7，8，9是一个等差数列。也就是说按照顺序这些数字的等差是1。那么一盒子28块多米诺骨牌，我们有多少种不同的方式可以排列6张牌，让它们的数字按照等差数列排列？我们必须总是从左往右玩，上面的数字按照递减的顺序（比如9，8，7，6，5，4）是不允许的。

379 五块多米诺骨牌

难易程度：★★★☆☆　完成时间：______

这里有一个简单的新谜题，读者朋友们可能会觉得有意思。读者可以看到，5块多米诺骨牌按照正确的顺序排列（也就是说，1对1，2对2，以此类推），在两端的多米诺上的点数总共是5，在中间的3块多米诺上的点数也是5。还有其他的三种不同的排列方式加起来的结果是5。它们是如下的排列：

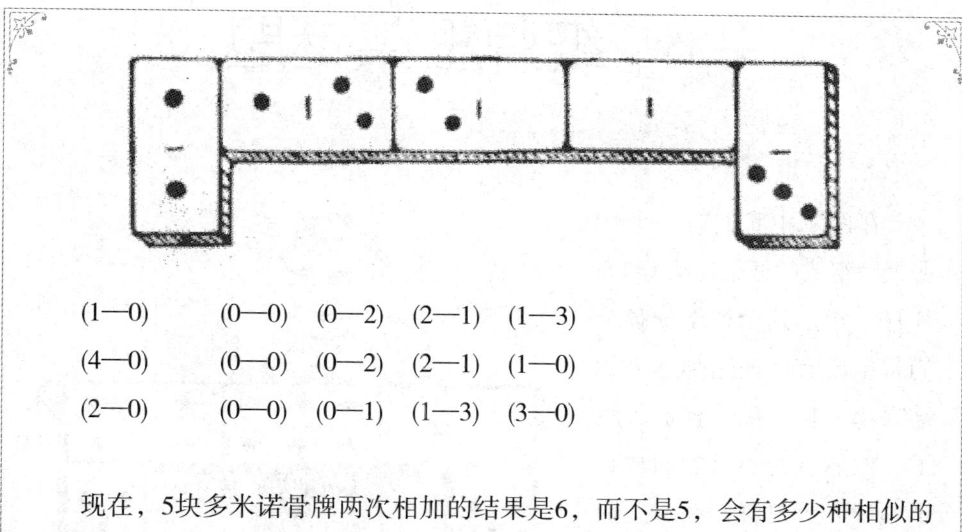

(1—0)	(0—0)	(0—2)	(2—1)	(1—3)
(4—0)	(0—0)	(0—2)	(2—1)	(1—0)
(2—0)	(0—0)	(0—1)	(1—3)	(3—0)

现在，5块多米诺骨牌两次相加的结果是6，而不是5，会有多少种相似的排列方式？

380 多米诺框架谜题

难易程度：★★★☆☆　完成时间：______

从图示中可以看出，一副完全的28张多米诺骨牌排列成一个正方形的框架形式，6对6，2对2，空白对空白，以此类推，正如这个游戏中要求的。读者可以发现在最上面的一栏和左手的一栏加起来都是44。在另外两栏上的点数加起来分别是59和32。谜题就是重新按照同样的形式排列多米诺骨牌让每4个边加起来的结果都是44。记住多米诺必须正确地安放，在游戏中一个对着另一个。

381 纸牌框架谜题

难易程度：★★★★☆　　完成时间：______

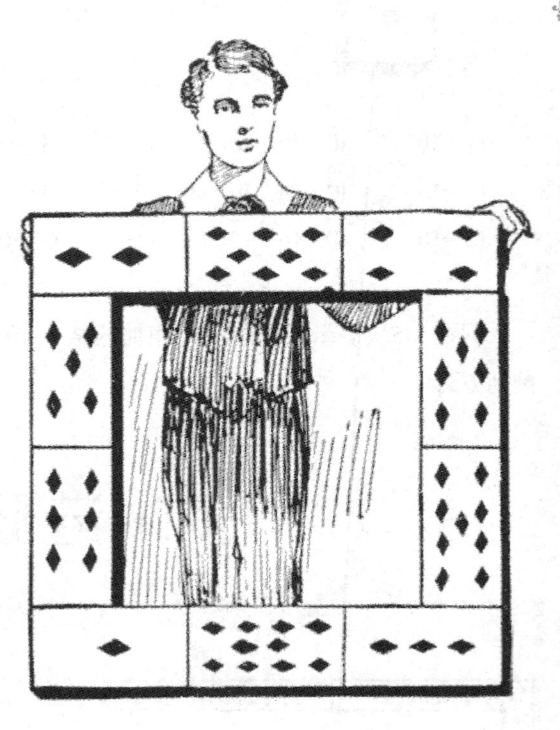

在图示中我们有一个10张纸牌组成的框架，从A到方片10。组起这个框架的孩子们希望所有的四边加起来的结果都一样，但是他们失败了，然后认为不可能而放弃了。读者可以看到在最上面一排的点数、最底下一排的点数、左手边的点数加起来都是14，但是右手边的点数加起来是23。现在他们努力尝试的其实是可能的。你能重新排列10张纸牌按照同样的形式，好让四边加起来的和都是一样的吗？当然加起来的结果不一定是14，可以是你选择的任何的数字。

382 纸牌十字架

难易程度：★★★☆☆　　完成时间：______

在这个例子中，我们只是用9张纸牌，从A到方块9。谜题就是按照十字架的形式排列纸牌，完全按照图示中的方式排列，让竖线框架上的点数和横线框架上的点数加起来相同。在上面的例子中可以看到两个方向上加起来的结

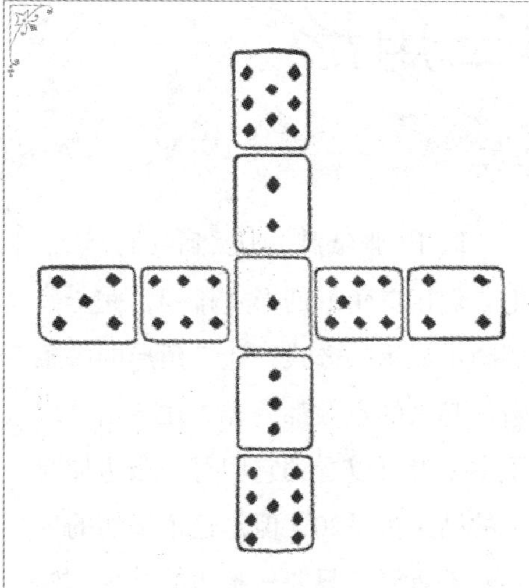

果都是23。我想知道的是，要达到这个结果，重新排列这些纸牌总共有多少种不同的方式？读者可以看到，在不影响结果的情况下，我们可以把5和6互换位置，5和7互换位置，8和3互换位置，以此类推。同样的我们可以把水平框架和垂直框架互换位置。但是像这样明显的操作方式是不能当做不同的解法的。它们都只是一种基本的解法的变体。现在，总共有多少种基本的不同的解题方式？上面的点数加起来的结果当然不用总是等于23。

383 T形的纸牌谜题

难易程度：★★★★☆　完成时间：______

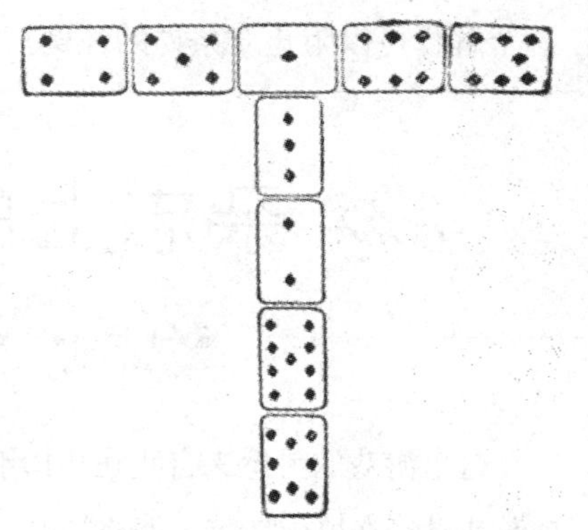

一个很有意思的纸牌谜题是取出一副牌的9张纸牌，包括从A到9，把它们排列成字母T的形状，如图所示，这样在水平线上的点数和竖线的点数加起来的结果一样。在给出的例子中，它们加起来都是23。现在，很容易得出一个单独的正确的排列方式。谜题就是找出总共有多少种不同的排列方式。尽管数字很大，如果我们用了正确的解题方式，结果也不是很困难。把结果图示放在镜子中的反射我们并不计算为一种不同的方式，但是所有的其他的相对位置的纸牌变换是可以算作不同的。总共有多少种不同的方式？

384 纸牌三角形

难易程度：★★★☆☆　　完成时间：______

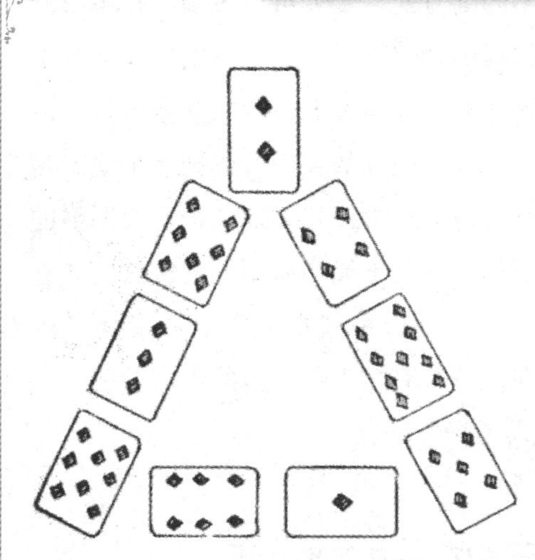

取出9张纸牌，从A到9的方块，把它们用三角形的形式排列，完全按照图示显示的方式，让三角形的每条边加起来的点数都一样。在给出的例子中读者可以看到它们每一条边加起来的结果都是20，但是这个确切的数字并不重要，只要三条边的结果一样就可以。 谜题就是找出总共有多少种不同的方式？如果你简单地旋转纸牌，让另一条边靠近你，那么不能算作不同，因为顺序是一样的。同样的，如果你把4、9、5和7、3、8的位置变换一下，同时把1和6的位置变化，也不能算作不同。但是如果你仅仅变换了1和6，那么可以算作一种不同的方式，因为三角形的一圈上的顺序已经不同了。这个解释可以阻止对条件的怀疑。

385 杂志上的单人纸牌谜题

难易程度：★★★★☆　　完成时间：______

这个游戏的灵感来自我在1910年10月的海滨杂志上给出的单人纸牌游戏。这个游戏已经在厄内斯特·博格特的《单人纸牌游戏》书中重新印刷了，用了新名字“阿尔伯特国王”。把两堆纸牌这样分类：9 D、8 S、7 D、6 S、5 D、4 S、3 D、2 S、1 D一组，9 H、8 C、7 H、6 C、5 H、4 C、3 H、2 C、1 H为另外一组，让方块9放在一堆的底部，红心9放在另一堆的底部。然后用梅花交换黑桃，让方块和梅花仍然按照数字顺序在一堆里，红心和黑桃在另外的一堆里。除了被占据的两个位置，仍然有四个空白的位置，任何一张纸牌都可以放在一个空白处，但是一张纸牌只能放在另外一张比它大的纸牌上面，比如A放在2上，2放在3上，以此类推。单人纸牌游戏需要找出做到这一点的最少的步数。当有四个空白的位置时，你可以在7步内把4张牌堆到一起，当只有三个空白位置时，你可以在9步就把它们堆到一起，只有两个空格的时候，你不能堆起超过2张牌。当你有许多位置的时候，同样的事实就是你能够移去许多牌，并写下7、9或者任何可能的步数。逐渐减少位置的玩法令人着迷，最初的尝试可能是令人惊讶的冗长。

386 足球运动员

难易程度：★★★☆☆　完成时间：______

“这真是一场壮丽的比赛！”一个足球迷呼喊着，“在上一赛季结束的时候，我认识的4个足球运动员都左臂骨折，5个右臂骨折，还有2个右臂健康，3个左臂健康。”你能从这句话里面听出来这个球迷认识的球员的最少数目是多少吗？这并不说明会多达14个人，因为举例说，两个左臂骨折的人可能正好是右臂健康的人。

387 乡村的板球比赛

难易程度：★★★☆☆　完成时间：______

在一场板球比赛中，丁理·戴尔队对厄尔·玛格莱顿队，后者的第一局。戴姆肯斯先生和帕德先生在两个三门柱处，当谨慎的戴姆肯斯先生漂亮地后来插上后，帕德先生让他快跑，四次跑明显地完成了，但是在两端的警惕的裁判喊“三次短跑”，总共是六次短跑。那么戴姆肯斯先生的得分是多少？当丁理·戴

尔队在三门柱得到机会的时候，他们的功臣是鲁菲先生和斯塔拉各斯先生。后者做了一个华丽的越位击球，这让他的同事取得了进展，结果让善于观察的观众们为他们将会得到的三个快速跑而鼓掌叫好。但那时裁判宣布在两端是两个短跑，总共是四个。那么这次动作在多大程度上增加了斯塔拉各斯的总分？

388 骰子游戏

难易程度：★★★☆☆　　完成时间：______

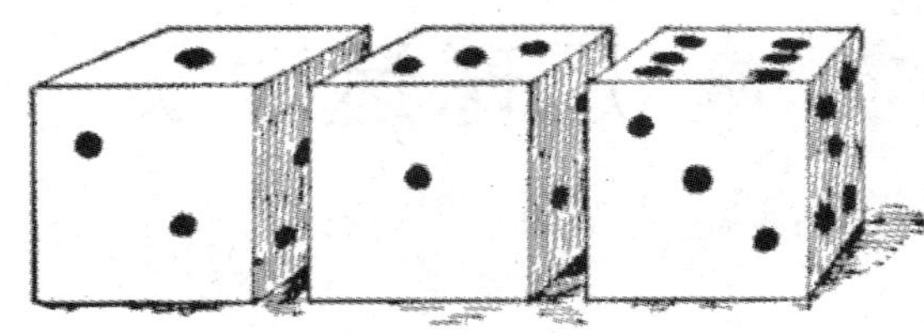

这里有一个简洁的三个骰子游戏，我要求读者不看骰子随便扔，然后读者把第一个骰子上的点数乘以2加上5，把结果乘以5，加上第二个骰子的点数，然后再乘以10，加上第三个骰子的点数。最后读者告诉我最后的和，我可以立刻告诉你你扔的三个骰子分别的点数。我是怎么做到的？举例说，如果你扔了1，3和6，如图所示，你给我的结果就是386，那么从这个结果我可以立刻说出你扔的骰子的点数。

389 拖沓的板球赛

难易程度：★★★★☆　　完成时间：______

在最近的城镇板球比赛中，威塞克斯队对内卡姆希亚队的比赛中，前面的队伍一整天都在三门柱附近，直到比赛还有几分钟就要结束了最后一个人才被赶出那个位置。比赛很拖沓，大多数观众都睡着了，直到有一个官员清理场地才被惊醒，我们得知两个人因为用腿截击球而出局，总共得分19次跑动。四个人出局总共得分是17次跑动，一个人跑下来得了鸭蛋，其他人每人都得到了三次跑动。没有额外的了。我们不知道哪个人是队长，但是这个队长的得分比队里的平均分还高15分。队长的得分是多少？

390 汽车比赛

难易程度：★★★☆☆　　完成时间：______

有时候一个相当简单的事实陈述，如果用不熟悉的用词方式来表达就会引起相当大的困惑。这里有一个例子，它无疑让我的很多年轻读者很困惑。我碰巧在布鲁克兰德斯的汽车比赛现场，当众多的汽车呼啸着一圈接一圈跑动在环形的跑道上时，一个观众对另外一个观众说："看，白车里面的那个人是高格史密斯。"

"是的，我看到了，"那人回答说，"但是总共有多少车在参加比赛？"然后就听到了这个令人好奇的回答：

"在高格史密斯前面的1/3的汽车加上在他后面的3/4的汽车就是你要的答案。"

现在，亲爱的读者你能说出总共有多少汽车参赛吗？

391 马术比赛谜题

难易程度：★★★☆☆　　完成时间：______

在谜题中是没有道德准则的。当我们在解决一个古老的谜题时，比如船长遇到暴风雨必须扔掉一半的船员，安排了抓阄，但是却故意安排让土耳其穆斯林牺牲，把所有的基督徒留在了船上，我们不会停下来讨论这个过程中有争议的道德问题。当我们在应对测量的谜题时，某些口渴的朝圣者会平分一桶啤酒。作为戒酒者，我们并不反对这一点，尽管和醉人的酒精有任何联系都会让我们良心不安。所以我在介绍这个赌博的谜题时，并不需要为此道歉。

三匹马，埃孔、布鲁博托和卡普西奥开始比赛。埃孔的赔率是4 : 1，布鲁博托的赔率是3 : 1，卡普西奥的赔率是2 : 1。现在，不管哪匹马得第一，为了赢13英镑我必须怎样下注这三匹马？假如，我每匹马赌上5英镑，然后如果埃孔赢了，我会赢得20英镑（4乘以5英镑），同时必须为其他两匹马每匹支付5英镑，所以总共赢10英镑。但是可以发现如果布鲁博托得了第一，我只能赢5英镑，如果卡普西奥赢了我会不赢不输。这个解释会让像我这样的新手完全明白，我们对于行业工会呼吁的提高马的品种的崇高任务并不感兴趣。

第11章 谜题游戏

"被击败者可能会说，躺在荣誉的矮床上。"

——哈德布拉斯

通常说来，一个比赛就是两个人或者更多人的技艺的较量，我们玩比赛或者是为了娱乐或者是为了赢得奖项。一个谜题是由个人来完成或者解决的。比如说，如果我们可能掌握象棋比赛的复杂性，那么我们确信总是能够在一步或者两步内赢棋，如果情形可以是这样，或者总是平局，那么这就不会是比赛了，就会成为一个谜题。当然对于年轻人和无知的人来说，当不明白正确的赢棋方法的时候，一个谜题也可能变成一个很好的竞赛。因此毫无疑问的是孩子们会继续玩"井字游戏"，尽管对于两个完全懂得这个游戏的人来说，每场比赛都会是平局。没有任何一个玩家会赢，除非他的对手会犯愚蠢的错误。但是我只是从这些事情的一个学习者的视角出发来写下这些话的。在这一类别中我给出的例子都是明显的比赛。但是，既然我在每种情况下都展示了如果他正确地来比赛，就怎样可能来赢得比赛，那么他们实际上只是谜题。因此，他们的兴趣在于尝试找到最好的比赛方式。

※ 单位换算：

1英镑=20先令　1先令=12便士　1克朗=5先令　1几尼=1.05英镑=21先令

1弗罗林=2先令　1沙弗林=1英镑　1法寻=1/4便士　半克朗=2又1/2先令

392 鹅卵石游戏

难易程度：★★★★☆　　完成时间：______

这里有一个有趣的谜题游戏，我过去常常和一个老相识在斯洛科姆的海滩上一起玩。两位选手把奇数数量的鹅卵石放在他们中间，比如说15块。然后每个人轮流拿1块、2块、3块（随自己选择），胜者是得到奇数数目的人。因此如果你有7块，你的对手有8块，那么你赢了。如果你有6块，他有9块，那么你输了。应该是第一个还是第二个选手会赢？怎么赢？当你用15块鹅卵石解决了这个谜题后，试一下别的，比如说13块。

393 两个车

难易程度：★★★★☆　　完成时间：______

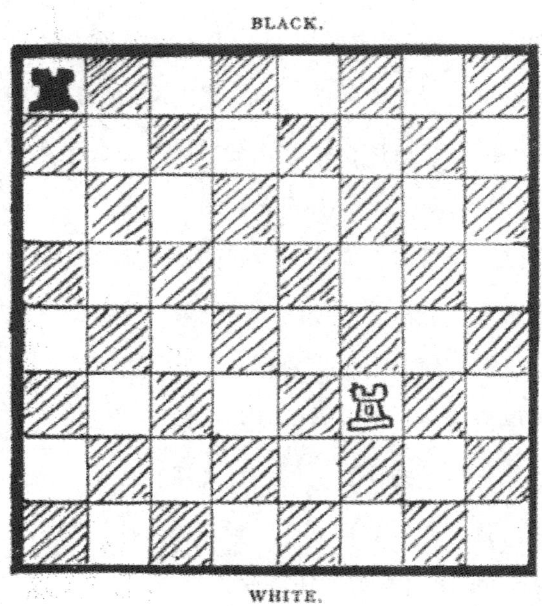

这是两个选手的谜题比赛，每个人有一个单独的车。第一个选手可以把车放在棋盘上他选择的任何一个方格上，然后第二个选手可以做相同的选择。他们现在是轮流走步，每次走步的目的是抓住对方的车。但是在这个比赛中，你不能通过不被抓住的一系列的进攻来进行这个比赛。也就是说，如果图示中轮到黑方走步，他不能把车移到他的国王的马的方格处，或者他的国王的车的方格处，因为当他经过国王的象的方格处时，他会进入“火线”。因为同样的原因，他不能移动到他的王后的车的第七或第八个方格处。现在，游戏不能以平局结束。迟早一方的车会被吃掉，当然除非两个对手都荒谬地不想赢。赢得比赛的方法非常简单，假如你知道的话。你能解决这个谜题吗？

394 角落里的小猫咪

难易程度：★★★★☆　完成时间：______

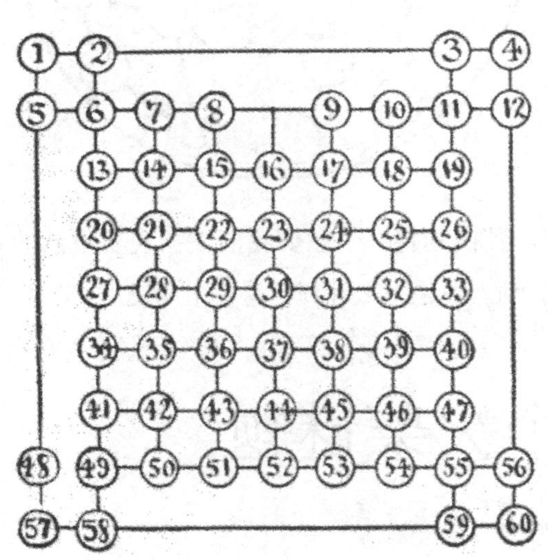

上一个谜题的变体也可以由两个人来玩。一个人把一个筹码放在第6号的位置，另外一个人把一个筹码放在第55号的位置，他们通过移动筹码到一条线上的任何一个数字上来轮流玩这个游戏。如果你的对手在任何时候移动到你占据的一条线上，或者甚至穿过你的一条线，你可以立刻抓住他，赢得比赛。我们会演示一下比赛是如何进行的。

比如，A从55位置移动到52位置，B从6位置移动到13位置，A前进到23位置，B到达15位置，A退回到26位置，B退回到13位置，A前进到21位置，B退回到2位置，A前进到7位置，B到3位置，A移动到6位置，B现在必须到4的位置去。A占住11的位置，那么B下一步一定会被抓住，因为他被迫穿过A占据的一条线。重新玩一下这个比赛，你就会立刻明白这个比赛。现在，这个比赛的谜题部分是这样的：哪个选手会赢得比赛，总共需要多少步？

395 一个战争谜题游戏

难易程度：★★★★★　　完成时间：______

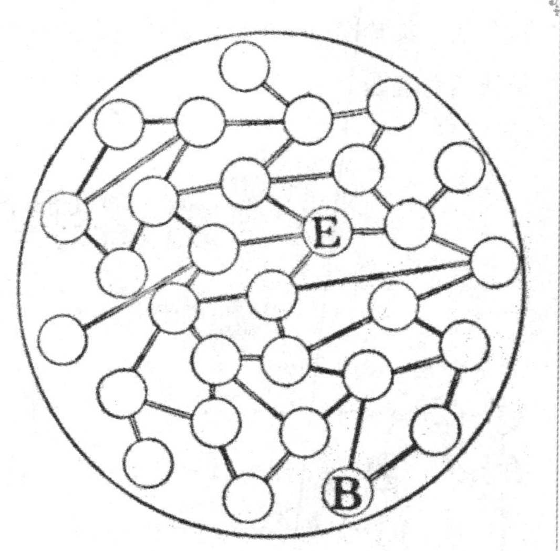

这里是另外一个谜题比赛。一个选手代表英国的将军，把筹码放在B的位置，另外一个选手，代表着敌人，把他的筹码放在E的位置。英国人沿着到达下一城镇的一条路首先前进，然后敌人移动到他最近的一个城镇去，以此类推轮流走，直到英国将军和敌人一起进入同一座城镇，抓住他。尽管每个人必须总是沿着一条路到达下一个城镇，第二个选手必须尽全力避免被抓住，英国的将军（正如我们根据现实生活的相似性而假定的）必须确定无疑地胜利。但是怎么胜利？这是个问题。

396 一个火柴谜题

难易程度：★★★★★　　完成时间：______

这里的这个小游戏，根据条件，简单得有些幼稚，但是很值得调查一下。斯塔布斯先生在他和朋友，威尔森先生，中间放了一张小桌子，取出了一盒子火柴，数出了30根。“这里有30根火柴，”他说，“我把它们分成了不相等的三堆。让我看看，我们有14，11和5共三堆。现在，两个选手轮流从每一堆里面取任意数目的火柴，取到最后一根火柴的人输掉比赛。就是这样，威尔森，我会跟你玩这个比赛。我已经放好了三堆火柴，因此你可以先抽火柴。”“既然我可以取任何数目，”威尔森先生说，“基于我通常的考虑我可以拿走所有的14根。”“那可是最糟糕的事情，因为你立刻就输了。我从11的堆里面拿走6根火柴，留下两堆分别是5的火柴，留下同样的两堆肯定会赢的（除了分别都是1，1的例外），因为不论你在一堆里面如何做，我在另外一堆里面都可以重复你做的。如果你在一堆里面留下4根火柴，我在另外一堆里面也留下4根；如果你在一堆里面留下2根火柴，我在另外一堆里面也留下2根；如果你在一堆里面只留下1根，我就会把另外一堆全部取走；如果你把一堆全部取走，那么我只留下一根。所以你不能留下两堆，除非它们数目相同而且多于1。让我们再一次开始玩。”

“恩，很好，”威尔森先生说，“我会从14根那里拿走6根，留下三堆分别是8，11和5。”斯塔布斯先生然后留下了8，11和3；威尔森先生留下8，5，3；斯塔布斯先生留下6，5，3；威尔森先生留下4，5，3；斯塔布斯先生留下4，5，1；威尔森先生留下4，3，1；斯塔布斯先生留下2，3，1；威尔森先生留下2，1，1；最后斯塔布斯先生留下1，1，1。

“现在很明显，我肯定会赢。”斯塔布斯先生说，“因为你必须拿1，然后我拿1，留下最后一根火柴给你。你绝对不会有机会的。在最初的时候总共有13种不同的分组方式保证你肯定会赢。实际上，分组14，11，5是肯定会赢的，因为无论你的对手怎么玩，你都能确保一个赢得比赛的分组，以此类推，直到最后一根火柴。”

397 门第内格罗的骰子游戏

难易程度：★★★☆☆　完成时间：______

据说，门第内格罗的居民有一个骰子小游戏，既有创造性又很值得研究。两个对手首先选择两对不同奇数（总是高于3），然后分别扔3只骰子。不论是谁先扔骰子，只要他们扔出的点数加起来等于他选择的奇数之一就赢了。如果他们在连续的两次扔骰子中都赢了，那么是平局，他们可以再继续扔。比如说，一个选手可以选择7和15，另外一个可以选择5和13。然后如果第一个选手扔出的点数相加等于7或者15，那么他赢了，除非第二个人扔出了5或者13。谜题就是找出他们应该选择哪两对奇数，好让两个对手有完全相同的机会。

398 雪茄谜题

难易程度：★★★★★　完成时间：______

我有一次在伦敦一个俱乐部提出了如下的谜题，在相当长的一段时间内这个谜题吸引了很多人的注意。他们对这个谜题一无所获，认为是不可能解答的。然而，我会展示给你，答案非常的简单。

两个人坐在一个正方形的桌子边。一个人把一只寻常的雪茄放在了桌子上（一头是平的，一头是尖的），然后另外一个人做同样的事，轮流做以此类推，条件是雪茄不能互相碰到彼此。哪个人可以成功放下最后的雪茄？假定他们每个人都用最好的可能的方式玩这个游戏。桌子的尺寸和雪茄的尺寸并没有给出，但是为了排除荒谬的答案，比如桌子特别小只能放下一根雪茄，我们说桌子不能小于2英尺的平方，雪茄不能大于4.5英寸长。除了这些限制，你可以取任何你喜欢的尺寸。当然我们假定所有的雪茄在任何方面都是完全一样的。那么第一个还是第二个人会赢？

第12章 纵横图谜题

“使用神奇的数字。”

——康格里夫《哀悼的新娘》

这是数学谜题的一个很古老的分支，尽管很分散，但众多的文献资料都有记载。相邻的整数用简单方式排列在方格中，让每横栏和竖栏、两个长对角线的每一条加起来的结果都一样。这些纵横图提供了三条研究的主线：构建、列举和分类。最近几年，很多有创造性的方法被设计出来构建谜题，谜题的形成法则被很好地理解，这让许多古老的谜题都消失了，创造任何尺寸的方格都不再有困难。这几乎是有关这一主题的最后的话了。而给定顺序的所有可能的方格的列举问题还是停留在二百多年前的程度。每个人都知道对于第三种顺序只有一种解决方案，3个方格乘以3个方格；弗雷尼科尔在1693年出版了第四种顺序的所有排列方式的图示，一共有880种——他的结果被一次又一次地认证。我这里指的是这个顺序的通常的解决方式，是由E.博格特在1910年5月26日的《自然杂志》上发表的，数字不必是连续的，这一点对于这个问题的学习者来说非常重要。任何更高次序的例子的列举都是一个完全没有解决的谜题。

※ 单位换算：

1英镑=20先令	1先令=12便士	1克朗=5先令	1几尼=1.05英镑=21先令
1弗罗林=2先令	1沙弗林=1英镑	1法寻=1/4便士	半克朗=2又1/2先令

399 麻烦的数字八

难易程度：★★★★☆　　完成时间：______

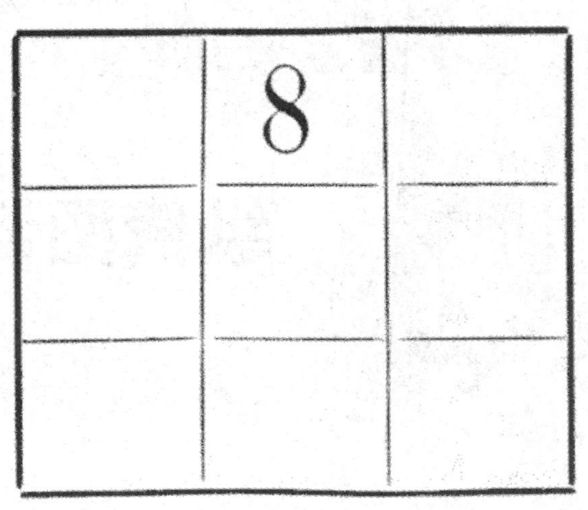

几乎每个人都知道一个“纵横图”就是数字在一个表格中的排列，表格中的每一行、每一列、每一个长对角线的数字之和都一样。比如你可以在如图的九个空格中每个都放入一个不同的数字让每行、列、对角线的和都是15，你会发现这还是不怎么困难的。你在第一次尝试中，可能会发现在其中的一个角里面有一个8。谜题就是构建一个纵横图，按照同样的条件，把8放在图示的位置。

400 神奇的数字条

难易程度：★★★★☆　　完成时间：______

1 2 3 4 5 6 7
1 2 3 4 5 6 7
1 2 3 4 5 6 7
1 2 3 4 5 6 7
1 2 3 4 5 6 7
1 2 3 4 5 6 7
1 2 3 4 5 6 7

我碰巧放在桌子上几片纸板，上面按照数字顺序印着从1往上的数字。我忽然有了一个主意，把这个制作一个小谜题，因为主意总是不期然地到来的。我想知道亲爱的读者能不能跟我一样得出同样的解答。拿出七片纸片，把它们放在一起如左图所示，然后在每一片纸板上写下数字1、2、3、4、5、6、7，如图所示，让数字可以形成七行七列。

现在，谜题就是把这些纸条切成最少的片数让他们放在一起形成一个纵横图，七行、七列和两个对角线加起来的和都一样。数字不能上下颠倒放置，也不能放在它们的边上——也就是说，所有的纸片条必须按照原来的方向放置。当然你可以把每个纸条分割成七块单独的纸条，每个纸条上面有一个数字，这个谜题就变得非常简单了，但是我不需要说的是，49块纸片距离最少还相差很远。

401 八个囚犯

难易程度：★★★★☆　完成时间：______

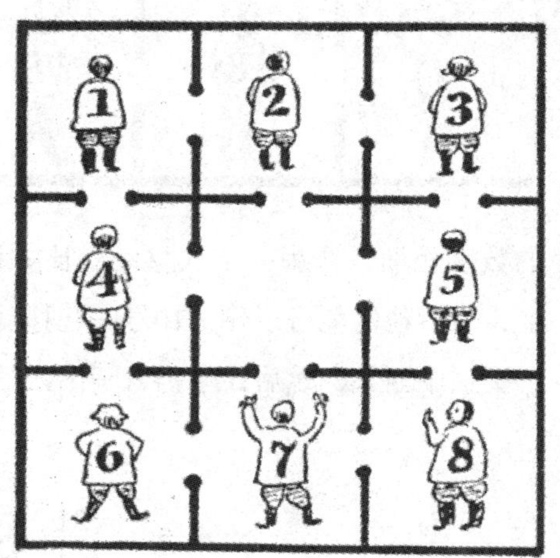

右面的图示展示了一个有着9间牢房的草图，每个牢房都有门彼此相通。8个囚犯在后背都有数字号码，任何一个人都可以在任何一个空闲的囚室里面放松自己，只要遵守规定，同时不能有两个囚犯在同一个牢房里面。统治这个监狱的君王在一个圣诞前夜高兴地提供给了他们特别的安慰，在不违反规定的情况下，看他们能否让自己的数字号码排列成一个纵横图。现在，碰巧7号囚犯对纵横图懂得很多，因此他制订了一个计划，自然选择了最有效率的方式——也就是说，一个采用从囚室到囚室的最少步骤的方法。但是有个人脾气很坏，很顽固（一点也不适合这个快乐的集体），他拒绝移出他的囚室参加这个活动。不过7号囚犯特别能够处理紧急状况，发现在不麻烦这个坏脾气的家伙的同时，仍然能够在尽可能少的步骤里完成需要的任务。谜题就是找出他是怎么做到的，顺便提一下，找出那个愚蠢而顽固的家伙。你能找到吗？

402 九个囚犯

难易程度：★★★★★　完成时间：______

就在上一个谜题发生的事件之后不久，第九个囚犯被放在了空闲的囚室里，那个快乐的君王又一次给了他们完全的自由，只是有一个奇怪的条件。他们被要求在囚室里面重新排列自己形成一个纵横图，他们的行动不能让两人同时在一个囚室里面，只是在最初的时候允许一个囚犯站到另外一个囚犯的肩膀上，然后把他们的数字相加，作为一个人移动。比如说，第8号囚犯可以放在2号囚犯的肩膀上，然后他们就可以作为10号一起移动。读者应该首先寻求用尽可能少的步骤解决这个谜题，然后让承担着一个人的囚犯做最少的移动。

403 西班牙地牢

难易程度：★★★★★　完成时间：______

在中世纪的时候，距离加德斯50英里不到的地方矗立着一座城堡，城堡的所有遗迹现在已经消失几百年了。在那些所有有趣的特色中，这座城堡有一个令人特别不快的地牢，地牢被分成16个囚室，每个囚室都互相贯通，如图所示。现在，这个统治者是一个快乐的人，此外特别喜欢谜题。一天他走到地牢对囚犯说，“以上帝的名义（或者是西班牙语中类似的表达），如果你们能够解决这个谜题，你们就可以被释放获得自由。你们必须在这16间牢房中重新排列自己让你们背上的数字形成一个纵横图，让每一列每一行和两条对角线加起来的结果都一样。只是要记得这一点：在任何情况下，两个人都不能同时在一间囚室里面。”其中有一个囚犯，在研究这个问题两三天后，带着一根粉笔，接受了这个任务，要为自己和他的同伴争取自由。只要他的同伴可以按照他的指引，从一个囚室移到另一个囚室，按照他喊他们的号码的顺序。

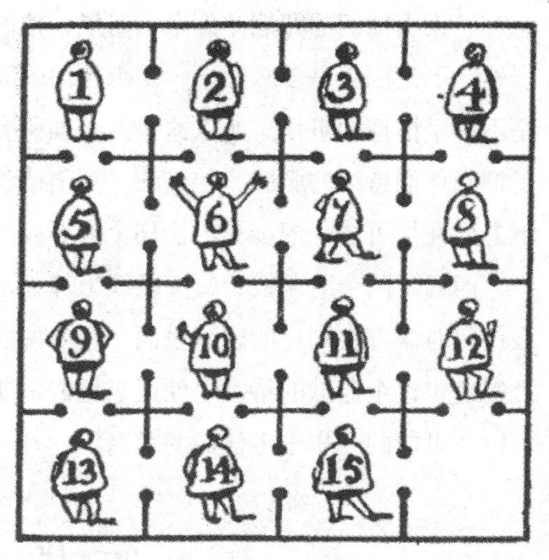

他成功地完成了这一谜题，更不寻常的一点是，根据我面前的古代手稿记录的他的方法，他在最少的步骤内就做到了这一点。这里要求读者演示一下这些步骤是怎样的。

404 西伯利亚的地牢

难易程度：★★★★☆　完成时间：______

右面的图示显示的是西伯利亚的某个俄罗斯监狱的可信的草图。所有的囚室都是编着号码的，囚犯们的编号和他们的监狱的编号一样。监狱的饮食是令人发胖的，这些政治犯都处在极端的恐惧中，唯

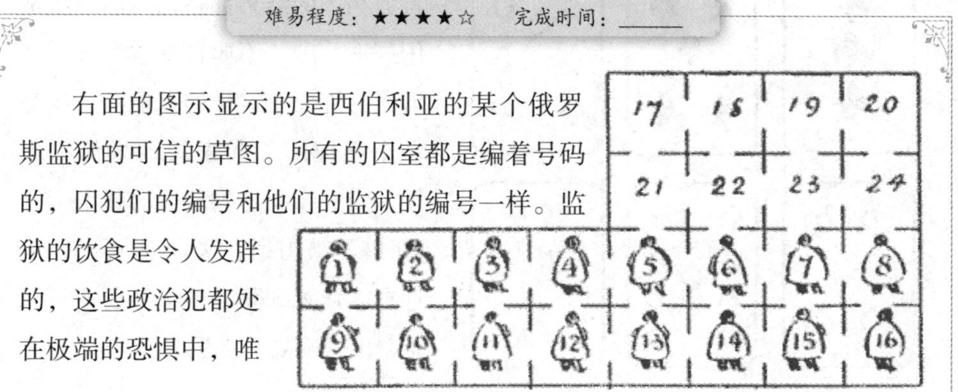

恐有一天当他们的宽恕令到来的时候，他们不能挤过那道窄窄的走廊走出去。当然，不论囚犯是多么无辜，要求任何政府拉倒监狱的围墙让囚犯获得自由都是不合乎情理的事情。所以这些人参加所有能参加的有助健康的训练，只是为了抑制他们持续的肥胖，他们的一项消遣就提供给了我们下面的谜题。演示一下怎样在尽可能少的步骤内让16个人形成一个纵横图，让他们背上的数字在四行、四列、两个对角线，每一条线上加起来的结果都一样，同时不让两名囚犯在任何时候都在同样的囚室里面。我要说明的是，让那些对这些地方不熟悉的人知道，这个监狱的特别之处就是他们不能走出他们的围墙。任何一个囚犯都可以在可能的一步中走任何的距离。

405 纸牌纵横图

难易程度：★★★★☆　完成时间：______

拿出一副平常的纸牌，取出12张花牌。现在用剩下的牌中的九张（花色不同没关系）形成上面的纵横图。读者可以看到，每行、每列、两条长对角线的每一条上面的点数相加的结果都是15。谜题就是用剩下的牌（不要打乱这个排列）形成另外三个这样的纵横图，让每一个纵横图加起来的结果都不一样。当然，在这副减少的牌中会有4张牌不被用到。这4张牌可以是你选择的任意的牌。这个谜题并不困难，但是需要一点思考。

406 十八个多米诺

难易程度：★★★☆☆　完成时间：______

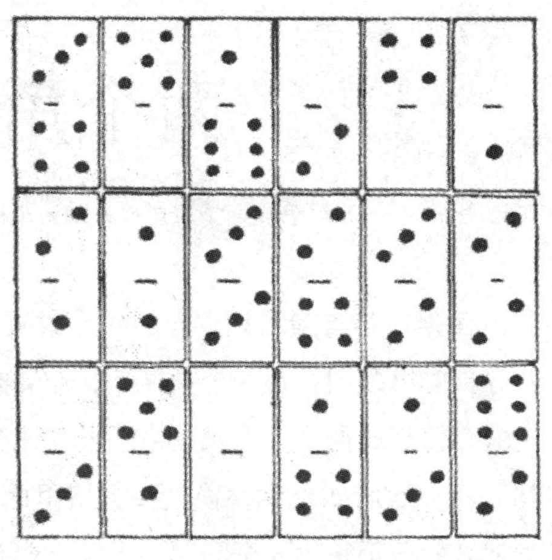

图示中显示了18个多米诺骨牌排列成一个方形的形状，图形的每行每列两个长对角线上的点数相加都是13。从一副平常的28个骨牌盒子中随意选出的多米诺，这是可能的最小的和。最大的可能的和是23，得到这个数字的解答可以很轻松地通过代替每个数字为6的补足数。也就是每一个空格都用6来代替，比如，把每个1替换成5，每个2替换成4，每个3替换成3，每个4替换成2，每个5替换成1，每个6替换成空格。但是谜题是选出18个多米诺骨牌，把它们完全按照图中显示的形式排列，让14个方向上得到的和都是18。

第一节　减法、乘法和除法纵横图

407 两个新纵横图

难易程度：★★★☆☆　完成时间：______

用前16个整数构建一个减法的纵横图，要求用减法相“关联”。当然，常数可以通过在一行中把第二个数减去第一个数，然后从第三个数减去这个结

果，再从第四个数减去前面的结果。同样的，构建一个相同顺序除法的纵横图，要求用除法相“关联”。常数可以通过一行中第二个除以第一个数，然后第三个除以上面的结果，第四个除以上面得出的结果。

408 两个角度的纵横图

难易程度：★★★★★　完成时间：______

在读一本法国的数学作品时，我碰巧看到了下面的一段话：关于8的一个很不寻常的纵横图，在两个角度上，被M.派佛曼构造了出来。也就是说，他成功地把64个数字放在了一个棋盘格子上，让这些数字在每行、列、每条长对角线的和都一样；然后如果你替换这些方格里面的所有数字，仍然是一个纵横图。我立刻就开始着手解决这个问题，尽管证明是个难题，但发现了在这个难题背后的令人好奇的美妙的规律还是特别值得的。读者也许愿意尝试一下这个谜题。

第二节　质数的纵横图

409 盛李子的篮子

难易程度：★★★★☆　完成时间：______

这就是我第一次引入质数的纵横图问题时给出的形式。这里我要警告读者有一个小陷阱。有个水果商人有9个篮子。每个篮子里面都盛着李子（都是熟透的），每个篮子里面的水果数目是不同的。当如图所示放置的时候，它们形成了一个纵横图，因此如果他取任何在八个可能方向上的一条线上的3个篮子时，他总是能拿到同样多的李子。这部分的谜题很容易理解。但是接下来的一点看起来似乎有点奇怪。商人告诉一个伙计任意选择一个篮子把其中的李子分给一些孩子，给每个孩子的李子数目都要相同。但是伙计发现这几乎是不可能的，不论他选择哪个篮子，不论他给多少孩子。演示一下，通过分发9个篮子的李子怎么来做到这一点。

410 一个混合的纵横图

难易程度：★★★★★　完成时间：______

我们刚刚讨论了用质数来构造纵横图，下面就是一个有趣的混合问题。用九个连续的合数构造一个纵横图，用最小的可能的数字。

411 神奇的马步旅行

难易程度：★★★★☆　完成时间：______

这里有一个从未解决的谜题，但是也从来没有证明它是不可能解决的。让马在棋盘的每个方格走一次，走一次完整的旅行，按照顺序把马经过的方格编号，当结束的时候这个方格应该是个纵横图，而且在每行、每列、每条对角线加起来的数字之和都是260。我要你给出我能得到的最好的答案，在这里只是在对角线里面有一个小小的错误。你能找到一个完美的解答吗？我确信不能，但这仅仅是“个人观点”。

412 清朝官员的T谜题

难易程度：★★★☆☆　完成时间：______

在比奥柴普·柯芒德利·马里奥里班克斯先生向远东出发开始他的旅程时，他对自己的纵横图知识引以为傲，他已经把这个问题变成了自己的爱好。但是不久他就发现他实际上只学到这个问题的一点皮毛，聪明的中国人很容易就把他击败了。在这里呈现的一个小谜题是一个博学的清朝官员向我们的这位旅行者提出的。正如上一页描述的那样，在评论了构造平常的25个方格的纵横图是“非常非常简单”之后，这个中国人让我们的这位先生把数字1到25排列在方格里面让每一行、每一列、每条对角线加起来的结果都是65，但是在有阴影的T部分只能使用质数。当然，可用的质数是1，2，3，5，7，11，13，17，19，23。因此你可以自由选择任意的这些数字中的9个数字来完成你的任务。你能构造出这个令人好奇的纵横图吗？

穿越迷宫问题

"漫步迷失的迷宫"

——失乐园

※ 单位换算：
1英镑=20先令　1先令=12便士　1克朗=5先令　1几尼=1.05英镑=21先令
1弗罗林=2先令　1沙弗林=1英镑　1法寻=1/4便士　半克朗=2又1/2先令

在古代英语中，单词“迷宫”意思就是让人迷路的地方。这个词可能是来自斯堪的纳维亚语，但是它的来源也已无从考证。已故的斯科特教授认为这个实词是从名词派生来的，因为在古代“困惑的，吃惊的”就是“陷入沉思”的意思，转换为一个有着弯弯曲曲的转折的迷宫自然是很容易的。

单词“迷宫”派生自一个希腊词，这个希腊词的意思是“矿井里的通道”。古代希腊和其他地方的矿井总能引发人的恐惧和敬畏，因为有很多描述是关于黑暗的和关于错综复杂的路导致人们迷路的。

围绕着这些迷宫，后来发生了许多传奇故事。最熟悉的例子就是由戴德拉斯为克里特岛上的迈诺斯建造的迷宫。在中间放置着人身牛头怪物，没有一个进入的人能够走出过这个迷宫，他们变成了这个怪物的牺牲品。7个男孩和7个女孩定期被雅典人送到这里，被不出所料地吃掉，直到特修斯杀死怪物，在阿里阿德尼提供的线索的帮助下逃出迷宫，这解释了我们今天使用的术语“穿过迷宫”。

迷宫的构建有各种各样的形式包括复杂的山脉洞穴、建筑迷宫、或者坟墓建筑、彩色大理石和平铺的硬路面指示的弯曲的装置、草丛中挖出的曲折的路、篱笆形成的曲折的灌木迷宫。事实上，据说这些谜题就是用这种精确的复杂的顺序流传到我们这里的。在9世纪以前，迷宫曾经作为装饰品印在基督教皇帝的礼服上，不久就用在了大教堂和其他教堂的装饰上。使用这些迷宫最初的主意无疑就是作为人被围绕的复杂的多重原罪的象征。他们在12世纪的早期开始大量涌现，我这里给出一个这一时期的例子，是在圣·昆廷的教区教堂的图式（图1）。

它形成了一个教堂的路面，直径是34又1/2英尺。这里的路就是本身的线段。如果你把铅笔放在点A处，不管围绕的线段，这条线会通过整个区域的一条长长的路引导你到中心，但是对于方向，你没有任何选择。因为在同样的情形下，我们会发现，这些早期的基督教迷宫总的说来本质上并不是一个迷宫，只是长点而已，你所走的弯曲的路实际上都是围起来的道路。

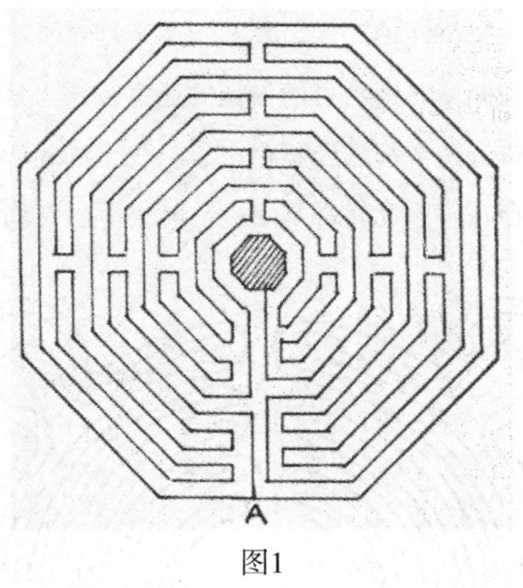

图1

在圣·欧麦的圣柏林的大修道院，有另一块让人好奇的地板，代表着耶路撒冷的寺庙和朝圣者的驻地。这些迷宫实际上是由他们来参观和穿越的，用来作为不能去圣地履行诺言的一种妥协的补充，也是他们一种苦修的手段，忏悔

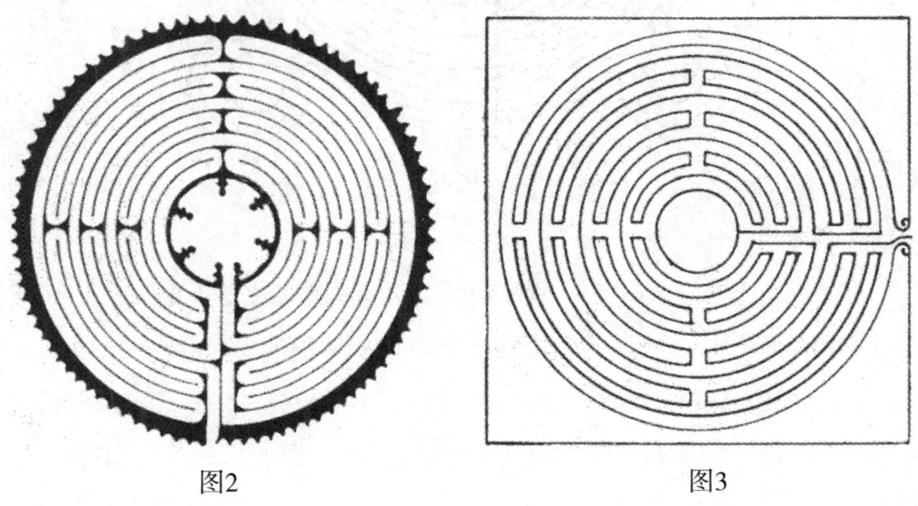

图2　　图3

者经常被指引着用手和膝盖走完整个迷宫。

在剑桥郡的科姆伯顿有这样的一个迷宫，在多塞特的雷阿也有另外一个

这样的迷宫，当地人叫做“miz迷宫”。后者位于山顶的最高处，距离村庄0.25英里处的地方，中间稍微有些空，用一层3英寸高的围墙围着。它是环形的，直径有30多步。1868年的时候，草丛长起来埋过了小沟壑，于是就找不到迷宫的路径了。在同一时期的科姆伯顿的迷宫被认为是完美的，但是现在不能确定其中一个或者两个都已经不存在了。我无法确认我给出图示的其他例子的存在或者不存在。因此我都是用过去时来写出它们，存着它们仍然被

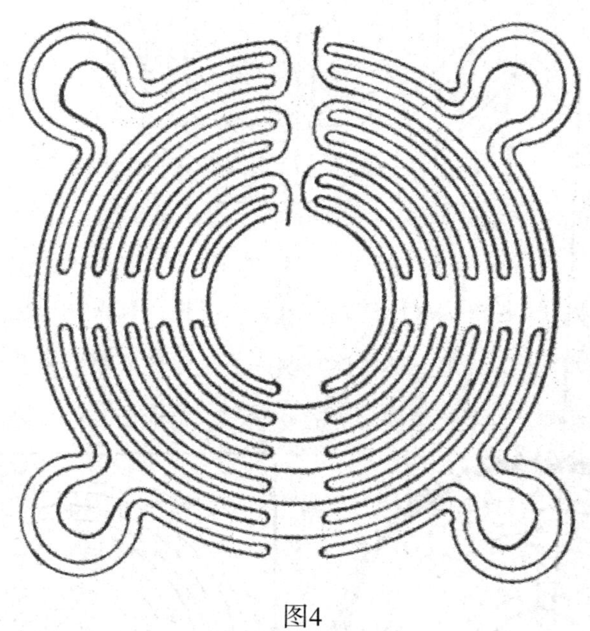

图4

保存着的希望。

在下面给出的两个迷宫——萨弗伦·沃尔登的埃塞克斯（直径达到110英尺，如图4所示），另外一个靠近诺丁汉郡的内顿的圣·安妮斯维尔（图5所示），这个迷宫在1797年2月27日被发掘出来（直径51英尺，有一条535码长的小路）——这里的路径在任何情况下都要理解为在线段上，无论是黑的还是白的，正如下面的情形。

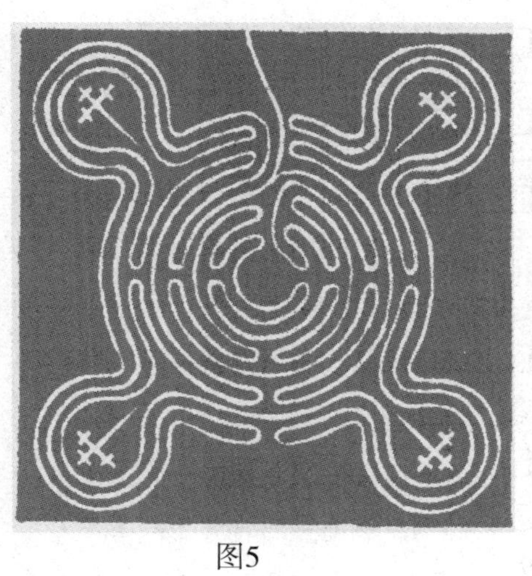
图5

图6

我在图6中给出了一个迷宫，位于林肯郡的奥科堡，俯视着亨伯河。这个迷宫直径是44英尺，读者立刻就能觉察出这个迷宫类似于查维斯和卢卡的迷宫（图2和图3）.在诺丁汉郡的保顿格林有一个迷宫，是一个以集市而红极一时的地方（图7），这个迷宫直径有37英尺。我也收录了过去在维因村的外围的一个迷宫的草图（图8），靠近卢特兰郡的艾平汉姆。这个迷宫直径有40英尺。

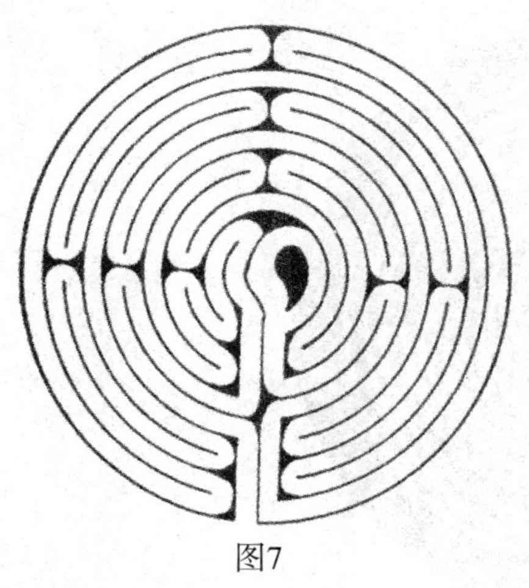
图7

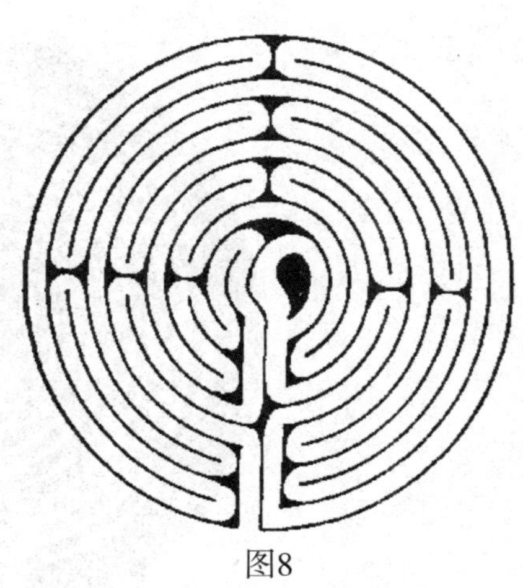
图8

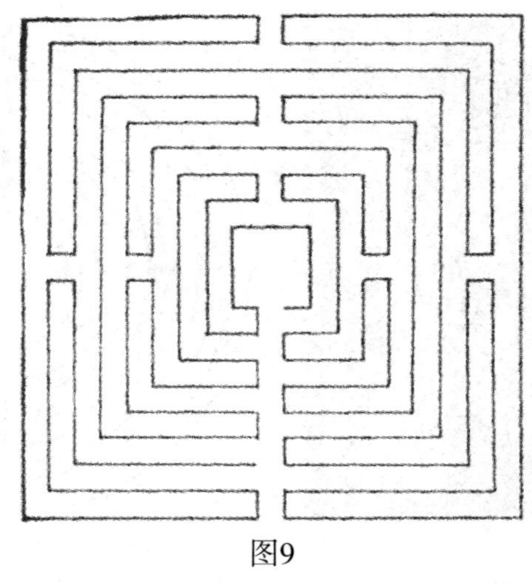

图9

在齐尔科姆教区温切斯特的圣·凯瑟琳山上有一个迷宫是一个低劣的样品代表（图9），因为读者可以看到有一条直路可以直通中心。除非像图示10显示的那样道路就是从一头到另一头的线段本身。这个迷宫有86英尺宽，是在草丛中切割出来的，在当地的名字是“miz迷宫”。大约1858年这个迷宫的道路变得非常模糊，然后被温切斯特的看护人重新修整，在当时受到了居住在附近的一位有草图的女士的帮助。

图10

先前在约克郡的瑞平考门有一个迷宫（图10）。这个迷宫是在1827年发掘的，幸运的是草图被保存了下来。这个例子的直径大约是20码，据说它的道路有407码长。

图11

以赫特福德郡的西奥博尔德的迷宫为例，在你看见了位于围起来的篱笆内的四个入口后，你会发现道路是无法选择的（图11）。对于这种类型的迷宫的进一步图示，我给出一个来自意大利的建筑作品，它是由塞里奥制作的，发表于1537年（图12）。另一个是一个由朗顿和瓦尔兹制作的迷宫，他们是汉姆普顿的宫廷迷宫的设计者，这个例子取自他们1706年的书《退休的园工》中（图13），同样地我加入了一个荷兰的迷宫（图14）。

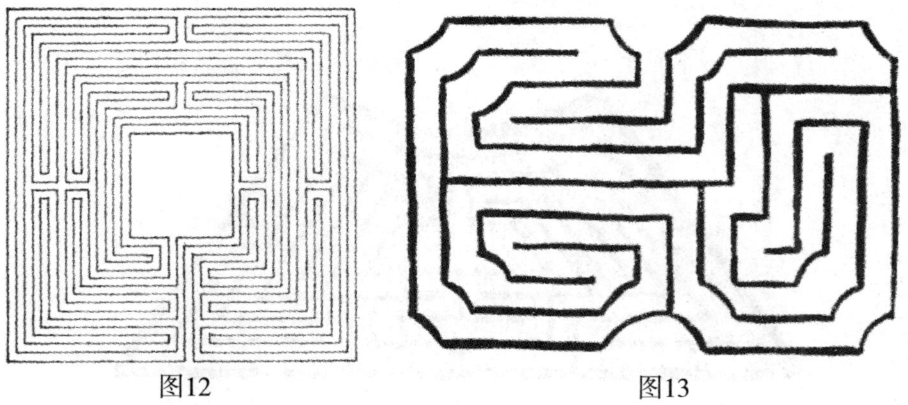

图12　　图13

图14

到目前为止，我们的迷宫都有历史意味，但是他们在穿越的时候并不会有多困难。在经过了改革的阶段后，我们发现迷宫都被转变成了消遣的形式。他们通常包含着弯弯曲曲的道路，由厚厚的精心修葺的篱笆围起来。这种篱笆修剪法对罗马人来说很熟悉，使用这种方法的就是他们园艺师。这种类型的迷宫已经退化成海边的“迷宫花园：茶、六便士，包括进入迷宫的许可。”

在皇宫里的汉姆普顿的宫廷迷宫，有时候被称为“荒漠”。我已经说过了，这个迷宫是由朗顿和瓦尔兹为威廉三世设计的，他对这个有着特别的爱好（图15）。在我面前有三四个版本的谜题，所有的谜题都不尽相同。我选择的草图来自宫殿的一本向导书，所以应该是可靠的。虚线的含义和其他的等，我随后解释。

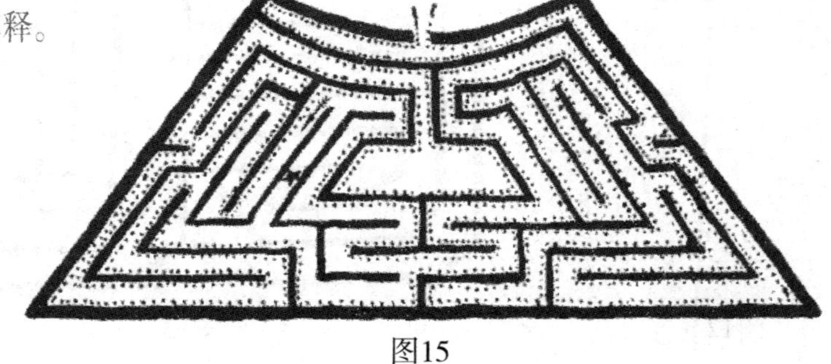

图15

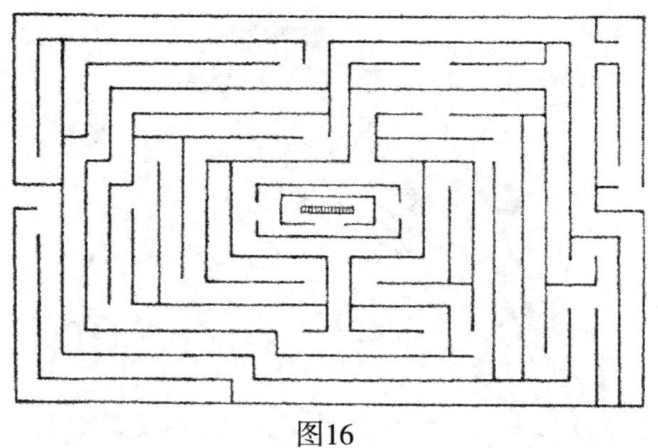

图16

在海特菲尔德豪斯的迷宫（图16），位于索尔斯波里的侯爵的住所。就像很多的迷宫一样，在纸上看并不困难。但是这个迷宫和汉姆普顿宫廷迷宫一样，在不知道草图的情况下，实际上要穿越是很令人迷惑的。一个原因是，如果一个人毫无章法地走进来，很容易一遍一遍地走入死胡同。这个迷宫是按照亲王的意愿为南金辛顿的皇家园林协会的园林而设计的，不过最后损毁了，然后被破坏了——这不是什么重大的损失，因为它本身就是容易损坏的东西。

读者可以看到外面有三个入口（图17），但是到中心的道路很难发现。我收录了一个奇妙的德国迷宫，从纸上并不难穿过去（图18）。它与先前存在于多赛特的毕姆博恩的一个迷宫样本自成一类（图19）。它是由大约1英尺高的小山脊围起来的，覆盖面积差不多是1公顷；但是不幸的是它在1730年被犁翻起来损毁了。

图17

图18

图19

现在，我们要说到底怎么穿过迷宫这个有趣的话题了。在保持简洁的同时，我会把这个事情对那些没有数学知识的读者表达清楚。首先，我们假定我们试着进入一个没有草图，并且我们一无所知的迷宫（那就是说，到达“中心”）。

第一条规则就是这样：如果一个迷宫部分没有用篱笆，与其他部分分开，那么如果我们总是用右手摸着篱笆（或者总是用左手摸着篱笆），走下去走到每一个死胡同的终点处，然后从另外一边回来，我们就应该穿过迷宫的每一部分。所以有时候我们如果要到达迷宫的中心，每个小巷子要穿过两次。

现在看看汉姆普顿的宫廷草图。比如说沿着右边虚线指示的道路前进，如果我们除去两个独立的部分，或者位于星星的每一边的“小岛”，那么我之前说的话将是正确的。但是正因为这些小岛在那里，通过这个方式，你不能穿过迷宫的每一部分。而如果它就是如此排列的，比如把星星放在两个小岛的中间，那么你绝不可能到达“中心”。看一下海特菲尔德的迷宫，你就会发现有三个这种独立的篱笆或者小岛位于中心，因此这个方法是不会把你带到中心去的，但是这个方法至少总是能安全把你再次带出来，除非你在接下来的道路上犯错误。假定当你沿着箭头的方向在汉姆普顿宫殿迷宫中行走时，你不能明显地区分出底部的转弯，为了节省时间，你立刻穿过到达对面的篱笆，然后你就会一圈一圈地走在那个U形的小岛上，尽管你的右手总是放在篱笆上——你会永远这样下去。

几年前，我曾经在南威尔士凯尔德的小岛上的一个小迷宫中犯过这个错误。我知道这个迷宫是一个小迷宫，但是在经过了长长的路途后我惊讶地发现我既不能到达中心也不能再出去了。因此我在地上扔下一小片纸，不久就又遇到了它；从这块纸我就知道我犯了一个假设的死胡同的错误，在一个小岛上转圈。穿过对面的篱笆，更加小心一点，我很快就到达了中心又走了出来。现在如果我在汉姆普顿宫廷那里犯一个同样的错误，在星星那里时就发现了这个错误，我应该就从一个岛屿到达另外一个岛屿。如果我再一次发现我在一个独立的部分上，我可能不走运地再次到了第一个岛屿上。然后我们发现这个“摸着边缘”的方法总会把我们带出一个我们进入的迷宫。我们可能碰巧会穿过中心，如果我们错过了中心，我们就会知道一定有岛屿存在。但是你必须小心应对，在任何情况下我们都不能确定我们已经穿过了每个小巷，或者那里没有独立的部分。

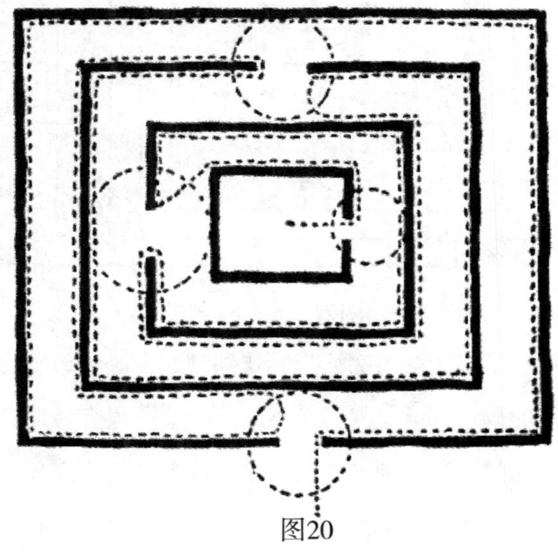

图20

如果一个迷宫有很多岛屿，穿过整个迷宫可能就是一件相当困难的事情。这里有一个破解任何迷宫的方法，是由M·特勒毛克斯提供的，但是你必须在你进入走廊岔口的时候，小心地用某种方式作下标记。我给出了一个特别简单的想象中的迷宫的图示，这个迷宫会满足我们的目的，同时还有些复杂（图20）。在我们可以选择转弯的圆圈地区，我们叫做一个节点。一条新路或者一个节点就是以前在路上从来没有进入的地方；一条老路或者节点就是我们已经进入的地方：（1）任何一条路都不能走超过两次；（2）当你到达一个新的节点时，选择任何你喜欢的路；（3）当通过一条新路，你到达一个旧节点或者到达一个死胡同的终点时，从你进来的路返回；（4）当通过一条旧路，你到达一个旧的节点时，如果有的话你就选择一条新路。如果没有的话，你就选择一条旧路。图示中虚线指示的道路是符合这些简单规则的，可以看到它把我们领到中心去，尽管这个迷宫包括了4个小岛。

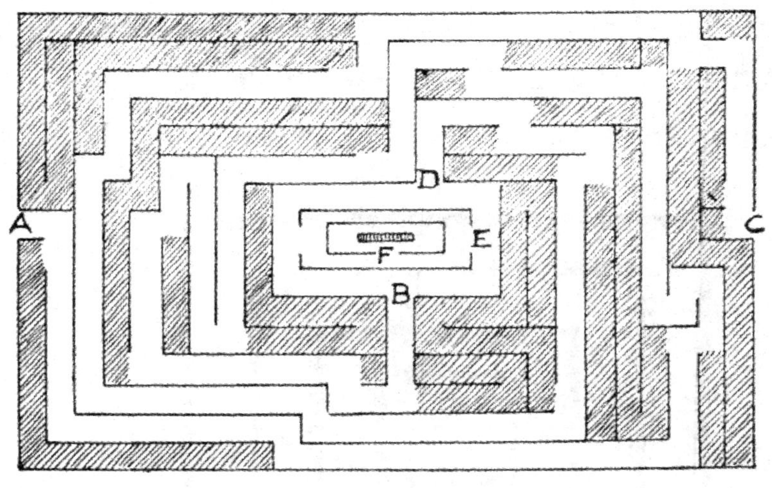

图21

我给出的任何一个方法都不能让我们找到到达中心的最短的路，也不能告诉我们不同的路线的数目。但是我们能够用一个草图很容易地解决这些问题。让我们以海特菲尔德的迷宫为例子（图21）。读者可以看到我已经用阴影遮住了所有的死胡同，我从终点开始，向后走直到岔路口。因此，我们如果没有必要往回走的话，是不能进入这些有阴影的部分的。很明显，如果我们进入A点，我们必须从B点出来，如果我们进入C点，我们必须从D点出来。然后我们只需要决定A，B，E或C，D，E哪一条才是更近的路。事实上，读者通过粗略的丈量或者计算就可以发现到达中心的最短的路应该是通过C，D，E，F点。

我现在要在纸上给出三个简单的迷宫，因为据我所知，这些迷宫从来没有用其他方式构建过。第一个迷宫我把它叫做费城迷宫（图22）。14年前一个居住在美国费城的旅行商人对于谜题有着令人惊讶的无限的热情。他为此怠慢了自己的生意，不久就失去了自己的工作。他日日夜夜都在研究这个令他感兴趣的谜题。他着实被这个小迷宫困惑了一阵子，最后他真的发了疯用一颗子弹射向了自己的脑袋。上帝知道他究竟遇到了什么困难。但是很少有人怀疑他的大脑不正常，如果这个小谜题没有让他发疯，那么其他琐碎的事情或多或少也会让他发狂。这个故事并没有什么意义，除非它是爱尔兰的座右铭，适用于每一个职业也适用于解决谜题。放宽心，如果你不能轻松解决这些问题，那么尽可能地轻松对待。通过开枪自杀来解决任何谜题都是一个很坏的实验方法。

现在，如果我们在同一条路不能走两次，那么在这迷宫里面从A到B有多

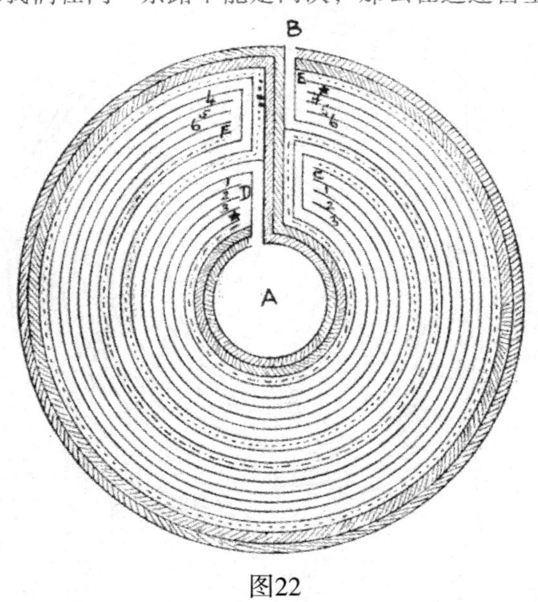

图22

少不同的路？四个空闲位置中的四条死胡同不能被认为是路径。在图示中(图22)，我们可以看到我再一次遮盖了死胡同。可以发现在任何情况下我们必须从A点走到C点，也要从F点走到B点。但是当我们到达C点的时候，总共有三条路，标志为1，2，3。这样可以到达D位置。同样的，当我们到达E点的时候，也有三条路，标志位4，5，6，也可以到F点。我们也有从C点到E点的虚线路径，另外也有用星星指示着的从D点到F点的虚线路径和从D点到E点的路径。因此我们可以用附加的图示表示出这个事件位置（图23）。这里路径的每个条件都正好和圆形的迷宫相吻合，只是对我们的眼睛来说没有那么令人困惑。现在，在这个条件下，在这个简单的图示上从A到B的路径的数目是640，这是这个迷宫谜题需要的答案。

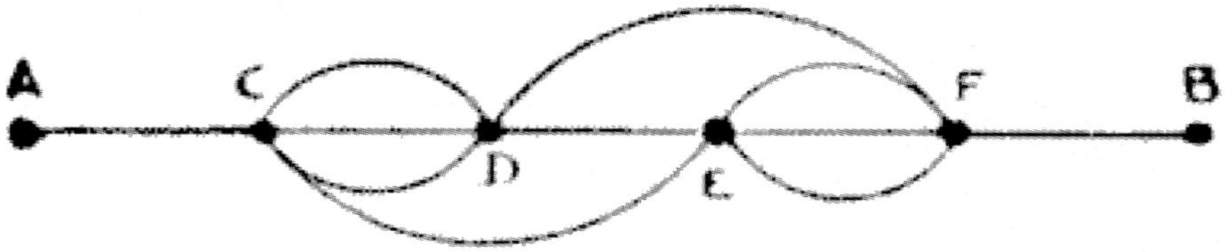

图23

图24

最后我留下两个容易的迷宫谜题（图24，图25）让读者自己解决。每个情形下的谜题就是找出到达中心的最有可能的路线。每个人都知道菲娅·罗塞芒德和乌斯托克迷宫的故事。迷宫什么样或者是否它只存在于想象中，我们不得而知，许多读者相信这只不过是用大量令人困惑的房间和走廊拙劣地构建出的一个大房子。在任何情况下，我的草图都缺少这篇文章中其他迷宫的权威性。我的“罗斯芒德的房间”只是简单设计用来演示在你面前有这样一个草图，你会发现的是，找到一条进入迷宫的最容易的道路就是用后退的方式先找到出去的路。

图25

第14章 矛盾的聚会

"难道生活本身不是自相矛盾的吗？"

——C. L. 道得森《枕头问题》

※ 单位换算：

1英镑=20先令　1先令=12便士　1克朗=5先令　1几尼=1.05英镑=21先令

1弗罗林=2先令　1沙弗林=1英镑　1法寻=1/4便士　半克朗=2又1/2先令

“这真是精彩的一年！”奥古德先生说。桌子上的每个人都转向他，流露出一种期待的神情。这只是奥古德家里的一个平常的圣诞晚餐，加上几个本地的朋友。没有人会料想到上面的话会引起一系列好玩的谜题和怪事。关于这些，聚会上的每个成员都贡献了一些有意思的东西。这个小的专题会并不是事先策划的，因此我们对接下来的一些小谜题没有必要太挑剔。他们提出的问题多种多样，这正是我们期盼的一个场合。因为这并不是一个数学家和逻辑学家的聚会，而只是一个很平常的朋友们的聚会。

“这真是精彩的一年”，奥古德先生重复着说，“有一个人刚刚设计了一个四方形的房子，设计很精妙，四边上所有的窗户都是朝南的。”“这对我太有吸引力了，”奥古德夫人说，“因为我无法忍受朝北的房间。”“我想象不到这是怎么做到的，”约翰叔叔承认说，“我料想他在东边和西边的窗户上安装了一个凸型玻璃，但是他究竟是怎么让北边的窗户看起来朝南的呢？他使用了镜子吗？或者使用了类似的东西？”“没有，”奥古德先生回答说。“没有那种东西。所有的窗户在墙上都是同高的，但是每一个窗户你都能得到一种朝南的感觉。你知道设计一所房子并不是很困难，只要你选好了正确的位置来建造。现在，这所房子是为一位绅士设计的，他要求这所房子要正好建在北极。如果你考虑一下你就会知道，当你站在北极的时候，无论你往哪一边看，你看到的都不是别的地方而是南方。当你正好在北极的时候，是没有东、西、北这样的方向的。你看到的都是南方。”

“妈妈，”她的儿子乔治在笑声停止后说，“无论你多喜欢南边，恐怕这种情况对你来说也是太过了。”“呵呵，”她说，“你叔叔约翰同样掉入了圈套。我一点也不擅长圈套和谜题。我想我没有解决这种问题的脑细胞。可能有个人可以跟我解释一下。就在上一周我还对我的美发师说，据说世界上的人比任何一个人头上的头发都多。他回答说，‘夫人，’然后接着的是，‘至少两个人头发的数目是完全一样的。’如果这个是事实，我承认我看不出来。”“那么秃头的人对这个问题有多大的影响？”约翰叔叔问。“如果这样的人存在，”奥古德夫人回答说，“如果在放大镜下可以找到头上一根头发都没有的人，他们就不值得讨论了。可是，我仍然看不出你怎样证明至少有两个人的头发的数目完全一样。”

“我想我可以解释清楚，”菲尔肯斯先生说，当天晚上他过来拜访。“假定世界上的人口仅仅是100万。其他的数字也可以假定。那么你的话就是说任何人的头发都不会超过999999根，是不是？”“让我想想，”奥古德夫人说，“是的，是这样。”“那么，很好。因为只有999999种不同的长头发的方式，很明显第100万个人肯定会重复其中的一种方式，你能明白吗？”“是的，那么我能明白了，至少我想我明白了。”“所以至少两个人的头发数量是相同的。因为地球上的人的数目大大超过了任何一个人头上的头发数目，所以，当然会有大量的重复。”

“但是，菲尔肯斯先生，”小威利·奥古德说，“为什么第100万个人不能有，比如说，1万5000根头发？”

“那仅仅是吹毛求疵，威利，不在讨论的问题范围。”

“这里有一个好玩的谜题，”乔治说，“如果1000个士兵在一个平面上排列成战斗队形，”他们以为他的意思是说“平原”，“仅仅一个人会垂直站着。”

没有人知道为什么。但是乔治解释说，根据尤克里德的理论，一个平面仅仅能接触一个空间的一点，只有站在那个点上的人，与地球的中心有关，会垂直站着。同样的方式，他说，如果一个台球台很平，也就是说是一个完美的平面，球应该滚动到中心去。奥古德夫人拒绝接受这个说法。她不能明白一个真正的台球桌上部分理论上必须是球形的，就像乔治削下来的橘子皮的一部分一样。当然，台球桌在比例上与地球表面比起来很小，那么曲线的部分是无法估计的，但它仍然在理论上是真的。我们称之为平面的表面，与我们真正几何意义上的平面概念是不同的。

“约翰叔叔，”威利·奥古德插进来说，“在英国和法国中间坐落着某一个小岛，然而那个小岛距离法国比距离英格兰远，这个小岛是哪个小岛？”

“那听起来很荒谬，我的孩子。因为如果我放下这个玻璃杯，代表小岛，在两个盘子中间，似乎杯子距离任何一个盘子比两个盘子彼此之间的距离还远是不可能的。”“但是难道格恩西不是在英格兰和法国之间吗？”威利问道。“当然，是的。”“嗯，那么，我想你会发现格恩西距离法国大约26英里，英格兰距离法国仅仅21英里，在加莱和多佛中间。”“我的数学大师，”乔治说，“一直在诱导我相信一个原理‘如果同等的乘以同等的那么结果就是同等的’。”

“这很明显，”菲尔肯斯先生指出来，“举例说，如果3英尺等于1码，然后两个3英尺就等于2码。你明白吗？”

“但是，菲尔肯斯先生，”乔治问，“这个玻璃杯装满半杯水等于一个同样的半空的杯子吗？”

“当然了，乔治。”

“那么接下来，从这个定理就可以知道，一个满的杯子等于一个空杯子，是不是这样？”“不，显然不是。我从来没有那么想过。”“可能这个定理不适用于液体。”奥古德先生提示说。“正是我所想的，奥古德。可能遇到液体的时候我们必须排除在外。”

“但是，这样很奇怪，”乔治微笑着说，“如果我们也必须排除固体的情形。比如，让我们以固体的土地为例。1英里的平方等于1平方英里。所以2英里的平方一定等于2平方英里了？是这样吗？”

“嗯，让我想想。不，当然不了。”菲尔肯斯先生回答说，“因为两英里的平方是4平方英里。”

“嗯，”乔治说，“如果这个定理在这些情形下不正确，什么时候正确？”

菲尔肯斯先生承诺调查这个事情，可能读者也愿意在空闲的时候好好考虑一下。

“听听这个，乔治，”他的外甥雷金纳德·乌里说，“4/4超过3/4有多少？”每个人立刻说：“1/4！”“试试这一个。”乔治提议。“当然很乐意，在你把那个问题回答正确之后。”雷金纳德回答说。“你是说答案不是1/4？”“不，当然不是了。”有几个人还是没有想到正确的答案应该是1/3，当然也不对，尽管雷金纳德努力解释任何东西之三如果增加了1/3就会变成四。“约翰叔叔，你怎么拼读“也”，同样的（too）？”威利问。“发兔（tu）的声音，孩子。”“那么你怎么拼读“二”（two）？”“同样也是兔（tu）。”“那么你怎么拼读一个星期的第二天？”“恩，那应该读作‘Tuesday’不是‘Toosday’。”“真的吗？我一般都读作‘Monday’。”

“如果你这么说，威利，”约翰叔叔带着一种嘲弄的严肃说，“你在这个世界上不久就没有朋友了。你们中有人能快速写下数字‘一万两千英镑和一千二百一十二英镑”吗？”奥古德先生问。他的大女儿，米尔德里德小姐，是当时唯一一个碰巧手里面有铅笔的人。“这可做不到。”在白色的桌布上经过了尝试后，她这样宣布说。但是奥古德先生展示给她看，应该写成这个样子，“£13212”。

“现在轮到我了，”米尔德里德小姐说，“我一直在等着问你们所有人一个问题。在希律王统治下被屠杀的无辜人中，有很多可怜的小孩子被埋葬在沙子里面，只有脚的部分露在外面。你们怎么从这点区分出男孩还是女孩？”

“我猜这是一个谜，似乎是与他们可怜的小灵魂有关系。”奥古德夫人说。但是在每个人都放弃之后，米尔德里德提示大家说，只有男孩子被处死了。

“在很久很久以前，”乔治开始了，“阿基琉斯和一只乌龟有一场竞赛——”

“停下，乔治！”奥古德先生插进来，“我们不要讨论那个问题。在我年轻的时候，我认识两个人，他们都曾经是我最好的朋友，但是他们就是因为齐诺的恶魔问题而争吵不休，他们的余生再也没有互相说过话。还有一个齐诺提出的关于飞箭的愚蠢的问题。我认为没有人理解这些问题，因为我自已也从来没有做出来过。”

“嗯，很好，爸爸。那么，这里有另外一个问题。邮局里面的人想要建设一条电报的电线杆线路，这条线要经过一座山从特梅特维尔到伍兹莱顿。但是不久就发现一个铁路公司正在这个相同的方向上进行一个深的平面切割，他们安排把电线杆建设在切割线的旁边。现在这些电线杆应该是相距100码，山上的路的长度是5英里，水平切割的长度仅仅是4.5英里。那么通过在平面上建这些电线杆他们能节省多少电线杆？”

“那是一个很简单的计算问题，”菲尔肯斯先生说。“找出5英里里面有多少个100码，在4.5英里里面有多少个。然后用一个数字减去另外一个数字，你就能得到通过较短的线路节省的电线杆了。”

“很正确，”奥古德先生确认说，“没有比这个更容易的了。”“那就是邮局里面的人说的，”乔治回答说，“但是这是不正确的。如果你看看我刚刚

制作的草图你就会明白，其实根本没有区别。如果电线杆是100码的距离，那么在平面上和在山上都需要同样数目的电线杆。”

“肯定是你错了吧，乔治，”奥古德夫人说，“因为如果电线杆是100码距离，那么在山上应该是多半英里啊，你必须在另外的半英里上面安装电线杆。”

“妈妈，看看这个图示。你会发现从电线杆到电线杆的距离并不是沿着地面测量的从底座到底座的距离。如果我站在毯子上的这点，或者站在椅子上在这点之上，我跟你之间的距离其实是一样的。”但是奥古德夫人并不相信。

斯姆泽类先生，一个助理牧师，坐在桌子的一头，这个时候他有一个小问题要问。“假定地球是一个完全的球体，表面光滑，把一根钢腰带围绕着赤道放置让这个腰带在每一点上都与地球接触。”“我能在40分钟内把一根腰带围绕在地球上。”乔治嘟囔说，引用了《仲夏夜之梦》中派克的话。现在如果我们在腰带上增加6码，那么地球和腰带之间的距离是多少？假定一圈周围的距离都是相等的。“在这么长的长度上，我觉得这个距离不值一提。”奥古德先生说。

“你怎么看，乔治？”斯姆泽类先生问。“嗯，不用计算，我想这个距离可能是1英寸里极小的一部分。”雷金纳德和菲尔肯斯先生也是同样的观点。

“我想你们可能都会很惊讶，”这位助理牧师说，“你们知道那额外的6英尺会让地球与腰带之间的距离几乎接近1码。”“几乎接近1码！”每个人都惊呼起来，惊讶无比。但是斯姆泽类先生是正确的。这种增加是独立于原来的腰带长度的，不论这个腰带是环绕着地球还是一个橘子，在任何情况下，额外的6码会让周边的距离接近1码。这立刻让没有数学头脑的人感到十分惊讶。

“你听说过帕金斯夫人的孩子特别早熟的故事吗？那个孩子上一周死去了。”奥古德夫人说。“只有三个月大的孩子，挣扎在死亡线上，当悲恸欲绝的母亲问医生是否还有什么能够救救她的孩子时，医生说绝对没有了。然后，婴儿悲伤地看着妈妈的脸，说绝对没有。“不可能！”米尔德里德坚持说，“他只有三个月大呀”。

“确实有过婴儿早熟的极端案例”，菲尔肯斯先生说，“事情的真相经常是经过检验证明的。但是你确信这真的发生了，奥古德夫人？”“当然了，”这位女士回答，“但是你真的认为一个三个月大的孩子说绝对没有很令人惊讶吗？你希望说点什么？”“说到死亡，”斯姆泽类先生严肃地说，“我认识两个人，父亲和儿子，都是在南非战争的时候死于同样的一次战役。他们都被命名为安德鲁·约翰逊，肩并肩埋葬着。但是从墓碑上分辨他们有些困难。你应该怎么做？”“很简单，”奥古德先生说，“他们应该被描述为老的安德鲁·约翰逊和小的安德鲁·约翰逊。”“但是我忘记告诉你了，他的父亲首先死去了。”“那有什么不同吗？”“恩，你知道，他们想完全地精确地确定，困难在这里。”

“但是我看没什么困难。”奥古德先生说，其他的人也看不出来。“嗯，如果是父亲先去世了，那么儿子也就不再是小的了，不是吗？”“严格地说，是的。”“他们就是那样严格的，现在如果他不再是小的了，然后他死的时候也不再是小的。所以在墓碑上这样描述他就是不正确的，你明白吗？”“这里有一件令人相当好奇的事情，”菲尔肯斯先生说，“我刚刚想起来。有人最近给我写信说他在挖掘自己的花园时，刚刚发现了两枚古币。一枚上面写着‘BC51’，另外一枚上面写着‘乔治一世’。我怎么知道他说的不是真的？”“可能你认识的这个人沉迷于撒花吧。”雷金纳德说。“但是在这

种情况下并没有证据证明他没说真话。”

米尔德里德说，“可能你知道在那个时代并没有这样的硬币。”“相反，在两个时代都有硬币。”“它们是银币还是铜币？”威利问。“我的朋友并没有说明，威利，我真的看不出这有什么区别。”“我明白了，”雷金纳德喊道，“字母BC绝对不会用到一个公元前制作的硬币上。他们从来也没有期望那样的事情会发生。这些字母只是后来采用来指示我们称之为AC（公元）以前的日期的。但是我不明白为什么其他的话也是不对的。”“雷金纳德关于第一枚古币说的很对，”菲尔肯斯先生说，“第二枚古币不可能存在，因为第一任乔治国王不可能称呼自己的统治为‘乔治一世’”。“为什么不会？”奥古德夫人说，“他过去是乔治一世啊。”“是的，但是他们不会知道这一点的，直到乔治二世出现。”“那么，就没有乔治二世了，直到出现乔治三世登上王位？”

“那倒不是。第二任乔治变成了乔治二世是因为有乔治一世。”“那么第一任乔治就是乔治一世了，基于在他前面并没有这样名字的国王。”“你不明白吗，妈妈？”乔治·奥古德说，“我们不称呼维多利亚女王为‘维多利亚一世’；但是如果有‘维多利亚二世’，那么她就会被用那样的方式称呼了。”但是曾经有几世乔治，所以他是‘乔治一世’。因为没有几任维多利亚，所以这两种情形是不同的。他们放弃了说服奥古德夫人的企图，不过读者当然可以清楚地明白这一点。

“这里有一个问题，”米尔德里德·奥古德说，“我希望你们几个帮我解决。我习惯于从水果商那里买成捆的芦笋，每捆的圆周都是12英寸。我总是用一根胶带绕着量一下，确认我得到的数量是足够的。有一天，那个水果商没有大捆的存货了，所以递给了我两捆小的，每一捆圆周都是6英寸。‘那应该是一样的，’我说，‘当然价格也一样。’但是他坚持说两捆加起来包含的比一捆大的多，额外多收了我几个便士。现在，我想知道的是，谁是正确的。两小捆加起来和一大捆包含的数量一样吗？还是前者多一些？”

雷金纳德笑了起来说，“那是一个古老的谜题，就是塞姆普朗涅斯从凯厄斯那里借的一袋玉米的问题，你的水果商可能在某个地方读过这个，他完美地坑了你。”“那么它们一样多？”“相反的，你都错了。你被严重欺骗了。你得到的只是一大捆的一半数量，所以应该按照原来价格的一半收费，而不是更多。”是的，毫无疑问，这是一个糟糕的欺骗。一个圆圈的圆周是另外一个的一半时，它的面积只是另外一个的1/4。所以两个小捆包含的正好只是一大捆芦笋的一半。

“菲尔肯斯先生，你能回答这个问题吗？”威利问，“一个村子里，有个人每天早上吃两个鸡蛋作为早餐。”“一点也不特殊，”乔治插话说，“如果你告诉我们两个鸡蛋吃人就有趣的多了。”“不要打断那个孩子，乔治，”妈妈说。“好的，”威利继续说，“这个人既不买、不借、不换、不乞讨、不偷也不寻找鸡蛋。他也不养母鸡，也没有人给他鸡蛋，他是怎么得到这些鸡蛋的？”“他是不是用其他东西交换的？”米尔德里德问。“那就是换了。”威利回答。“可能有朋友送给他的。”奥古德夫人说。“我说过了它们不是送给他的。”“我知道，”乔治自信地说，“一只奇怪的母鸡到了他的地方产下了这些蛋。”“但是那就是寻找了，不是吗？”“是不是他租用的？”雷金纳德问。“如果是那样，在他吃完后就没法归还了，因此那就是偷盗的。”“可能这是单词lay的双关语，”菲尔肯斯先生说，“他是不是把它们放在桌子上？”“他必须首先得到鸡蛋，不是吗？问题是，他是怎么得到鸡蛋的？”“放弃了。”每个人都说。然后小威利偷偷爬到妈妈的怀抱里，因为乔治在这种情况下容易变粗鲁。

“那个男人养着鸭子，”他喊道，“他的仆人每天早上都帮忙收蛋。”“但是你说他不养家禽。”乔治抗议了。“我没有啊，我说了吗，菲尔肯斯先生？我说他不养母鸡。”“但是不是他找到的，”雷金纳德说。“不，我说是他的仆人找的。”“恩，那么，”米尔德里德插话了，“就是他的仆人给他的。”“你当然不能把一个人自己的财产送给他，不是吗？”所有人都同意威利的答案很令人满意。然后约翰叔叔犯了一个小错误“让这个系列结束了”，正如报纸上说的。

413 棋盘谬误

难易程度：★★★★☆　完成时间：______

“这里有一个棋盘的图示，”他说，“你可以看到总共有64个方格——8×8。现在我从左手的边角画一条直线，就在第一个方格和第二个方格的交界处，一直到右边的底角。用剪刀沿着这条线切割，把标着B的部分切下来然后沿着第一条垂直线切割，切下角落的C部分，这一小块正好可以放在顶部，我们现在就有了一个长方形，是7×9的两边。所以总共有63个方格，因为7乘9是63。究竟那个丢失的方格去哪里了？我试了一次又一次想找到那个小家伙，但是它总是躲开我。在我的一生中我也没有发现它藏到了哪里去。”“似乎这像另外一个古老的棋盘谬误，可能解释是相同的，”雷金纳德说，“这几块不能完全吻合在一起。”“但他们真的吻合，”约翰叔叔说，“试一下，你就会发现。”后来在晚上，大家都看到雷金纳德和约翰聚集在一个角落，试着寻找躲开的那个小方格。在晚上休息之前他们成功地找到了这个方格，尽管其他人都没有看到这一点。读者能解决这个小谜题吗？

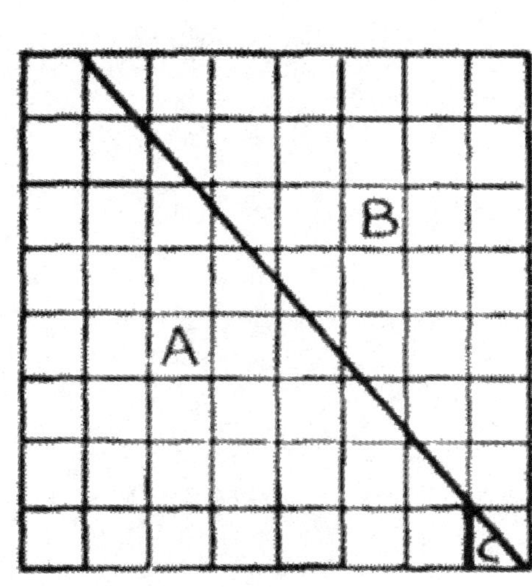

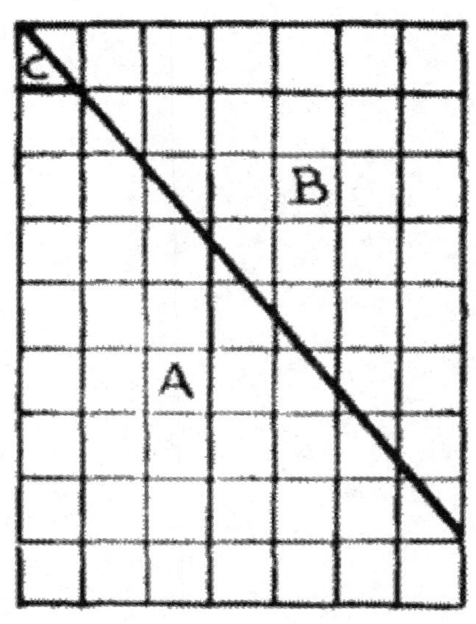

未分类谜题

"未经考虑的琐碎问题的集合。"

——《冬天的故事》，第四章，第2节

※ 单位换算：

1英镑=20先令	1先令=12便士	1克朗=5先令	1几尼=1.05英镑=21先令
1弗罗林=2先令	1沙弗林=1英镑	1法寻=1/4便士	半克朗=2又1/2先令

414 谁是第一

难易程度：★★★☆☆ 完成时间：______

安德森、比格斯和卡彭特一起待在海边的一个地方。一天，他们坐船出去，在海上1英里的时候，有人用来福枪从岸上向他们的方向射击。为什么射击和谁射击的跟我们不相关，但是从这些我选出来的事实我们能够为新手设计一个好玩的小谜题。似乎安德森仅仅听到了枪声，比格斯仅仅看到了烟雾，卡彭特仅仅看到了子弹击中了他们附近的水面。现在问题来了，谁第一个看到了开枪的事情？

415 一个精彩的村子

难易程度：★★★☆☆ 完成时间：______

在日本有一个村子，位于一个低矮的山谷里，太阳刚刚升起来或者降落的时候都要比在每天中午时更靠近那里的居民大约3000英里或者更多。那么这个村子位于这个国家的哪一部分？

416 一个日历谜题

难易程度：★★★☆☆ 完成时间：______

如果世界的末日在一个新世纪的第一天来临，那么你能说一下它发生在一个周日的概率有多大吗？

417 令人疲倦的镣铐

难易程度：★★★★★　　完成时间：______

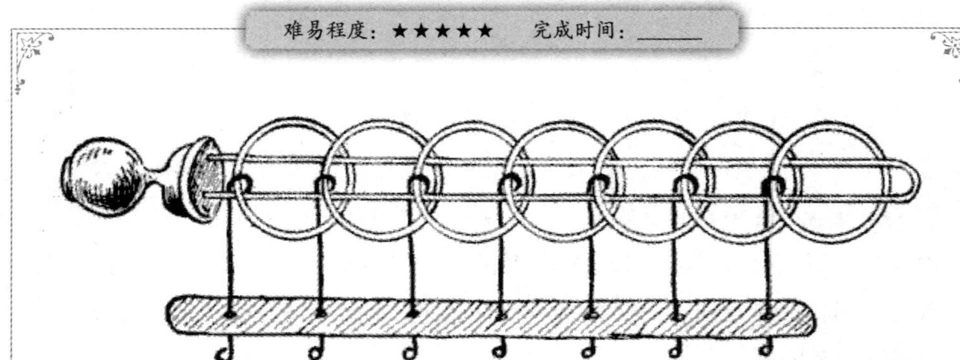

上面的图示代表了最古老的所有的机械谜题之一。它的来源不清楚。一位名叫卡尔丹的数学家在1550年写下了这个谜题，沃利斯在1693年也写过类似谜题。据说在一些偏远的英国乡村发现过它的存在（有时候存在于一些奇怪的地方，比如说一个教堂钟塔里），用铁制成，正确的叫法是“令人疲倦的铁器”。今天的挪威人把它用作盒子和包的锁扣。而一些玩具店里有时候叫做“中国环”。尽管似乎没有权威的描述，它更经常地使用不怎么令人满意的名字“令人困惑的环”。可以看到这个谜题包括一个简单的铁丝的环路，固定在一个把手上，可以用左手握着，有几个铁圈用铁丝固定，铁丝穿过铁杆上面的小洞，用铁丝弯曲的末端固定在那里。铁丝可以自由在铁杆上运动，但是不能从上面拿下来，铁丝也不能从圆圈上取下来。总起来，谜题就是把环路的部分完全从铁环上拿下来，然后再全部放上去。现在，看一下第一个铁环（最右边的），可以看到，它可以滑到末端，掉落下这个环路，或者它可以通过反向操作再装上去。唯一的曾经被取下来的铁环就是右手末端相邻的第二个铁环了。因此，装上所有的铁环，第二个可以立刻掉下来，第一个铁环掉下来，你就不能拿下第二个来，但是可以取下第三个；等取下所有的三个铁环，你就不能取下第四个，但是可以取下第五个；以此类推。你可以发现第一个和第二个铁环不能同时取下或者安装上。但是为了防止混乱，我们从头到尾都不允许这种双重的移动，而只能说在某一时间可以安装上或者取下的铁环。

因此，我们可以在一步取下1个铁环；在2步取下2个铁环；在5步取下5个铁环；在10步取下4个铁环；在21步取下五个铁环；如果我们继续加倍（当铁环的数目是奇数时增加一个），我们可以很容易确定取下任意数目的铁环的步数。要取下所有的7个铁环，总共需要85步。让我们看一下取下前3个铁环的5步，线段上面的圆圈代表环路上的铁环，底下的那些代表从环路取下的铁环。取下第一个铁环，取下第三个，装上第一个，取下第二个；然后取下第一个——5步，清楚地显示在图示中。在每一个阶段上的黑色的圆圈代表着从开始到结束哪一个铁圈可以取下来。经过第二步之后，你可以注意到任何一个铁圈都取不下来，除非装上一个铁圈，因为环路上的最右边的第一个和第二个铁圈不是在一起的。在第五步之后，如果我们希望移去所有的7个铁环，我们必须现在取下第五个。但是在我们能取下第四个之前有必要安上前3个，取下前两个。我们然后有7、6、4，个铁环在环路上，然后就可以取下第4个铁环。当我们安装上第2、1，取下第3、2、1个铁环时，我们可以取下第7个铁环。下一步行动就是把6、5、4、3、2、1放在环路上，取下4、3、2、1来，这时可以取下第6个来；然后把5、4、3、2、1放到环路上，取下3、2、1，这时5就取下来了；然后把4、3、2、1放在环路上，取下2，1，这时4就下来了；然后把3、2、1放在环路上取下1，这时3就可以取下来了，然后把2、1放在环路上，这时2就取下来了；1就会在第85步掉落下来，

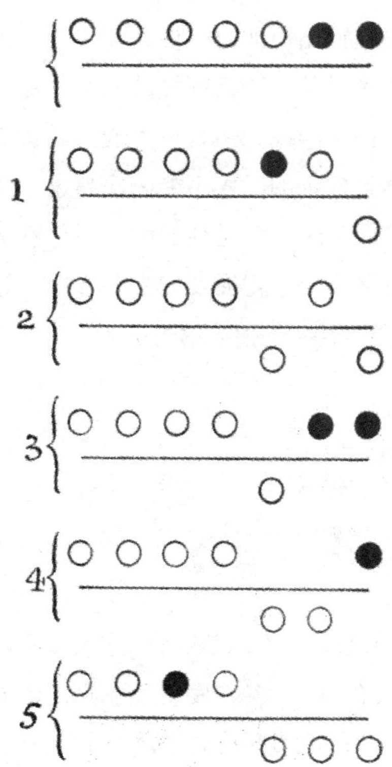

环路上就没有铁环了。这样即使读者手中没有这样一个实际的东西也能够理解这个问题。

我所提出的特别问题就是这么简单。假定总共有14个铁环在这个令人厌倦的镣铐上，我们可以用正确的方式把所有的铁环取下来，而不会浪费任何一步。那么在经过了9999步之后铁环的位置在哪里？

418 这样的一种上楼方式

难易程度：★★★★☆　完成时间：______

在郊区的一个别墅里，有一个小楼梯，上面有8个台阶，不把楼梯平台计算在内。就是用这个小谜题，汤米·斯马特和他的家人非常困惑。你需要从底下开始然后到达上面的一层两次（到达最上面结束的时候停在那里），在回到底层一次之后。但是你必须认真去数楼梯的每个踏板同样的次数。那么用多少步你能够到达上面？似乎是很简单的一个问题，但是更可能的是在最初的尝试后你会走很多不必要的步子。当然，你走的时候不能一次超过一个踏板。汤米知道一个小手法，把它展示给他的父亲，但是他的父亲说他看不上这样的谜题。但是孩子们上床之后，这位父亲经常把朋友们带到客厅，好好为他们的困惑笑一阵子。你知道这个谜题背后其实是很简单的答案。

419 五便士

难易程度：★★★★★　完成时间：______

这里有一个真正的难题，然而条件却简单之极。每个读者都知道怎么放置4个便士让它们互相之间距离相等。你需要做的就是排列3枚硬币平放在桌子上，让它们用等边三角形的形式互相靠着，然后把第四枚硬币放在上面的中间位置。因为每一枚硬币都互相接触，它们彼此的距离肯定是相等的。现在用5便士做同样的事情——让它们每一个都互相接触地放置在一起。你会发现事情是完全不同的。

420 勤奋的书虫

难易程度：★★★☆☆　完成时间：______

我的朋友莱克布莱恩教授，如图所示正在思考他的另一个小谜题。他正在解释，自从他上一次在某个场合把一本博学书的第三卷从书橱上的位置取下来，有个书虫实际上已经直接把书从第一页到最后一页蛀了一个洞。他说书中每一卷的页数总共是3英寸厚，书的表皮正好是1/8英寸厚，他问一个勤奋的书虫在准备它的新通道时需要钻多长的孔道？你能告诉他吗？

421 锁链谜题

难易程度：★★★★☆ 完成时间：______

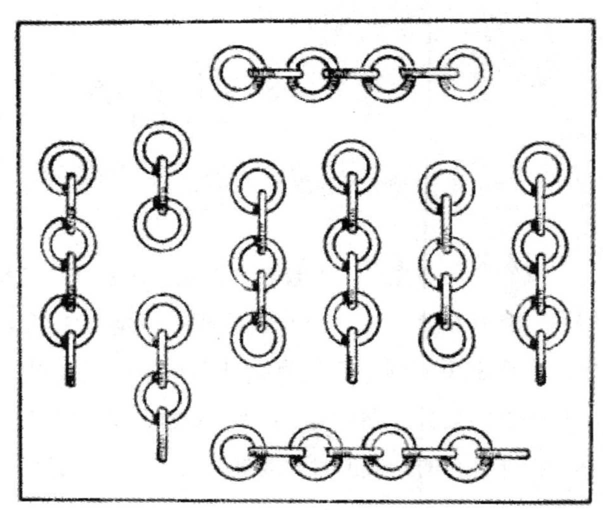

这个谜题是基于一个精妙的主意，这是由已故的山姆·罗伊德先生提出来的。有个人有9节锁链，如图所示。他想把这50个链扣连成一条循环的锁链。打开一个链扣需要1便士，把一个链扣再焊接起来需要2便士，但是它可以用2先令2便士买一条新的同样特征和质量的循环链。对他来说更便宜的方式是哪个？除非读者很精明，否则他会发现他离答案很远。

422 安息日谜题

难易程度：★★★☆☆ 完成时间：______

在一本老书里面我遇到了下面这样的一个小谜题，我想知道有多少读者可以明白作者对这个谜语的解题方式。对基督徒来说，一周的第一天是安息日；对犹太人来说是第七天，因为他们从来如此；对于土耳其人来说是第六天，就像我们再三被告知的一样；那么这三种人怎样在同一个地方同一天过各自真正的安息日？告诉我，我祈祷着。

423 红宝石胸针

难易程度：★★★☆☆　完成时间：______

在苏格兰场的记载中，有几个很不寻常的珠宝劫案，其中一个最让人困惑的谜题就是利陶伍德女士的红宝石盗窃案。当然，从价值这一点来说，曾经有很多更大的抢劫案，但是很少案中能够有这样精心的构想。利陶伍德女士，来自罗姆雷麦纳，她有一个漂亮但是相当古怪的传家宝——是一枚红宝石胸针。在80年代初期当她待在她镇上的房子里时，她把珠宝拿到了布罗姆普顿的一个小店里做一些修补。“真是精致的红宝石收藏品啊，夫人。”店主说，对他来说这位夫人是个陌生人。“是的，”她回答，“但是令人好奇的是，我从来没有真正地数过它们。我妈妈有一次告诉我，如果你从中间开始，按照一条线来数，沿着外边到下一条线，总是会有8颗宝石。因此我总能知道宝石是否会丢失。”

6个月之后，利陶伍德女士的弟弟从印度的军队里回来，有天晚上在一个乡村舞会上注意到他姐姐的这枚红宝石胸针。在他们回家的路上，弟弟要求

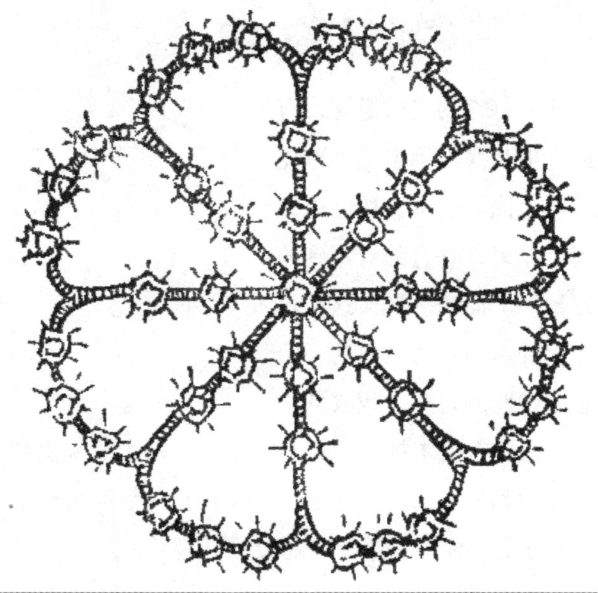

近距离地看一下。他立刻发现4颗宝石不见了。“怎么可能？”利陶伍德女士说，“如果你从中间数一条线，沿着边缘下到另外一条线，在任何方向上应该是8颗宝石。总是这样的，现在也是这样的。所以，怎么可能有宝石掉了我没有注意到？”“没有那么简单，”她弟弟说，“我很了解这枚胸针。它最初包含着45块宝石，现在只有41颗宝石了。有人偷走了4颗宝石，然后重新调整了尽可能少的其他宝石，用这样的方式让宝石在你提到的任何方向上都是8颗。”毋庸置疑，布罗姆普顿的珠宝商应该就是窃贼，事情由此交给了警察。但是那个人因为其他抢劫罪被通缉了，他已经在一段时间前离开了那个地方。直到今天也从来没有找到他。最有趣的一点最初让警察很受挫折，那成了现在我们谜题的主题，情况如下：45块宝石最初是怎样排列在胸针上的？图示显示的正是41颗宝石排列在胸针上，是从珠宝商那里取回来之后的样子。但是，尽管它们数起来在提到的任何方向上都是8颗，但还是有4块宝石丢失了。

424 楔形的阻碍物

难易程度：★★★☆☆　完成时间：______

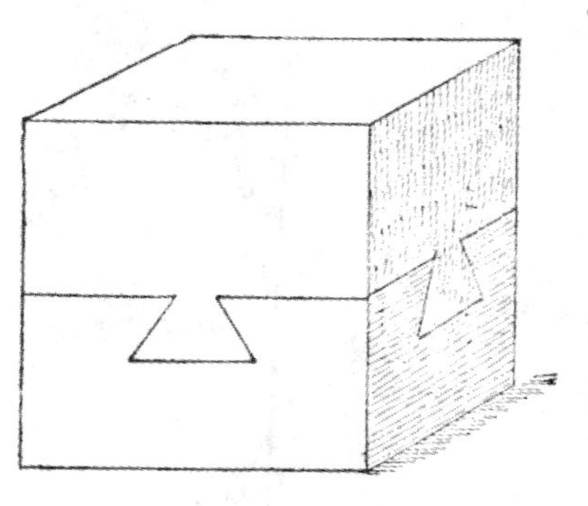

这里有一个令人好奇的机械谜题，有人几年前给我的，但是我说不出是谁首先发明的。它包括两个固体的木头块，被做成楔形合在一起。在另外垂直的看不到的两边显示的正好是像上面的一样。这几块是怎么拼合到一起的？当我在伦敦的一份报纸上刊登出这个谜题的时候，我收到了一大堆模型（尽管我没有要求提供），有橡木的、柚木的、桃花心木的、红木的、椴木的、榆木的和松木的。有些是半英尺长，其他的大小不同，一直到精致的大约半英寸见方的小模型。这个谜题似乎引起了人们足够大的兴趣。

425 杰克和豆芽菜

难易程度：★★★☆☆ 完成时间：______

右面的图是由一个英国的艺术家画的，是一副杰克爬豆茎的素描。但艺术家在画这幅画的时候犯了一个严重的错误，你能找出来吗？

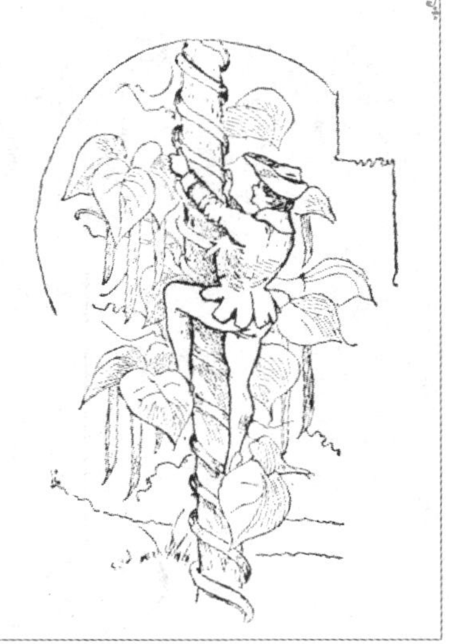

426 圣歌板的谜题

难易程度：★★★★★ 完成时间：______

查姆普雷，一位受尊敬的圣维尼弗莱德牧师陷入了巨大的痛苦中。一个小教堂发生了困难，整个教区的智慧似乎也不能解决。这个困难是什么，我接下来就陈述。但是如果我首先简单讲述一下所处的好玩的情形，可能会增加读者对这个谜题的兴趣。一切都源于教堂的圣歌板。这块板子已经破损严重到不能再服务于它被设计出来的最初目的了。一个慷慨的教区居民承诺用一定的成本价来置办一套新板子。但是奇怪的是，他们没有就成本是多少达成一致。板子的提议的制作者给出了一个价格，但是捐献者对这个价格嗤之以鼻。善良的牧师认为他们都错了，因此他让校长给出一个总和来。但是这个人说在他任何一本算术书上都找不到适用于这一主题的规则。

于是他们申请让当地的医生来做，作为查姆普雷一个超过平常人的知识分子，他确定地告诉牧师他太忙了，他甚至没有时间看一下这个问题，尽管他的助手偷偷地说医生已经不同寻常地熬夜熬了几个晚上了。威尔森寡妇有一个聪明的儿子，他曾经因为解答谜题获奖而很有名。他断言说他找不到解题的方法，解答这个谜题肯定跟扯平一个圆、复制一个立方体或者三等分一个角有关。无论如何，他以前从来没有见过这种样子的谜题，他放弃了。

当这位助理牧师（他，我应该说，在一开始就坦承说深入研究神学已经让他忘记了他曾经掌握的所有数学知识）友好地送给我这个谜题的时候，这就是当时的情形。一个教堂里面有三块圣歌板，每一块都指示了要在仪式时演唱的五种不同的圣歌的数目。所有的圣歌板在相同的仪式时都要用。圣歌本包括700首圣歌。一套新的圣歌数目是需要的，一个仁慈的居民提出要呈献一套油漆在铁盘子上的圣歌，但是声明只购买最少数目的必要的盘子。每个盘子的成本是6便士，每个盘子的油漆收费是：一个盘子1先令，两个盘子，每个11又3/4便士；3个盘子每个11又1/2便士，以此类推。每多一个相似的盘子，每个盘子的收费就少1便士。现在，最低的成本应该是多少？

读者会注意到他们需要使用每一种合法的经济手段。图表明了3个圣歌板和盘子的本质。五种圣歌在这里是用12个盘子的方式指示的。这些盘子分别在后面可以滑动，当然在图示中有空间可以容纳3个另外的盘子。

427 射杀野鸡

难易程度：★★★☆☆　完成时间：______

一个伦敦的朋友，很希望能拉长弓，但是很显然他缺少点运动气质。他跟我说了下面不是很靠谱的奇闻逸事：

我一直在跟我的公爵朋友猎杀野鸡。我们玩得很精彩，我也射了很精彩的几枪。你怎么看这个，比如说，你可以把它变成一个谜题。公爵和我正在穿越一块田地，这时突然24只野鸡从我们的右翼飞到了我们面前。我开枪了，有2/3的野鸡就掉到我的脚下死掉了。然后公爵对剩下的开了一枪，打下了3/24，它们的翅膀受伤了。现在在这24只野鸡中还剩下多少只？似乎是很简单的问题，但是读者能够给出正确的答案吗？

428 园工和厨师

难易程度：★★★★★　完成时间：______

有个读者来信，把自己称为“简单的西蒙”，建议我应该在1900年愚人节时《每周快讯》那一期给出一个特别的陷阱谜题。因此我给出了下面的谜题，它给我带来了很多的乐趣。对于很大一部分竞赛者来说，很多人很专业，但没有一个人能够解决它，尽管它持续了接近一个月。

图示是一个我想象的读者“简单西蒙”的一个草图，正在努力解决下面这个简单的数学小谜题。我碰巧在一个愚人节看到一个男士和女士之间的竞赛，它刻在了我的记忆中无法抹掉。事情发生在一个乡下的房子里，那里的园工和厨师决定进行一场竞赛，直接跑到100英尺的一个点，然后返回。我发现园工每步都跑3英尺，而厨师只有2英尺，但是她（厨师）跑3步的时候他只能跑2步。现在告诉我，比赛的结果是什么？在刊出这个谜题两个星期后，我加上了下面的注解：据说可能在回来的时候有一个陷阱，但是没有。这个竞赛是跑到100英尺之外然后返回——也就是说总共是200英尺的距离。一个读者写信问是否他们转弯用的时间完全一样，对这点我回答说“是的”。另外一个人似乎怀疑这是一个说不清的问题，答案也许就是比赛结果是一个平局。但是我并没有这样的想法。

429 放置半便士的硬币

难易程度：★★★★☆　完成时间：______

这里有一个有趣的小谜题，是由W.T.瓦尔特先生提供给我的。在一张纸上面画出一个矩形空间，5英寸乘3英寸大小，然后找出在这一条件下，在这一空间上可以放置的最大数量的半便士硬币。一个半便士硬币的直径正好是1英寸。把第一个半便士放到你喜欢的地方，然后把第二枚半便士硬币放到距离第一枚正好1英寸的地方，第三枚距离第二枚1英寸距离，以此类推。任何半便士的硬币都不能彼此接触或者穿过分界线。我们的图示已经清楚地显示了这一切。第二枚硬币距离第一枚1英寸，第三枚距离第二枚，第四枚距离第三枚都是1英寸，但是在第10枚硬币放下后，我们无法用这样的方式放置了。然而，我们仍然可以放下更多的几枚半便士硬币。读者可以放下多少枚？

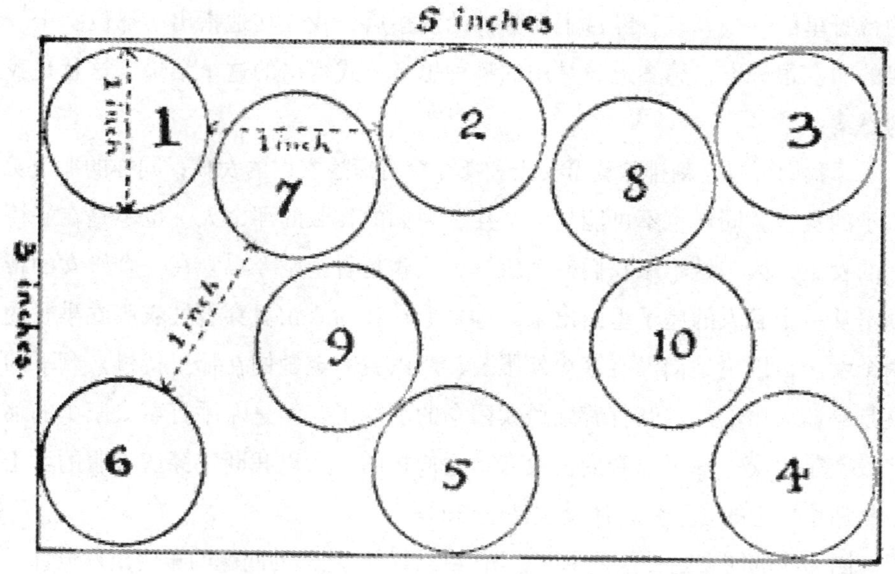

430 找到男士的妻子

难易程度：★★★☆☆　完成时间：______

在1903年的一个夏日里，我在布莱顿码头上游荡，看着人们在沙滩上走来走去。这时一个跟我在一起的朋友突然让我注意一个独自站着的人。他说："你能找出那个人的妻子吗？他们跟我住同一个旅馆，女士是正在我们的视野里的一个人。"经过了几分钟的观察后，我成功地指出了那位女士。我的朋友很好奇，想知道我是用的哪种思考方式得出的这个结果。这就是我的答案：

"我们可以立刻排除莫希女士和那个穿着短连衣裙的女孩；同样的那个卖橘子的女士。同样也不可能是那个穿着寡妇的丧服的那个人。也不是在躺椅上的女士，因为她不跟我们一个旅馆，我碰巧看到她今早上在一个婢女的帮助下从一个私人的屋子里面出来。今早上在我的旅馆里穿着红衣服吃早餐的两个女士，因为她们没有穿户外服装，所以我断定她们在那里待过。剩下的就是穿蓝衣服的那位和打着绿色太阳伞的那位了。但是左手打着太阳伞的那位没有带手套，你可以看到是没有结婚戒指的。所以我断定穿蓝衣服的女士就是那位男士的妻子——你说这是正确的。"

因为我的朋友是一位艺术家，所以我想可以从他的问题的角度出发设计一个好玩的谜题，我就让他根据我给他的几个方向画出一幅画，我很高兴把他的大作奉献给读者。可以看到，图画显示了6个男士6个女士：第1，3，5，7，9和11是女士，第2，4，6，8，10，12是男士。这12个人代表6对夫妇，所有夫妇都是彼此陌生的。他们都是漫无目的地漫步，混合到一起。但是我们只关心带着草帽的10号男士。谜题就是找出这个男士的妻子。仔细观察这6位女士，看看你是否能够找出哪一位是。

我把这幅画在那时给几个朋友看，他们对此事表达了不同的观点。一个说："我不相信他会娶一个像7号那样的女孩。"另一个说："我确信像3号那样可爱的女孩不会嫁给这样一个家伙！"另外一个说："一定是1号，因为她离那个畜生尽可能得远。"又有人提出说应该是11号，因为他似乎正在朝她看。但是一个吹毛求疵的人反驳说："那样的一个原因，如果他真的在看她，我要说她不是他的妻子。"我现在把这个问题留给我们的读者，哪一个是10号的真正的妻子？

这个图示必须从它原先出现的《每周快讯》（1903年5月24日）上大比例地缩减，但是希望细节部分还是足够清楚，让读者可以从观察图画中得到乐趣。在任何情况下，给出的解答都能让他带着兴趣接受这几点。

第1章

算术代数问题

001. 年轻的女业务员只需要提供5枚2便士2.5邮票、30枚1便士邮票、8枚便士邮票，就可以满足要求，而且总面值就是1克朗。

002. 香蕉的价格应该是每根1便士1又1/4。所以，960根香蕉的价格是5英镑，而480枚6便士硬币可以买到2304根香蕉。

003. 鞋匠们花了35先令，裁缝们同样花了35先令，做帽子的花了42先令，而做手套的花了21先令。这样，他们总共一起花了6英镑13先令。而且读者可以发现，5个鞋匠的花费相当于4个裁缝的花费，12个裁缝花费得与9个制帽匠一样多，6个做帽子的花费相当于8个做手套的花费。

004. 杰克斯肯定带到市场上7头牲口，豪治一定带来了11头，而杜兰特一定带来了21头。这样一共就有39头牲畜。

005. 这个寡妇得到的遗产应该是205英镑2先令6便士，再加上1便士的10/13。

006. 这类的谜题在老书上通常是用单调的“倒推”来解答。但是这里有一个简单通用的解答：如果有n个人玩这个游戏，那么在游戏结束的时候，每个人手里的钱数是$m(2^n)$，最后的赢家最开始手里的钱是m(n+1)，倒数第二个人手里应该有m(2n+1)，倒数第三个有m(4n+1)，倒数第四个有m(8n+1)，以此类推，直到第一个人手里有 $m(2^{n-1}n+1)$。

在我们这个情形下，当n=7时，游戏结束的时候每个人手里的钱数是2^7法寻。因此这里m=1，这样葛德根一开始手里就有8法寻，弗朗西斯有15法寻，爱德华29法寻，道布森有57法寻，卡特有113法寻，贝克有225法寻，亚当斯有449法寻。

007. 这笔钱可以有七种不同的布施方式：5个女人和19个男人，10个女人和16个男人，15个女人和13个男人，20个女人和10个男人，25个女人和7个男人，30个女人和4个男人，35个女人和1个男人。但是最后的一种不能算数，因为条件是给一些男人，单独的一个男人不是男人们。因此答案是6年。

008. 这个绅士开始往家走的时候，口袋里一定有3先令6便士。

009. 此人买进这两架飞机的时候一定分别支付了500英镑和750英镑，一共是1250英镑。但是由于他只把飞机卖了1200英镑，所以这笔交易他亏损了50英镑。

010. 乔金斯的口袋里面最开始应该有19英镑18先令，后来花掉了9英镑19个先令。

011. 答案如下所示，44444英镑4先令4便士加起来等于28，换算成便士后，10666612便士各个数字相加的结果也是28。这里有一个罕见的巧合：答案10666612中四个位于中间的数字6，表达的是另外仅有的一个答案，66英镑6先令6便士。

012. 可以用英镑、先令、便士和法寻表示的包含所有的9个数字一次且只有一次的最小的钱数是2567英镑18先令9又3/4便士。

013. 适合的钱数是15先令9便士，包括这些硬币：1克朗1枚、半克朗1枚（或者3枚）、弗罗林4枚，以及3便士1枚。

014. 一起聚餐的一共有10位自行车手。他们每人应该支付8先令。然而，由于其中的2个人溜走了，其余的8个人每人要支付10先令。

015. 答案是1又1/2便士加上3便士。加在一起是4又1/2便士，而1又1/2便士乘以3结果也是4又1/2便士。

016. 谜题的答案可以很容易地通过尝试的方法得到。也就是说，把100万美元中包含7的最大幂从中减去，然后再把剩余部分中减去次最大的幂，以此类推。不过这个小谜题是用来说明一种简单的办法。把1000000转换成七进位制，马上就可以得出题目的答案，而关于进位制记数法这个主题，我计划写一些东西，好对那些在这方面从没有好好思考过的人有所帮助。

我们记数的方法是一种被完美化的算术速记法，是一种设计得让我们能尽可能既快又准确地用符号对数字进行操作的系统的方法。如果我们写2341这个数字，用它代表两千三百四十一美元，那么我们在其中想要包含的意思是：1美元，加上10美元的四倍，再加上100美元的三倍，最后加上1000美元的两倍。从右端的个位数开始，左边的每个数字都被认为是代表10的某次幂的一个倍数，至于是10的多少次幂，则由这个数字所在的位置来表明。同时为了避免混乱，在必要的时候必须插进一个零（0），因为如果我们用27来代替207，显然会导致误解。这样我们就只需要是个位数字，因为一个数字一旦超过9，我们就在左边放上第二个数字，而一旦超过了99，我们就在左边再放上第三个数字，以此类推。我们会看到，这根本就是一种自以为是的方法。它以十进位制记数法出现，是因为这个系统方法应该来自这样一个事实：我们那些发明它的前人都习惯用自己的10根手指头来计数，就像我们现在的孩子那样数数。对于我们来说，通常没必要声明我们是在使用十进位制，因为这在日常生活事务中公认的事实。

但如果一个人说他有用七进位制记数法表示6553美元，你将会发现这笔钱同我们平常使用十进位制表示的2341美元根本就是一回事。他没有使用10的幂，而是用了7的幂，这样他就永远也不需要任何大于6的数字，而6553事实上代表（在平常的记数法下）：3加上7的五倍，加上49的五倍，加上343的六倍，也就是2341。要把这个操作过程逆转，或者说要把2341从十进位制转换成七进位制，我们把它除以7，得到334以及余数3；再把334除以7，得到47和余数5；这样不断地除以7，只要有东西可以除。把余数按倒过来的顺序读出来，6，5，5，3，就给了我们答案——6553。

正如我说过的，只要把1000000美元转换成七进位制，我们的谜题马上就可以解决。不断用7来除这个数，直到没有什么剩下可以除，你会发现，把余数排列起来是11333311，这就是1000000的七进位制表示结果。所以，1美元的馈赠1份，7美元的馈赠1份，49美元的馈赠3份，343美元的馈赠3份，2401美元的馈赠3份，16807美元的馈赠3份，117649美元的馈赠1份，以及823543美元的馈赠（这确实是一份厚礼）1份，这就完美解决了我们的问题。而且这应该是唯一正确的答案。因此，我们可以看到，没必要进行尝试，通过转换成七进位制，我们直接可以得到我们的答案。

017. 每一笔交易接受的价格都是105法寻。于是女商人最多有8个，因为她们贩卖的货物用如下的价格出售：每磅1法寻，卖了105磅；每磅3法寻，卖出去35磅；每磅5法寻，卖出去21

磅；每磅7法寻，卖了15磅；每磅15法寻，卖了7磅；每磅21法寻，卖了5磅；每磅35法寻，卖了3磅；每磅105法寻，卖了1磅。

018. 这个谜题的正确答案如下：约翰在他的钱匣子里面放的是2枚双弗罗林（8先令），威廉放的是1枚半沙弗林和1枚弗罗林（共12先令），查尔斯放的是1枚克朗（5先令），而托马斯放了1枚沙弗林（20先令）。一共是6枚硬币，总面值45先令。如果约翰再得到2先令，威廉减少2先令，查尔斯把自己实际有的钱翻番，而托马斯减去一半，他们每个人就正好有10先令了。

019. 在那天晚上出席的客人一定包括7对情侣，10个单身男士和1位单身女士。这样，一共就是25个人，根据老板陈述的价格，他们正好一起支付5英镑。

020. 我用1枚先令购买了16个苹果，价格就是一打9便士。多得到的两个苹果让我1个先令购买了18个苹果，这样价格就是一打18便士，或者说一打就比先前问的价格少了1便士。

021. 那位女士以每磅2先令的价格购买了48磅牛肉，以每磅1先令6便士的价格买了同样数量的香肠，因此总共花了8英镑8先令。如果她卖了42磅的牛肉和56磅的香肠，她就可以花4英镑4先令分别购买每一样，得到的就是98磅而不是96磅——在重量上多了2磅。

022. 这个人一定是用5便士的价格买了10个鸡蛋，用1便士的价格卖了10个鸡蛋，用半便士的价格买了80个鸡蛋。这样他就用8先令4便士购买了100个鸡蛋，两种质量的同样数目的鸡蛋。

023. 这次的分发发生在“几年以前”，在那时4便士一枚的硬币仍然在流通中。19个人一定是每个人都收到了19便士。总共有5种不同的方式可以用银币来支付这个总数。我们只需要用其中的两种就可以。因此，如果14个人每人收到4枚4便士的硬币，1枚3便士的硬币，5个人每人收到5枚3便士的硬币和1枚4便士的硬币，这样每个人就收到19便士，正好是100枚硬币，总价值是1英镑10先令1便士。

024. 当然，便士硬币上的日期是和大不列颠的字一样印在同一面。6枚便士可以围绕着另外一枚便士平放在桌面上，因此每一枚便士都是接触到中间的一枚。可以放在半克朗硬币的表面，并且任何一枚都不放在另外一枚上面或者搭边的3便士硬币的数目是1枚。第二枚3便士的硬币就会搭在大一点的硬币的边上。很多人给出了一个荒谬的高数字。

025. 如果没有我给出的提示，读者可能会一致断定，帕金斯先生的收入一定是1710英镑。但这完全是错误的。帕金斯太太说，我们在房租等上面花费了他年收入的1/3。也就是说，在两年里他们花费了不少钱在房租等上，相当于他年收入的的1/3。注意一点，她没有说他们每年都花这个钱。所以，根据她的话的精确说法，就是他的收入是每年180英镑。因此在两年内花了这笔钱，在此期间他的收入增加到了360英镑，就会有60英镑花在房租上等，90英镑花在家用上，20英镑花在其他地方，在银行里的余额就是190英镑。

026. 第一位女士购买的东西价格总共是1先令5又3/4便士，第二位女士购买的总价是1先令11又1/2便士,加起来的总的价格是3先令5又1/4便士。这三个额度每一个都不能用少于6枚的王国的通货硬币来支付。

027. 因为一个清钱价值2便士加上4/15个清钱，所以一个清钱的剩下11/15一定价值2便士。因此，11个清钱价值正好是30便士，或者半克朗。所以，那次兑钱一定是用7枚圆孔的硬币加上1枚方孔的硬币。因此读者可以看到7枚圆孔的硬币价值是15个清钱的7/11，而一枚方孔的硬币价值是16枚清钱的1/11，也就是说，77枚圆孔的硬币等于105枚清钱，11枚方孔的硬币等于16枚清钱。所以77枚圆孔的清钱加上11枚方孔的清钱就等于121枚清钱，或者7枚圆孔和1枚方孔的就等于11枚清钱，或者是它的等价物，半个克朗。

028. 19先令9便士可以用458908622种不同的方式来支付。

我不想给出我的解答方法，任何这样的解释都会占与它重要性或价值不相称的大量空间。如果我能在合理的空间里对支付方法给出一个一般的解答，我会努力挤出一个空间。但是这样一个解答将会非常复杂，我认为费力把它搞出来是不值得的。

我就给出一个关于这种解答会涉及什么的主意。我只能说，我发现针对那些是3便士的倍数的钱的总和。如果我们只用铜币，那么任何的金额都可以用$(n+1)^2$种方式来支付，其中n总是代表便士是的数目。如果3便士的硬币是允许用的，那么就有

$$\frac{2n^3+15n^2+33n}{18}+1$$

种方式。如果6便士也可以用，当钱的总数是6便士的倍数时，那么就有

$$\frac{n^4+22n^3+159n^2+414n+216}{216}$$

种方式。当钱数不是这样一个倍数时，常数就从216就变成了324. 因此，当我们有其他的硬币时，这个公式的复杂程度就呈加速度增长。

然而，我要加上一个有趣的小图表，包含了换算我们现在硬币的可能方式，我相信这在以前的书中是不会给出的。零钱可以以下列方式给出：

法寻	0 种方式
半便士	1 种方式
便士	3 种方式
三便士硬币	16 种方式
六便士	66 种方式
先令	402 种方式
弗罗林	3818 种方式
半克朗	8709 种方式
双弗罗林	60239 种方式
克朗	166651 种方式
半沙弗林	6261622 种方式
沙弗林	500291833种方式

令人稍微有点惊讶的是发现1沙弗林可以兑换的方式竟然超过5亿种不同的方式，但是我对于这个数字的正确性一点也不怀疑。

029. 我们可以用这种方法帮助那位美国商人走出困境。用他们代表的硬币的美分数来描述硬币，商人放到柜台上50和25；购买者放下了100，3和2；陌生人加上他的10，10，5，2和1。现在，考虑到购买的成本上升到了34美分，很显然，在所有的这些积攒起来的钱中，商人必须接收109美分，购买者71美分，陌生人28美分。所以看一眼就知道，100美分应该给商人，接下来50美分应该给购买者，然后25美分只能给陌生人。 再看一眼，两个10美分的硬币一定要给陌生人，因为商人现在只想要9美分，陌生人3美分。 然后， 购买者必须拿1美分，陌生人必须拿3美分，商人要拿5，2和2美分。总结一下，商人取100，5、2和2；购买者50，10，10和1；陌生人25和3。读者可以看到，三人中的任何一个都没有留下自己的一枚硬币。

030. 如果3枚破碎的硬币完整的时候价值253便士，现在破碎的时候价值是240便士。很明显，原来价值的13/253就失去了。因为每枚硬币的相同的部分失去了，所以每一枚硬币都失去了原来价值的13/253。

031. 在同时抛出全部的5枚便士的时候，很明显，硬币下落的时候就会有32种不同的方式，因为第一枚硬币可能会用两种方式的任何一种落下，然后第二枚硬币同样如此，以此类推。所以5个两种方式相乘的结果就是32。现在，这32种方式是怎样构成的？ 下面就是：

(a)	5 正面	1 方式
(b)	5 反面	1 方式
(c)	4 正面 和1 反面	5 方式
(d)	4 反面 和 1 正面	5 方式
(e)	3 正面 和 2 反面	10 方式
(f)	3 反面 和 2正面	10 方式

现在读者可以看到，仅有的情形是a，b，c和d——12种情形。剩下的20种情形是不对的，因为他们不会得到至少4个正面或者4个反面。所以，对你有利的机会只有12到20次，或者（这是同一回事）3到5次。换句话说，你只有8次机会中的3次机会。

从包含3沙弗林和1先令的口袋中抽签，应该支付的钱数是15先令3便士。因为一个人抽到1沙弗林的概率是3/4，所以很多人会说，一个人应该支付1英镑的3/4，或者15先令。但他们忽视了一个事实，一个人最少会抽到1个先令——不会有抽不到的时候。

032. 因为男孩子和女孩子的数目相同，所

以，孩子的数目一定是偶数。而且，如果你认真仔细地阅读了这个问题，你会得到3个不同的答案。可以是2个孩子也可以是6个孩子，或者14个孩子。在第一种情况下，可以有10种不同的方式买苹果。但是这个谜题告诉我们，那个绅士“儿女众多”，而一个男孩和一个女孩是不能说“儿女众多”的，因此这种情况可以排除。在有14个孩子的情况下，仅有的适合的分配方式就是每个孩子都得到1个半便士的苹果。但是题目告诉我们，每个孩子都应该公平的分配到“一些”苹果，而一个苹果可不是“一些”，因此这种情况也可以排除。现在我们不得不回到我们的另外一种情况，这正好符合所有的条件。3个男孩和3个女孩，每人分到1个半便士的苹果和2个1/3便士的苹果。这三个苹果的价格是1便士加上1/6便士，把这个数字乘以6就是7便士。因此正确的答案就是6个孩子，其中有3个男孩，有3个女孩。

033. 虽然斯诺格斯希望改成半年加薪水2英镑10先令，他的理由与我们的谜题没什么关系，但是他哄骗自己的老板支付他比原来多的薪水，这个事实跟我们的谜题有关。很多读者会惊讶地发现，虽然五年内莫格思拿到了350英镑，但是精明的斯诺格斯在相同的时间内实际上得到了362英镑10先令。剩下的事情就很容易了。很明显如果莫格思存储了87英镑10先令，而斯诺格斯存储了181英镑5先令，那么后者存储的钱占自己薪水的比例就是前者的两倍（具体说来，或者是1/2，前者是1/4），而且这两个数字加起来的结果就是268英镑15先令。

034. 对于这个谜题，读者给出了各种各样的有趣的解答。然而，你只要考虑到车店老板的损失不会超过自行车手偷走的总价值这一点，你会发现问题很容易。自行车车手骑车溜走，带走了老板价值11磅的自行车，以及10英镑的“零头”，因此，他用一张毫无价值的纸换走了21英镑。这就是车店老板损失的实际价值，而兑支票和向朋友借钱这些其他的行为，对这个问题一点也没有实际的影响。至于在这辆自行车预计的销售所得当然不是那种实际的直接损失。

035.（1）13英镑 （2）23英镑19先令11便士 英磅数大于便士数，这样就排除了比如2英镑16先令2便士这样的金额，以及所有在1英镑以下的金额。

036. 因为这里总共有五群牲口，每群牲口的数目相同，所以牲口的总数一定可以用5整除。而由于8位商人每个人都买了相同数目的牲口，所以牲口的总数一定可以被8整除。因此，这个牲口的总数一定是40的倍数。读者会发现，40的倍数中尽可能大的适用的数是120，而这个数目的牲口可以由两种方式构成——1头牛、23头猪和96头羊，或者3头牛、8头猪和109头羊。但是这句话“一些牛，一些猪和一些羊”就排除了第一种方式，因为一头牛不是“一些牛”。因此第二种分类是正确答案。

037. 要解答这个小谜题，读者要特别注意顾客和店主用词的确切含义。我重新陈述一下谜题，不过这次我加入了一两个单词，让意思更明晰一些。我用黑体字标出加上的词。

“一个人到一家商店里面买栗子。他说他要买1便士的栗子，结果他得到了5颗栗子。‘这可不够，我应该再得到1/6颗栗子，’他说。‘我再给你一颗栗子，’店主说，‘你可以多拿5/6颗栗子。’现在，很奇怪的是，他们都没有错。顾客用半克朗能买多少颗栗子？”

答案就是半克朗可以卖到155颗栗子。用30除以这个数字，我们发现，用1便士来购买栗子，顾客有权得到5又1/6颗栗子。因此，当他说他只拿到了5颗栗子还需要1/6的时候，他并没说错。店主说如果再给顾客一颗栗子就多给了他5/6了，也是对的。

038. 卖杂货的店员被耽搁了半分钟，而卖布料的店员被耽搁了8分半钟（是卖杂货店员的十七倍），加起来总共是9分钟。现在卖杂货的店员称糖果用了24分钟，加上被耽搁的半分钟，完成任务总共用了24分钟30秒。但是卖布料的店员只需要47下就能把那块48码长的布料分成1码一块。这会使用15分40秒，把耽搁的8分半钟加上，得到24分10秒。显然，卖布料的店员领先20秒赢得了竞赛。大多数的解题者都误认为把布分成48块需要剪48下。

039. 比尔买橘子的价格一定是8先令100个橘子——也就是说，10先令可以购买125个橘子。如果价格是每100个8先令4便士，那么他支付10先令只能购买120个。这些都跟比尔的话很符合。

040. 妈妈的年龄应该是29岁零2个月，爸爸的年龄应该是35岁，而孩子的年龄应该是5岁10个月。把这些加起来，就是70岁。父亲的年龄应该是儿子年龄的六倍，而且过了23年4个月之后，他们的年龄的和将是140岁，汤米的年龄就会是他父亲年龄的一半。

041. 这些孩子的年龄应该是这样：比利3又1/2岁，格特鲁德1又3/4岁，亨丽埃塔5又1/4岁，查理10又1/2岁，珍妮特21岁。

042. 那位绅士的年龄应该是54岁，而他妻子的年龄应是45岁。

043. 汤米的年龄应该是9又3/5岁。安的年龄是16又4/5岁，母亲的年龄是38又2/5岁，而父亲是50又2/5岁。

044. 一对夫妇，如果在结婚的时候年纪大些的年龄是年纪小些的三倍，那么年纪小的结婚时的年龄总是同从结婚至年长者年龄变成她的年龄的两倍时所经历的年数一样。在我们的谜题中，后来是经过了18年，因此蒂姆肯斯太太在结婚那天的年龄是18岁，而她的丈夫当时54岁。

045. 再过4年半，当女儿长到16岁半，而母亲是49岁半的时候。

046. 扎普斯先生是39岁，他太太的年龄34岁，茱莉亚是14岁，乔是13岁；辛姆金斯先生是42岁，辛姆金斯太太是40岁，索菲10岁，萨米8岁。

047. 马默杜克的年龄应该是20又2/5岁，而玛丽是19又3/5岁。当马默杜克的年龄是19又3/5岁的时候，玛丽只有9又4/5岁，因此那时马默杜克的年龄是她的两倍。

048. 罗佛现在的年龄是10岁，而米尔德丽德的年龄是30岁。5年前他们的年龄分别是5岁和25岁。请记住我们的“年龄比这条狗大四倍”，意思就是“是五倍”（参考第44题的答案）。

049. 玛丽的年龄与安的年龄比为5：3。因为她们的年龄之和是44，因此玛丽应该是27又1/2岁，安16又1/2岁，而一位比另一位整整大11岁。我现在要在原来的陈述中用括号插入提到的年龄。玛丽的年龄（24又3/4岁）是安过去某个时候年龄（13又3/4岁）的两倍，那时候玛丽的年龄是（24又3/4岁）是安将来某个时候年龄（49又1/2岁）的一半，而到将来那个时候，安的年龄（49又1/2岁)将是玛丽过去当她的年龄（16又1/2岁）是安年龄（5又1/2岁）的三倍时的年龄（16又1/2岁）的三倍。现在进行反向推演。当玛丽的年龄是安的年龄的三倍时，玛丽16又1/2岁，安的年龄是5又1/2岁（小了11岁）。接下来，我们得知，将来当安的年龄是玛丽这时候年龄的三倍时的年龄40又1/2岁。当玛丽是这年龄的一半时她是24又3/4岁。而这时候安一定是13又1/2岁（小了11岁）。因此玛丽现在是这年龄的两倍——也就是27又1/2岁，而玛丽小11岁——也就是16又1/2岁。

050. 艾达乔金斯小姐一定是24岁，而她的小弟弟约翰尼3岁，其余的13位兄弟姐妹的年龄在他们之间。“比小约翰尼大七倍”这句话给解答者设置了一个陷阱。“大七倍”就相当于“是八倍”。令人惊奇的是，认为这与“是七倍”相同的读者竟然这么多。一些很聪明的作家犯过这个错误。很可能，许多读者认为24又1/2岁和3又1/2岁是对的。

051. 读者会发现，当赫伯特拿12颗果仁时，罗伯特和克里斯托弗分别拿9颗和14颗，这样他们就一共拿35颗果仁。因为770中有22个35，我们只要把12、9和14乘以22就能得到赫伯特的份额是264颗，罗伯特是198颗，克里斯托弗是308颗。接下来，因为他们的年龄之和是17又1/2岁，或者说是12、9和14之和的一半，因此他们的年龄一定分别是6岁，4又1/2岁和7岁。

052. 如果一个男人娶了一个女人，女人死了后，他又娶了已故妻子的妹妹，而他自己又死了，那么说他曾娶了他遗孀的姐姐，可以说是正确的。

这个年轻人不是简·布朗的外甥或者侄子，他就是她的儿子。她的姓同他哥哥一样，因为她嫁给了一个与自己同姓的男子。

053. 这个男子是第二位女士的叔叔或者伯伯。

054. 如果有两个男子，分别娶了对方的母亲，而且这两对夫妻各有了一个儿子，那么这两个儿子中的每一个都同时是另外一个的叔叔和侄子。还有其他的方法可以实现这种亲戚关系，但这一种是最简单的。

055. 参加这个家庭聚会的人有两个小姑娘和一个小男孩，还有他们的父亲和母亲，以及他们父亲的父亲和母亲。

056. 字母m代表“与……结婚”。我们看到，约翰·斯诺格斯可以对约瑟夫·布罗格斯这么说：“你是我父亲的小舅子，因为我父亲娶了你姐姐凯特；你是我弟弟的岳父，因为我弟弟艾尔弗莱德娶了你的女儿玛丽；你是我岳父的弟弟，因为我的妻子简是你哥哥亨利的女儿。”

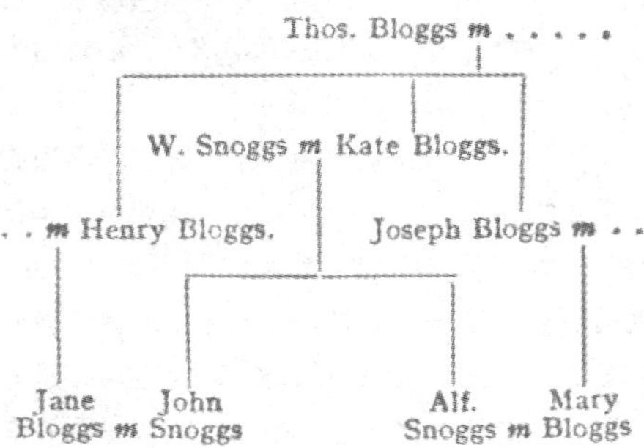

057. 那个时间一定是下午9时36分。从中午到那时的时间的1/4就是2小时24分，从那时到第二天中午的时间的一半是7小时12分。把它们加起来的和就是9小时36分钟。

058. 26分钟

059. 在12小时内有11个不同的时刻一只表的时针和分针会有重合的情况。如果我们把12小时除以11，我们就会得到1小时5分27又3/11秒，这就是从12时到它们第一次重合所经过的时间。它们的第二次重合发生在2小时10分54又6/11秒（上面的时间的两倍）；下一次发生在3小时16分21又9/11秒；再下一次发生在4小时21分49又1/11秒。这最后的一个就是唯一的时针与分钟重合，而秒针刚刚走过49秒处的时刻。因此这就是表停止的时刻。伽伊·布思比在他的《走遍世界找一个妻子》的开头句子中写道：“这是一个寒冷阴沉的冬天的下午，当我壁炉台子上的那个钟表的指针重合在一起，指着4时20分的时候，我房间里面几乎黑得象深夜一样。”很显然，作者在这里犯了个错，因为正如我们在上面看到的，他的估计差了1分钟49又1/11秒。

060. 如果65分钟是从同样这只表的表面上计算出来的，那么这个谜题是无解的。因为指针每次走过65又5/11分钟一定会有重合的一次，这与表走的速度快还是慢是没有关系的。但是如果65分钟是用实际的时间测量出来的，那么这只表每走65分钟就会快了1分钟的5/11，或者说每小时快了一分钟的60/143。

061. 插图中显示的指针的位置仅仅可以表示那个钟表是在11点44分51又1143/1427秒的时候停止的。秒针下一次将在11点45分51又1143/1427秒的时候“在另外两根指针的正中”。

假如我们是针对这三根指针在圆周上面所对应的点的话，那么答案就是11点45分22又106/1427秒。但是问题是对指针而言的，而且那个时候秒针不在另外两根指针之间，而是在它们外面。

062. 从下午的3点钟到午夜的12点有36对时刻，其中每一对时刻的钟表指针只是交换了相互的位置。从任何的整点（n）到午夜的12点，这样的时刻的对数就是从1开始的12-（n+1）个连续的自然数的和。在这个谜题的情况下，n=3， 因此12-（3+1）=8， 而1+2+3+4+5+6+7+8=36，这就是我们所需的答案。

第一对这样的时刻是3点21又57/143分和4点16又112/143分，而最后的一对是10点59又83/143分和11点54又138/143分。我不会给出这36对时刻中的其他各对，而是在这里提供一个公式，这样可以立即得出中午12点到午夜12点发生的66对这种时刻中的任意一对：

$$a\text{ hr } \frac{720b+60a}{143}\text{ min. and } b\text{ hr. } \frac{720a+60b}{143}\text{ min.}$$

a点$^{(720b+60a)}$/143分 和 b点$^{(720a+60b)}$/143分

对于这里的字母a，我们可以用从0，1，2，3一直到10的任何整点数来代替。（其中0代表中午12点），而b则可以代表任何比a晚的整点数，最大到11。

读者利用这个公式，求出第二个问题的答案就没有什么困难了。a=8和b=11将给出8点58又106/143分和11点44又128/143分这一对时刻，后面这个是所有这些时刻中分针靠近IX最近的——实际只有1分钟的15/143的距离。

把所有的这66对时钟指针成互换的时刻制作成一张表，读者会发现这很有意思。一种简单的方法如下：建一个列专门写一对时刻的第一个，再建一个列写第二个时刻。在上面的表达公式中，令a=0而b=1，我们求的第一个例子，并在第一列的顶头写入0时5又5/143分，而在第二列的定头上写上1点0又60/143分。

现在，在第一列中不断加上5又5/143分，而在第二列中不断加上1小时0又60/143分，我们就得到了所有11对这样的时刻：其中的第一个时刻都是零时过后，或者说中午12点过后再过若干分钟。接下来在时间的间隔上有个跳跃，但是你可以让a=1和b=2来得到下一对时刻，然后跟前面相似，用不断加上那个时间段的方式，你会得到1小时后面的所有的10对时刻。接下来又有了一个跳跃，而你通过加法又能得到2点后面的所有9对时刻，以此类推，直到结束。至于这些跳跃的性质和原因，我留给读者自己去探讨。

这样，我们连续得到了整点数后面的11+10+9+8+7+6+5+4+3+2+1=66对时刻。这个结果跟这个文章中的公式是一致的。

不久之前，一个在一家杂志主持“文官专栏”的文官培训学院的院长收到来信，有读者向他询问，“一台指针长度相同的钟，在VII点之后再过多久所指示的时间将会变得似是而非？”他的第一个回答是“一点后面的某个时间”，但是他一次又一次地改变答案。一些读者终于让他相信，答案是“在VII点5又5/143分。”于是最后他把这个作为正确答案，但是他同时给出的原因竟然是，在那个时间不论你假设哪根指针是时针，指示的时间都是相同的。

063. 这个时间一定是2点43又7又11分。

064. 这次对话发生的时候是星期日。因为当后天（周二）是“昨天”时，“今天”是星期三；而当前天（周五）是“明天”时，“今天”是周四，周四与周日之间，周日与周三之间都是有两天的时间。

065. 假如只是把这个作为一道算数题，这个谜题并不难。为了让指针同时都指向12点，B钟必须快至少12小时，而C钟将必须慢至少12个小时。因为B钟在一天的24个小时中快1分钟，而C钟在完全相同的时间内慢了1分钟。显然，一只钟表要快720分钟（12小时）需要有720天，而另一只钟表要慢720分，也需要相同的时间。A钟表走时很准，因此这三只钟表一定会在自1898年4月1日算起的第720天的中午都同时指向12点。这一天是一个月中的哪天？

我在1898年发布了这个小谜题，是想知道有多少人意识到1900年并不是闰年这个事实。而令我感到意外的是，竟然有如此多的人对此一无所知。每一个能被4除后没有余数的年份都是闰年，但是每一个100年都要除去一个闰年。1800年不是闰年，1900年也不是。可是，另一方面为了让日历与太阳的运行规律更加接近，每过400年我们还是应该考虑有一个闰年。因此，2000年，2400年，2800年，3200年等，都会是闰年。也许我的读者可以活到那个时候。

066. 这只停摆的钟表上显示的时间是9点5又5/11分，这个时候秒针应该指在27又3/11秒的地方。指针下一次走到相隔距离与前面一样的时间将是2点54又6/11分，这个时候秒针应该在32又8/11秒的地方。但是你只需要把这只表（或者我们的插图）放到镜子前面，这时你会看到镜子里面映出的正是这个秒数。当然，在看镜子中的图像的时候，你需要把XI看成是I，把X看成是II，以此类推。

067. 一列火车的运行速度正好是另一列火车的两倍。

068. 距离应该是60英里！如果埃德温爵士在中午动身，并且以每小时15英里的速度骑行，那么他会在4点到达——早了一个小时。如果他用每小时10英里的速度骑行，他会在6点到达——晚一个小时。但是如果他以每小时12英里的速度前进，他到达那个坏人的城堡的时间正好是5点——这就是指定的具体时间。

069. 平均速度应该是每小时12英里，而不是大多数人匆忙宣布的12又1/2英里。任意选取一个你喜欢的距离，比如说60英里。这回需要在去的路上花掉6个小时而在回来的路上花4个小时。120英里的来回路程就花费了10个小时，因此这里的平均速度显然应该是每小时12英里。

070. 我们可以用这三个村庄的英文原名的首字母来称呼它们（也就是ABC）。很明显，三条道路构成了一个三角形ABC，而且从C到底边AB的垂直距离是12英里。这条垂直线把我们的三角形划分为两个直角三角形，它们有一条12英里长的公共边。因此，我们就可以发现，从A到C的距离是15英里，从C到B的距离是20英里，而从A到B的距离是25（就是9加上16）英里。这些数字很容易证明，因为12的平方加上9的平方就等于15的平方，而12的平方加上16的平方就等于20的平方。

071. 这个飞机的飞行速度一定是每分钟7/24英里，而风速则是每分钟5/24英里。这样，飞过去的时候是顺风，飞机的速度是12/24英里，或者半英里，回来的时候是逆风，速度只有每分钟2/24或者说1/12英里。因此，在没有风的情形下，既然这架飞机可以用24分钟的时间飞7英里，那么它将用34又2/7分钟的时间飞完这10英里。

072. 这里的距离应该是6又3/4英里。

073. 用9分钟跑完了1英里。根据描述的事实，我们不能确定跑第一个和第二个1/4英里分别用了多少时间，但是他们一起用的时间很明显是4分半钟。最后的两个1/4英里各用了2又1/4分钟。

074. 把土豆的个数乘以比它少1的数再乘以比它的两倍少1的数，然后除以3。根据这个公式，把50、49和99乘起来得到的数是242550；再除以3，我们就得到了80850码这个正确答案。因此这个孩子要跑45英里再加上15/16英里。这可真是一个在工作一天后放松的绝妙小游戏。

075. 汤姆金思先生应该支付15先令，这是他应该承担的合理的车费。他只乘坐了价值3英镑的运行距离的一半，因此他应该支付30先令的一半，也就是15先令。

076. 六个数码根在这里是6，4，1，2，7，9，它们加起来的结果是29，而29的数码根是2。如果一个购买者所购买的酒的总量是另一个购买者的两倍，那么所卖的酒桶中的酒的总加仑数就一定应该是一个可以被3整除的数，于是我们必须把一个加仑数的数码根是2、5或8的酒桶找出来放在一边。只有一个酒桶符合这个条件，它装了20加仑的酒。因此这个人一定是把这20加仑的啤酒留给自己享用，而把33加仑酒（18加仑和15加仑的两桶）卖给一个人，把66加仑（16、19和31加仑的三桶）卖给另一个人。

077. 最顶上的一行一定是下面的四个数字之一：192，219，273，327。其中第一个就是已经给出的例子。

078. 因为我们必须把复数，假分数和循环小数都排除，因此最简单的答案是：

79+51/3和84+2/6。假如分数一点也不使用那么就无法解答了。

079. 最小的和是356=107+249，而最大的和是981=235+746 或者657+324。当中的那个和可以是720=134+586，可以是702=134+568，也可以是407=138+269。这个情形下的和一定是由0，2，4，7中的三个数字组成，但是除了这三个给出的外，不可能得出其他的和。因此，在第一个橱柜的情况中，我们没有别的选择；在第三个橱柜的情形中，我们有两种选择；而在中间那个大橱柜的情形下，我们可以选择三种排法中的任何一种。这里是一种解答：

107	134	235
249	586	746
356	720	981

在每一种情形中，开头两行的数字可以上下互换，当然和并不会变化。结果，实际上就可以正好有3072种不同的样式把数字放置在橱柜的门上。我必须很自豪地展示一个有关这个谜题的小规律。和的数字之和总是被那个剔除不用的数字所支配。

9/9 – 7/10 – 5/11 – 3/12 – 1/13 – 8/14 – 6/15 – 4/16 – 2/17 – 0/18.

这里显示在横线上面的数字，不管是哪个，如果是剔除不用的，那么相应的和的数字之和就可以在同一条横线下面找到。例如，在橱柜A的情形中，我们没有使用8，因此和的数字加起来等于14。如果我们要得到356，那么我们可以立即很有把握地知道，只能通过放弃8才可以得到（假如能得到）。

080. 对这个谜题有9个解答，如下图所示，没有其他的解答了：

12 × 483 = 5796

27 × 198 = 5346

42 × 138 = 5796

39 × 186 = 7254

18 × 297 = 5346

48 × 159 = 7632

28 × 157 = 4396

4 × 1738 = 6952

4 × 1963 = 7852

其中的第七个答案是最可能被解答者遗漏的。

081. 在这种情形下，一定数量的“尝试”是不可避免的。真正的谜题爱好者是绝对不会满足于只能不断尝试的。读者会发现，只要把23和46中的数字颠倒（把乘数变成32和64），两个积就都成为5056了。这是一个改进，但并不是正确的答案。如果我们把584乘以12，我们就可以得出7008这样大的一个乘积。但是如果没有一些判断力和耐心是不可能发现这个答案的。

082. 正如我指出的那样，把筹码摆出两个简单的乘法直行，让两行的乘积相等，这是一件很简单的事情。实际上，任何人只要有耐心在5分钟内就可以做到。但是要找出两个算式，让一个得出最大的乘积，一个得出最小的乘积，那可就是另外的一回事了。

现在为了得到最小的乘积，我们必须选择两个尽可能小的数作为乘数。因此，如果我们把1与2作为乘数，那么我们要做的就是把剩下的8个筹码摆出这样的形式：它们形成两个数，其中一个正好是另外一个的二倍。而且在做这件事情的时候，我们必须努力让那个较小的数字尽可能的小。我们能够得到的最小的数字显然是3045，但是这个数字是不行的，3405和3450也不行。可以肯定的是3485就是那个尽可能小的数字。因此，所要求的答案之一就是3485×2=6970和6970×1=6970。

然而，这个谜题的另一个部分（找出一对具有最大乘积的算式）才是真正的难题。因为我们要找出乘数由一个数字组成还是由两个数字组成，绝对不是一件容易的事情。不过很明显，我们必须尽可能地让那些最大的数字待在乘数和被乘数的右边。你会看到，通过下面的摆放，我们可以得到58560这样大的一个数字。因此，915×64=58560和732×80=58560。

083. 能得出尽可能小的公共数字总和的解答是23×174=58×69=4002，而给出尽可能大的数字总和的解答是9×654=18×327=5886。在第一种情形中，各个数字加起来是6；而在第二种情形中加起来是27。要得到这些解答，除了实际的尝试外，没有其他办法。

084. 对于这道谜题，只有下面的6个不同的解答：

8×473=3784

9×351=3159

15×93=1395

21×87=1827

27×81=2187

35×41=1435

可以看出来，在每一种情形下，两个乘数所含有的数字与积的数字完全相同。

085. 我认为这个最大的积是通过把8745231乘以96而得到的——具体地说，是839542176。

我在这里将用通常方法处理这个问题，其实我在上一个谜题中就已经表明，对于3个数字只有2个合适的解答，而对于4个数字，只有6个不同的解答。

这些情况已经全部给出。对于5个数字，正好有22个解答，如下所示：

3 x 4128 = 12384

3 x 4281 = 12843

3 x 7125 = 21375

3 x 7251 = 21753

2541 x 6 = 15246

651 x 24 = 15624
678 x 42 = 28476
246 x 51 = 12546
57 x 834 = 47538
75 x 231 = 17325
624 x 78 = 48672
435 x 87 = 37845

---

9 x 7461 = 67149
72 x 936 = 67392

---

2 x 8714 = 17428
2 x 8741 = 17482
65 x 281 = 18265
65 x 983 = 63985

4973 x 8 = 39784
6521 x 8 = 52168
14 x 926 = 12964
86 x 251 = 21586

好的，如果我们把每种可能的组合都用乘法来检验一下，那么我们需要做不少于30240次的尝试，或者如果我们一上来就排除乘数为1的情况，那也需要28560次的尝试。我想这是一个大多数人都想避免的工作。但是，让我们来考虑一下是不是就没有更快速的方式来得到所需要的结果了?

我已经解释过了，如果你把任何数字的各位数字加起来，然后，如果必要就把加出来的结果的各位数字加起来，最后你肯定会得到一个由一个数字构成的数。这最后的一个数我把它叫做“数字根”。在我们的题目的每一个解答中，我们乘数的数字根的和的数字根一定与它们的积的数字根相等。这种情形只能以四种方式发生：当这两个乘数的数字根分别是3和6，或者9和9，或者2和2，或者5和8的时候。我已经把上面的22个解答划分了四类。于是，前两类中的任何一个积的数字根一定是9，而后两类中的是4。

事实上没有一个五位数会有一个小于15或者大于35的数字和，我们发现要让积的数字根为9，它的各位数字加起来不是18就是27，要让积的数字根为4，它的数字和不是22就是31。选择五个不同的数字让它们加起来等于18的方式有3种，选择5个数字让它们加起来为27的方式有11种，选择5个数字让它们加起来等于22的方式有9种，加起来等于31的方式有5种。因此，一共会有28个不同的数字组，不会再有其他的了，其中任何一组都有可能构成一个积。

接下来，我们把这5个一组一共28组数字写成一列，并进而把它们可能分解成的因数或者叫乘数列入表中进行考察。粗略地说来，现在看来大约有2000种可能的情况要试验一下，而并不是上面提到的30240种了。然而，淘汰的过程现在开始了，如果读者有一双敏锐的眼睛和一个清醒的头脑，就能快速排除掉大量的情况，留下相对较少的有必要做的验算乘法。如果要详细解释我的方法，就要占据太多的篇幅，但我将拿我表格中的第一组数字来演示，在每个人做的过程中都会想到的小技巧和小招数的协助下，这个事情是如何很容易地完成的。

我的第一组作为积的5个数字是8，4，3，2，1。这里，我们可以看到，每个因数的数字根一定是3或者3的倍数。因为其中没有6或者9，所以乘数若是一位数就只能是3。现在，剩下的4个数字可以排列成24种不同的方式，但是没有必要做24次乘法。我们一眼就可以看到，为了得到一个五位数的积，不是8就是4应该是左边的第一位数字。 但是如果2的右边不是紧挨着8，乘起来就会产生一个6或一个7，但是这两个数字是不能出现的。因此，我们立即就可以把情况缩减到两种，3×4128和3×4281，它们都是正确的解答。接下来假如我们要试验二位数因数21。这里我们看到，如果要乘的数在500之下，那么积或者是个四位数，或者以10开头。因此我们只要看看843×21和834×21这两种情况就可以了。我们知道，积的第一个数字将是被乘数的第一个数字的重复，而第二个数字将是被乘数第一个数字的两倍加上其第二个数字。由于3的两倍加上4在我们的积中产生一个0，第一种情况立即被淘汰。现在，只要对剩下的那种情形用乘法试验一下，但是我们发现它并没有给出一个正确答案。如果我们接下来试验因数12，那么我们一下子就可以看出来，8不能在个位上，3也不能，因为它们都会产生一个6。一双敏锐的眼睛加上机敏的判断力能帮助我们在比预想的更短的时间内对我们的表格像这样做一番清理。这个过程花费了我3个小时多一点。

我并没有试着把6、7、8和9个数字的情形下的解答全部罗列出来，我只是记下了近50个关于九个数字的例子。

086. 如果我们把32547891乘以6，就得到了积195287346。其中都是把9个数字分别用一次，且只有一次。

087. 我们仍然考虑要把数字排列成值分别是1/2，1/3，1/4，1/5，1/6，1/7，1/8，和1/9的分数，这样比较方便一些。我先在下面给出那8个答案：

6729/13458 = 1/2
5823/17469 = 1/3
3942/15768 = 1/4
2697/13485 = 1/5
2943/17658 = 1/6
2394/16758 = 1/7
3187/25496 = 1/8
6381/57429 = 1/9

分子的数字与分母的数字之和当然是45，它的数字根是9。现在，如果我们把这9个数字任意分成两组，那么两个数字根的和就会总是9。实际上，这两个数字根一定是9和9或者是8和1，或者7和2，或者6和3，或者5和4。在第一种情形下，实际的和是18，但是这个数本身的数字根仍然是9。1/3，1/4，1/6，1/7和1/9情形中的答案肯定是9至9这种情况。也就是说，分子的数字根和分母的数字根都是9。然而，1/2和1/5情形下的答案应该是6至3这种情况，可是，那个比较大的数字根当然即可以出现在分子上也可以出现在分母上。比如，2697/13485，2769/13845，2973/14865和3729/18645，在其中前两种排列中，分子的数字根和分母的数字根分别是6和3，而后面两种是3和6。最奇怪的情形也许是1/8，这里的数字根可以是上面五种类型的任何一种。

现在，我们把这些分数的分母看成是把分子分别乘以2，3，4，5，6，7，8，9得到的，于是我们一定要对“进位”加以注意。为了让积是个五位数，当然需要乘以位于左边的最后一个数字后发生进位。在大于4的每种情形中，我们必须进位至少三次。因此在从1/5到1/9的情形下，我们就不能只通过互相交换数字位置的方式来得到不同的解答。比如，我们可以有5832/17496和5823/17469,其中2/6和3/9就互换了位置。分组相同的数字可以有不同的排列方式，就像我在上一段中给出的关于1/5的两对分数显示的那样。但是在这里你会发现有一种更一般的数字调整，而不是简单的位置上的互相交换。还有一些小主意每个解答者都会想到。比如，数字5绝对不会出现在分子的最左边，因为这将会在分母中让我们得到一个0或者另一个5。同样，1绝对不能出现在这个位置，在分数为1/6的情形下，6也不能出现在这个位置，在分数为1/5的情形下，这个位置上不能是偶数数字，诸如此类。用我谈到的那些小主意进行一些提前的思考，不仅可以让我们避免浪费大量时间去努力思考不可能的形式，而且可以引导我们直接得出所希望的解答。

088. 把这10个签到卡分成下面的三组：7 1 5—4 6—3 2 8 9 0，那么第一组乘以第二组就可以得到第三组。

089. 这里的最小的金额是1英镑8先令9又3/4便士，它的数字加起来是25。

090. 那9个数字用到了一次并且只有一次，把100这个数字表示为带分数，这个谜题就像所有的这类数字谜题，拥有迷人的一面。从来没有玩过这种谜题的读者可以通过耐心的尝试得到正确的答案，而且在发现和写下每一种新的排列方式的时候都会有一种特别的快乐，如同植物学家找到了某种长期寻找的植物一样的快乐。这件事只是把那9个数字给予正确的排列，但是如果我们想得到相当多的结果，那么因为面临着几千种可能的组合，这个工作不像看上去那么简单。这里是11个答案，其中包括我给

出的样本：

96又2148/537、 96又1752/438

96又1428/357、 94又1578/263

91又7524/836、 91又5823/647

91又5742/638、 82又3546/197

81又7524/396、 81又5643/297

3又69258/714

现在，因为这里的所有的分数其实都是整数，因此为了处理方便可以把它们写成下面这样的形式：96+4，94+6，91+9，82+18，81+19，以及3+97。对任何的整数来说，把这个整数补成100的那个分数的数字根将一定会呈现特定的模式。比如，在96+4的情形下，我们立刻可以说，如果能够得出一个解答，那么这个分数的分子和分母的数字根一定都为6。检查一下上面给出的三种拼排，你会发现确实如此。在94+6的情形下，分子和分母的数字根分别是3和2；在91+9和82+18的情形下，它们分别是9和8；在81+19的情形下，它们分别是9和9；而在3+97的情形下，它们分别是3和3. 所以，每一个可以采用的分数都有它特别的数字根模式。如果你想试着打破这个规律，那你仅仅在浪费时间。

每个读者可能都已意识到，有些整数是明显不可能的。比如，如果这个整数里有一个5，那么这个分数中就有一个0或第二个5，这个可是题目条件不能允许的。下面，10的倍数，比如90和80，当然不会出现。末尾是9的整数，比如89和79也不会出现。这是因为那个分数的值将是11或21，它最后的一位是1，这就导致了数字重复。数字有重复的整数，像88和79，也是不会出现的。这是因为那个分数的值将是11和21，它的最后一位数是1，这就会出现数字重复。数字出现重复的整数，像88和77这样的，显然也是毫无用处的。这些情形，就像我说过的，对任何一个读者都是很明显的。但是当我说象98+2，92+8，86+14，83+17，74+26这样的组合因为不可能而必须立即舍弃时，理由就不那么明显了。令人遗憾的是，我没有多余的地方做出一一解释。

但当所有的这些不可能的组合都被排除后，也不能说剩下的所有的“可能模式”在实际上是有效的。虽然作为一种解答的基本方式可能是正确的，但是会有更深层次的原因会影响我们。比如98+2是不可能的一种组合，因为我们马上就可以说，对这个值是2的分数，根本没有合适的数字根模式。但是在97+3的情形下，分数的数字根却有一个适当的模式，也就是6和5。只有经过深入的研究，凭借认真详细的考虑，我们才能肯定这种模式事实上是不会出现的。用排除法可以把这个解题的工作大大简化。这个方法是基于如下的考虑：有些乘法会导致数字重复，而且整数不可能在12至23之间（包括它们本身），因为对任何其中的一个数字，都没有足够小的分母来形成分数部分。

091. 当前这个谜题的难点在于，整数15和18是不会有解答的。要判断这一点，除了尝试所有的可能性，没有其他办法。这里是那10个有解答的数字的答案：

9又5472/1368=13、 9又6435/1287=14

12又3576/894=16、 6又13258/947=20

15又9432/786=27、 24又9756/813=36

27又5148/396=40、 65又1892/473=69

59又3614/278=72、 75又3648/192=94

对其中的16、20和27，我仅仅分别找到了一种排列方式。但是其他的几个数字，都可以用好几种方式得到解答。对于15和18，虽然它们可以用简分数很容易就得到解答，但是“带分数”必须有一个整数的部分。即使我努力思考利用了题目的条件（如下所示，这个分数既是带分数又是繁分数），但是认真地按照题目所示的形式应该更合适：

3又8952/746/1=15、 9又5742/638/1=18

我已经证明了，100以下的正整数，除了1，2，3，4，15和18之外都有恰当的解答。其中，前面的3个数字是不可能有解答的，这很容易证明。我还注意到，数字根为8的数字——就是像26，35，44，53这样的——似乎有着最多数量的答案。仅仅对于26，我就写下了不少于25种不同的排列方式，而且我丝毫不怀疑还会有更多排列方式。

092. 就我知道的而言，目前还没有一张公开发行的平方数表格可以帮我们解决这个谜题，包括那9个数字。每个数字都用到一次且仅仅一次的平方数，最小的是139854276，也就是11826的平方。同样情形下，最大的数字是923187456，也就是数字30384的平方。

093. 在9个以数字大小为顺序排列起来的数字之间插入算术符号，让给出的表达式等于100，可以有很多种不同的方式。实际上，如果读者不非常认真研究这个问题，他或许不会想到会有这么多适合的方式。就是因为这个原因，我加上了两个条件：算数符号要尽可能少，笔画要尽可能少。通过这样，我就把这个问题限制在一个比较固定的解答上，从而得到了最简单也是最好的结果（在这个情形下）。

就像在幻方的情形中，有着一些方法，可以让我们很容易就写下许许多多的解答，但并不是所有的解答，这样我们只是有好几种方式迅速得出“数字构成100”的几十种排列形式，而不是找到所有的合适的排列。实际上，在这件事情上，几乎没有什么规律，而且也没有特别肯定的方式来表明我们已经得到了最好的解答。我能说的是，下面我给出的最好的解答的排列是我至今为止所找到的最好的解答。

	符号数	笔画数
1+2+3+4+5+6+7+（8×9）=100	9	18
（1×2）-3-4-5+（6×7）+（8×9）=100	12	20
1+（2×3）+（4×5）-6+7+（8×9）=100	11	21
（1+2-3-4）（5-6-7-8-9）=100	9	12
1+（2×3）+4+5+67+8+9=100	8	16
（1×2）+34+56+7-8+9=100	7	13
12+3-4+5+67+8+9=100	6	11
123-4-5-6-7+8-9=100	6	7
123+4-5+67-8-9=100	4	6
123+45-67+8-9=100	4	6
123-45-67+89=100	3	4

读者会注意到，在上面我把括号也算作一个符号，两个笔画。最后这个解答异常简单，我想这个记录是永远也不会被打破了。

094. 多数人都知道，一个数字奇数位置上的数字和等于它偶数位置上的数字和，那么这个数就可以被11整除而没有余数。举例说，在896743012中，奇数位置上的数字是2，0，4，6，8，加起来是20，而在偶数位置上的数字1，3，7，9加起来也是20。因此这个数字可以被11整除。但是看起来几乎没有人知道，如果奇数位的数字和与偶数位的数字和的差是11，或者是11的倍数，那么这个法则同样合适。这个规律让我们能够通过很少的尝试，找到含有那10个数字（把0也称为数字）中的9个，而且可以被11整除的最小数字102347586，以及最大的数字987652413。

095. 把4个7加上简单的算数符号写下来，让它们的运算结果等于100的方法如下：

7/.7×7/.7 = 100。

零点七分之七这个分数当然等于7除以7/10，相当于70除以7，也就是10。然后10乘以10结果等于100。这样，可以看出，不管你用什么数字代替7，这个解答的方法同样是适合的。

096. 所有的可以用任何给出的4个不同数字组合成的数字之和，总是6666乘以这4个数字之和。比如，1，2，3，4加起来等于10，而10乘以6666的结果是66660。现在，从骰子的7个数字中（请记住6和9可以互相颠倒这一点）取四个数字总共有35种不同的方式。这35种组合中的所有的数字加起来等于600。因此6666乘以600就为我们得出了正确的答案3999600。

让我们扔掉骰子，用那9个数字（不包括0），从一般的角度来研究这个问题。现在，如果只给你这些数字的和——也就是说，假如题目的条件是你可以使用任何4个数字，那么我们需要知道，有些四数字的组合会得出相同的和。这种情况很多：

10	11	12	13	14	15	16	17	18	19	20
1	1	2	3	5	6	8	9	11	11	12

21	22	23	24	25	26	27	28	29	30
11	11	9	8	6	5	3	2	1	1

这里的上面一行的数字给出了所有可能的4个不同数字的和，而下面一行则给出了可以相加得出相应和的不同的方式数。比如，13这个和可以由三种方式相加得到：1+2+3+7，1+2+4+6，1+3+4+5。读者可以发现，下面一

行中的数字加起来的结果等于126，这正是从那个9个数字中每次取4个得到的组合的个数。根据这个表格，我们可以马上计算出下面问题的答案:所有由4个加起来等于14的不同数字（不包含0）组合成的四位数之和是多少？把14乘以表中位于它下方的数字5，再把乘得的结果乘以6666，你就可以得到答案了。从这里可以知道，要知道所有由4个不同数字组成的四位数之和，你可以把两行中上下对应的每一对数相乘，再把乘后得到的结果统统加起来，你会得到2520，把这个数字乘以6666，就得到了答案16798320。

下面的这个关于任何位数的通用解法肯定会让读者感兴趣的。让n表示位数，那么5×（10^n-1）×8！除以（9-n）！就等于所要求出的和。注意0！等于1。这个解法可以简化成为下面的这个实用的规则：把4×7×6×5×……乘以第n－1个数；在乘积的右边加上（n+1）个0组成一个数，再把这个数减去在原来乘积结果的右边仅仅加上一个0而组成的数。以n＝4举例（就是我们刚才的情形），4×7×6＝168。于是16800000减去1680就让我们用另一种方法得到了16798320。

097. 智力一般的小男生也许会规规矩矩地把这个谜题变成一个二次方程。这里是真正的算数的解法，把两个到墙的距离的乘积翻番，我们就得到了144，这个是12的平方。这两个距离的和是17。如果我们把12和17相加，同时又从其中一个减去另外一个，我们就得到了两个解答：29或5，这个桌子的半径，当然就是直径的一半。因此，直径是58英寸，或者10英寸。但是只有一种尺寸的桌子是很荒谬的，而且与图示也完全不相符。所以这张桌子的直径是58英寸。在这种情形下，那个点位于靠近房间角落的桌边上——那个男孩正在指着它。如果用另外一个答案，这个点将位于远离房间角落的桌边上。

098. 这所学校里面应该有10名男生、20名女生。因此女生对女生鞠躬380个，男生对男生鞠躬是90个，男生女士之间鞠躬400个，男生女生对那个老师鞠躬30个，总共是900个，跟题目所说的符合。应该记住的是，并没有说老师要向学生还礼。

099. 中间最大的珍珠价值一定是3000英镑。一端的那颗珍珠（从它开始，珍珠的价值按照100英镑增加）价值1400英镑。另一端的那颗珍珠价值600英镑。

100. 这个工人说的是“我还要挖现在的两倍深”，而不是“还要挖比现在的多两倍深”。也就是说，他还要挖的是他已经挖好的深度的两倍。这样，当这个洞挖完后，深度就是现在的三倍。因此，答案就是：这个洞现在的深度是3英尺6英寸，这个人高出地面2英尺4英寸；当洞挖完后，他的深度将是10英尺6英寸，那时候工人将低于地面4英尺8英寸，也就是位于深度为他现在高出地面距离两倍的地方。

101. 把10个重量加起来，然后除以4，我们得到289磅，这就是那5捆干草的总重量。如果我们按照重量的多少来排列这5捆干草为ABCDE，其中A是最轻的，E是最重的，那么最轻的重量110磅，一定是A和B的重量之和，而第二轻的重量112磅，一定是A和C的重量之和。然后，最重的两捆干草D和E，重量之和一定是121磅，而C和E的重量之和肯定是120磅。因此，我们知道ABDE的重量和是231磅。从289磅（5捆干草的总重）中减去它，就给了我们C的重量58磅。现在只要运用减法，我们就可以算出这五捆干草每一捆的重量一分别是54磅、56磅、58磅、59磅和62磅。

102. 不管有多少灯柱，帕特应该比蒂姆多油漆了6根灯柱。比如，如果马路两边分别有12根灯柱，那么帕特油漆了15根，蒂姆油漆了9根。如果两边分别有100根，那么帕特油漆了103根，蒂姆只油漆了97根。

103. 这根蜡烛应该是点了3小时45分钟。一支蜡烛剩下了全长的1/16，另一只剩下了4/16。

104. 这个警察跑了30步。在这一段时间内，盗贼跑了48步。加上他开头跑的27步，一共是75步。这个距离正好就是警察的30步。

105. 这个投票人只选出1个候选人的方法有23种，选出两个候选人的方法有253种，选出3名有1771种，选4位有8855种，5名有33649

种，6名有100947种，选7名有245157种，8名有490314种，9名817190种。把这些全部加起来，我们就会得到总共1698159种方法。

106. 自由党、保守党、独立党和社会党得到的票数分别是1553，1535，1407和978。我们要做的就是把那三个差额（一共739票）加到总票数5473上面（得到的结果就是6212票），然后除以4，这样我就得到了自由党的得票数1553。因此，其他的三档的得票数就可以通过这三个差额相继从这个数字中减去而得到。

107. 出席大会的总共有18人，其中有11个人离开了。如果走了12个人，那么就会有2/3的人会退出。如果只是9个人走了，那么这个会议就失去了一半的与会者。

108. 唯一的正确答案是总共有11616位女士提出求婚。下面是所有的具体细节，读者可以对照原题进行检验。 10164名单身女子中，有8085位嫁给了单身汉，627人嫁给了鳏夫，1221人被单身汉拒绝了，231人被鳏夫拒绝了。1452为寡妇中，有1155个人嫁给了单身汉，297人嫁给了鳏夫，没有一个寡妇被拒绝。只要我们可以正确阅读这个谜题，用代数方法解决是不困难的。

109. 满足这些条件的最小的糖果数是26880。这五个男孩个人所得分别是：安德鲁2863，鲍勃6335，查理2438，大卫10294，埃德加4950。在谜题接近最后的叙述中存在一个小陷阱：这份糖果的1/5。乍看上去，这好像要把对这件事的描述完全搞混乱。但是稍微想想就知道，这句话只能是指“5/8的1/5”（刚刚提到的那个分数）——也就是说，鲍勃和安德鲁刚刚得到糖果的3/4的1/8。

110. 唯一的解答就是要有5个男人、25个女人和70个孩子。这样一共是100个人，女人是男人的5倍。男人一共分到了15蒲式耳，女人得到了50蒲式耳，孩子得到了35蒲式耳，所以正好是分配了100蒲式耳。

111. 整个玉米田的面积应该是46.626平方杆。中央那块被农夫留下的小正方形的边长是4.8284杆，因此它的面积是23.313平方杆。因此这个玉米田的面积比1/4英亩大，比1/3英亩小；更确切的说应该是0.2914英亩。

112. 查尔斯的死亡，让他原来应该得到的那份遗产恢复到原来的样子，因此我们只要把这整整100英亩的土地以1/3 ：1/4的比例在阿尔弗雷德和本杰明之间划分就可以了。1/3 ：1/4就是4/12 ：3/12，也就是4 ：3。因此阿尔弗雷德拿100英亩的4/7，本杰明拿3/7。

113. 能够满足这个谜题的所有条件的其他数是9801。假如我们把这个数字从中间分开，变成两个数字再加起来，我们就得到了99. 99乘以99就得到9801。是的，2025也可以这样来看，只是这个数字有一个条件限制，也就是任意两个数字都不能相同，于是就被排除了。

一般情况下的解答很奇特。把被撕碎的标签每一半上的数字个数称为n。那么，如果我们取10^n-1的素因数分解式（1也要被看做是素因数，它的指数恒为1）的每个指数（除了3的指数），把它们分别加上1，再乘起来，那么得到的积就是解的个数。比如，对于有6个数字的一张标签，n=3。不考虑3^3，10^3-1的素因数有1^1×371，于是那个积就是2×2=4，也就是解的个数。这里总把98-01，00-01，998-001，000-001等形式比较特殊的解包括在里面。解的求法如下：对10^3-1进行所有可能的因数分解，但是3的幂不能分解，这样就有37×27、999×1。然后解不定方程37x=27y+1，解出来x=19，y=26。因此，19×37=703，703的平方494209就给出了一张标签。（通过27x=37y+1得出的）一个补充解可以从10n-703=297立即得到，297的平方就为另一张标签给出了088209。（左边那些没有意义的0必须加上，尽管它们会导致象00238-04641＝48792这样的奇怪的情况，这里作2380-4641是无法满足要求的。）对于形式比较特殊的情形999×1，按照上面得出的规律，也就是在左半边添上几个9，在右半边添上几个0，我们立刻就可以写出998001。而它的补充解就是在1前面添上五个0，也就是000001。这样我们就得到999和1的平方。一共有四个解。

114. 除了48之外，3个最小的数字是1680，57120和1940448。读者会发现，1681和841，57121和28561，1940449和970225，分别是41和

29，239和169，1393和985的平方。

115. 答案就是2592，它与2592是一样的，而且这是这个谜题的唯一适用的答案。

116. 因为我们不知道杰斯帕·布里昂先生是在哪一年把他累积的财产进行大方捐赠的，只是要求我们求出最少的金钱的数目，因此很明显，我们必须找出一个形式最适合的年份。

需要考虑四种情形——有52个星期日的平年、有53个星期日的平年、有52个星期日的闰年和有53个星期日的闰年。下面是各种情形下最少的金钱数额：

313个工作日，52个星期日　112055英镑

312个工作日，53个星期日　19345英镑

314个工作日，52个星期日　无解

313个工作日，53个星期日　69174英镑

最少的金钱数额，也就是正确的答案为19345英镑。捐赠是在一个以星期日为元旦的平年进行的。最近的这种年份是1911年。他在这年的每天都需要给出53英镑，或者在每个工作日给出62英镑，最后剩下1英镑，正是在后一种情况所要求的。

117. 虽然这个谜题对于任何一个有着代数知识的人来说根本就不难，但是它还是有着令人非常感兴趣的一面。

单独看看这里提到的正方形牧场的一个角落，就像在图示中看到的那个样子，人们几乎不会看到这样一个事实：这个牧场如果要符合这些条件，就必须有501760英亩的面积，围栏也需要同样数目的横档。然而这个是正确的答案，而且是唯一的答案。如果衣阿华州的先生实现了他的想法，他这个牧场的每条边将会有28英里长，比韦斯特莫兰郡还大一些。我不知道对于“场地”大小是否有限制，但是在英国它们一般不会有这么大。然而，给我写信的读者所在的遥远的衣阿华州，人们习惯于大手笔做事。可是，我有理由相信，当他了解他自己给自己提出的这个任务的难度时，他肯定会放弃的。因为如果那些奶牛想到清新的树林和新鲜的草地去闲逛时，挤奶的女工为了挤奶必须提前一周出发。

这里有一个规律，对于横档的长度为半杆的场合总是适用的。把一个栏架中所用的横档的数目乘以4，得到的结果就是所占英亩数与全部围栏所用的横档数相等的正方形场地边长的英里数。比如，用只有1根横档的围栏，那么这个场地就是4英里见方；用有2根横档的围栏，就是8英里见方；用有3根横栏的围栏，就是12英里见方等。而我们那7根横档的围栏，乘以4以后就得出了28英里见方的一个牧场。在我们现在这个题目的情形下，如果牧场围的小一点，那么横档数将超过英亩数；而如果牧场围的大一点，那么横档数就会小于这个牧场的英亩数。

118. 虽然这个谜题可能会让新手感到为难，但是实际上这个谜题是十分容易的，如果是写上10个数字的4个，那就更容易了。

首先，读者会发现，在同一条直径两头的平方数之差都是相同的。比如，图示中14的平方与2的平方之差是192，而16的平方与8的平方之差也是192。每一种情况都是这样。其次，应该记起，相连两个整数的平方差总是能表达成他们的差乘以他们的和。比如，5的平方（25）减去4的平方（16）等于（2×4）+1，也就是9；还有，7的平方（49）减去3的平方（9）等于（7+3）x（7−3），也就是40。

现在，根据上面的分析，把192这个数字分解成一对偶因数，可以有5种不同方式：2x96，4x48，6x32，8x24，以及12x16。把它们分别除以2，我们就得到了：1x48，2x24，3x16，4x12，以及6x8。分别求解其中每一对数的差与和，分别产生了47，49，22，26，13，19，8，16，以及2，14。这就是所求的数字，其中的4个数字已经放进去了。需要添加的六个数字只可以用6种不同的方式放进去，其中一种如下：按照顺时针方向数，16，2，49，22，19，8，14，47，26，13。我只想把读者的注意力引导到另外一个小特点上面。在所有这样的圆圈中，一个直径两端的数字之差是按照某一比率增长的，首先是增加到4和6，接下来的数就是其前一个数字的两倍（6个方框的圆圈除外）。比如，在上述的情形中，第一个差是2，下面的就分别增加到4，6，8和12。当然，如果我

们允许出现分数，就可以找到无穷多的解答。但是，这种圆圈中的方框数目必须是4n+6的形式，也就是必须是由6加上4的一个倍数而形成的一个数字。

119. 这位教授开始玩牌的时候一定是有13先令，珀斯先生有4先令，珀斯太太有7先令。

120. 这农夫只有一只绵羊！如果他把这只绵羊分成两部分（最好是按照重量），使得一部分是2/3，另一部分是1/3，那么这两个数的差与它们的平方差就是一回事——也就是说，都是1/3。任何两个分数，只要分母等于两个分子之和，都能行。

121. 克鲁克斯肯定是有所失，而且他赌的时间越长，他失去的钱就越多。如果硬币掷了两次，那么他手中还剩下他原有钱的3/4；如果掷了四次，那么还剩下他原有钱的9/16；如果掷了六次，那么还剩下他原有钱的27/64。只要输赢的次数最终相等，输赢的次数是无关紧要的。

122. 这个男孩的体重一定是在39.79磅左右。一块砖头重3磅，因此16块砖头重48磅，而11块砖头重33磅。48乘以33，再取平方根，就是所求的答案。

123. 很显然，死者的意图是：给儿子的遗产是给这位母亲的两倍，或者给女儿的遗产是给这位母亲的一半。因此，最公正的分法是：母亲拿2/7，儿子拿4/7，女儿拿1/7。

124. 当然，在面积上，1英里见方与1平方英里是没有区别的。但是在形状上，它们却是有相当大的差别。1英里见方不能是其他的形状，只能是正方形。这个表达用语描述了一块具有某种特定尺寸和特定形状的表面。1平方英里可以是任何形状；这个表达用语说的是一个单位的面积，但是并没有规定任何特殊的形状。

125. 比尔·哈里斯应该是花费了13先令6便士，这比七人的平均水平——半个几尼——多了3先令。

126. 找到的数字为3529411764705882。通过把3从这排数字的一头移到另一头这个简单的捷径，就可以达到把这个数乘以3再除以2的目的。如果你想要一个更长的数，你可以顺序不变的重复这16个数字，把这个数延长到任何长度。

127. 把每个数从其他每个数中依次减去，我们得到358（两次），716，1611，1253和895。现在，唯一能把其中每个数都整除而不留余数的数将会是179，例如358等于2×179。通过实验，我们发现它正是这样的一个除数。因此，179就是我们所要的那个除数，用它去除原来给出的每个数，总是留下余数164.

128. 三块木板的边长分别是31英寸、41英寸和49英寸。它们面积的公差正好是5平方英尺。其平方成等差数列的三个数，公差为7的是113/120、337/120和463/120，公差为13的是80929/19380、106921/19380和127729/19380。如果是整数的平方，那么其公差总会被24整除。所以，很明显的是我们的平方数必须是分数。读者现在可以试着去解决公差为23的情况，那可是根硬骨头。

129. 只要数字本身不是一个平方数，任何数都可以乘以一个平方数而给出一个比另外某一平方数小1的积。给定的那个数其本身不能是平方数，因为一个平方数乘以一个平方数，其积必定是平方数，而平方数加上1绝对不会是平方数。我这里所有的评述必须被理解为是针对整数的，战争中士兵的个数是不会出现分数个数的。

那么，在从2到99的所有数（包括2和99）中，61正好是解决起来最困难的一个数。对我们这道谜题来说，关于尽可能最少人数的答案是，哈罗德的军队由3119882982860264400人组成。也就是说，对于那61个方阵的每个方阵来说，都是有51145622669840400（226153980的平方）人。加上1人（哈罗德），他们就能排成一个大方阵，其每边有1766319049人。以这个问题为特例的一般问题，称为“佩尔方程”。这明显是因为佩尔既不是最早宣布这个问题的人也不是最早解决这个问题的人！它当初是作为一项挑战，由费马向他那个时代的英格兰数学家们提出的。用连分数可轻易把它解决。

在100以下的数中，难度仅次于61的是97，这里97×63773522+1=一个平方数。

我断定那本编年史中的数字一定有什么地方搞错了。我们可以肯定地说，哈罗德的军队不会超过300亿亿人！如果这支军队（不用再说诺曼人的军队了）把地球的全部表面（包括海洋）用来扎营，那么每个人只能在比1平方英寸的1/4多一点点的范围内活动！换句话说看，如果给每人以1平方英尺的站位，每个小方阵就需要有一个直径为地球直径三倍的星球所能给出的全部场地。

130. 稍微思考就会明白，答案必须是个分数，而且一个分数是分子比分母大，另一个分数是分子比分母小。实际上，如果我们要取数字最小的答案，那么大立方体的高度一定是8/7英尺，小立方体的高度是3/7英尺。于是，在长度上是11/7英尺，即1又4/7英尺。那么这两个立方体的体积是多少呢？第一个是8/7×8/7×8/7=512/343，第二个是3/7×3/7×3/7=27/343。把它们加起来，结果是539/343，经约分，变成11/7，也就是1又4/7立方英尺。因此我们看到，立方英尺数和英尺数完全一致。这个思想的萌芽可以在亚历山大里亚的丢番图大约4世纪初撰写的著作里找到。这些分数3个一组地出现，并可从3个生成元a，b，c获得，其中，a是最大的，c是最小的。

于是$ab+c^2$=分母，而a^2-c^2，b^2-c^2和a^2-b^2就是那三个分子。例如，使用生成元3，2，1，我们就可以得到8/7，3/7，5/7。我们可以把其中第一个与第二个配对，就像在上述解答中那样；也可以把第一个与第三个配对，从而得到第二组解。分母必须是一个6n+1型的素数或这种素数的乘积。例如你可以有13，19等，但不可以有25，55，187等。

理解了这个原则，就可以毫无困难地写下许多组立方体的尺寸，即使最挑剔的收藏者也是要多少有多少。例如，如果读者想要一个有许多9的，或许下面这个会令他满意：99999999/99990001 和19999/99990001 。

131. 金币的数量应该是一只箱子里有386枚，另一只箱子里有8450枚，第三只箱子里有16514枚，因为386是可能出现的最小的枚数。如果我问的是最小的金币总枚数，那答案将是482，3362和6242。你可以发现，在这两种情况中，三只箱子中任两只箱子里的金币合起来，其枚数都成为平方数。这里有一个稀奇的巧合（仅仅是巧合，因为它并不总会发生）：在第一个解中，每个枚数的数码加起来都是17；在第二个解中，每个枚数的数码加起来则都为14。应当提请注意的是，三个枚数中，大小居中的那个总是一个平方数的一半。

132. 这里是满足条件的答案：

A = 4　B = 3364　C = 6724

D = 2116　E = 5476　F = 8836

G = 9409　H = 12769　I = 16129

这些数每个都是平方数。其平方根，按字母顺序分别是2，58，82，46，74，94，97，113和127，而规定的A和B之差、B和C之差、D和E之差等，在每一种情况中都是3360。

133. 这个谜题可以看做这样一道题目：找出可表示成三个以上相继立方数（不许有立方数1）之和的最小平方数。由于要求提供三堆以上的石块，这就排除233+243+253=2042，否则它就是最小的答案。但是，253+263+273+283+293=3152这个答案是可以的。不过，正确的答案有着更多的石堆，和更小的石块总数。它就是：143+153+……+253，即一共12个石堆，其中的石块加起来是97344块，它们可以铺开来形成一个312×312的正方形。我只想指出，通向答案的一把钥匙在于所谓的三角形数。

134. 假如要使一些6便士硬币不能分成数量相同的几堆，便士的数目必须是一个素数。如果这位银行职员能够找出一个素数，他就赢了。下面我来演示一下，不管那客户会向盒子里放多少硬币，银行职员总能做到这一点，因此他必定会赢。这位银行职员必须首先放入40枚六便士硬币。不管客户会加进多少，他将要求后者从柜台上拿一些硬币放入盒中，其枚数是比客户刚放入盒中的枚数少1的那个数的平方。举例来说，银行职员放入40枚，我们假定客户加进6枚，然后又从柜台上拿25（5的平方）枚放入，这样总共是71枚，是个素数。再试一次。银行职员放入40枚，客户加进12枚，然后又按照银行职员的要求在柜台上拿121（11的平方）枚放入，总共173枚，10个素数。解答这道谜题的钥匙是这样一个奇特的规律：从1到39的任何一个正整数，如果加上自己的平方，再加上41，结果必定10个素数。这件事首先是由伟大的数学家欧拉发现的。有人曾建议，银行职员可以要求客户从柜台上拿足够多的硬币放入，以便把盒中硬币的枚数增加到某个给定的数。但是这样一来，不仅把事情弄得更糟，而且违反了双方都不应知道对方放入多少的规定。

135. 总数为200枚达布隆的这笔金钱，能以6627种不同方式中的任一种为这5个强盗所拥有。阿尔方索拥有的达布隆枚数可以是从1到11的任何一个数。如果他拥有1枚达布隆，那么就有1005种不同的方式来分配余下的达布隆；如果他拥有2枚，那就有985种方式；如果3枚，就有977种方式；如果4枚，有903种方式；如果5枚达布隆，有832种方式；如果6枚达布隆，704种方式；如果7枚达布隆，570种方式；如果8枚达布隆388种方式；如果9枚达布隆，200种方式；如果10枚达布隆，60种方式；而如果阿尔方索有11枚达布隆，那么余下的达布隆可以用3种不同的方式来分配。多于11枚的达布隆他是不可能拥有的。请不要指望我会把这6627种方式详尽地给出来。我打算做的是，使读者能够（如果他十分乐意的话）写出当阿尔方索拥有某一数量的金币时的所有答案。让我们取阿尔方索拥有6枚达布隆时的情况，看看我们怎样得到上面所说的全部704种不同的方式。这里有两张表，它们将用作通向所有这些答案的钥匙：

表1

A = 6.

B = n.

C = （63 - 5n）+m.

D = （128+4n）+4m.

E = 3+3m.

表2

A = 6.

B = n.

C = 1 + m.

D = （376-16n）-4m.

E = （15n-183）+3m.

在第一张表中，我们可以用从1到12（包括这两者）的任何整数来代替n，而m可以是0或从1到31+n（包括这两者）的任何整数。在第二张表中，n可以取从13到23（包括这两者）的任何整数值，而m可以是0或从1到93-4n（包括这两者）的任何整数。于是第一张表对n的每个取值给出了（32+n）个答案；而第二张表对n的每个取值给出了？（94-4n）个答案。因此，前者产生了462个答案而后者产生了242个答案，总共是704个答案，正如上所述。让我们取表I，并令n=5而m=2；又在表II中取n=13而m=0。于是我们立刻得到这样的两个答案：

表1

A = 6

B = 5

C = 40

D = 140

E = 9

200 枚达布隆

表2

A = 6

B = 13

C = 1

D = 168

E = 12

200 枚达布隆

你会发现它们完全符合条件。阿尔方索拥有6枚达布隆时那704个答案中所有其余的答案，都可以这样从这两张表用不同的数代m和n而得到。

换一种方式说，对于阿尔方索的每种拥有情况，答案的个数是两个等差数列的和，一个等差数列的公差是1，另一个数列的公差是-4。例如在阿尔方索拥有6枚达布隆的情况中，一个数列是33+34+35+36+……+43+44，另一个是42+38+34+30+……+6+2。第一个级数的和是462，第二个级数的和是242——结果再一次与已给数字相符。可说这道题目的要点是在于求出这些数列的首项和末项。我应该指出，在阿尔方索拥有9、10或11枚的情况中，只有一个数列，是第二种类型的。

136. 最小的几个（4n+1）型素数是5，13，17，29和37，而最小的几个（4n-1）型素数是

3，7，11，19和23。那么，第一种类型的素数总可以表示成两个平方数之和，不过只能以一种方式。例如，5=4+1，13=9+4，17=16+1，29=25+4，37=36+1。但是第二种类型的素数无论怎样也不能表示成两个平方数之和。

假如要一个数可用好几种不同方式表示成两个平方数之和，那么这个数必须是一个含有多个我们那第一种类型素数的合数。例如，单单是5或13，就只能以一种方式如此表示；而65（5×13）能以两种方式表示，1105（5×13×17）能以四种方式，32045（5×13×17x29）能以八种方式。可见，每引进一个新的这种类型的因数，我们就能把表示方式的种数翻一番。不过，请注意我说的是新的因数，因为因数发生重复时将遵循另一条规律。我们不能用两种方式表示25（5×5），而只能用一种方式表示。但是，125（5×5×5）能以两种方式给出，625（5×5×5×5）亦如此。而如果再加进一个5，我们就能用三种不同方式把这个数表示成两个平方数之和了。

假如有一个第二种类型的素数混进了你的合数，那么你这个数就不能表示成两个平方数之和。例如，15（3x5）就不行了，135（3x3x3x5）同样不行。不过，如果我们加进偶数个3，那倒行了，因为这些3本身就形成了一个平方数，但是你只能有一个解。例如，45（3x3x5，或9x5）=36+9。类似地，因数2，或者2的幂，如4，8，16，32，总是可以出现的，但它们的引进或消除绝不会对你解答的个数产生影响，除非像50这样的情形，这里一个平方数的两倍，因此给了你两个答案，49+1和25+25。

好的，直接把一个数分解成它的素因数，这样我们一看就能知道它是不是能分成两个平方数。如果能，那么求出有多少种方式的过程是如此简单，以至于可以毫不费力地用心算完成。我在题目中给出的数是130，我立刻就看出这是2×5×13。接下来的推理就是，由于65能用两种方式表示（64+1和49+16），所以130也能用两种方式表示，因数2对这个问题没有影响。

最小的可用12种不同的方式表示成两个平方数之和的数是160225，因此这就是适合那位苏丹要求的军队的最少人数。这个数由因数5×5×13×17×29构成，每个因数都是上面规定的类型。如果它们是各不相同的因数，那就会有16种方式，但由于其中的一个因数重复出现，故只有12种方式。这里是这12对方阵的边长：400和15，399和32，393和76，392和81，384和113，375和140，360和175，365和183，337和216，329和228，311和252，265和300.把每对数中的两个数平方，然后加起来，它们的和都是160225.

137. 桑迪·麦克阿利斯特太太若想赢得她那精明丈夫所承诺的第六份奖赏，她得从她的日常家用津贴中省出一笔数额巨大的钱来。而这笔津贴若要经得起如此的节省，它必须十分丰厚。这道题目要我们求出5个大于36的数，个数为这些数的小物件可以被摆放得形成一个正方形，形成一个三角形，形成两个三角形和形成三个三角形；在这四种情况中，所有的小物件都要用上。

每个三角形数都有这样的性质：把它乘以8，再加上1，结果是个奇平方数。例如，将1，3，6，10，15分别乘以8，再加上1，我们就得到9，25，49，81，121，即奇数3，5，7，9，11的平方。因此每当发生$8x^2+1$=一个平方数的情况时，x^2同时也是一个三角形数。上述情况在我们的谜题“黑斯廷斯战役”中曾经谈到过。现在我只是来演示一下，当找到第一个解的时候，怎样毫无困难地求出其他的解。首先，有下面这些数字：

$8\times1^2+1=3^2$

$8\times6^2+1=17^2$

$8\times35^2+1=99^2$

$8\times204^2+1=577^2$

$8\times1189^2+1=3363^2$

$8\times6930^2+1=19601^2$

$8\times40391^2+1=114243^2$

其中每对数依次是这样求出的：

（1×3）+（3×1）=6　（8×1）+（3×3）=17

（1×17）+（3×6）=35　（8×6）+（3×17）=99

（1×99）+（3×35）=204　（8×35）+（3×99）=577

等。寻查上面式子中的数字，求法显而易见。

枚数	正方形的边长	三角形的边长	两个三角形的边长	三个三角形的边长
36	6	8	6+5	5+5+3
1225	35	49	36+34	33+32+16
41616	204	288	204+203	192+192+95
1413721	1189	1681	1189+1188	1121+1120+560
48024900	6930	9800	6930+6929	6533+6533+3267
1631432881	40391	57121	40391+40390	38081+38080+19040

于是我们发现，36，1225，41，616，1413721，48024900和1631432881这些数将形成边长为6，35，204，1189，6930和40391的正方形；而且它们还将形成边长为8，49，288，1681，9800和57121的单一三角形。这些边长可从上面第一组式子的最后一列这样得到：将这列中的数除以2并舍去余数即可。例如，17，99和577的一半的整数部分就是8，49和288。

我们求得的所有数都是既能形成两个三角形也能形成三个三角形，随你的意。下面这幅小示意图让你一目了然地看到，每个平方数都必定是两个三角形数之和，而且其中一个三角形的边长同相应正方形的边长一样，而另一个三角形的边长只是比前者小1。

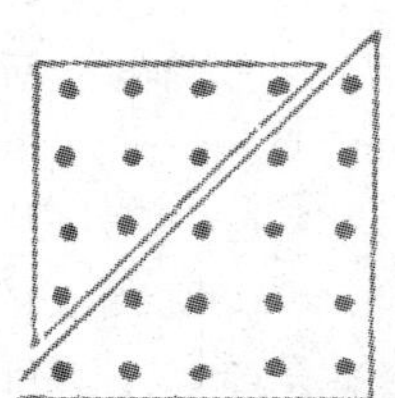
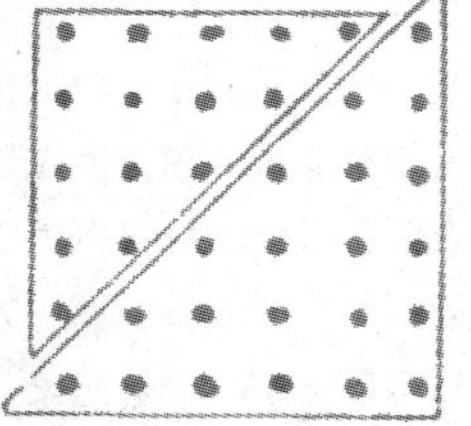

于是一个正方形总可毫不费力地被分成两个三角形，而两个边长差1的三角形合起来总可形成一个正方形。在数字上这一点同样是十分清楚的，因为考察一下开头的几个三角形数——1，3，6，10，15，21，28，我们会发现，依次把一对对相邻的三角形数加起来，就得到了平方数序列——1，4，9，16，25，36，49等。

把我们的这些数分成3个三角形数的方法同样是直接的，完全用不着进行尝试。但是我必须让自己满足于给出实际数字，并且仅指出每个大于6的三角形数都能分成三个三角形数。我给出这些三角形的边长，读者将从我叙述这道谜题时所做的议论中知道怎样根据这些边长求出每种情况中筹码或钱币的枚数，并核对结果，如果他们想这样做的话。

或许我应该说明，最后两列中给出的摆放方式并不是摆成2个和3个三角形的唯一方式。还有其他的方式，不过只要一组数字就可完全满足我们的要求了。于是我们看到，麦克阿利斯特太太要领到她那第六份的5英镑奖赏，她必须积攒到数目客观的1631432881英镑。

138. 我们既可以把一些炮弹铺在地上形成一个标准的正方形，也可以把它们堆成一个正四棱锥。题目是要我们求出这批炮弹至少有多少颗。我试着把这件事向刚入门的人表示清楚。

1	2	3	4	5	6	7
1	3	6	10	15	21	28
1	4	10	20	35	56	84
1	5	14	30	55	91	140

在这里的第一行中，我们按常规顺序放入自然数。第二行中的每个数是上面一行中从左端第一个数到它顶上那个数的和。例如，1，2，3，4，加起来是10。第三行的构成方法于第二行完全一样。在第四行中，每一个数都是把它顶上那个数与此前那个数加起来而生成的。例如，4加上10生成14，20加上35生成55。好了，第二行中的数都是三角形数，这意味着颗数为这些数的炮弹可以铺在地上形成等边三角形。第三行中的数都可以形成我们的正三棱锥，而第四行中的数都可以形成正四棱锥。

从而这个生成上述各数的过程，向我们证明了每个正四棱锥都是两个正三棱锥之和，其中的一个最底层每边炮弹颗数不变，另一个则少一颗。如果把上表延续到第24个位置，我们就会在第四行遇到4900这个数。它是70的平方，因此我们可以把这么多颗炮弹铺成一个正方形，并可以把它们堆成一个正四棱锥。这种把序列写下去直到我们遇上一个平方数的方法，并不需要什么数学头脑，然而它的作用是：显示了某些特殊难题的答案是可以被任何人所轻易获得的。事实上，我承认我在寻找除4900之外的满足这些条件的数上遭到了失败，我也没有找到一个严格的证明来证明4900是唯一的答案。这是一道难题，而且第二个答案如果存在(我并不相信这一点)，那一定是个很大很大的数。为了方便水平更高的数学家们，我这里补出正四棱锥数的一般表达式(2n3+3n2+n)/6。为了让这个表达式同时也是一个平方数（1这个特殊情况排除在外），必须有n=p2-1=6t2，其中2p2-1=q2(即佩尔方程)。在我们上面那个解答中，n=24，p=5，t=2，q=7。

139. 每一笔交易中支付的钱数都是以先令为单位的平方数，因为他们以每头1先令的单价买1头猪，以每头2先令的单价买2头，以每头3先令的单价买3头，等等。但是每位丈夫所付的钱都比他们各自的妻子多63先令，因此我们必须求出把63表示成两个平方数之差的方式有多少种。这是仅有的三种合适方式：8的平方减去1的平方，12的平方减去9的平方，32的平方减去31的平方。其中1，9和31表示了各位女士所买猪的头数和为每头猪所付的先令数，而8，12和32是她们进行各自丈夫的类似情况。根据所给出的关于他们购猪情况的进一步信息，我们现在可以将他们如下配对：科尔纳留斯和格尔特琳各买了8头和1头，埃拉斯和卡特琳各买了12头和9头，亨德里克和安娜各买了32头和31头。这些配对正确地表示了他们的婚姻关系。

读者可能很想知道，我们怎样来确定一个数表示为两平方数之差的方式最多有几种，以及我们怎样来求出这些具体的平方数。除了1，4和奇数之两倍以外的任何整数，都可表示为两个整数平方之差，其表示方式与把这个数分解为一对因数（计1为因数）的方式一样多。假定这个数是5940。其素因数分解式为$2^2 \times 3^3 \times 5 \times 11$。这里的指数是2，3，1，1。对2的指数总是减去1，对所有其他的指数都加上1，于是我们得到1，4，2，2，这4个数的积的一半就是我们所要的把5940表示成两平方数之差的方式种数，即8。下面我们求出这八对平方数。由于5940是个偶数，我们首先把它除以4，得1485，它的八对因数分解是1×1485，3×1485，5×297，9×165，11×135，15×99，27×55和33×45。每对中两因数之和与两因数之差就给出了所求的数。于是，1486的平方减去1484的平方是5940，498的平方减去492的平方也是5940，如此等等。在上面63的情况中，由于63是奇数，我们就立即对它进行因数分解，得1×63，3×21，7×9。然后我们求每对中两因数之和的一半与两因数之差的一半，这就给出了32和31，12和9，以及8和1，正如在本题解答中所给出的。

这个问题的反问题其实没什么意思：即当你已把一个数表示成两平方数之差时，求出这个数的因数。例如，上段最后一局中任何一对数的和与差，都会给出63的因数。每个素数（除了1和2）都能以一种方式且仅以一种方式表示为两平方数之差。如果一个数能以一种以上的方式表示为两平方数之差，那么它就是合数；而且，它既已如此表示，我们就能立即得到它的因数，正如我们已经看到的那样。费马在给梅森或弗雷尼克（Frenicle）的一封信中表明了我们怎样可以发现一个数是否能以一种以上的方式表示为两平方数之差，也就是说怎样可以证明一个数是素数。但是这个方法在用以处理大数时必然是很冗长的，不过在实际使用中它可以被大大缩短。在许多情况下这是目前已知对大数进行因数分解的最简短方法，而且我一直持这样的观点：费马利用这种方法在因数分解方面取得了某种被神秘所笼罩的历史功绩。

140. 这些姑娘的姓名是艾达·史密斯、安妮·布朗、埃米莉·琼斯、玛丽·鲁滨孙和贝茜·埃文斯。

141. 因为每个人所购买的东西的价值都是整先令，而且因为这伙人在出发时总共只拥有40枚1先令的硬币，因此既没有理由说任何一位女士有着更小的零钱，也没有证据说她们实际上有着这样的零钱。既然如此，唯一合适的答案就是，这些女人的姓名分别为安·琼斯、玛丽·鲁滨孙、简·史密斯和凯特·布朗。现在你会发现，正好有8先令余下，这些硬币可以在这八个人中平分而不需要任何零钱。

第2章

几何问题

142. 我们的图示表明了割断这床百衲被的哪些针脚，可以完整地得到正方形F和四块相同的东西，后者能拼成一个标准的希腊十字架。

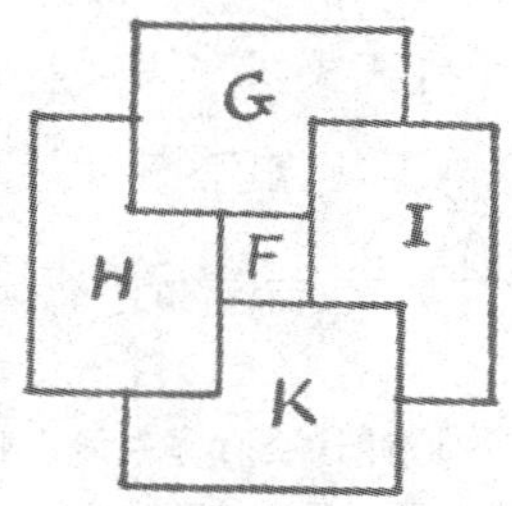

143. 读者可以看到，一个十字架是完整地切割下来的，即图1中的A。而标着B，C，D和E的四块则拼成了第二个十字架，如图2所示。它的大小与前一个完全一样。我把找出确定切割走向的最好方法这一快乐的任务留给读者自己去完成。注意万字装饰再次出现。

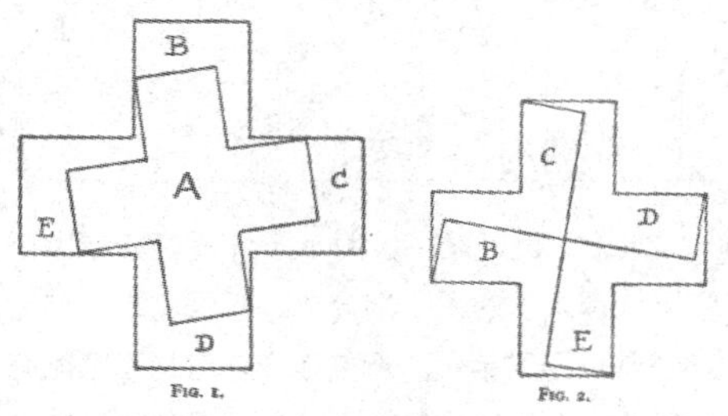

现在有道难题出现了：如何用最少的切割块把一个希腊十字架变成三个？事实上，解决这个问题所用的切割块可以少到13块。不过，据我所知，我的许多读者，以及资深的几何学家们，将很高兴做一些没有向他们宣布解答的题目。我暂且不揭开这个谜底。

144. 下面图示中线段AB相当于与这个十字架面积相同的正方形的边长。正像我已经说过的，我在其他地方已说明了怎样确定一个正方形与一个等边三角形面积相等。因此，求出与我们的十字架面积相等的三角形尺寸这个预备性问题，我就不需要再探讨了。我们假定已经把它求出来了，于是这问题就变成：我们怎样把其中的一个切割成块再拼成另一个？

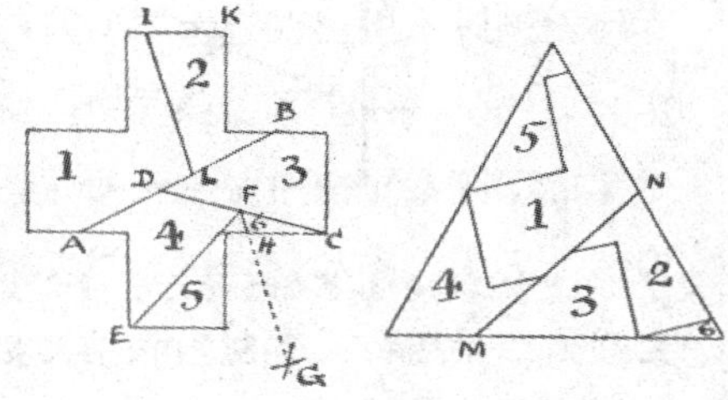

首先做线段AB，其中A和B分别是两条侧臂上两端点间的中点。其次作线段DC和EF都等于那三角形边长的一半。现在以E和F为圆心，以相同的半径作弧，交于G，连FG。最后使IK等于HC，LB等于AD。现在如果我们做出IL，那么它应平行于FG。于是所有六个切割块都划分出来了。这些切割块拼拢起来便形成一个标准的等边三角形，如第二幅图所示。或者我们可以先在我们的三角形中定出线段MN的走向，然后将点O放在十字架中的点E上，并在十字架上转动三角形，直到线段MN平行于AB。于是切割块5就可以划分出来，随后其他各块也可相继划分出来。

我看到许多人在尝试解答时都涉及这样一个假设：三角形的高度与十字架的高度正好相同。但这是一个错误——十字架总是高于同面积的三角形。

145. 首先，把这个十字架沿图示1中的虚线AB折起来，于是你把它弄成了如图2所示的样子。然后把它沿着虚线CD折起来（其中D当然是这十字架的中心点），于是你得到了如图3所示的样子。再拿起剪刀，从G剪到F。于是剪成了大小和形状都一样的四片纸，它们可以拼拢起来，形成一个正方形，如图4所示。

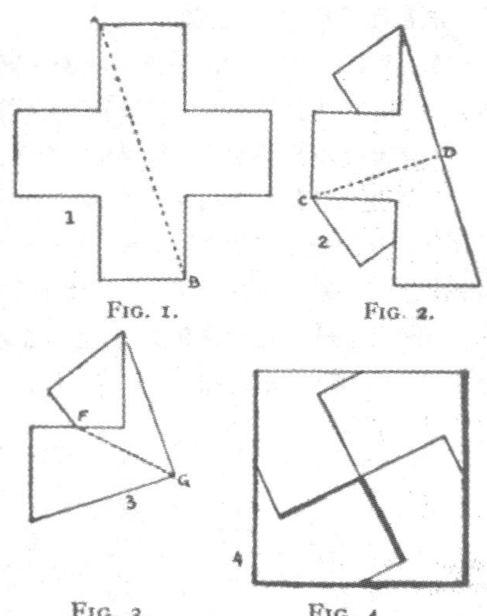

FIG. 1. FIG. 2.

FIG. 3. FIG. 4.

146. 这个谜题的解答如图所示。把这图形分成12个相同的三角形，切割走向很容易发现。如粗线所显示的那样。

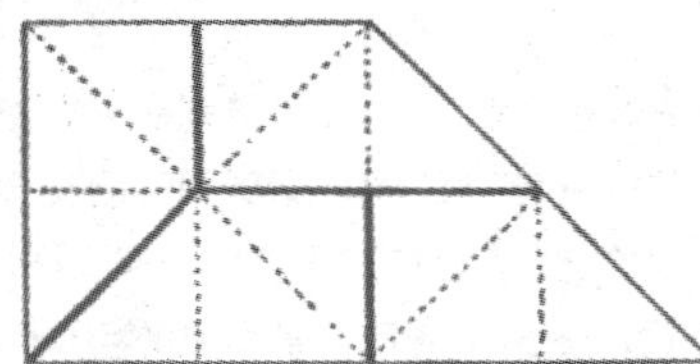

147. 这道小圆面包谜题的机关在于这样一个事实：根据所给三个圆的相对大小，可知它们的直径将构成一个直角三角形，如图所示。由此推得，那两个较小的圆面包正好等于那个最大的圆面包。因此，如果我们把这个大圆面包给大卫和埃德加一人一半，即图中的D和E，那么他们就得到了公平的份额——每人得到这份糕点的1/4。接下来，如果我们把最小的圆面包H以如图所示的方式放在余下那个圆面包的上面，并把它的周边勾出来，那么给弗雷德的那块F，将等于给哈里的小圆面包H以及标着G的那块——即另一小圆面包的框边的一半。这样，每个男孩得到的份额绝对相等，而且只需要切成五块。

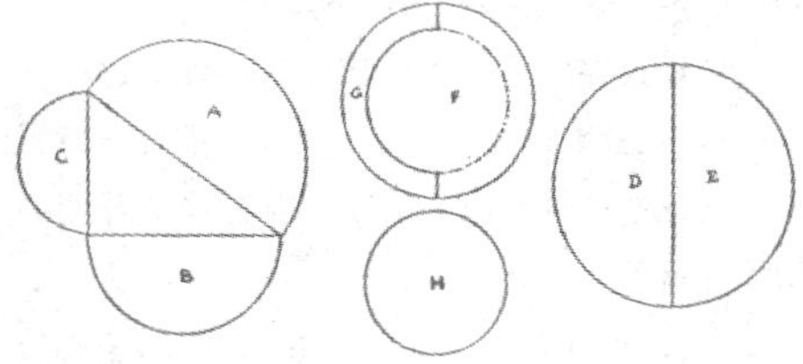

148. 这幅图非常显而易见，那五块中的一块被一分为二，拼成了一个正方形。

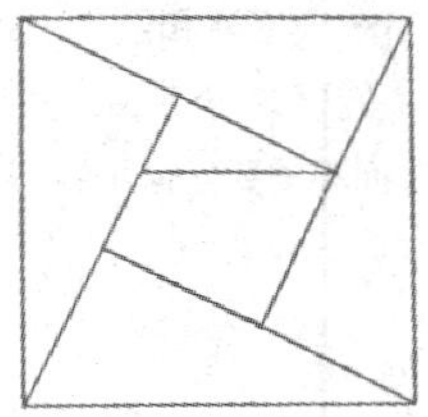

149. 正方形A只需要完整的保留；标着B的两块可以拼在一起，形成第二个正方形；两块C形成第三个正方形；而标着D的四块将形成第四个正方形。

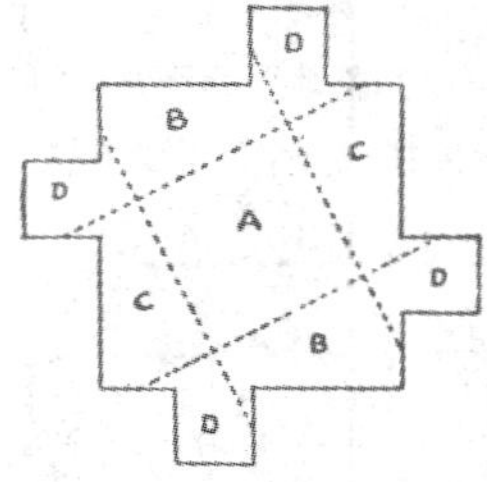

150. 下面的图示显示了如何切割成五块再拼成一个正方形。画上的那些虚线，目的是要表明怎样确定点C和点F——这是本题唯一的难处。AB是BD的一半，而AE平行于BH。把圆规的针尖放在点B作弧HE，AE将等于从B到C的距离。于是FG等于BC减去AB。

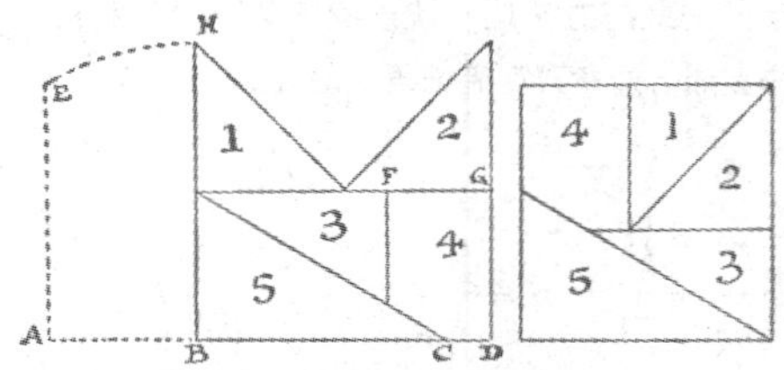

对于这道谜题（其附加条件是切割成大小和形状都相同的四个部分），我没能追溯到比1835年更早的年代。严格地说，它是不可能有解答的。但是我给出一个总是被提到的答案，让它令大多数人感到满意。

左边这个答案要求我们认为含有相同字母——AA，BB，CC，DD——的两个图形被“像头发丝那样”地连在一起，因此只算一块。对于几何学家来说，这是很荒谬的。这四个部分

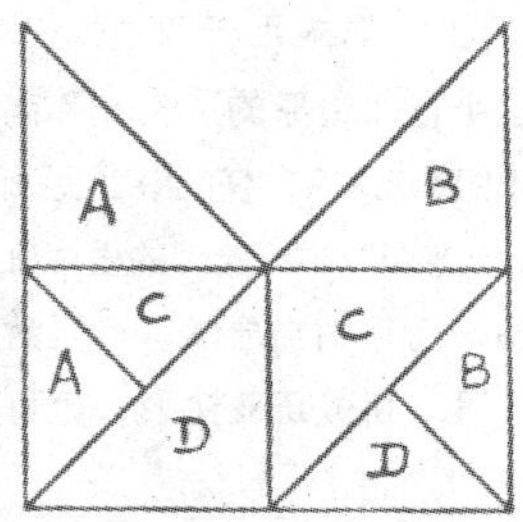

的面积是不相等的，除非它们每个都是由两块组成的。而如果我们使它们的面积相等，则它们的形状就不会相同。

151. 再也没有比这个谜题的解答更简单的了——当你知道如何做的时候。然而它往往会使新手感到棘手，如果他想以最少的块数——三块来完成这件事的话。你要做的只是找到点

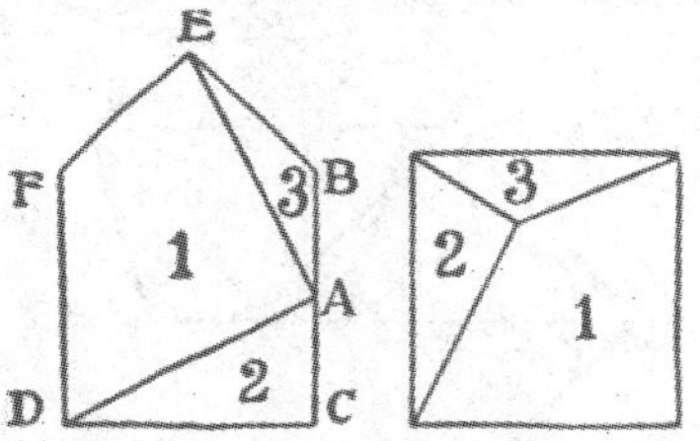

A，即BC的中点，然后从A切割到D和从A切割到E。切割下来的三块于是就以所示的方式拼成了一个正方形。当然，原来图形的形状必须准确；例如三角形BEF正好是正方形BCDF的1/4。从B到D和从C到F连直线，这一点就很清楚了。

152. 这个谜题的关键是找出用一个正方形和一个"等腰直角三角形"来形成一个完整的正方形的一般规律。当然，这种被几何学家赋

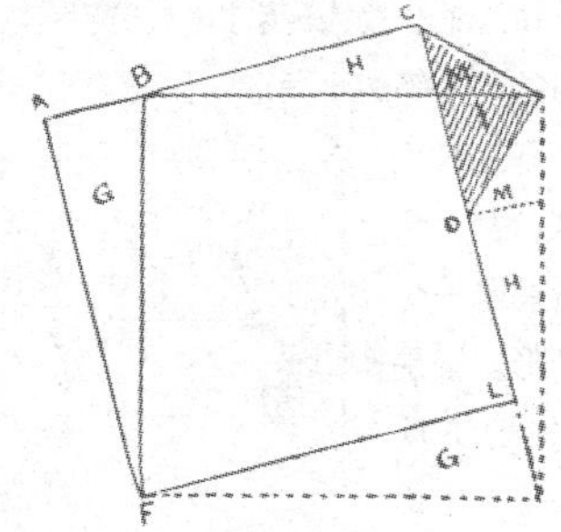

以如此动听名称的三角形，只不过是将正方形作对角划分而得到的"半正方形"。

这里，正方形和三角形的相对大小到底如何，这绝对是无关紧要的。紧要的只是把这木板或材料切割成五块。

假定我们原来的正方形为下页插图中的ACLF，而我们的三角形为阴影部分CED。好，我们首先求出这三角形长边(CD)长度的一半，并把此长度在AB处量出。然后我们把三角形靠着正方形放在现在的地方，做两个切割——一是从B到F，另一是从B到E。看起来可能很奇怪，要做的事全做好了！现在我们把切割块G、H和M移到它们的新位置上，如图所示，这就得到了那个完整的正方形BEKF。

随意取两张正方形的纸，它们大小不同但必须是标准的正方形，将较小的正方形纸沿对角线对半剪开。现在按所示的方法操作你会发现，只要如此这般的剪两下，那两张纸就可以合在一起形成一个大正方形，而且没有一块需要翻转。

这里，我们说那三角形可以"在相对比例上稍大一些或者小许多"，目的是排除三角形面积大于正方形面积的情况。在这种情况下，必须切割成六块。如果三角形与正方形面积相等，有一个用三块的明显的解答——只要把那正方形沿对角线对半切开即可。

153. 下面的图示显示了如何剪成四块并用它们形成一个正方形的方法。首先求出正方形的边长（那矩形的长和宽的比例中项），于是这方法就十分清楚了。如果我们纸条的尺寸正好是9×1，或16×1，或25×1，那么我们显然可以把它分别剪成3、4或5个矩形块而形成一个正方形。排除这些特殊的情况，一般的规律是：

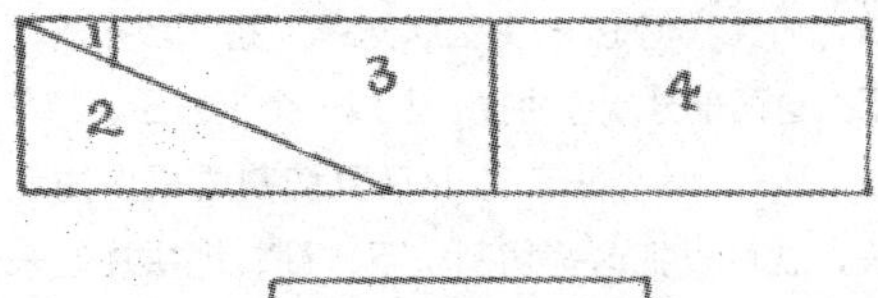

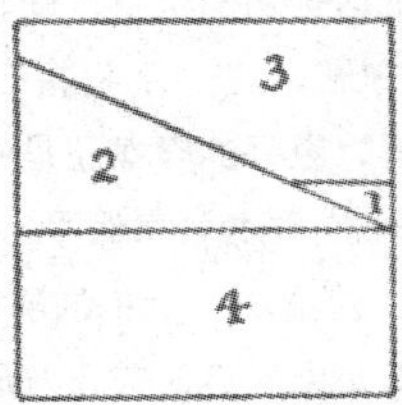

对于一张纸条，如果其长度大于宽度之n^2倍而小于宽度之$(n+1)^2$倍，那么它就可剪成（n+2）块而形成一个正方形，而且其中有（n-1）块是如图中块4那样的矩形。

例如，对于一张24x1的纸条，它的长度大于宽度的16倍而小于宽度的25倍，因此可用6块（这里n为4）做成此事，其中3块是矩形。在n等于1的情况下，矩形没有了，我们得到一个用三块的解答。当然，在这些限制以内，边长不一定要是有理数。

154. 因为我给出了这块被毁损的地毯的全部尺寸，求出那个正方形的准确大小是一件很容易的事。被剪去的两块如果拼在一起，会成为一个12×6的长方形，这就给出它的面积为72（平方英尺或平方码，随我们高兴）。由于这块地毯原来完整时的尺寸为36×27，故其面积为972。于是，如果我们把被剪去部分扣除，就会求出我们新地毯的面积为972减去72，即900。900是30的平方，于是我们知道，这块新地毯要成为一个标准的正方形，其尺寸必定为30×30。这对我们得到解答具有极大的帮助，因为我们可以有把握地断定，那两条长为30的边都可以保持原样。

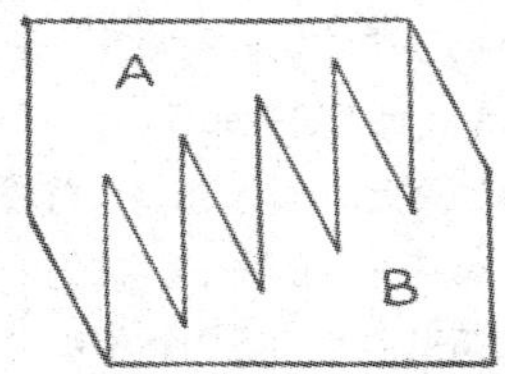

有一种用四块解决这道谜题的方法，非常简单。还有一种用三块的方法，也说不上困难。但正确的答案是，只用两块。

可以看出，在进行了如图所示的裁减之后，如果我们把块B的齿状边缘下移一齿插入，那么这两部分就会拼拢，形成一个正方形。

155. 一个正五边形只要切割成很少的六块，就可以把这些切割块不作翻转地拼拢起来形成一个正方形，这一点我将在下面向你展示。直到最近，最好的答案还是七块——这是好几年前由一位外国数学家保罗·比肖普（Paul Busschop）做出的解答。我们的解答是先形成一个平行四边形，由此再形成正方形。这一过程如下页的图示所示。

正五边形为ABCDE。通过切割AC和切割FM（F是AC的中点，M与A的距离等于F与A的距离），我们得到两个切割块，可以把它们放到GHEA的位置上，形成平行四边形GHDC。然后我们求出这平行四边形的边长HD和高的比例中项。由此我们标定K点，使C到K的距离等于这个比例中项。连接CK，由G做KC的垂线GL。余下的事情很容易，而且相当显然。可以看到，这六个切割块既可以拼成正五边形，也可以拼成正方形。

我收到过一个解答，自称是只用了五块，但是那方法基于一个相当巧妙的错误，即正五边形的对角线的一半加上其边长的一半等于同面积正方形的边长。我说它巧妙，是因为这是一个误差极小的近似，可以骗过眼睛，而且很难显示出它的不准确性。我不知道这个奇特的近似以前已经引起了人们的注意。

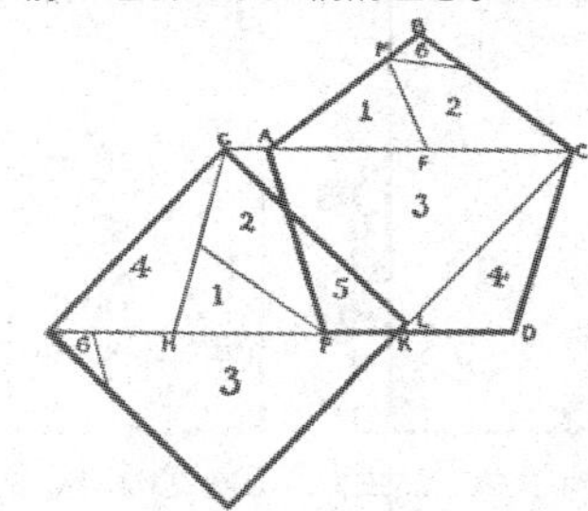

另一封来信把正五边形的边长作为它正方形的边长。事实上，这个比例是个无理数。我计算了一下，如果正五边形的边长是1——英寸、英尺或其他什么——那么同面积正方形的边长就近似于1.3117，或者说大约因此我们只能期待用几何方法来解决这道谜题。

156. 图示A显示的是我们原来的三角形。我们假定它每边的长度为5英寸（或5英尺）。如果对于任意的一个等边三角形，作一个平行于底边的切割，取走其底部的一块，那么余下的部分总是一个等边三角形。于是我们首先切下块1，得到一个每边长度为3英寸的三角形。求出图A中其他切割走向的方法可从图中很容易看出。

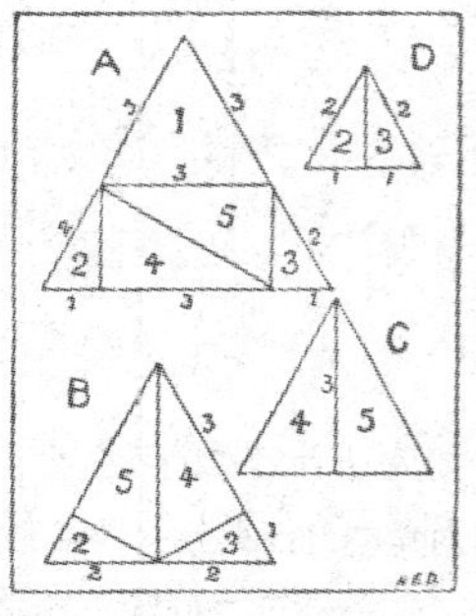

那么，如果我们要两个三角形，那么块1就

是其中一个，而块2，3，4和5拼拢起来形成另一个，如图B所示。如果我们要三个等边三角形，那么块1是一个，块4和5拼成第二个（如图C所示），块2和3拼成第三个（如图D所示）。在图B和图C中，块5翻了个身，但是对此不能有任何异议，因为没有禁止这样做，而且这毫不违背这个谜题的原意。

157. 我在叙述这个小谜题时，脑中想做的一件事是，指出“卵型”（oval）这个词所表达的意思不明确。虽然这个词源自拉丁语ovum，“蛋”，但是我们所理解的蛋形（一头比另一头小）只是卵形的许多形式之一。尽管有些蛋在形状上呈球形，但球或圆绝对肯定

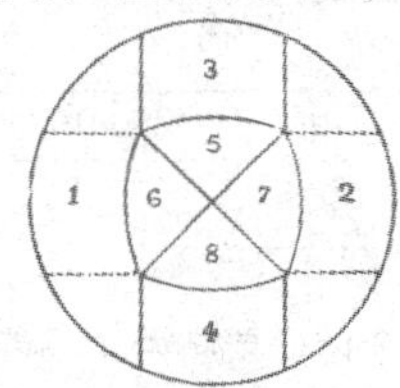

不是卵形。如果我们说的是椭圆——一种圆锥曲线——那么我们就相对地可以高枕无忧，但是在这儿我们必须小心，不要犯错。我回想起在几年之前，有一位利物浦的市政会员，他对家禽饲养的无知导致他用“hen”这个词代替了“fowl”这个词。他说：“先生们，我们必须记住，虽然每一只公鸡都是母鸡，但并非每一只母鸡都是公鸡！”同样，我们必须时刻注意，虽然每一个椭圆都是卵形，但并非每一个卵形都是椭圆。正确的说法是，卵形是一种狭长的用曲线围成的图形，即它有两个不相等的直径，且被一条首尾相接的曲线所围。这包括了椭圆，但是所有以任何方式与卵形相近的，并不一定具有上述性质的其他图形，也为“卵形”这个术语所涵盖。例如，我在下面给出的我们这道谜题的解答，就涉及尖顶的“卵形”，即建筑师们所熟知的“尖椭圆光轮（vesica piscis）”。

在桌面上画出虚线是为了更清楚些，切割是沿着其他的实线进行的。可以看到，这八个切割块拼成了两个大小和形状完全同样并带有同样手孔的凳面。这两个手孔比那位校长凳面上的孔稍长一点儿，但要窄得多，因此面积也小得多。当

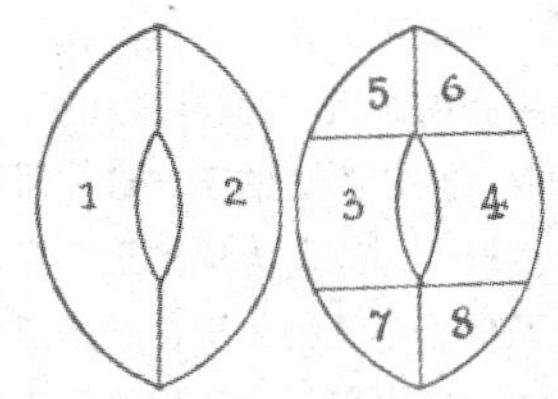

然，块5和块6可以作为一块而切下——块7和8亦是如此——这使得总共只是六块。但是我希望与原来故事中的块数保持一致。

我把上面的谜题首先发表在伦敦的一家报纸上，前来竞答的，竟没有一个是正确的，但是有一位躺在医院里的男士进行了一次想法巧妙、做法利索的尝试，并附上了下述注记：“这儿没有圆规，我不得不临时拼凑了一副。我用了一把小铅笔刀，从一捆柴中取了一小段木头，从一台玩具发动机上取了一块马口铁，再加上一根镀锡平头铁钉，从一枚发夹上拆下的两个部分则用作针尖。它们组成了一副相当耐用的圆规，我将把它们保存起来，作为这个谜题的纪念品。”

158. 两个圆的面积之比就是它们直径的平方之比。如果一个圆的直径为2英寸，另一个圆的直径为4英寸，那么一个圆的面积就是另一个圆的四倍，这是因为4的平方是2的平方的四倍。现在我们看图示1，我们看到，两个相等的正方形是怎样被切割成四块再拼成一个大正方

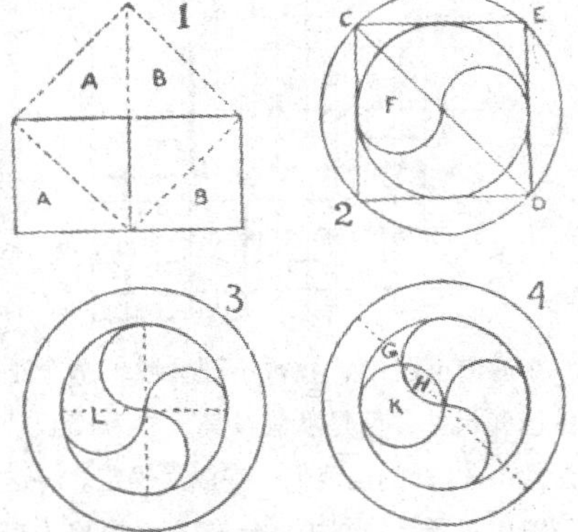

形的。由此很容易看出，任何一个正方形的面积，都是以其对角线为边的那个正方形的面积的一半。在图2中，我引进了一个经常出现在太极图古画中的正方形，这就是我认为这个标志具有数学意义的理由，因为可以发现，它呈

现了这样一个事实：外环（或称圆环）的面积正好等于内圆的面积。比较图2和图1，你会看到，由于以直径CD为边的正方形在面积上两倍于以内圆直径（即CE）为边的正方形，因此大圆的面积两倍于小圆的面积，于是圆环的面积正好等于内圆的面积。这就回答了我们的第一个问题。

在图示3中，我展示了第二个问题的答案。它当然是正确的，而且可通过把各部分切割下来再叠置的方法给出证明。虚线也是用来使这一点变得明显的。第三个问题是通过沿图2中的CD作切割而解决的，但是还需要证明块F确实是“阴”或“阳”的一半。这个证明我们在图4中进行。圆K有那个包含“阳”和“阴”的圆的1/4面积，这是因为它的直径正好是后者直径的1/2。我们知道，图3中的L也有那个圆的1/4面积。因此很显然，G正好等于H，于是G的一半等于H的一半。这使得虽然F与L相比缺少了一部分，但它从K中取来了同样面积的部分，从而F一定是“阴”或“阳”的一半。

159. 任何平方数都可以用无穷多种方式表示成两个平方数之和。现在这个谜题的解答就是这条规律的一个简单展示。这是一种我们给出了实际尺寸的情形。

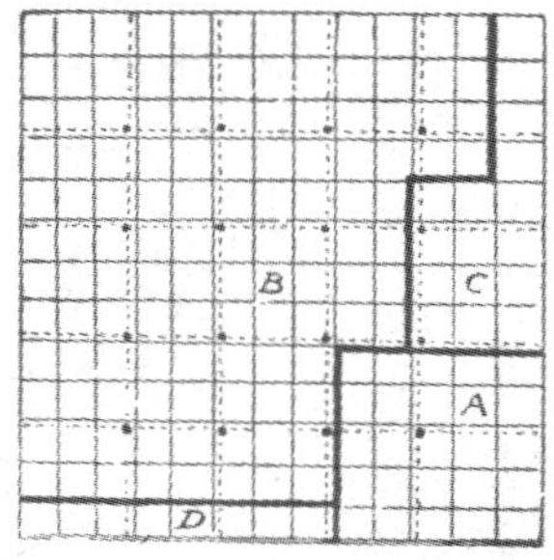

在这道谜题中，我暂不理会我们那个正方形的已知尺寸，而是从假设其尺寸为13n×13n除法做下去。n的值我们可在以后确定。将这正方形以如图所示的方式划分成169个方格（其中虚线表示原来的标示线）。由于169是两个平方数144和25的和，我们将着手把这块装饰板分成两个尺寸分别为12×12和5×5的正方形。由于我们知道可以把一个正方形切割成这个块数的解答。图中的粗黑线表明了切割应在何处进行。那个5×5的正方形是完整切割下来的，而另一个较大的正方形则由其余的B，C，D三块拼成。读者可以轻易地把它们拼拢起来。

那么，n显然是一英寸的5/13。于是我们的大正方形一定是60/13英寸×60/13英寸，而我们的小正方形一定是25/13英寸×25/13英寸。60/13的平方加上25/13的平方是25。因此这个正方形只要切割成四块就能拼成两个尺寸的正方形，而且那16颗钉子都被绕开了。

这里给出的是求出两个平方数使其和等于给定平方数（设为a^2）的一般公式。对于我们这道谜题的解答，p=3，q=2，而a=3。

$$\frac{2pqa}{p^2+q^2}=x;$$

$$\frac{\sqrt{a^2(p^2+q^2)^2-(2pqa)^2}}{p^2+q^2}=y$$

这里$X^2+Y^2=a^2$。

160. 这个谜题要将两个马蹄铁图形，包括轮廓线以内的马蹄部分，切割成四块，每个马蹄铁图形两块，再拼拢起来形成一个标准的圆。谜题还规定这四块的形状要各不相同。事实上，这道谜题就是基于蕴涵在那个奇妙的中国标志太极图里的原理（参见第158题）。

下面的图示给出了这道题目的正确解答。

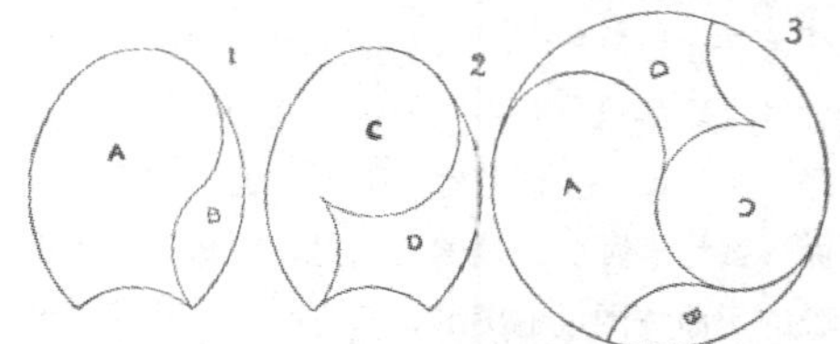

读者可以注意到，图1和图2被切割成所要求的四块，形状各不相同，它们拼拢起来形成了表示在图3中的那个标准的圆。还可以进一步观察到，来自一个马蹄铁图形的A、B两块，和来自另一个图形的C、D两块，各自形成了这个圆的完全相同的两半——那伟大的太极图的“阴”和“阳”。可以看到，根据这个圆来确定马蹄铁图形的大小，比根据马蹄铁图形来确定圆的大小要容易，但是如果你知道了马蹄铁图形的长边曲线就是你那个圆的圆周的一部分，后者也没什么困难了。B与D之差是具有启发性的，而且这个想法对于所有把切割块形状必须不同作为一个条件的情形都是有用的。要形成D，我们只要把一个形状对称的块，即一个曲边正方形，加到B上去。因此，让B或者让D转过90°，再放到新的位置上去，产生的结果一定是完全一样的。

161. 把这张圆纸片沿下页图1中所示的虚线对半折起来，将其上半部分如图示所示那样分为五个部分。现在沿这些分隔线将纸折起，它的样子将如图示2所示。如果你想要一个像图示

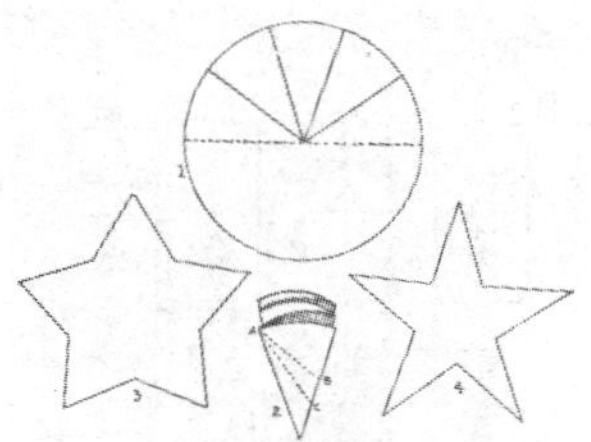

3那样的五角星，就从A剪到B；如果你希望像图示4那样，就从A剪到C。于是，你这一剪子的终点靠地下的顶点越近，所剪的五角星的角就越细长；你剪得终点离底下的顶点越远，这五角星的角就越粗短。

162. 读者或许会觉得为切割这纸板锁链而付出的用心和耐心是值得的。我们假定他有一张8英寸长2又1/2英寸宽的纸板，尽管纸板的尺寸是无关紧要的。但如果你想得到一根长链条，你当然得取长条形的纸板。首先用直尺

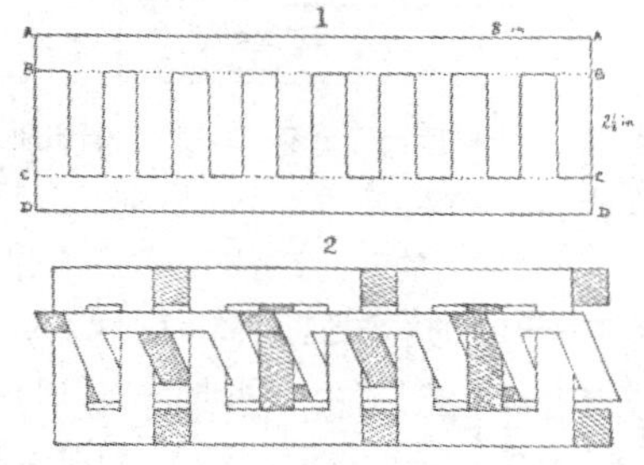

和铅笔在离纸板边缘半英寸的地方作出直线BB和CC，然后做出一系列相隔半英寸的竖直短线（见上面图示）。在纸板的另一面以完全同样的方式作出这些直线，而且为了使纸板两面的直线能够重合，最好用针在这些短线的端点处刺穿纸板。现在，拿起你的小折刀，将纸板从AA向下劈到BB，从DD向上劈到CC。然后沿着所有的竖直短线将纸板割穿，再沿着BB和CC上的非虚线部分将纸板割到其厚度的一半。接下来将纸板翻个面，沿着BB和CC上的虚线部分将纸板割到其厚度的一半。用小折刀稍加小心地进行分离，这纸板就被分成两个相互扣住的像梯子那样的部分，如图2所示。如果你把所有的阴影部分都割去，你就得到那根链条了，它是从这纸板上完整地割下来的，没有任何粘连，正如第120页的那幅图所示。这道谜题有一个有趣的变化：割出一个套着两把钥匙的钥匙圈——以同样的方式，没有粘连。

163. 本题严格来说不是谜题，只是在讲述一种方法，答案自然就是本题前半部分的谜题部分。

164. 切割马铃薯六次得到的块数可以多达22块。右侧的插图显示了一个非常对称的解法。对于这种问题，有一个基本的法则：每次切割都要与其他的每次切割相交，交点则不能重复；也就是说，每条切割线都要经过其他每条切割线，但是不能有两条以上的切割线在什么地方交于同一点。进行切割的其他方式有很多，但如果我们要得到最大的切割块数，这条法则是必须要遵守的。

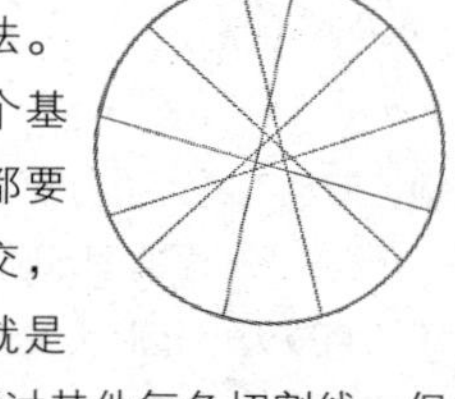

一般的公式是：切割n下，我们总可以切出n（n+1）/2 +1块。在已故的山姆・罗伊德所提的问题中，有一道是切割一块立体的干酪，问直切n次能得到的最大块数是多少。当然，与前面一样，切成的干酪块既不能移动也不能堆叠。这里我们得对付平面（而不是直线）相交的问题，而一般的公式是：切割n下，我们可以切出（n-1）n（n+1）/6 +n+1 块。除了n的少数几个较小的值，要“看”出一次次切割的方位和效果是极其困难的。

165. 右侧的图示显示了如何设置3道栅栏，好把各头猪分别围在一个小猪圈里。如上题所示，在一个正方形里，用3条直线所能

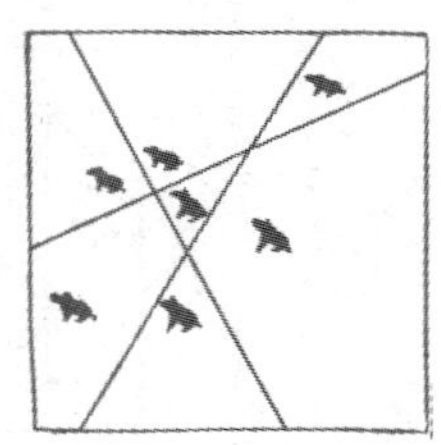

围出的空间的最大个数是7。你必须记住这一事实，用尝试的方法解决这个谜题。

166. 只需要4道篱笆，如下图所示：

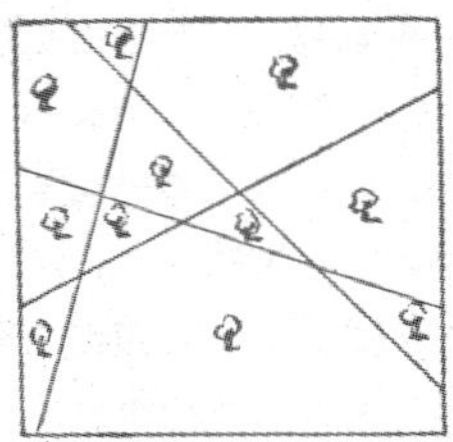

167. 这幅插图无须解释。它清楚地显示了怎样画上3个圆圈，让每只猫都有各自的一块圈

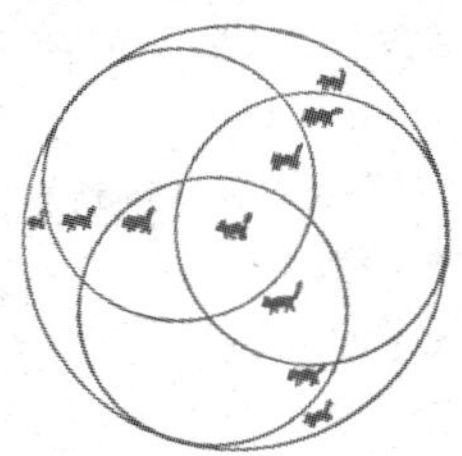

地，而且不跨过边界就不能与其他猫接触。

168. 下面的图示显示了如何才能把这个布丁切割成大小和形状完全相同的两部分。切割线必须经过点A，B，C，D和E。但是，在满足这个条件的前提下，切割线可以有无穷多种变化。例如，由A向边缘切割到一半时，可以有无穷多种

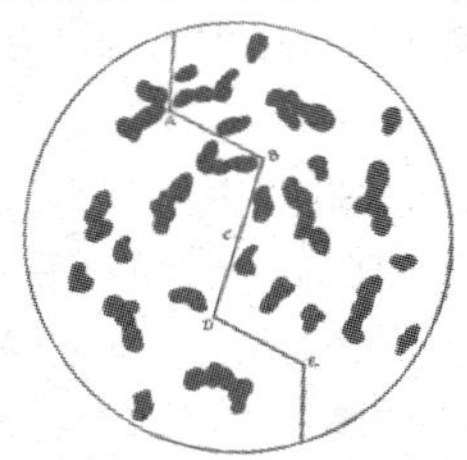

方式完成这条切割线（可以是直线也可以是曲线），只要由E到边缘的那条切割线与之完全对称。在其他地方也可以采用类似的变化。

169. 下面这幅插图显示了这两个人形是如何构造出来的——每个人形都是用一套七巧板。你会注意到，他们的头、帽子和手臂是完

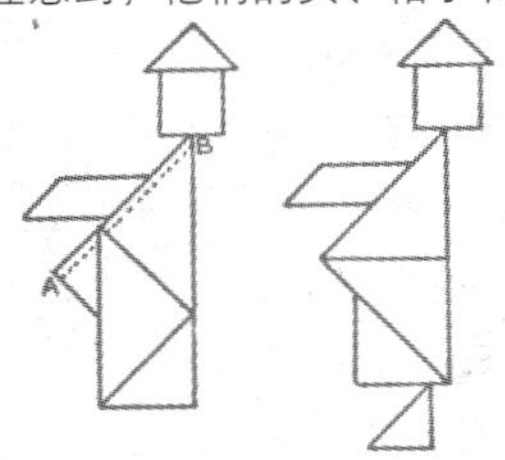

全一样的，而且身体底部的宽度也相同。但第一个人的身体用四块七巧板拼成，而第二个人只用了三块。第一个人的身体比第二个人正好大了由虚线AB所标明的那个狭长条。因此这个狭长条与作为第二个人的脚的那块七巧板面积完全相等，不过像这样沿着身体的一条边增加一点面积用眼睛是不容易看出来的。

170. 标着A的两块织锦可以拼起来形成一块标准的正方形垫子面，而标着B的两块则可形成另一块垫子面。

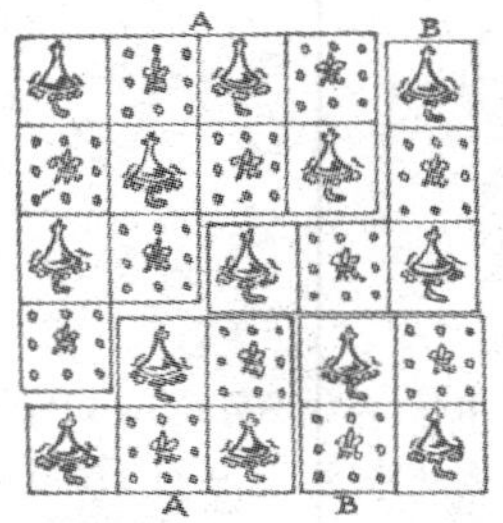

171. 下面这幅插图无须多说。把这块旗布分成25个小正方形（因为25这个数是两个平方数——16和9——之和），然后沿着粗线裁剪。

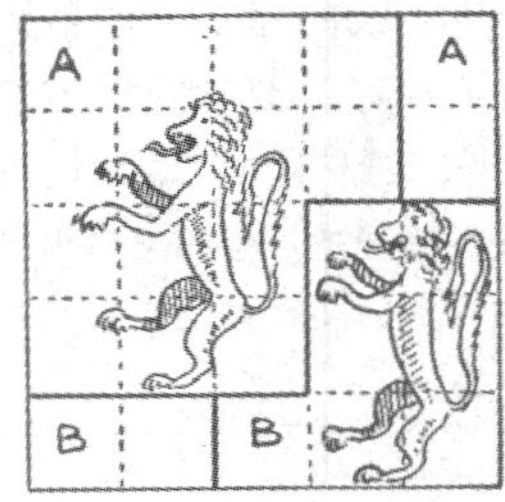

标着A的两块拼成一个正方形，而标着B的两块拼成另一个正方形。

172. 需要做的第一步是找出6个各不相同的加起来等于196的平方数。例如，1+4+25+36+49+81=196，1+4+9+25+36+121=196，1+9+16+25+64+81=196。剩下的事就需要个人的判断和机智了，而且对于求解过程也不可能给出一个确定的规则。所附的草图显示了相应于上述前两种情况的解。显然，标着A的三块，以及标着B的三块，在它们各自的情况中都将拼

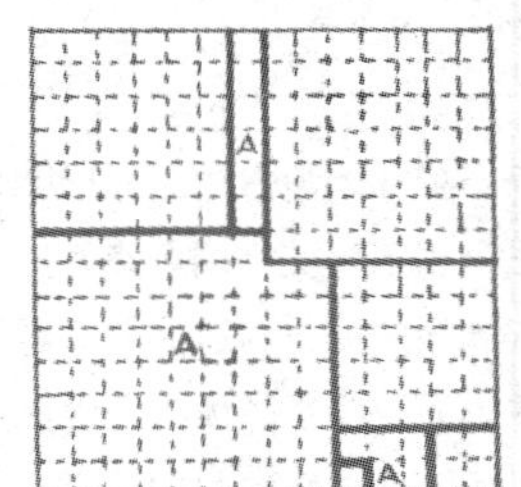

成一个正方形。把各部分拼合起来的方式可以有稍许变化，但读者可能有兴趣就我所给的第三组平方数找出一个相应的解答。

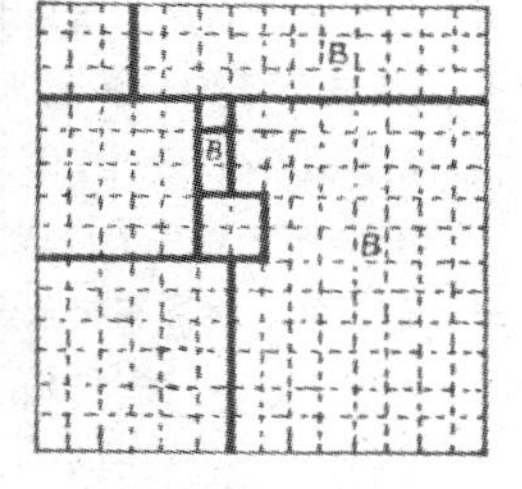

173. 从我个人能发现的来说，满足这些条件的解只有一个。裁成的小块如左侧图示1那样拼起来。图2和图3则显示了应该怎样裁剪原来那两块正方形织锦。读者可以看到，小块A和C各有20个小方格，因此它们面积相等。图4也算是解决了这道谜题（把较大的那个正方形如图5那样裁剪），但这个解不满足下面这句话所含的一个小条件：“我以她所期望的方式把这两个正方形裁成四块。”在这个情况中，那个较

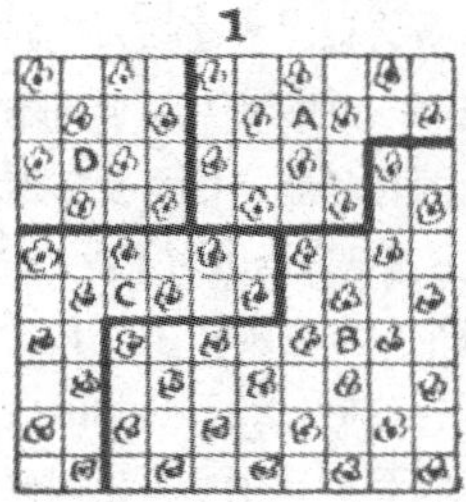

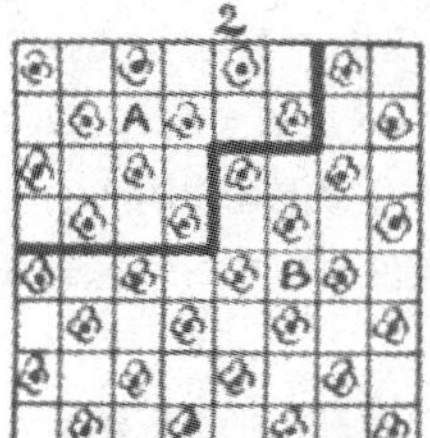

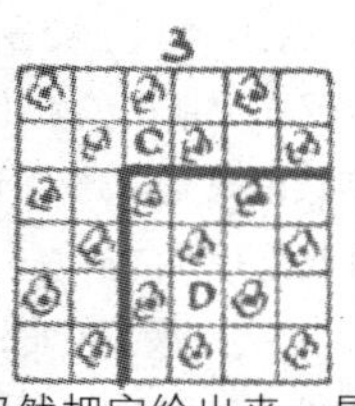

小的正方形原封不动。我仍然把它给出来，是为了说明这种谜题的一个特征。在一道这种类型的题目中，如果要让图案匹配得当，对任何一个小块都不能作90°转动。但是我们可以对一个形状对称的小块作180°转动（如图4中F的情况）——也就是说，使它上下颠倒。在这些方格图案题目中，对一个小块是不是可以作90°转动，或者作180°转动，或者根本不转动，取决于这图案的性质，取决于所用的料子，还取决于这小块本身的形状。

174. 下面的图示显示了这条被子应该怎样拼。

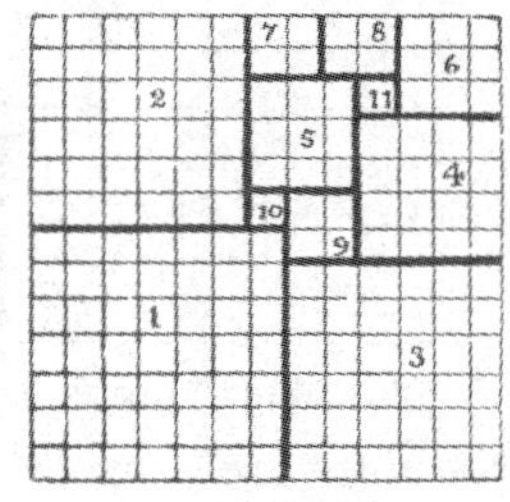

我个人认为，这个谜题本质上只有一个解。分成的正方形最少有11个。各部分的大小一定如图所示，最大的三块一定按照如图所示的方式放置，而余下的一组8个正方形可以被“反射”（这里的意思是以大正方形的一条对角线为对称轴进行对称变换），但不能有与此不同的布局。

175. 只有一个方法可以使我们在这两块油毡中较大的那块上剪下尽量小的部分。下面的图示1显示了怎样裁剪那块较小的油毡，图示2

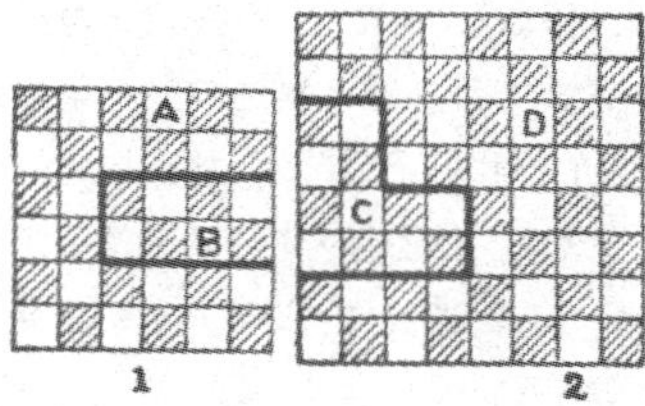

显示了我们应该怎样切割那块较大的油毡，而在图示3中我们用剪成的四块拼成了一个10×10的新正方形，而且所有的方格都匹配得当。可

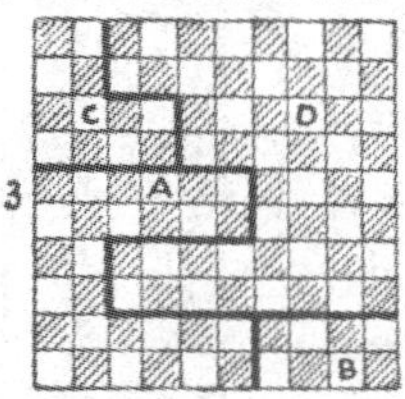

以看到，标着D的那块包含52个方格。这是在这些条件下所能保有的最大裁剪块了。

176. 如下页的图示所示，这位女士只要在那块较大的拼缝丝绸上沿着粗黑线拆开针脚，

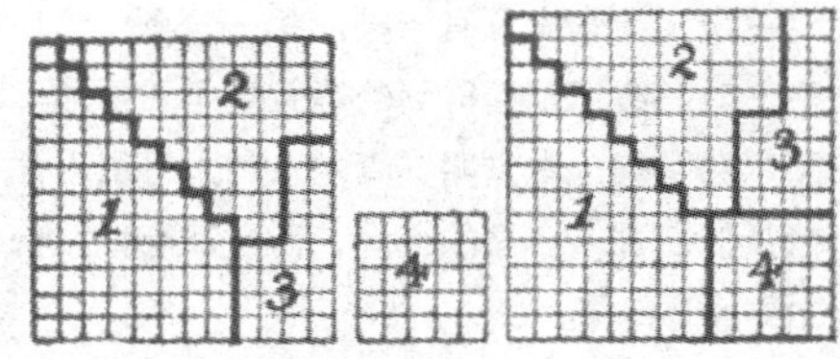

就可将这四块料子拼缝成一个正方形。

177. 沿着大图中的粗线剪，然后按小图所示

的方式把剪出来的四块拼成一个标准的正方形。

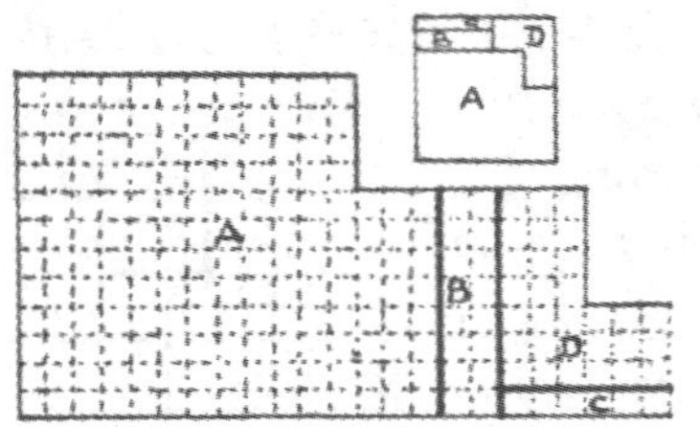

178. 通过把顶面面积与侧面面积乘起来，再除以端面面积，就得出了长的平方。同样，顶面面积与端面面积的积除以侧面面积给出了宽的平方；而侧面面积与端面面积的积除以顶面面积给出了高的平方。但我们只需要这些运算关系中的一个，让我们取第一个。于是120×96除以80等于144，即12的平方。因此长是12英寸。当然，由此马上可得宽和高分别是10英寸和8英寸。

179. 假如我们有了一个直角三角形的一条边长（a），并且知道了斜边与另一条边的长度之差（这个差我们记为b），那么斜边的长度就是$a^2/2b + b/2$。在我们这道谜题的情况中，就是48×48/6 +1又1/2英寸=32英寸1又1/2英寸，这就是那根绳子的长度。

180. 这幅插图显示了划分这块土地最公平的方式，它"使得每个儿子分到的土地具有同样的形状和面积"，而且使得他们都不必擅自闯入他人土地就能使用中央的那口井。题目条件并没有要求每个儿子的土地要连成一片，不过分给同一个人的两部分土地必须要分开，否则相邻的两部分土地可以被认为是一块。但在这种情况下，关于形状相同的条件就不能满足。现在对每块土地来说只有一种形状——将一个正方形沿对角线切割而得到的等腰直角三角形。而阿尔弗雷德、本杰明、查尔斯和大卫每人都可以从外部进入自己的土地，而且都能直接使用中央的那口井。

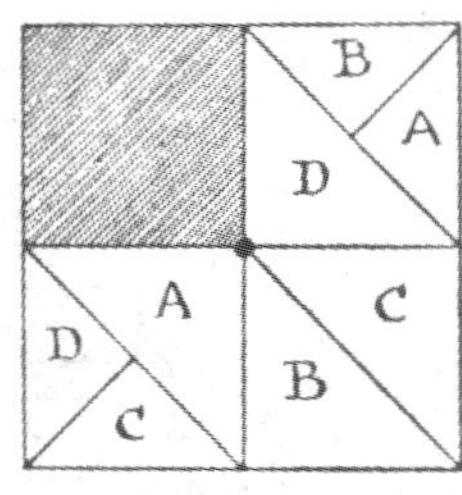

181. 这三个火车站形成了一个三角形，它们的边长分别为13、14和15英里。以长14的边为底边，那么这个三角形的高为12，面积为84。将这三条边长乘起来，再除以面积的四倍，结果是8又1/8英里，这就是所求的距离。

182. 按下图中的虚线所指示的，在纸上折出一道折痕。然后在折痕上任取两个点，比方说图中的A和B，交替地以这两个点为圆心，分别在这条虚线的上下方作半圆，并注意使圆弧的端点相连，这样就可以了。当然，这并不是一条真正的螺旋线，但是本题就是要你画出由题目插图所指定的那条螺旋线，而我用这个简单的方法把它画出来了。

183. 这四条边长和的一半是144。把它依次减去那四条边长，我们得到64，99，44和81。把这些数乘起来，结果得到4752的平方。因此这花园的面积为4752平方码。当然，那棵树与四个顶点等距，说明这花园是一个能内接于一个圆的四边形。

184. 这面旗帜长4英寸宽3英尺，其对角线长5英尺。你只要把旗帜周长（14英尺）的1/4（3又1/2英尺）减去对角线长度的一半（2又1/2英尺），所得的差（1英尺）就是所求的红色十字架的臂宽。这时十字架的面积与白色底子的面积是相同的。

185. 假如你把这张纸包在一个圆柱体瓶子或罐子的侧面上，那么，用圆规画一下就能画出一个椭圆。

186. 如右图所示，从挤奶凳出发做一条垂直于这侧河岸的直线，并将它延长到点A，使得A到这侧河岸的距离与挤奶凳到这侧河岸的距离相等。如果你现在从A作一条直线到乳品间的门口，那么它将与河岸交于B。于是最短的路径就是从挤奶凳到B再到那个门口。显然，从A到那个门口的最短距离就是这条直线，而从挤奶凳到河岸上任一点的距离与从A到这一点的距离相等，因此这个解答的正确性将很可能被对几何学一点都不熟悉

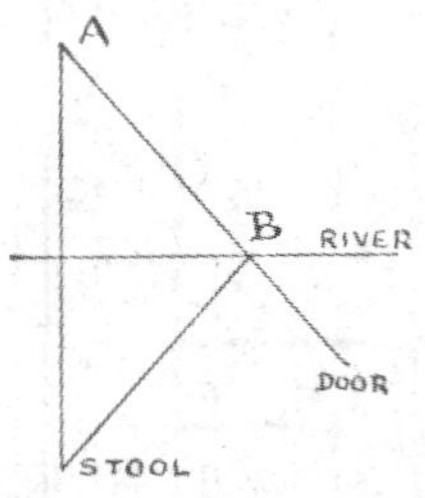

的读者愉快地接受。

187. 假如一个圆球放在平地上，它的周围就可以放6个同样的球（都放在这平地上），而且这些球都与中央那个球相接触。

再来看第二个问题。圆的周长与直径之比我们称为π。虽然我们不能用准确的数来表示这个比，但我们能够充分地靠近它，从而满足各种实际需要。然而，在目前这种情况中，完全没有必要知道π的值。这是因为，如果要算出球的表面积，我们可以把直径的平方乘上π；如果要算出球的体积，我们可以把直径的立方乘上π的1/6。这样我们可以不理会π，而只要去找这样一个数——它的平方等于它的立方的1/6。显然，这个数是6。因此这个球的直径是6英尺，这样它的表面积就是36π平方英尺，而它的体积就是36π立方英尺。

188. 不用准备出让的这块三角形地产的面积是11英亩。如果我们采用复杂的三角形学那样奇特的思路，这是个不难求的答案的。或者我用一个著名的公式就能把这问题归结为求（4×370×116）-（370+116-74）^{2}的平方根的1/4，即1936的平方根的1/4，即44的1/4，即11英

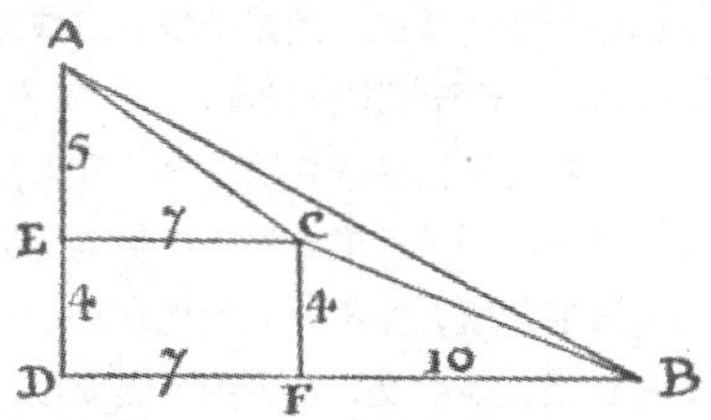

亩。但读者真正需要知道的只是毕达哥拉斯定理，许多谜题都以它为基础。它说，在任何一个直角三角形中，斜边的平方等于两直角边的平方和。我将排除任何“不尽根”以及类似的荒谬的情形，尽管事实上我们这个三角形的各条边长显然都是非公度的无理数，因为我们不可能准确地算出那三个面积数的平方根。

在上面这幅插图中，ABC表示我们的三角形。ADB是一个直角三角形，AD长9而BD长17，这是因为9的平方加上17的平方等于370，即AB上的正方形的已知面积。AEC也是直角三角形，而5的平方加上7的平方等于74，即AC上的正方形地产的面积。同样，CFB是直角三角形，因为4的平方加上10的平方等于116，即BC边上的正方形地产的面积。虽然我们那块三角形地产的边长都是非公度的无理数，但是在这幅草图中我们有了精确地求出其面积所需要的全部准确图形。

三角形ADB的面积显然是9×17的一半，即76又1/2英亩。AEC的面积是5×7的一半，即17又1/2英亩；CFB的面积是4×10的一半，即20英亩；而长方形EDFC的面积显然是4×7，即28英亩。现在，如果我们把17又1/2，20和28加起来而得到65又1/2，再把这个和从大三角形ADB的面积（我们已经求出它为76又1/2英亩）中减去，很清楚，留下的肯定是ABC的面积。这就是说，我们所求的面积是76又1/2-65又1/2=11英亩。

189. 参见原题中的插图，假定AC为x，从而CD为x-9，而EC为x-5.于是x-5是x-9和x的比例中项，由此我们求得x等于25。因此这两个圆的直径分别为50英寸和41英寸。

190. 整块地产的面积正好是100英亩。为求出这个答案，我用了下面这个不起眼的公式：

$$\frac{\sqrt{4ab-(a+b+c)^2}}{4}$$

其中a，b，c表示那三个正方形的面积，次序不论。用这个表达式可算出三角形A的面积。你会发现那是9英亩。容易证明，

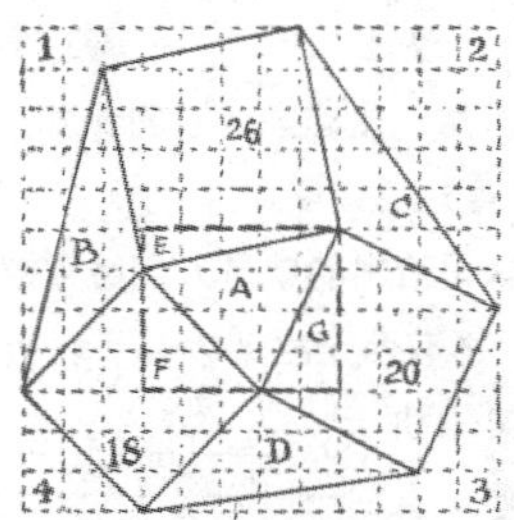

A，B，C，D的面积全都相等，因此答案是26+20+18+9+9+9+9=100英亩。

下面是证明的过程：假设下页这幅草图中的每一个虚线方格代表1英亩，那么这幅草图必定是正确反映了这块地产的平面图。这是因为：5和1的平方和等于26；4和2的平方和等于20；而3和3的平方和等于18。现在我们立刻就可以看出，三角形E的面积是2又1/2，F的面积是4又1/2，而G的面积是4。把它们加起来，得11英

亩。我们把这11英亩从那个矩形的面积20英亩中减去，于是求得土地A的面积正好是9英亩。如果你想证明B，C，D在大小上与A相等，就把它们各个沿着从最大边中点到其对角顶点的直线一分为二。你会发现，如果沿这条线剪开，那么在每种情况中剪成的两块都正好可以拼起来形成A。

还可以用一种更容易的办法来得到我们的证明。这个方格草图的总面积是12×12=144英亩，而1、2、3、4这四个部分不属于这块地产，它们的面积分别为12又1/2，17又1/2，4又1/2之和。把它们加起来得44，把它从144中减去，留下100，就是所求的这一整块地产的面积。

191．在所有的老书中，给出的答案如图示1所示。其中那道弯弯曲曲的墙使得农舍与湖隔绝，但在寻求这道“尽可能短”的墙的走向时。今天的大多数读者都想起两点之间的最短距离是直线，他们可能会认可图2所示的方法。

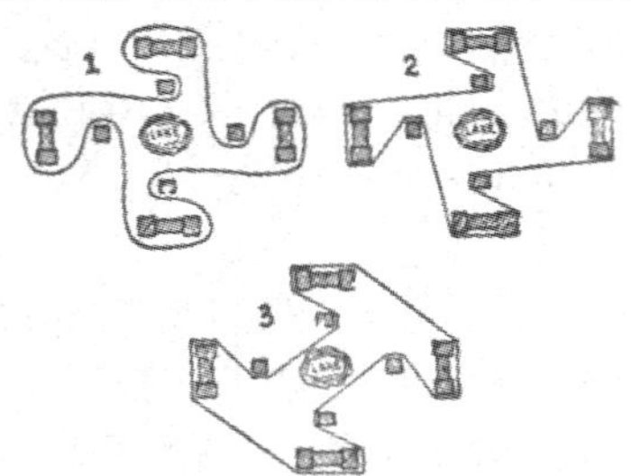

这当然是一个改进。然而，正确的答案实际上如图3所示。量一量这些线段的长度，你会知道这道墙的长度短了许多。

192．这里给出的就是人们经常被认为是正确的答案：再有两个栏架就够了，因为这羊圈长24个栏架（如右侧图A所示），把一条边移动一下，并在每头再放入一个栏架（如图B所示），其面积就会翻一番。但这些草图没有按比例绘制。在这个谜题中，并没有什么条件规定羊圈要具有某种特定的形状。但是，就算我们认可羊圈长为24宽为1，这个答案也是彻底错误的，因为很明显那两个增加的栏架是完全没有必要的。比如，我把这50个栏架如图C那样摆放，由于面积从24“平方栏架”增加到156“平方栏架”，这地方就可供650只羊食宿了。如果认为面积必须正好是原来羊圈的两倍，那么我只要用28个栏架来构筑它（如图D所示），还留下22个栏架可在农场另作他用。即使坚持认为原来的栏架都必须用上，我也可以像图E那样造筑，这样我就能准确地给出任何农场主可能会要求的面积，虽然我们不得不承认，实际上羊儿们在尖角处可能无法啃草。于是我们看到，这道古老小谜题的那个被人们认可的答案，无论从哪个角度看都不能成立。然而，以前人们从未注意到这个错误。

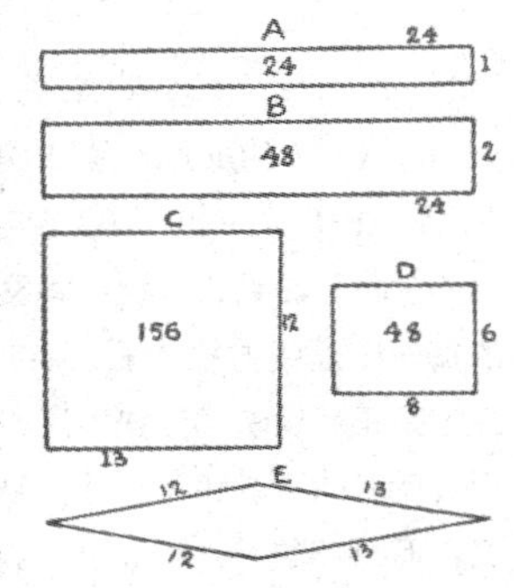

193．这个谜题要求用三道墙把这块圆形的土地分成四个相等的部分，而且每道墙的长度要相等。在这个问题中，有两个本质上的困难，它们是：（1）墙的厚度；（2）墙要有三道这个条件。关于第一点，既然告诉我们这些墙是砖墙，那么我们显然就不能忽略它们的厚度，于是我们就得求出一个这样的解答：不管这些墙的厚度是一块砖，还是两块、三块或者更多块砖，这个解答都同样有效。

第二点需要稍稍多一点的思考。我们如何分辨“一道墙”和“几道墙”？一道笔直的、没有任何弯曲的墙，如果没有遭到什么破坏，也没有与什么东西相交，那就绝不会变成“几道墙”。同样，我们那块圆形的土地显然是被一道墙围着。然而，如果围着的是一块正方形或三角形的土地，那么它们是分别有四道墙和三道墙还是都只有一道围墙呢？诚然，我们对一个正方形的建筑物或花园总是说有“四道

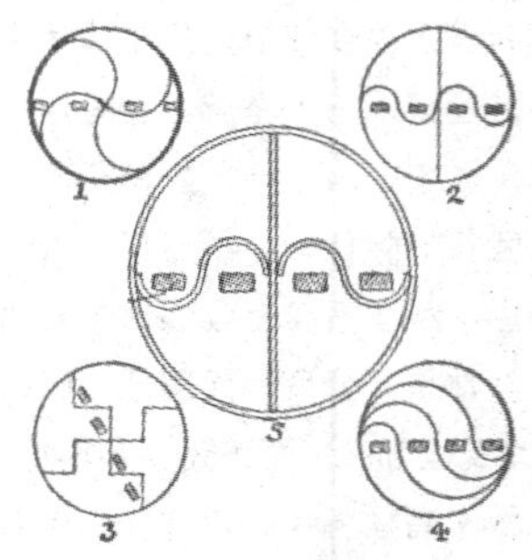

墙”，但这只是“四条边”的一种习惯说法。如果你说的是实际的砖墙，你会说，“我准备用一道围墙把这个正方形花园围起来”。有没有折角对我们的问题显然没有影响，因为我们可以有一道曲折的墙，也可以有一道笔直的墙。中国的长城就是一个很好的例子，那是一道具有大量折角的墙。现在，如果你看下页的图1、图2和图3，你可能感到困惑：在这些情况中，是说新建了两道墙还是说新建了四道墙呢？但是你不能称它们是题目所要求的三道墙。因为这里所发生的相交，对我们的问题或者有影响，或者没有影响。

如果你用打结的方法把这两段绳子牢牢地系在一起，或者用一种航海上的方法把它们绞接起来，它们就成了“一段绳子”。如果你只是把它们相互交叉地放置，或者说重叠，它们仍然是“两段绳子”。这完全是一个是仅仅连住还是紧密结合的问题。同样可以认为，如果把两道墙建造成一体，我几乎可以说，如果把它们建造得成为一回事——它们就成了一道墙。在这种情况下，如果明确指出图1、图2和图3中那四个端头只是与外围的圆墙接触，而并非真正地形成一体的话，那么它们都可以说成是具有一道或者两道墙。

图4之所以不能成为这个谜题的解答，在于虽然它具有所要求的三道墙（假定其端头没有与外围的圆墙形成一体），但只有当我们假设这些墙没有厚度时，它才是绝对正确的。砖是有厚度的，这个事实便将这一解法从整体上予以否定，使它仅成为一种近似正确的解法。

图5显示了或许唯一正确并完全令人满意的解答。读者可以注意到，除了那道圆墙，还有三道新建的墙，它们互相接触（所以可以围起来），但并没有形成一体。这个解答可适用于任何厚度合理的墙，它在土地面积和墙面长度上的正确性是如此明显，以致于没有必要再作解释。不过，我只想说一下，每位租户让给他邻居的那个半圆形的地块，正好等于他邻居让给他的那个半圆形地块，而每家花园中的任何一块墙面，也会在其他三家花园中一模一样地重复出现。当然，有无穷多的方法可以把这个解答变形为其他同样正确的解答。

194. 贝琳达女士只需要做这些事：从A量到B，把她的卷尺一折为四，标出点E，即这条边长的1/4处。然后用同样的方法标出点F，即AD边的1/4处。现在，如果她令EG等于AF，令GH等于EF，那么AH就是为了使花坛面积正好是花园之一半而需要的道路宽度。只有当这两条边长的平方和是一平方数的时候，才能获得的一次准确的数据测量结果。比方说，如果花园的尺寸是长12杆宽5杆（于是12的平方为144，5的平方为25，两者之和为169，即13的平方），那么12加上5，再减去13，等于4，它的1/4，即1杆，就是这条道路的宽度。

195. 如果解题的方法正确，这道题目真的是很简单。设下页图中三角形ABC代表我们那块半英亩的牧场，其中阴影部分代表山羊被一根

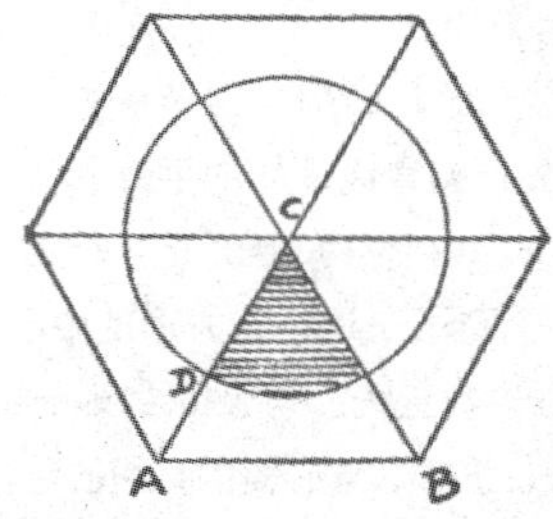

拴绳拴在角顶点C处时它所能啃食到的1/4英亩草地。好，六个同样的等边三角形放在一起会形成一个正六边形（如图所示），因此阴影部分草地的面积显然就是整个圆面积的1/6。于是我们所要求的只不过是一个圆的半径（CD），而这个圆的面积为6个1/4英亩或者说1又1/2英亩，它等于9408960平方英寸。由于我们只要求“舍入到最接近的整数英寸”的答案，因此就我们的目的来说，如果我们令1：3.1416等于这个圆的直径比它的周长，那就已经足够精确了。于是，如果把我给出的最后那个数除以3.1416，再开平方，我们会发现1731英寸，即48码3英寸，就是所求的“舍入到最接近的整数英寸”的拴绳长度。

196. 设下页图中的AB为给定的直线段。以A和B为圆心，以AB为半径作两个圆。标出DE和EF，它们都等于AD。以A和F为圆心，以DF为半径作圆弧交于G.以A和B为圆心，以BG为半径，作

出点N和圆弧GHK，其中HK等于AB。

令HL等于HB。接下来以K和L为圆心，以AB为半径作圆弧交于I。令BM等于BI。最后，以M为圆心，以MB为半径作圆弧交那条直线段与C，

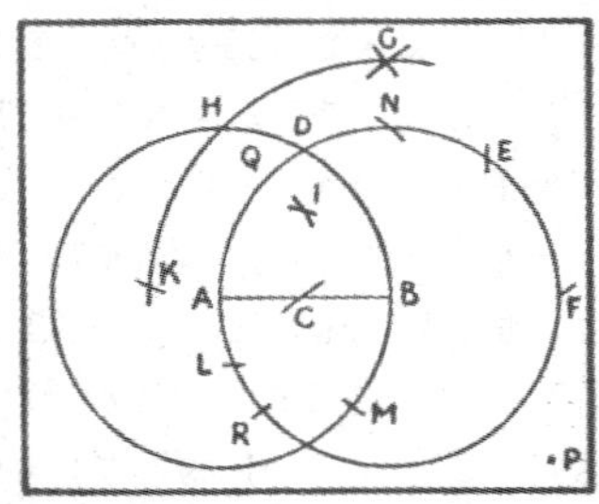

则点C即为所求的直线段AB之中点。如果要更加精确，你可以以A为圆心标出R（就同你以B为圆心标出M一样），然后以R为圆心再作一条圆弧过C点。这同时也解决了这样一个问题：给定两点，但这两点间的连线没有给出，求出这两点连线的中点。

我将展示给年轻的几何学家们一个严格的证明。首先证明直线段AB的平方的两倍等于距离BG的平方，由此可知HABN是一个正方形的四个顶点。为证明I是这个正方形的中心，从H出发经过B作一条直线，与弧HK的延长部分交于P。接下来，设想这条必需的直线已经作好，角HKP是直径所对的圆周角，因此是直角。向HP作垂线KQ，通过三角形的相似，并根据HKI是等腰三角形这个事实（由作图），可以证明HI是HB的1/2。同样可以证明，C是以A，I，B为三个顶点的正方形的中心。

顺便说一句，这种并不是最简单的解法。

197. 下面的第一幅插图几乎每个人都会给出这个谜题的答案，而且乍看上去似乎十分令人满意。但是请想一想题目的条件。我们必须

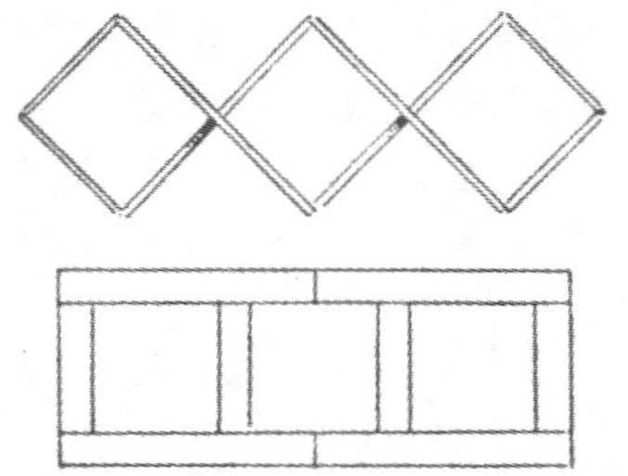

“把每一根棍子都平放在桌子上”。好，如果一架梯子靠在墙上，只有一头放在地上，这也许就不能说它是“平放在地上”。而如果我们把棍子以如上的方式放置，那么只可能使棍子的一头接触桌子，说每一根棍子都平放在桌子上就不对了。为了得到答案，只能让我们的棍子具有适当的尺寸。比方说每根长棍子的长度为2英尺，而短棍子为1英尺。然后这些棍子必须有3英寸宽，这样才可以围成三个正方形，如第二幅插图所示。如果我说的是“火柴”而不是棍子，这道谜题就不可能有解答了，因为一根普通的火柴，其长度大约是宽度的21倍，围出的矩形不会是正方形。

198. 我发现有非常多的人都认为下面这种说法就是这个题目的正确答案。他们用下图中的字母论证道：如果你让距离BA是BC的1/3，从

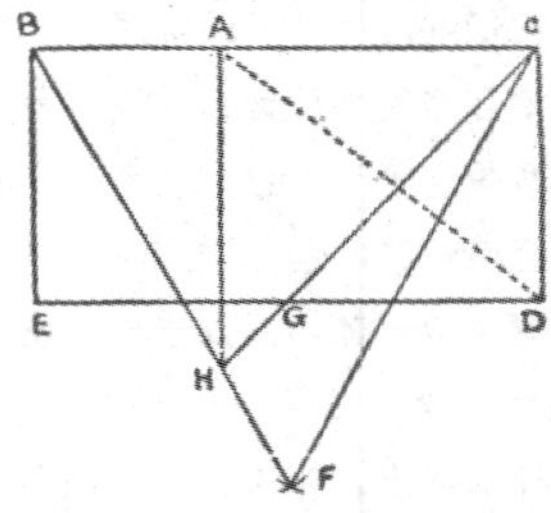

而使矩形ABE的面积等于留下的那个三角形的面积，那么把这块纸板吊起来其边长一定会保持水平。读者还记得查理二世开的那个玩笑吧。这位国王让皇家学会开会讨论：为什么把一条活鱼放入一个贮水的容器后，容器里的水却没有升高？会开到一半的时候，与会者中一个最没有名气的人偷偷溜出去做了这个实验，结果他发现，水其实是升高了！如果给我来信的读者用一块纸板同样做一下实验，他们立刻就会发现他们错了。面积是一回事，重力作用完全是另一回事。那个三角形把腿伸到了D点，这件事的后果得由另外的矩形面积来抵消。事实上，BA与AC的比例是1与3的平方根之比，后者不能以准确值给出，但它的近似值是1.732。现在让我们来看看正确的一般解法。有多种方法都可以得到这个预期的结果，但是我给出一种方法，我认为它对于刚刚入门的人来说是最简单的。

把你的纸板固定在一张纸上，作出等边三角形BCF，其中BF和CF都等于BC。再标出点G，

使得DG等于DC。作线段CG，并将它延长，交BF与H。现在如果我们作HA平行于BE，那么从A点到D点就是我们的剪切所必须遵循的线路，如那条虚线所示。

有关这道题目，一个奇特的地方就是A点的位置与CD边无关。这个解释在我给出的这个解法中表现得比我所看到的其他任何解法都要显而易见，这就是我偏爱这个解法的部分原因（虽然在其他一些解法中，所有的操作可以在纸板上完成）。你马上会看到，不管你把E与B，D与C靠得有多近，把这纸板的宽度减得有多小，线段CG作为一个正方形的对角线，总是保持着固定的方位，它必定交BF于H。最后，如果你想得到距离BA的近似值，你要做的只是把纸板的长度乘以小数0.366。比方说，如果这块纸板长7英寸，我们就得到7×0.366=2.562，即英寸多一点，作为从B到A的距离。

不过这道谜题所开的真正玩笑是在这里。我们已经看到，A点的位置与纸板的宽度无关，它完全依赖于长度。那么，就在题目的图示中，你会发现那两块纸板具有同样的长度；结果，这位小姑娘要做的只是：把剪去一块的纸板放在另一块纸板的上面，在后者上标出A点，使得它与纸板左上角的距离与前者上的A点一样！因此，帕普斯的谜题，既然是给他的小女儿做的，毕竟是一道完完全全的小孩子题目。他可以向她演示怎样来完成这一壮举，而用不着先给她介绍静力学和几何学的基本知识。

199. 把两根立竿的高度相乘，再把它们相加，将其中的一个结果除以另一个结果。也就是说，如果那两个高度分别是a和b，那么ab/(a+b)就是交点的高度。于是在我们这道谜题所指定的情况中，交点离地面高2英尺11英寸。两根立竿之间的距离跟答案无关。本来以为这是一个偶然性省略的读者，也许有兴趣找出为什么可以不考虑两根立竿间距离的原因。

200. 这里有一个解答这个谜题的一般公式。称这矩形的两条边为a和b，那么

$$\frac{a+b-(a^2+b^2-ab)^{½}}{6}$$

就等于要割去的正方形小块的边长。题目给出的尺寸是长8英尺宽3英尺，代入上述公式计算，得8英寸，这就是必须割去的正方形小块的边长。当然，并不总能像这样得出准确值（原因在于那个开平方），但是你可以用小数，使它与准确值要多近就多近。

201. 这个简单的规律就是：必须先在圆锥高度的1/3处横切一下。

202. 假如你在一个轮子的周边上标定一个点A，让这个轮子像普通大车轮子那样在平坦的路面上滚动，那么这个点所描出的曲线就是通常的摆线，如图1所示。但如果你在一个火车轮

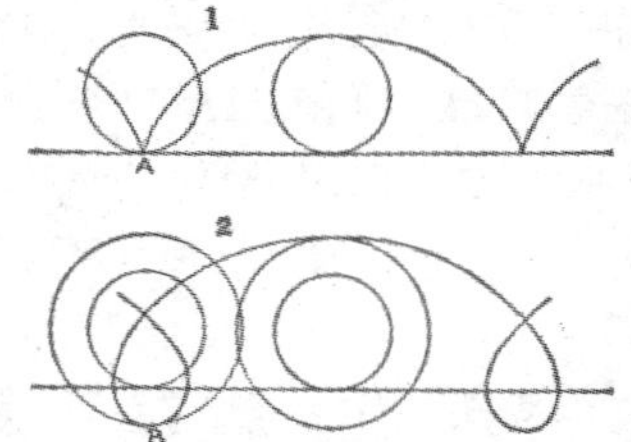

子轮缘的周边上标定点B，那么这条曲线将是一条短辐旋轮线，如图2所示，上面长出了一个个的“瘤”。现在，如果考察这些“瘤”或者说这些圈中的一个，我们就会看到，“在任何给定的瞬间”，这个圈底部附近的一些点一定是背着火车前进的方向运动。由于在轮缘的周边上这样的点有无穷多个，因此当火车处于运动状态时，一定是描出了无穷多个这样的圈。确实，在任何给定的瞬间，轮缘上总有一些点在朝着与火车前进的方向相反的方向运动。

在那两个轮子的情况中，围着静止轮子滚动的那个轮子绕着自己的中心转了两圈。由于这两个轮子大小一样，因此很显然，如果一开始我们在上方轮子的周边上标个点，就标在顶上，那么当这个轮子滚了一半路程而处于其最底位置的时候，这个点将与下方轮子接触。于是这个点再次位于滚动轮子的顶上，这个轮子转了一圈。因此，当它完成全部路程时就转了两圈。

203. 将这12根火柴按照如图所示的样式摆放，你就会得到6个同样大小的羊圈。

204.(1)最容易的方法是将这18根火柴摆放得如图1和图2所示，其中垂线AB的长度是一根半火柴。于是，如果火柴是1英寸长，那么图1的面积是2平方英寸，图2的面积是6平方英寸——4×1又1/2。

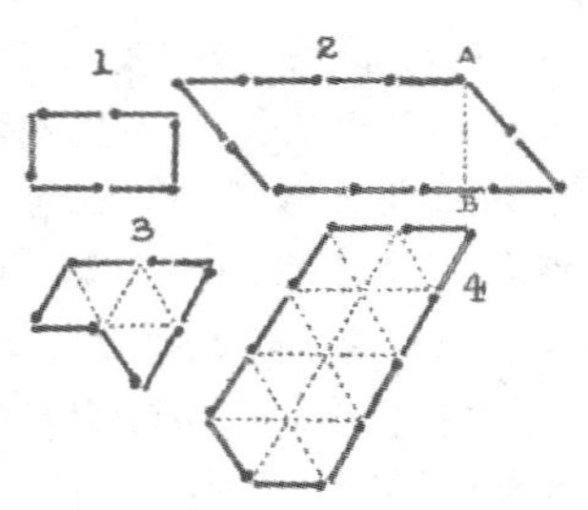

(2)第二种情况稍微有点难解决。解答由图3和图4给出。为了说明，暂时将一些火柴放在虚线处。于是可以看到，图3包含了5个相等的等边三角形而图4包含了15个这样的三角形，一个图形是另一个图形的三倍大，而且用了正好18根火柴。

205. 我通常发现，这个小谜题的解答者可粗略地分成两类：一类是会用多少有点复杂的计算的人，包括用到π，得到了误差在1英里之内的答案；另一类则把他们的算术风筝放到了离实际情况几百英里甚至几千英里远的地方。我即将给出的这个相对容易的解法，一点儿都没有涉及圆的直径与周长之比。我把它叫做“帽盒方法”。

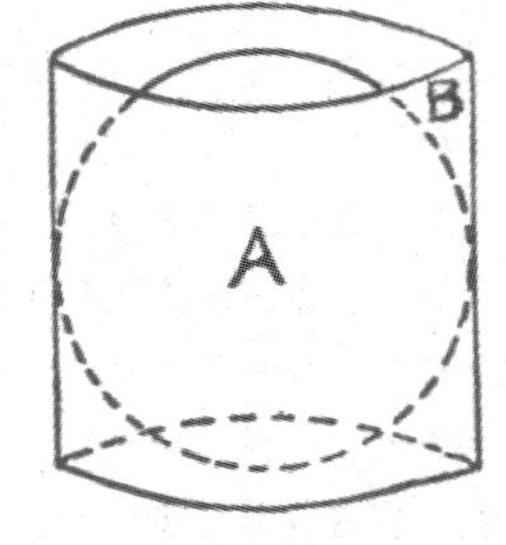

假定我们把这个球A放到一个圆柱形的帽盒B里，而且正好合适，也就是说它不但与周围的圆柱形侧面接触，而且正好与其顶面和底面接触，如插图所示。接下来，根据人人都应该知道的一条亘古不变的定律，这个帽盒的体积正好比这个球的体积大1/2。因此，既然球的直径是24英寸，那么一个同样周长但高为球直径的2/3（即16英寸）的帽盒将正好与这个球体积相同。

现在我们认为，这个高度减小了的帽盒，是由大量圆柱体状金属线小段像漆刷上的毛那样束在一起做成的一个金属圆柱体。根据谜题的条件，我们可以认为这些金属线小段之间没有空隙。这些1/100英寸粗细的小圆柱体要有多少个才能相当于那个24英寸粗细的大圆柱体呢？圆面积之比等于其直径平方之比，1/100的平方是1/10000，24的平方是576，因此这个大圆柱体相当于5760000=92160000英寸。把它化为英里，得到1454英里2880英尺。这就是系在教授风筝上的金属线长度。

一只风筝会不会飞到这样一个高度，或者能不能经受得住这样一个重量，这并不是我们这道谜题要考虑的问题。

第3章

点和线问题

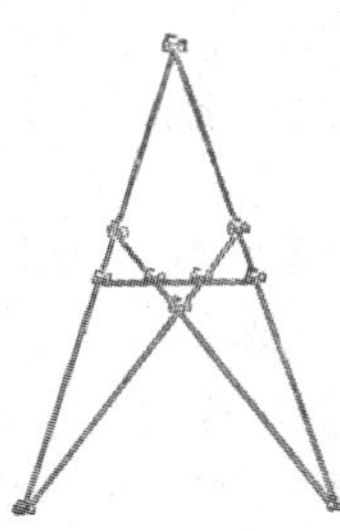

206. 按照谜题要求，要把这10座城堡建造得能连成五行，并且每行有4座城堡的方式有很多种，但是下图显示的是唯一一可以使其中2座（这是最大的数目了）城堡不能从外面直接抵近的布局方式。可以看到，你必须翻过墙才能抵达这两座城堡。

207. 假设没有樱桃树和李子树在果园北面和东面的边上种得尽可能少这个条件，那么用来解决这道题目的方式有好几种。最好的布局方式如这幅草图所示，其中樱桃树、李子树、苹果树分别用C、P、A表示。虚线把樱桃树连了起来，实线把李子树连了起来。可以看到，那10棵樱桃树和10棵李子树种得各自能连成五条直线，每条直线上有4棵相应种类的树。这是唯一使种在果园北面边上和东面边上的樱桃树或李子树少到只有2棵的布局方式。

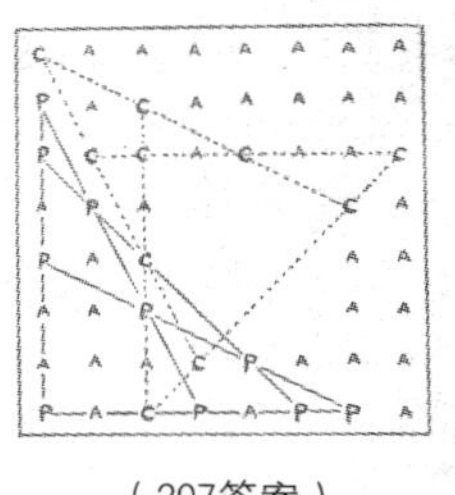

（207答案）

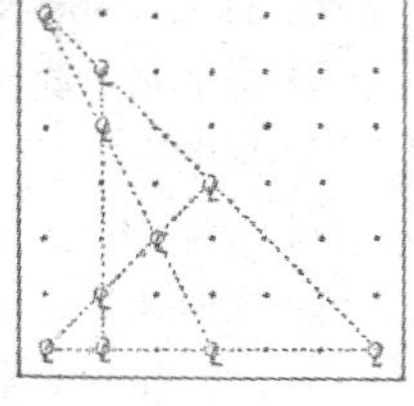

（208答案）

208. 上面的这个图示显示了必须留下的那

10棵树，它们可以连成五行，每行有4棵树。那些点代表被砍倒的树的位置。

209. 我在下面给出了两种让人愉快的布局

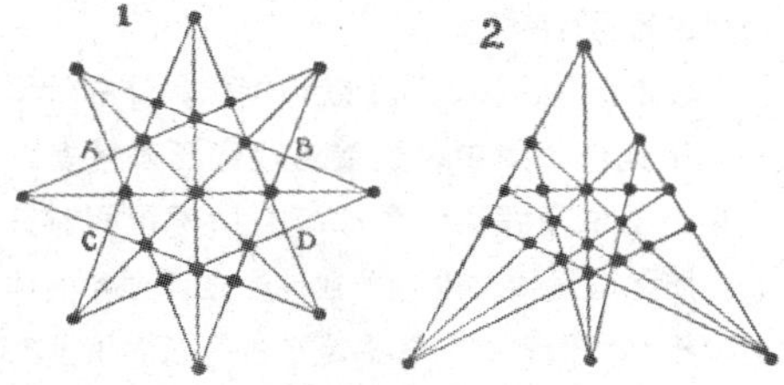

方式。每种方式都是分成12行，每行5棵树。

210. 这个谜题的答案是恰好有2400种不同的方式可以从一边拿走任何3枚硬币而从另一

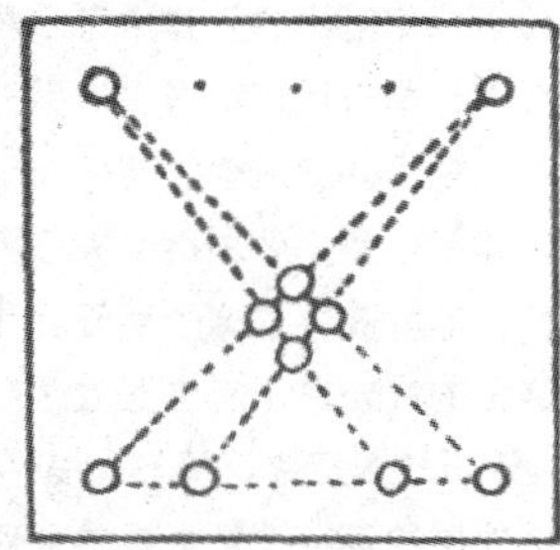

边拿走任何一枚硬币。我在下面给出了四个例证。我们从顶行挑走3枚可以有十种方式，而从底行挑走一枚则有五种方式，加起来一共有50种方式，但我们还可以有从底行挑走3枚而从顶行挑走一枚的50种方式，这样我们挑走4枚的方式一共有100种，而这4枚硬币通过换位可以有24种排列方式，因此一共有24×100=2400个不同的解。

迄今我所给出的点与线谜题，除了上面那道题以外，都是以各种形式要求把10个点摆放得能连成五条直线，每条直线4个点，因此对这种具体情况予以一般的考虑将是有所益的。一共有六个基本解，如下页的六幅草图所示，不会再有其他的了。出于方便，我在几年前把

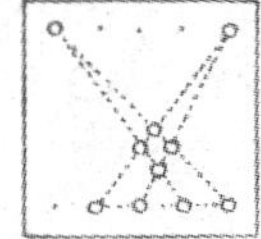

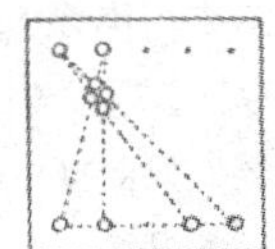

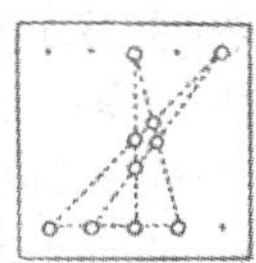

它们命名为“星星”“飞镖”“圆规”“漏斗”“剪刀”和“钉子”。读者会明白，可以把这些图形中的任何一种变形为无穷多种不同的样式而不会破坏其本质特性。

在“国王和城堡”中，我们有“星星”，而其解答则给出了“圆规”。在“樱桃树和李子树”的解答中，我们发现樱桃树构成了“漏斗”而李子树构成了“飞镖”。

“种植的谜题”的解答是变了形的“飞镖”的一个实例。“十枚硬币”的任何一个解都将表现为一把“剪刀”。于是除了“钉子”外，这些基本解的例子都给出了。

在一张缩减了的7×7国际象棋棋盘上，我们正好能以三种样式把10个兵摆放得符合上述条件，但它们都只能构成“飞镖”。“种植的谜题”显示了一种样式，李子树显示了第二种样式，读者可能愿意自己去找出第三种样式。在一张通常的8×8国际象棋棋盘上，我们还可以放入“漏斗”的一个漂亮实例——它关于棋盘的对角线对称。

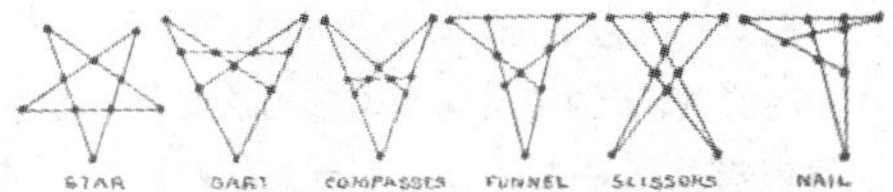

能容得下“星星”的最小棋盘是9×7的棋盘。“钉子”需要一张11×7的棋盘，“剪刀”需要11×9的棋盘，而“圆规”则需要17×12的。这些至少是我笔记本上记录的最好结果，它们可能会被打破，但我不这样认为。

如果你沿一条对角的锯齿线把一张棋盘一分为二，使得分下的较大部分有36个格子，较小部分有28个格子，那么你可以在较大部分摆放三个相互分离的构形，而在较小部分摆放一个构形（它们都是“飞镖”），而且互不冲突——也就是说，它们占据着40个不同的格子。如果不把棋盘划分开来，这些构形则能以其他样式摆放出来。能容纳六个不同的构形（它们并非不同的基本解）、而且其中一个构形的任一条直线都不与另一个构形的直线相交的最小的正方形棋盘，是14*14的棋盘；能容纳一个完全被另一个构形的直线所包围的构形、而且此构形的任一条直线从一点画到另一点时都不与另一构形的直线相交的最小棋盘，是14×12的棋盘。

211. 假如你不管那4块黑馅饼，那么其余12

块馅饼都在它们原来位置上。现在把其中4块分离的馅饼挪到4块黑馅饼所占据的位置，你就能把它们连成七行，每行4块馅饼，如虚线所示。

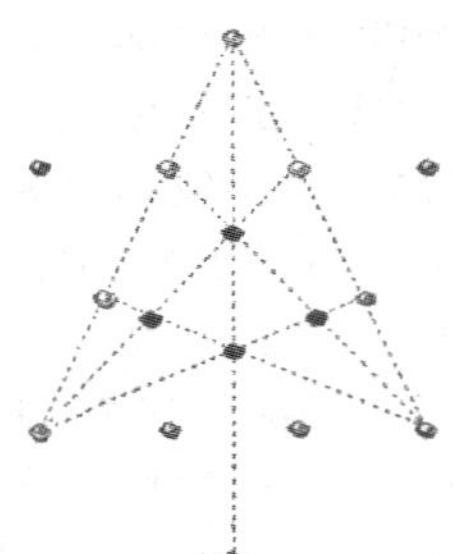

212. 下面给出的布局方式是所能求得的结果为21行的答案中

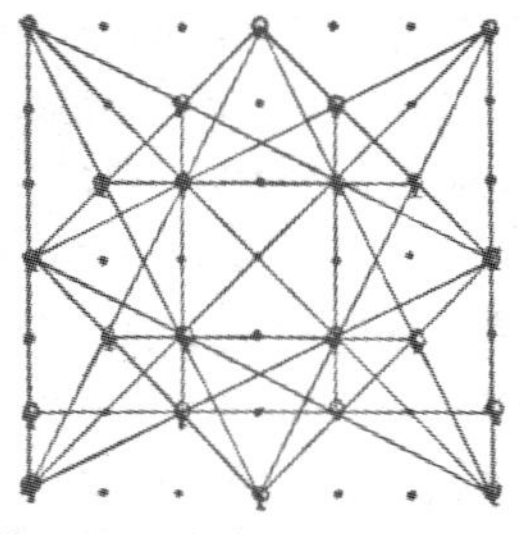

最为对称的，而且我认为，这就是最大的行数了。有好几种方法可以达到这个最大行数。

213. 读者的主要问题是求出这支俄罗斯军队可能有的最少人数。由于敌人从四面八方开火，因此必须求出至少要有多少个脑袋，才能连成16条直线而且每条直线上有3个脑袋。注意，我是说16条直线，而不是32条直线，这是因为任何一条由一颗子弹所走的直线，也可以是从正好相反的方向射来的另一颗子弹所走的直线。那么只要有11个点，或者说11个脑袋，就可以把它们摆放得能连成所要求的16条直线，每条直线上有3个点或者说3个脑袋。但是具体怎样摆放，却是一个难题。下面的这幅草图显示了应该怎样做。

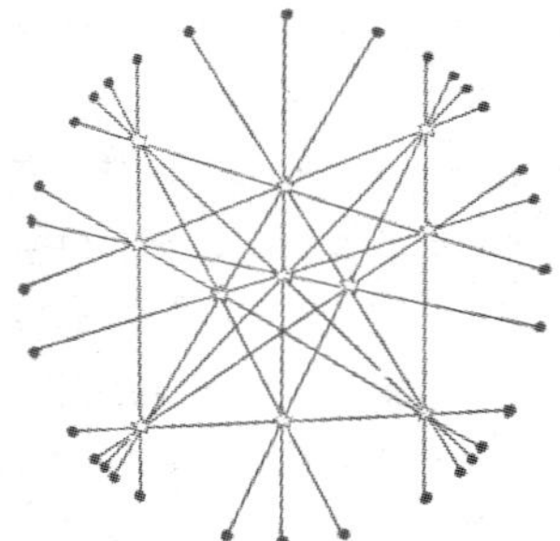

因此，如果11名俄罗斯军人处于五角星所表明的位置，而32个土耳其人处于黑点所指示的位置，你就会看到，每个土耳其人都可以射出一颗紧贴着3名俄罗斯军人的头皮飞过的子弹。但由于每颗子弹打死一人，因此只能是每个土耳其人打死了他的一名同胞，而反过来他自己又被这名同胞所击毙。

假如不是这样，我们就得提供另外的俄罗斯人来让他们射中，这就对我们正确解答这道题目造成了毁灭性的破坏。由于是同时开火，所以上述情况没有导致什么难以理解的地方。于是我们看到，答案是至少有11名俄罗斯军人，无人阵亡，而32个土耳其人相互射杀，全部阵亡。题目没有说俄罗斯人是否开火，但很显然，即使他们开了火，也不会有效果。这是因为：如果他们射出的子弹中有一颗杀死了一个土耳其人，那么我们就得提供另一个人让土耳其人的一颗子弹来射杀；而已知土耳其人一共32个，这就使我们必须再引进一名俄罗斯军人，当然，这就破坏了这个解答。我重复一下，这道谜题的难处在于怎样摆放这11个点，使得它们能连成16条直线，每条直线3个点。据我所知，这件事的可行性是由威尔金森牧师先生（Rev. Mr. Wilkinson）在大约20年前发现的。

第4章

移动筹码谜题

214. 读者可以按下述次序移动青蛙：2，4，6，5，3，1（将这些步骤以同样的顺序再重复两次），2，4，6。这个解答用了21步——这是最小的步数了。

如果青蛙的只数n是偶数，那么我们需要（n^2+n）/2 步，其中（n^2-n）/2步是跳跃，而n步是纯粹的移动。

对于偶数的情况，为求得其步骤，将所有的偶数按升序写下来，接着将所有的奇数按降序写下来。这个数列必须重复n/2次，后面接上按升序排列的偶数，只要接一次即可。例如，对于14只青蛙，解答是将（2，4，6，8，12，14，13，11，9，7，5，3，1）重复7次，后面接上2，4，6，8，10，12，14。总共是105步。

对于奇数的情况，是将偶数按升序写下

来，接着将奇数按降序写下来，将这个数列重复（n-1）/2 次，接上按升序排列的偶数（删去n-1），再接上按降序排列的奇数（删去1），最后是按自然顺序排列的所有数（偶数和奇数，但删去1和n）。例如，对于11只青蛙，答案是：（2，4，6，8，10，11，9，7，5，3，1）重复5次，2，4，6，8，11，9，7，5，3，以及2，3，4，5，6，7，8，9，10。总共是73步。

第一次在这里公布这个谜题的完整的一般性答案。

215. 按下述次序移动筹码。括号中的步骤要连续进行四次。12，1，3，2，12，11，1，3，2，（5，7，9，10，8，6，4），3，2，12，11，2，1，2。于是用44步就可把蚂蚱的排列顺序反过来。

这道题目的一般解答十分难。当然，如果我们不期望用最少的步骤，那么它总可以用上一道谜题解答中给出的方法解决。但是要采用一种绝对节省的走法，我们就要考虑两个关键点。这里的筹码移动总可分为两类，一类我称为下部移筹（L），另一类称为上部移筹（U）。L是将某些大编号的筹码（例如我们这道“蚂蚱谜题”中的第12、11、10号）与某些小编号的筹码（例如第1、2、3号）交换位置；前者沿顺时针方向走，后者沿逆时针方向走。U是将中等编号筹码的排列顺序反过来。可以看到，在上面这个关于12枚筹码的解答中，12、11号筹码和1、2，3号筹码进行了L移筹，而4、5、6、7、8、9、10号筹码进行了U移筹。L移筹要走16步，U移筹要走28步，总共是44步。我们也可以令10号筹码参与L移筹，这将使得L移筹要走23步，U移筹要走21步，总共也是44步。我把它们称作第一种方法和第二种方法。其他任何方案都会导致步数增加。不论是奇数枚筹码还是偶数枚筹码，你总可以有这样两种方法（它们的节省程度是一样的），但是关键在于要确定到底有多少枚筹码要进行L移筹，有多少枚筹码要进行U移筹。下页是用表格形式给出的解答。但首先要注意，n取具体数值时，n为2、3、5的情况是特例，它们分别需要3步、3步和6步，而对于n为5和6的情况，用第二种方法不能得出最小解——对它们只能用第一种方法。

我们可以更一般地说，对于m枚筹码，如果m是大于4的偶数，我们要走（m^2+4m-16）/4步；如果m是大于3的奇数，就要走（m^2+6m-31）/4 步。这样，我就向读者交代了怎样来算出任何情况下的最小步数，以及这些步骤的基本特征和移动方向。我让读者自己去发现怎样来确定实际的移动步骤。这可是一根硬骨头，需要对L移筹和U移筹进行细致的调整，使得它们能相互配合。

筹码的总数	L移筹		U 移筹		Total No. of Moves.
	筹码数	移动筹码数	筹码数	移动筹码数	
4n	n-1and n	$2(n-1)^2+5n-7$	2n+1	$2n^2+3n+1$	$4(n^2+n-1)$
4n - 2	n-1"n	$2(n-1)^2+5n-7$	2n-1	$2(n-1)^2+3n-2$	$4n^2-5$
4n + 1	n"n+1	$2n^2+5n-2$	2n	$2n^2+3n-4$	$2(2n^2+4n-3)$
4n - 1	n-1"n	$2(n-1)^2+5n-7$	2n	$2n^2+3n-4$	$4n^2+4n-9$

（第一种方法）

筹码的总数	L移筹		U 移筹		Total No. of Moves.
	筹码数	移动筹码数	筹码数	移动筹码数	
4n	n and n	$2n^2+3n-4$	2n	$2(n-1)^2+5n-2$	$4(n^2+n-1)$
4n-2	n-1 " n-1	$2(n-1)^2+3n-7$	2n	$2(n-1)^2+5n-2$	$4n^2-5$
4n+1	n " n	$2n^2+3n-4$	2n+1	$2n^2+5n-2$	$2(2n^2+4n-3)$
4n-1	n " n	$2n^2+3n-4$	2n-1	$2(n-1)^2+5n-7$	$4n^2+4n-9$

（第二种方法）

216. 下面展示的跳跃用十步解决了这道谜题：从2跳到1，从5跳到2，从3跳到5，从6跳到3，从7跳到6，从4跳到7，从1跳到4，从3跳到1，从6跳到3，从7跳到6。

217. 按下述次序走筹码：K C E K W T C E H M K W T A N C E H M I K C E H M T。这儿就是Twickenham（推肯海姆谜题）。筹码所在的位置就决定了你是把它做一次跳跃还是做一次纯粹的移动。

218. 如果要解决这道谜题，读者需要做成两件事：第一件是操纵这些筹码，使得它们沿原来方向围绕着十字架组成VICTORIA这个词，首字母落在一条黑臂之中；第二件是用最少的步骤完成这一壮举。实际上，如果这个词的字母各不相同，那么第一件事是无论如何都完不成的；但这里有两个I，因此把这两个字母换一下位置就能做成这件事——也就是说，把第一个I从第二位换到第七位，把第二个I从第七位换到第二位。但是我介绍这道谜题时提到的稍有点不同凡响的一件事是：按以下这些词的顺序移动字母："A VICTOR! A VICTOR! A VICTOR!"就可以得到一个用了22步的解答。

不过，这道题正好有6个用了18步的解答，下面是其中的一个：I（1），V，A，I(2)，R，O，T，I(1)，I(2)，A，V，I (2)，I(1)，C，I(2)，V，A，I(1)。在这个词中的第一个I和第二个I用数字1和2 加以区别。

读者会注意到，在上面给出的第一个解答中，有一个I从不移动，但是另一个I的移动导致它改变了自己的相对位置。这道题还有一个独特之处，我可以把它指出来——有一个用了28步的解答，它除了那两个I之外，不需要把任何字母移到中央分区。我还可以提一下，在每个用了18步的解答中，字母C，T，O，R都只是移动了一次，而第二个I总是移动四次，V总是被转移到这个十字架的右臂。

219. 这个谜题可以用23步解决——这是最小的步数了。按下面的次序滑动木块：A B F E C，A B F E C，A B D H G，A B D H G，D E F.

220. 最简便的方法是按下面的次序搬器具：钢琴、书橱、挂衣橱、钢琴、陈列柜、五斗橱、钢琴、挂衣橱、书橱、陈列柜、挂衣橱、钢琴、五斗橱、挂衣橱、陈列柜、书橱、钢琴。这样，必须要有17步。然后女房东可搬动五斗橱、挂衣橱和陈列柜。道博森先生是不会在乎挂衣橱和五斗橱对换了房间的，他只要把钢琴拿到手就行了。

221. 这个"八台机车"的谜题解答如下：已经熄火而不能移动的机车是5号机车。按下面的次序移动其他机车：7，6，3，7，6，1，2，4，1，3，8，1，3，2，4，3，2。一共移动17次，就可以让这八台机车按照要求的顺序排列了。

另外还有两个有点不同的解答。

222. 要解答这道谜题只要九步就可以。如下移动这些机车：从9到10，从6到9，从5到6，从2到5，从1到2，从7到1，从8到7，从9到8，最后从10到9。于是你将使得三个圆周的每一个上和三条直线的每一条上都有一台A机车、一台B机车和一台C机车。这是所有可行的解答中最简短的。

223. 只需要反向六次就可以了。把白色列车（从A开向D的）分为三组：机车和前7节车厢一组，中间8节车厢一组，最后1节车厢一组。黑色列车（从D开向A的）自始至终一节车厢都不脱钩。图示1是原始位置，但白色列车的第二组（中间8节）和第三组（最后1节）都脱了钩。黑色列车前进到图示2所示的位置（没有

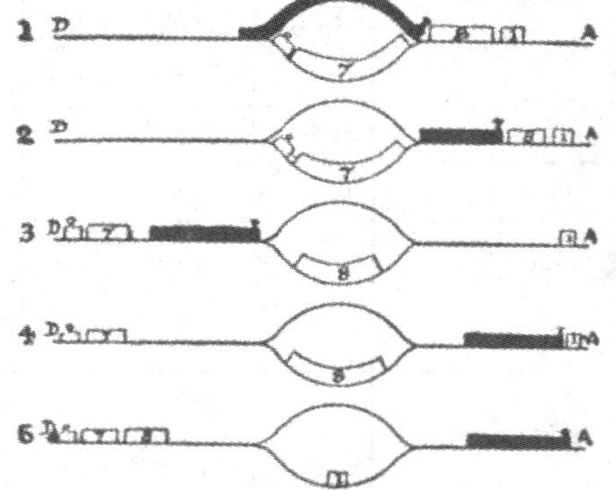

发生反向）。白色列车的第一组（机车和前7节车厢）向D前进，而黑色列车倒退，并把第二组8节车厢留在会车线上，占取图示3所示的位置（第一次反向）。黑色列车来到图示4所示的位置，挂上那单节车厢（第二次反向）。黑色列

车倒退着把第二组推出会车线，并把那单节车厢留在那儿，然后便赶它的路去了，如图示5所示（第三次和第四次反向）。现在白色列车倒退进会车线，把那单节车厢挂上，然后直奔D而去（第五次和第六次反向）。

224. 可以用下面展示的43次移动使得汽车位置对换：

6-G, 2-B, 1-E, 3-H, 4-I, 3-L, 6-K, 4-G, 1-I, 2-J, 5-H, 4-A, 7-F, 8-E, 4-D, 8-C, 7-A, 8-G, 5-C, 2-B, 1-E, 8-I, 1-G, 2-J, 7-H, 1-A, 7-G, 2-B, 6-E, 3-H, 8-L, 3-I, 7-K, 3-G, 6-I, 2-J, 5-H, 3-C, 5-G, 2-B, 6-E, 5-I, 6-J.

当然，“6-G”就是指编号为“6”的那辆汽车移动到“G”这个车位。移动43次的方式还有几种。

225. 从图示中我们可以看到怎样把这些囚徒安排形成多达16个的偶数排。其中有4个竖直的，4个是水平的，5个与一条对角线平行，3个与另一条对角线平行。这里的箭头显示了那4名囚徒的转移情况，而且可以看到，右下角那个年老体弱的人没有被转移。

226. 要让单词在所要求的条件下沿着环放置，读者必须选择其中字母在某些相对位置上重复出现的词。比如， 解决我们这道谜题的词就是Swansea（斯旺西），其中第一个字母与第五个字母相同。我们按字母在词中的顺序如下完成跳跃：2-5，7-2，4-7，1-4，6-1，3-6，8-3。我们也可以放入一个像Tarapur（达拉布尔）这样的词（其中第二个字母与第四个字母相同，第三个字母与第七个字母相同），步骤如下：6-1，7-4，2-7，5-2，8-5，3-6，8-3。 不过Swansea是唯一合适的词，这很明显，因为它满足这道谜题的各个条件。

这个谜题应该同我在第341题“四只青蛙”的解答中提到的那个“夏普的谜题”相比较。条件“点触，然后跳过两个圆圈”等同于“点触，然后沿着一条直线走”。

227. 这里是一个用了19步的解答，被包含在一对括号里的走棋只算一步：

19-17, 16-18, (29-17, 17-19), 30-18, 27-25, (22-24, 24-26), 31-23, (4-16, 16-28), 7-9, 10-8, 12-10, 3-11, 18-6, (1-3, 3-11), (13-27, 27-25), (21-7, 7-9), (33-31, 31-23), (10-8, 8-22, 22-24, 24-26, 26-12, 12-10), 5-17.

现在，除了一枚筹码仍然留在中央小孔之外，所有的筹码都被取走了。解答这道题需要较强的判断力，因为人们总是忍不住想在一步中进行好几次跳跃，而这样可能会把好棋给毁了。例如，在上面的解答中，走了第一个3-11之后，人们往往喜欢接着走11-25，25-27，或者11-9，9-7，以增加这一步的长度。

我认为步数已经是最少的了。

228. 这个谜题只需要四步就可以解决，具体如下：将5跳过8、9、3、1，将7跳过4，将6跳过2和7，将5跳过6。于是除了5之外，所有的筹码都被取走了，而5仍然在它原来所在的中心方格上。

229. 把盆子从上到下一行一行地按照顺序编号：（1，2，3，4），（5，6，7，8），（9，10，11，12），（13，14，15，16）。然后将第8号盆子的苹果移到第10号盆子，并按照下面的步骤进行，不断地把被跳过的苹果取走：9-11，1-9，13-5，16-8，4-12， 12-10，3-1，1-9，9-11。

230. 这里展示的是若干种解答中的一种解答：把12移到3，把7移到4，把10移到6，把8移到1，把9移到5，把11移到2。

231. 按照图示中看到的那个男孩正要采用的顺序，将盘子从1到12编号。从1开始，如下进行，其中“从1到4”的意思是：你拿起第1号盘子里的那枚硬币，把它移到第4号盘子。从1到4，从5到8，从9到12，从3到6，从7到10，从11到2，然后完成最后一圈到达第1号盘子。一共转了三圈。你也可以这样进行：从4到7，从8到11，从12到3，从2到5，从6到9，从10到1。用四圈来解决是很简单的，但用三圈的解答就比较难了。

这道题其实是另一种包装下的“鱼塘之谜”（《坎特伯雷谜题集》第41题）。

232. 在猫每次数到第13只老鼠就把它吃掉的条件下，要使得最后吃掉的是那只白老鼠，那就必须从第七只老鼠开始数（以白老鼠为第一只老鼠）。也就是说，从那只最靠近猫尾巴尖的老鼠开始数。在解决这个问题时，完全没有必要把所有的老鼠一只一只地作为起数点进行试验，因为你可以从任何一只老鼠开始数，然后记下最后被吃掉的老鼠离起数点的距离。你会发现它是第八只老鼠，因此起数点必定是从白老鼠开始反方向数的第八只老鼠，也就是我在上面已经指出的那只。

在第二道谜题中，你得求出这样一个最小数——猫儿用这个最小数从白老鼠开始数就可以在最后吃掉这只白老鼠。对于这种情况，如果你并未掌握这类问题的一般解法（这很难），那么你只能依次对每一个正整数进行试验，直到你遇到能产生这种结果的数。对你来说没有比这更好的办法了。这个最小数是21。如果你不得不采用试验法，那么你只要逐一算出被试数除以13、12、11、10等所得的余数，就可以大大节省你的劳动。例如，在被试数为21的情况中，我们得到余数8，9，10，1，3，5，7，3，1，1，3，1，1。请注意我没有把除以7、3、1所得的余数取作0，而是7、3、1。现在，按这个数列转着圈依次数到其中的每个数，你会发现，最后葬身猫腹的就是那只白老鼠。当然，如果我们仅仅是想求出具有这种性质的随便哪一个数，而不是最小数，那么我们只要取13、12、11、10等一直到2这些数的最小公倍数就可以了。这个数是360360，而且你会发现，第一次数到这个数将令第13只老鼠丧生，第二次数到这个数将令第12只老鼠丧生，接下来轮到第11只老鼠，如此等等，直到第一只老鼠。但是当有一个小到21的数同样能为其目的服务的时候，你不能指望这只酷爱算数的猫会取这样一个庞大的数。

对于第三种情况，这个最小数是100。1000这个数也行，而且在这两个数之间恰恰还有72个数同样可以让这猫用来取得这一成功。

233. 要让这四叠干酪处在一行的两端，可用如下的方式搬动干酪（其中的数字是指干酪的编号而非它们所在位置的编号）：7-2，8-7，9-8，10-15，6-10，5-6，14-16，13-14，12-13，3-1，4-3，11-4。这可能是所有已知解答中最容易的。要使得其中三叠堆在第13、14、15号干酪上，请这样做：9-4，10-9，11-10，6-14，5-6，12-15，8-12，7-8，16-5，3-13，2-3，1-2。要让这几叠干酪堆在3，5，12，14号干酪上，请这样做：8-3，9-14，16-12，1-5，10-9，7-10，11-8，2-1，4-16，13-2，6-11，15-4。

234. 将下面的一对对字母位置相互对换：H-K，H-E，H-C，H-A，I-L，I-F，I-D，K-L，G-J，J-A，F-K，L-E，D-K，E-F，E-D，E-B，B-K。如果我们完全不考虑对换，那么就会发现，虽然可以用11步将白色筹码移到它们该待的位置，但对于黑色筹码来说，少于17步是不能做到这一点的。因此我们不得不用白色筹码走一些废步，以与黑色筹码所需要的最小步数平衡。可见少于17步肯定是不行的。当然，有些步骤可相互交换。

235. 假如把敌方的舰队停泊成如图所示的阵式，那么读者可以看到，按图中数字所示的顺序和图中箭头所示的方向发射鱼雷，这16艘舰船中会有多达10艘的舰船被摧毁。随着一枚枚的鱼雷从3艘舰船底下穿过而把第四艘击沉，每有一艘舰船被击沉，就用铅笔把它划掉。

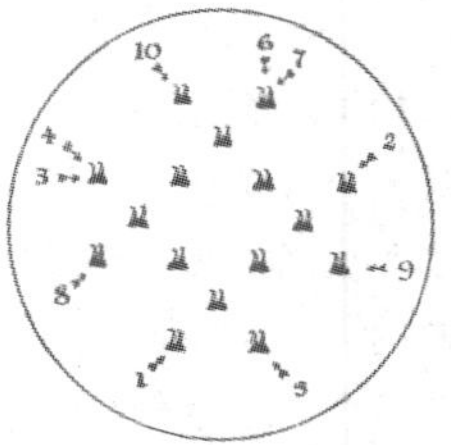

236. 我曾经建议读者用筹码来尝试着解决这道谜题，因此我用筹码来给出我的解答。缎面帽用黑色筹码表示，毛毡帽用白色筹码表

示。第一行显示了处于原始位置的帽子，接下来的各行则一次显示了每做一次操作（一共五次）后的状态。于是可以看到，我们首先移动2号和3号位置上的帽子，接着是7号和8号，再下

1	2	3	4	5	6	7	8	9	10	11	12
●	○	●	○	●	○	●	○	●	○		
●			○	●	○	●	○	●	○	○	●
●	●	○	○	●	○			●	○	○	●
●	●	○			○	○	●	●	○	○	●
●	●	○	○	○	○	○	●	●			●
		○	○	○	○	○	●	●	●	●	●

来是4号和5号，然后10号和11号，最后是1号和2号，结果使得5顶缎面帽靠在一起，5顶毛毡帽也靠在一起，而且两个空挂钩在这排帽子的一头。先移动的三对帽子每对都是不同颜色，后移动的两对帽子则每对颜色相同。值得一提的是，这道题目还有着其他的解法。

237. 13号罐子和19号罐子这两个本来就在它们应该在的位置上。由于每一次对换都可以把一个罐子放到它应在的位置上，因此很明显，22次对换将使所有的罐子按顺序排列。但是这个对换次数并不是最小的，正确的答案是17次。将下列一对对罐子相互对换：（3-1，2-3），（15-4，16-15），（17-7，20-17），（24-10，11-24， 12-11），（8-5，6-8，21-6，23-21，22-23，14-22，9-14，18-9）。当你将随便哪一对括号里的对换进行完毕时，这对括号里的数字就在它们应在的位置上了。一共有五对括号， 22减去5就得到所需对换的次数——17。

238. 这个谜题有许多不同的解答。除了7号和8号，任何一对相邻的孩子都可以在第一步被移动，而进行了这第一步之后，就有各种变化了。下面的解答显示了从一开始依次经过每一步直到最后的情况：

.	.	1	2	3	4	5	6	7	8
4	3	1	2	.	.	5	6	7	8
4	3	1	2	7	6	5	.	.	8
4	3	1	2	7	.	.	5	6	8
4	.	.	2	7	1	3	5	6	8
4	8	6	2	7	1	3	5	.	.

第5章

笔画线路问题

239. 这可以很容易地演示出来，因此我们必须在条件表述中找到一些圈套或模棱两可的话。现在如果你把纸折起来，然后把你的铅笔笔尖在折起来的纸中间画下去，然后你就能在我们的图示中用一笔画出两条线段CD和EF。然后从A开始，划线在B结束。最后把最后的线段GH放上去，这样就严格按照条件的要求做完了，因为折纸实际上是没有禁止的。当然，为了看得更清楚些，这里的线是并没有连接在一起。

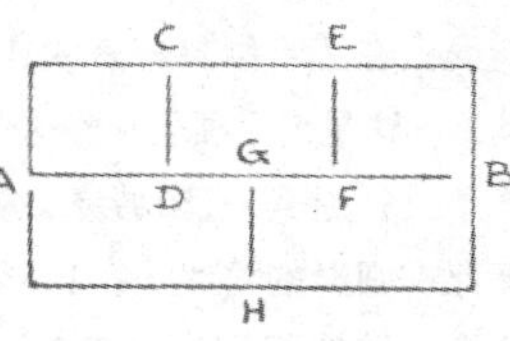

如果要抹掉这个谜题的形式，首先用一根指头在一画中抹掉A到B，然后用一根指头抹掉线段GH。最后，用两根指头同时抹掉剩下的两根垂直的线段。

240. 只有16个点（都在外面），三条路线据说是相连的。数学家把这种情况称为 “奇数节点”。有一个规则让我们知道在画现在这样一个图形时，有16个奇数点，就需要分开的八笔画或路线（也就是，奇数节点的一半多）来完成它。因为我们必须用这八画中的一画来差不多做到，很明显必须设计下从奇数节点到奇数节点的七划应该是尽可能的短。从A开始，在B结束，或者走相反的路线。

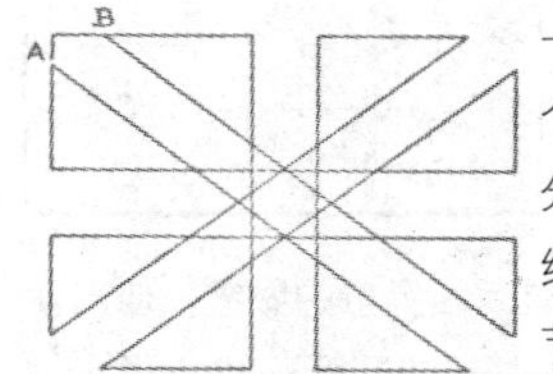

241. 检查者如果从B开始，走下面的路线，只需要走19英里：B A D G D E F I F C B E H K L I H G J K. 因此线路走过两次的唯一的部分是D到G部分和F到I部分。当然，路线可能是不同的，但是不可能再更短了。

242. 可以在连续的12划内做到，因此：从

图示中的A开始，八笔划完成星星，正好回到A；然后一笔绕着圆到达B，一笔到达C，一笔围绕圆到达D，最后一笔划到达E—总共是12划。当然，实际上第二笔圆的笔划会在第一笔上面；在图示中是分开的，星星的点没有连到圆上，这是为了便于观察这个解答。

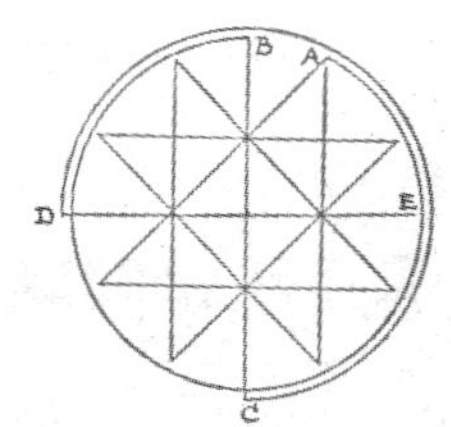

243. 注意有6个城镇，从那里只有两条路。因此在圆形的路线上，1必须在9和12中间。把这两条路线标识出为确定。同样的表示出9、5、14和4、8、14和10、6、15和10、2、13和3、7、13。所有的这些路必须选。然后你会发现他必须从4走到15，因为13是关闭的，他被迫选3，11，16，同时16，12. 因此只有一条路线，如下：1，9，5，14，8，4，15，6，10，2，13，7，3，11，16，12，1，或者相反的路程。七条路没有使用。

244. 读者从图示中可以看到（其中没有用的路都省略了），旅行者在15个转弯内最远可以走70英里。转弯是按照他们走到的顺序来编号的。可以看到，他从来没有走到过19个城镇。他可以在15个转弯内拜访所有的城镇，从不进入任意一个城镇两次，最后在黑色的城镇，他出发的地方结束（看“车的巡游”第321个谜题），但是这样的一个旅程只需要他走64英里。

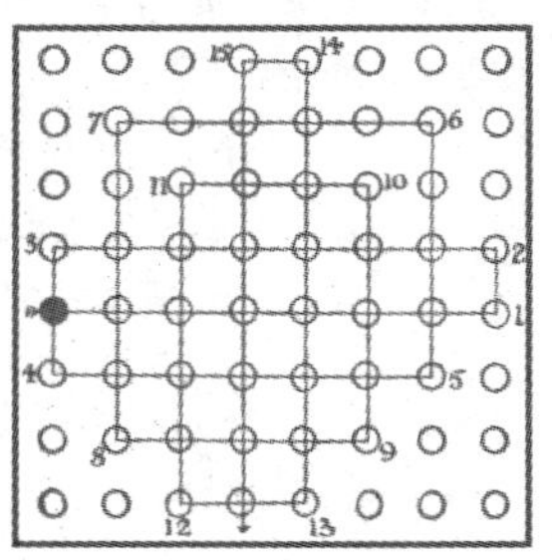

245. 尽管我们不能马上真正地看到八面体的所有的边，但是我们可以做一个适合我们的目的的八面体投影。在图示中，六个点代表八面体的六个角，在与固体的12条边完全相同的条件下，四条线从每个点出发。因此，如果我们从A点开始，走过所有的线一次，我们必须总是在A处结束我们的路线。不同的路线的数目就是1488，把每条路线的回程线也算作不同的话。要展示我是怎么计数的会占用太多的空间。这可以在五分钟内完成，但是解释这个方法却很难。所以，只要求读者接受我的答案是正确的。

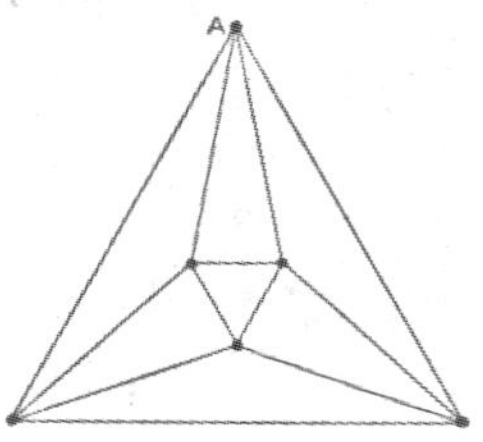

246. 从A开始，检查者如果走下面的路线，只需要走36弗隆（1弗隆等于0.2公里）：

A，B，G，H，C，D，I，H，M，N，I，J，O，N，S，R，M，L，G，F，K，L，Q，R，S，T，O，J，E，D，C，B，A，F，K，P，Q。因此他在A和B之间走两次，在C和D之间走两次，在F和K之间走两次，在J和O之间走两次，在R和S之间走两次重复五次。所以31条路线加上5次重复的等于36弗隆。这个谜题的小陷阱在于事实上我们是从一个偶数节点开始的。否则我们只需要走35弗隆。

247. 总共有30个边，其中18个边在原来的图示中是可见的，在下面的图示中由六边形NAESGD代表。通过这个投影，我们得到了剩余的12个边的虚构的视角，立刻能够看到他们的方向和所有的边汇聚的12个点。线段的长度的不同并不重要。所有我们想得就是把他们的方向用一种图示的方式展示出来。但是以防有些不熟悉的读者因为仅仅发现19个三角形而不是所需的20个而感到迷惑，我要指出明显丢失的三角形是轮廓HIK。

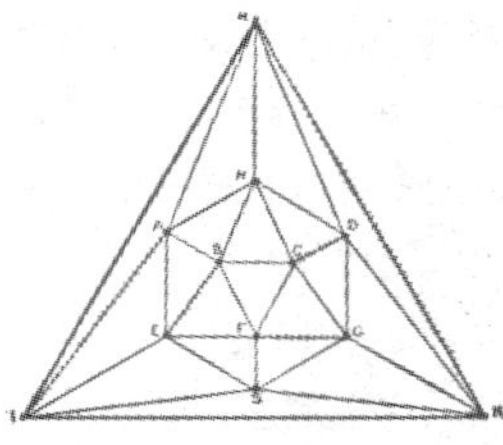

在这种情况下，就有12个奇数节点；所以如果我们不走过所有的线两次，就需要有六条不同的和不连贯的路线。让我们找出可以在一条路线上走的最大的距离。需要注意的是我已经在图示中用小十字笔画划出了五条线或者边。这五条线可以在任何地方划出，只要它们不会彼此交接，只要其中的一条不会连接到N——北极位置。读者可以看到划出这五条线段的结果就是所有的节点现在是平均的除了N和S。所以如果我们从N开始在S停止，我们可以走过所有的线段，除了划掉的五条线，而不穿过任何一条线两次。有很多种方式来做到这一点。下面是其中一条路线：N， H，I，K，S，I，E，S，G，K，D，H，A，N，B，A，E，F，B，C，G，D，N，C，F，S。

于是通过让这五条路线尽可能的短——简单的从一个节点到另一个节点——我们能够为第六条线得到最大可能的长度。在一条路线上而不会穿过同样的地方两次是不可能找到更长的距离了。

现在，读者可以很容易的看到，那五条抹去的线必须要经过两次，他们可以在我们的路线的任意的点上被“接上”。于是，无论何时当旅行者碰巧在I位置时，他可以到达A然后在继续他的路线前回来，或者他可以等到他在A位置，然后走到I位置再回到A。同样的情形适用于其他必须走过两次的线。所以很显然，他能够走过25条线只一次（25×10000英里=250000英里）和5条线两次（5×20000英里=100000英里），总共是350000英里，也就是他旅行的长度，也是走完整个二十面体可能的最短距离。

需要注意的是我让他在S点——南极的位置结束他的行程，但这并不是必须的。我可以让他在任何一个其他的节点结束，除了他出发的那一点。假定需要在他旅程结束的时候，让他重新回到开始的N点，那么不是要阻止线路AI，我们可以放开线路而封闭IS线路。这就可以让他能够在A位置完成他的350000英里的旅程，另外的10000英里就会把他带回自己的出发点。有很多种不同的路线，但是因为边的长度都是相似的，一条路线和另外一条也没有区别，我这里给出完整的一条：N，H，I，A，I，K，H，K，S，I，E，S，G，F，G，K，D，C，D，H，A，N，B，E，B，A，E，F，B，C，G，D，N，C，F，S。也就是三35条线，每一条是10000英里。

248. 当麦格斯先生回答“没门，我确定。”的时候，他并不是说事情不可能，而是实际上在给出真正的解决谜题的路线。从星星开始，如果你按照顺序NO WAY, I'M SURE来访问所有的城镇，你就会访问每个城镇一次并且只有一次，最后在E处结束。因此两个人都是对的。这就是这个谜题的一个小玩笑，这一点也不难。

249. 这里可拼读的数目是63504，正如在例子“WAS IT A RAT I SAW”中一样（参考《坎特伯雷谜题》的第30个）。总的公式就是对于包含2n+1个字母的回文句，总共有$[4(2n-1)]^2$种读法。

250. 只有通过四条不同的路线（或者八条，如果我们算上回程），水手可以从标识着A的岛屿出发，访问所有的岛一次，而且只有一次，然后再回到A。这就是路线：

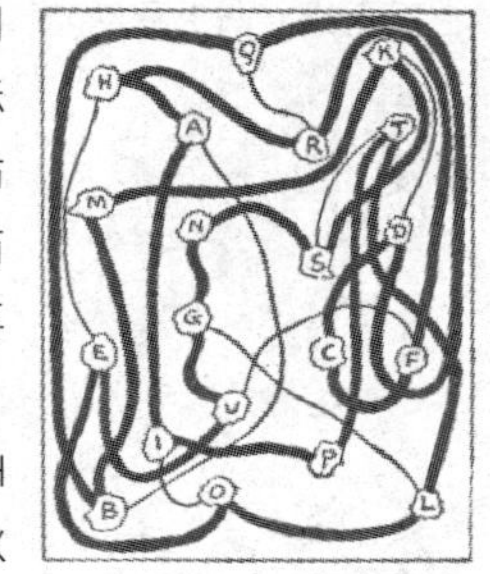

A I P T L O E H R Q D C F U G N S K M B A

A I P T S N G L O E U F C D K M B Q R H A

A B M K S N G L T P I O E U F C D Q R H A

A I P T L O E U G N S K M B Q D C F R H A

现在，如果水手走第一条路，他就会把C变成他的第12个小岛（把A看做第一个）；走第二条路线，他就会把C变成他第13个访问的小岛；走第三条路线，就是第16个小岛；走第四条路线，就是第17个小岛。如果他走回程路，C就分别是他的第10、9、6、5个小岛。

因为这些是仅有的可能的路线，很明显如果水手尽可能长时间地推迟访问C岛屿，那么他一定会选择从左到右读的最后的路线。我用黑色的线在图示中展示了这条路线，这就是谜题的正确的答案。

地图可以通过“纽扣和线”的方法极大地进行简化，这已经在第342个谜题“四只青蛙”的解答中得到了解释。

251. 要解决这样的一个谜题，首先要做的是试着简化它。如果你看一下图示1，你就会发现它是一个简化版的地图。想象这些圆形的城镇是纽扣，铁路是连接它们的线。（查阅第342题的解答）

然后，读者会看到，我们在不影响条件的前提下简单地整理了前面的图示。现在我们可以进一步通过把图示1转化成图示2来把谜题简化，那是棋盘的一部分。这里铁路的方向类似于象棋中的车的走步，也就是说，我们可以在任何平行于图示侧边的方向上移动，但是不能在对角线方向上移动。

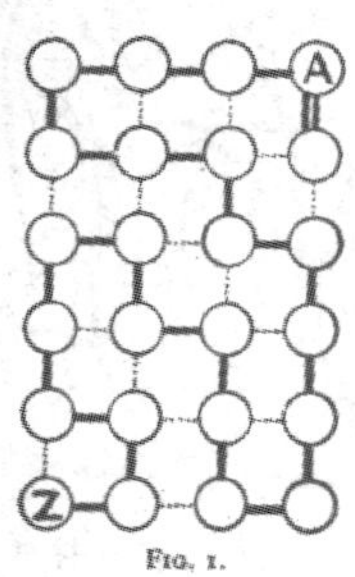

FIG. I.

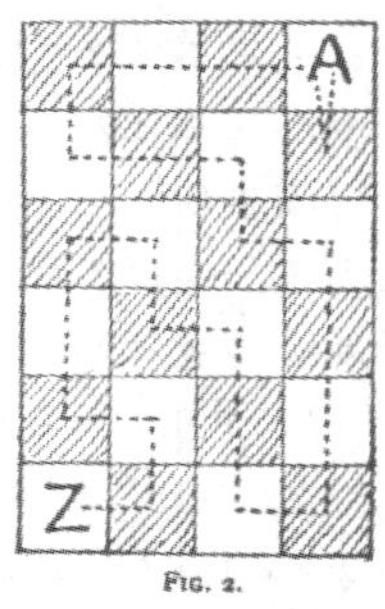

FIG. 2.

所以，走到的第一个城镇（或者方格）一定是黑色的一个；第二个一定是白色的一个；第三个一定是黑色的；以此类推。每个走到的奇数方格就会是黑色的，每个偶数方格就会是白色的。现在，我们还要走23个方格（是个奇数），因此最后一个走到的方格一定是黑色的。但是Z碰巧是白色的，因此这个谜题看起来是不可能解答的。

因为我们已知这个人“成功”地执行了他的计划，因此我们必须试着在条件中找出一些漏洞。他要“进入每座城镇一次且只有一次”，我们发现条件并不禁止他离开城镇A后再进入一次，特别是因为从他出生后他从来没有离开过这个地方，因此，可以在他的生命中第一次“进入”这个城镇。

但是他必须从他访问的第一座城镇立刻返回，然后他仅仅剩下22座城镇要访问，因为22是偶数，所以他就没有理由不在白色的方格Z上结束了。对他来说一条可能的路线是从A到Z指示的虚线路线。这条路线在图示1中用黑色的线得到了重复，读者现在可以毫无困难地应用它于原始的地图。我们因此证明了这个谜题只能通过在离开A城镇后立刻返回来解决。

252. 根据条件，严格意义上说，当最先看懂时，这个谜题是没有可能解答的。在这样一个僵局中，一个人总是必须找到一些口头的模棱两可的话或者小花招。如果房主A允许自来水公司把管道穿过他的地方到达C房（我们没必要假设他会反对），那么困难就解决了，如图所

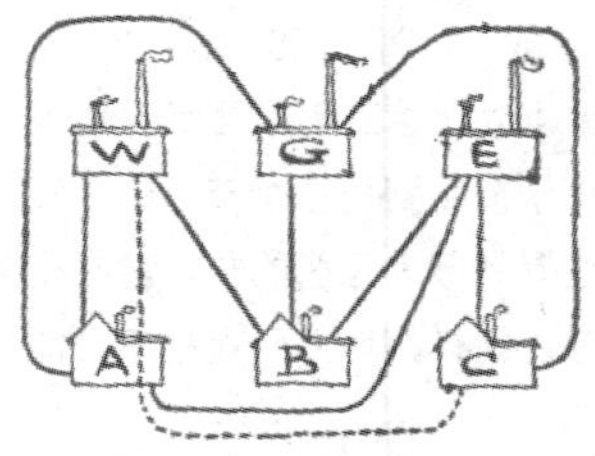

示。可以看到，从W到C的虚线经过房子A，但是任何管道都不会穿过另外一条管道。

253. 八个司机走的路线如图所示，这里的虚线路线被省略了，可以看起来更清楚。

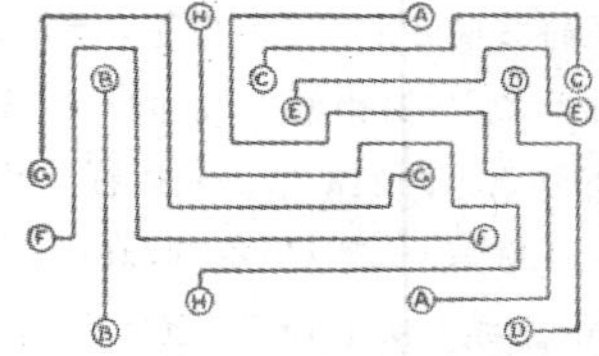

254. 最简单的方式是用下面的方法写出去所有城镇路线的数目。把数字1放在最顶上一行和第一列代表城镇。然后把去任意一个城镇的路线数目就是到紧挨着的上面的城镇的路线和到紧挨着的左边的城镇的路线之和。因此第二行的路线就是1，2，3，4，5，6等，第三行就是1，3，6，10，15，21等；其他的行以此类推。然后可以看到，唯一一个到达的城镇的路线正好是1365种不同的路线的是第五行的第12个镇子——正好在字母E上面的那个位置。所以这个城镇就是自行车手的目的地。

在一个矩形的网状的排列中，从一个角落到相对的对角线方向的另外一个角落的路线数，根据与方向有关的条件，总的公式是

$$\frac{(m+n)!}{m!n!}$$

这里的m就是一边的城镇数目，减去1，n就是另一边的数目，减去1。我们的解答包括城镇的数目是12乘以5的情形。所以m=11而n=4。那么公式给出的答案就是上面的1365。

255. 桥的谜题可以简化为图示中的一个简单的图表。M点代表和尚，I点代表小岛，Y点代表者寺庙。现在从M点到I点的唯一的直接路径

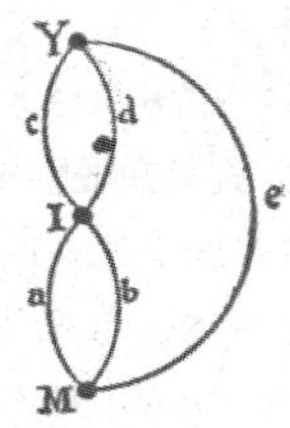

就是通过a和b两座桥；从I到Y唯一的直接路径就是通过c和d桥；从M到Y的直接路径就是通过e桥。现在，我们必须做的就是数出所有从M到Y的路径，而且要经过所有的桥，abcd和e一次且只有一次。看着这个简单的图表，读者可以很容易地有条理地数出这些路径，而不需要任何复杂的规则。因此从a、b开始，我们发现只有两种方式可以完成这个路径：走a、c桥，只有两条路径；走a、b桥，只有两条路径等。读者可以发现总共有16条这样的路径，如下面的列表所示：

a b e c d、 a b e d c、 a c d b e
a c e b d、 a d e b c、 a d c b e
b a e c d、 b a e d c、 b c d a e
b c e a d、 b d c a e、 b d e a c
e c a b d、 e c b a d、 e d a b c
e d b a c

如果读者把表示桥梁的字母从图示中转移到相对的原来图示中的桥梁上，一切都很明了。

256. 首先，我会要求读者比较原先的正方形图表和图示下面的1，2和3圆形的图表。假如我们暂时忽略阴影（我会解释这一做法的目的），我们就会发现每一例中圆形的图表只是一个原来的正方形的简化版一也就是说，是两种情形下从A到B、E和M的道路，从L（伦敦）到I、K和S的道路，以此类推。

下面的图示，都是圆形和对称的，比运用一种呆板的解答方式更能服务于我的目的，所

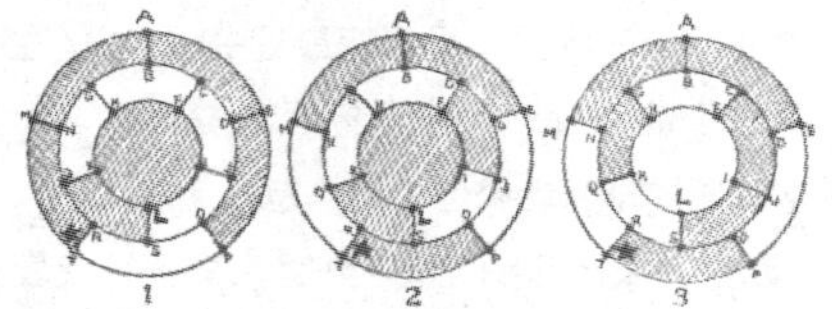

以我采用了它而不必改变任何一点谜题的条件。如果从城镇到城镇的距离这样的问题出现在谜题中，新的图表可能需要加上数字来指示这些距离，否则它们的适用性就不那么令人信服了。

现在，我在纸上画出如图所示的三个圆形图表，然后切割出这些图表中由阴影指示的三块图表纸板。可以看到，如果用一根红铅笔标出来，每条路都会形成由纸板边缘或者它们的反射指示的设计中一种或者另一种。让我们把注意力投到图示1上。

这里卡片如此放置，所以星星在城镇T的位置；它给了我们一条从伦敦出发的圆形道路（通过沿着卡片的边缘）：L，S，R，T，M，A，E，P，O，J，D，C，B，G，N，Q，K，H，F，I，L。如果我们走另一条路，我们就会有L，I，F，H，K，Q等，但是这些备用的道路是不计算在内的。

当我们写出第一条路的时候，我们转动卡片知道星星到了M点，这时我们就得到了另外一条不同的道路——在A位置的第三条路，在E位置的第四条路，在P位置的第五条路。因此，通过转动平放的卡片，我们就得到了五条不同的道路。但是显然，如果我们现在拿起卡片，把另外一边向上放置，我们用同样的方式可以用转动得到另外五条道路。

因此，我们可以知道，通过旋转图表1中的卡片，我们可以很容易的立刻写出10条道路。如果我们使用在图表2和3中的卡片，我们在同样的每一种情形下得到另外的10条路线。这30条路线就是所有可能的路线。

我在这里并没有给出确切的证据说三张卡片已经展示了所有可能的情形，而是留给读者自己去思考。如果他偶然地解答出了另外的路线，他当然就会发现这是这三类中的一种或者另外一种。

257. 让我们把注意力转到左上角的字母L上。假如我们通过右边的E来做：那么我们必须直接到V，从这个字母单词可以有四种完成的方式，因为有四个E，通过它我们可以到达一个L。所以，通过右边的E就有四种读法。

同样很清楚的是，通过就在我们起点下面的字母E，也会有同样的方式数。这就有了八种方式。然而，假如我们使用穿过对角线上的E的第三条路，然后我们就可以选择三个V中的任意一个，使用其中的任何一个，我们可以有四种方式完成这个单词。

所以通过对角线上的E，我们可以有12种方式拼读LEVEL。12加上8等于20种读法，这些都是

从左上角的L开始的；因为四个角落是平等的，答案就是4乘以20，或者80种不同的方式。

258. 总共有252种不同的方式。总的原则是，对于一个有n个字母的单词（不是像下一个谜题中的回文词那样），当用这种方式分组时，总是有$2^{(n+1)}-4$种不同的读法。这里不允许对角线方向上的读法，如果你用这样一个单词比如DIGGING你就会明白，在这种情况下，在对角线的梯形上从一个G到另一个G的单词是可能的。

259. 正确的答案是1992种不同的阅读方式。每个F或者是一个角落里的F或者是一个边上的F——靠在F本身的正方形的角落上。现在，FIED可以从一个角落的F用16种方式来阅读；所以DEIF可以向角落方向的F阅读，同样有16种方式；因此DEIFIED可以通过一个角落的F有16×16=256 种读法。因此，四个角落里面的F就有4×256=1024 种读法。单词FIED从一个边上的F可以有11种读法，所以DEIFIED就有121种读法。但是因为有八个边上的F，所以总共就有8×121=968 种阅读方式。把968加上1024 我们就得出1992的结果。

在这种形式中，结果取决于回文句中的字母数目是奇数还是偶数。比如，如果你用完全相同的方式来应用于单词NUN，你就会得到64种不同的读法；但是如果你应用与单词NOON，你只能得到56种读法，因为你不能在接连顺序或对角线方向上，使用同样的字母两次（既然你必须“总是从一个字母到另一个字母”），每一种读法一定要包括使用中间的N字母。

读者可能愿意自己找出这种情形下的总法则，这是很复杂很困难的。我这里只是加上这样的一个例子MADAM，可以用如同处理DEIFIED一样的方法来处理，读法的数目是400。

260. 所需要的谚语是这样的，“杯到嘴边还会失手”。从在右边底角的外面的T开始，然后到上面的H，剩下的就很简单了。

261. 从这里的N开头的任何一个开始，NAH总共有17种不同的读法，或者对于4个N来说有68种读法（4乘以17）。所以也有68种方法拼读HAN。如果我们在拼读中允许使用同样的N两次，答案就是68乘以68，或4624种方式。但是条件是“总是从一个字母到另外一个字母”。所以，17种带有特别的N的HAN拼读形式中的每一种，都会有51种方式来完成NAH（3乘以17），或867种方式完成这个词（17乘以51）。因此，因为在HAN中可以使用四个N，正确的解答应该是3468（4乘以867）种不同的方式。

第6章

组合群组问题

262. 如果我们读了在大百科全书中作者的确切的用词，我们会发现我们被没有被告知所有的羊圈都必须是空的。事实上，如果读者查看一下图示，他就会发现一只羊已经在其中的一个羊圈中了。

就是因为这一点这位足智多谋的农夫跟我说，“现在我要把15只羊分组了。” 然后他就把一群羊中的3只赶到已经被占据的羊圈中，然后把4只绵羊分别赶到另外的三个羊圈中的每一个中。“你看，我已经在四个羊圈中放下了15只绵羊，而且每个羊圈中的绵羊数目相同，”他说。当然，我被迫承认他是完全正确的，根据这个问题的确切用词。

263. 在第二晚上，亚瑟王把他和他的骑士们用如下的方式围坐在桌子旁：A，F，B，D，G，E，C。在第三个晚上，他们这样坐，A，E，B，G，C，F，D。这样，在两个晚上，他让B坐在隔他一个的位置（尽可能最近的），G坐在离他第三个的位置（可能是最远的位置）。没有比这种座次排列让骑士们更满意的了。

264. 男士们可以如下分组，每一行代表一天，每一列代表一张桌子：

AB CD EF GH IJ KL

AE DL GK FI CB HJ

AG LJ FH KC DE IB

AF JB KI HD LG CE

AK BE HC IL JF DG

AH EG ID CJ BK LF

AI GF CL DB EH JK

AC FK DJ LE GI BH

AD KH LB JG FC EI

AL HI JE BF KD GC

AJ IC BG EK HL FD

注意在每一列中（除了有A的一列）所有的字母都是同样的顺序螺旋递减的，B，E，G，F，直到J，它后面跟着B。

265. 在下面的解答中，11条线中的每一条代表着一个位子，每一列代表一张桌子，每一对字母代表一对伙伴。

AB—IL EJ—GK FH—CD

AC—JB FK—HL GI—DE

AD—KC GL—IB HJ—EF

AE—LD HB—JC IK—FG

AF—BE IC—KD JL—GH

AG—CF JD—LE KB—HI

AH—DG KE—BF LC—IJ

AI—EH LF—CG BD—JK

AJ—FI BG—DH CE—KL

AK—GJ CH—EI DF—LB

AL—HK DI—FJ EG—BC

读者可以看到字母B，C，D……L是螺旋递减额。上面给出的解答在各个方面都是非常完美的。读者可以发现每个玩牌者都和另外的一个人做过一次伙伴和两次对手。

266. 8个人戴8顶帽子每个人取错帽子的不同方式有14833种。这里有从1到8不同的人数的连续的解答方法：

1 = 0

2 = 1

3 = 2

4 = 9

5 = 44

6 = 265

7 = 1854

8 = 14833

要得到这些数字，连续乘以2，3，4，5等。当乘数是偶数时加1；当是奇数时，减去1。因此3×1-1=2，4×2+1=9；5×9-1=44；以此类推。或者你可以用n-1和n-2个人的方式数的和乘以n-1，让你后得到n个人的解答。因此，4×(2+9)=44；5×(9+44)=265；以此类推。

267. 把这些男士称为ABDE，他们的妻子为abde。然后他们可以用如下的方式比赛，而不需要让一个人和另外一个人一起打或者对打两次：

	第一场地	第二场地
第一天	Ad对Be	Da对Eb
第二天	Ae对Db	Ea对Bd
第三天	Ab对Ed	Ba对De

读者可以看到任何男士都不会和他的妻子一起打或者对打——这是一种理想的安排。如果读者想要一个难题，让他试一下在同样的条件下，安排八对已婚夫妇（在四块场地分七天比赛）。这可以做到，但是这个情形下我会把寻求答案和通用的解题方法的乐趣留给读者。

268. 编钟可以如下的方式敲响：

1234、2143、2413、4231

4321、3412、3142、1324

3124、1342、1432、4123

4213、2431、2341、3214

2314、3241、3421、4312

4132、1423、1243、2134

我已经分别构建了五个钟和六个钟的排钟，在先前陈述的条件下，是能够找出任何数目的排钟的解答的。

269. 如果没有任何条件，除了所有的人都一起出去，三个一组，那么他们摇船的不同方式有很多。如果读者希望知道有多少，这个数字是4557。加上条件任意两个人不能同时在一起超过一次，那就有不少于15567552000种不同的解题方式，也就是说，不同的排列这些人的方式。

当他面前只有一个解答方式时，读者就会意识到一定会这样，举例说，A必须和B出去一次，和C出去一次，但这并不意味着他在和B出去的同时必须和C出去。他可能在那个时候和另外的一个字母出去，尽管事实上他选择B之外的另外的字母会影响其他的三个字母组合的排列。

当然只有一定数目的所有这些排列存在时，这时我们可以有使用可能的最少数目的船的另外的条件。事实上，我们仅仅需要使用十条不同的船。这里有其中的一种安排：

1 2 3 4 5

第一天 (ABC) (DBF) (GHI) (JKL) (MNO)

8 6 7 9 10

第二天 (ADG) (BKN) (COL) (JEI) (MHF)

3 5 4 1 2

第三天 (AJM) (BEH) (CFI) (DKO) (GNL)

7 6 8 9 1

第四天 (AEK) (CGM) (BOI) (DHL) (JNF)

4 5 3 10 2

第五天 (AHN) (CDJ) (BFL) (GEO) (MKI)

6 7 8 10 1

第六天 (AFO) (BGJ) (CKH) (DNI) (MEL)

5 4 3 9 2

第七天 (AIL) (BDM) (CEN) (GKF) (JHO)

可以看到，这里任何两人都没有一起出去过两次，任何人都没有使用同一条船出去过两次。这就是那个众所周知的谜题柯克曼的“十五个女学生”的延伸。原来的条件很简单，就是15个女孩3个一组在七天里出门，任何一个女孩在一组中都没有和另外一个女孩出去过两次。自从这个问题在1850年第一次提出来，直到最近，试图找出一个这类谜题的通用的解答都一直在考验着数学家们的聪明智慧。在1908年和随后的两年我发现（查阅教育时代重印 第14、15和17卷）我们所有的麻烦都来自于没有发现15是一个特例（这个数字太小，无法符合所有的数目多的女孩的排列组合6n+3这个总规则），我展示了这一总规则是什么和对任意数目的女孩分组是如何进行的。我给出了一些女孩数的实际排列方式，它们先前曾经让众多的尝试破解者困惑不已，这个问题现在可以认为总体上已经解决了。读者在W.W.罗斯鲍尔的《数学也娱乐》一书的第五版中会发现对这个谜题的非常好的完全地讲述。

270. 可以发现下面的排列是符合分组条件的:

ALE MET MOP BLM

BAG CAP YOU CLT

IRE OIL LUG LNR

NAY BIT BUN BPR

AIM BEY RUM GMY

OAR GIN PLY CGR

PEG ICY TRY CMN

CUE COB TAU PNT

ONE GOT PIU

使用的15个字母是A，E，I，O，U，Y和B，C，G，L，M，N，P，R，T。 单词数是27个，这些都展示在了前三列中。最后一个单词，PIU，是一个通用的音乐术语；但是尽管这个词已经进入了许多本字典，这歌词实际上是个意大利语，意思是“一点，稍微”。剩下的26个词都是很好的单词。当然一个TAU十字架就是一个T形的十字架，也被称为圣·安东尼十字架，被刻在艾科斯特的主教宫殿的徽章上。这也是蟾鱼的一个名字。

因此在给定的条件下，我们就有26个好词和一个不确定的词，我认为在这个答案的基础上继续提高不容易。当然我们是不会被词典限制的，而是遵循日常的使用。如果只是在遇到这种情形时，我们查一下字典，我们会发现我们面对着一堆的前缀、缩略语和一些荒谬的词比如I.O.U.，这实际上根本就不是一个单词。

271. 总共有16个玻璃球需要打开，或者说按照打开的顺序有16个地方。四条线ABC和D—在这里顺序并不重要。 在A中把球打开可能占据这16个位置的任意四个位置——也就是说，16个物体的组合，总共拿出4个，就会是A的方式数:

$$\frac{13\times14\times15\times16}{1\times2\times3\times4}=1820$$

在这些情形的每一种中，可以占据剩下的12个位置的任意4个位置，组成:

$$\frac{9\times10\times11\times12}{1\times2\times3\times4}=495$$

种方式。因此有1820×495=900900 个不同的位置是对A和B开放的。但是对这些情况中的每一种，C可以占据:

$$\frac{5\times6\times7\times8}{1\times2\times3\times4}=70$$

70个不同的位置；因此就有900900×70=63063000个不同的位置对于A、B和C是开放的。在这些情形中的每一个，D没有选择只能取剩余的四个位置。所以正确的答案就是在条件允许的范围内球被打开的不同的方式数有63063000种。

读者可以把这个谜题和第345个谜题相比较，“两个卒子”，这样他们就会懂得怎么解答棋盘上有3个、4个或者更多更卒子的情形了。

272. 男生可以用如下的方式走出去：

第一天	第二天	第三天	第四天	第五天	第六天
A B C	B F H	F A G	A D H	G B I	D C A
D E F	E I A	I D B	B E G	C F D	E H B
G H I	C G D	H C E	F I C	H A E	I G F

每个男生会走在另外的每个男孩旁边有且仅有一次。通常在处理这类问题时，12n+9个男孩可以按照条件3个一组在9n+6天走出去，这里的n可以是零或者是任何的整数。每个可能的组合数都会发生一次。把男生的数目称作m。那么每个男孩会有m-1次的组合数，他在三人中间的次数是(m-1)/4次，在外面的次数是(m-1)/2次。因此，如果我们参考上面的解答，我们就会发现每个男孩会在中间两次（组成4组合）和外面4次（这样就把他剩下的4组合变成了8）。读者可能想试一下解决下面的两个谜题21个男生在15天，和33个男生在24天。需要指出的很有趣的一点是，可能一个489个男孩的学校在一个闰年里面每天都可以出去，但是要完成731个女生的每日散步（参考第269题的答案）这一点需要365天。

273. 如果我们交换纸牌6和13，从14开始计数，我们可以拿到所有的21张纸牌，也就是说，抓住21次—以如下顺序：6，8，13，2，10，1，11，4，14，3，5，7，21，12，15，20，9，16，18，17，19。我们也可以交换10和14，从16开始，或者交换6和8，从19开始。

274. 这个谜题的历史可以在《坎特伯雷谜题》一书中找到（第90个）。自从那本书在1907年出版之后，就我所知，还没有人成功地解出那个不祥的人数——13人——在66个场合下围坐在桌子边的谜题。

有个解答对于任何数目的人都是可行的，我已经记录了任何数目的安排，包括多达25人和33人的情况。但是因为我知道许多的数学家仍然在考虑13的情形，我现在不会剥夺他们解题的乐趣，就不公布答案了。但是我现在要公布所有的情形的解答，一直到12人，包括12。其中的一些解答都是首次发布，他们对于研究者来说可以提供一些线索。三个人在一种场合下围坐的解答无需多言。四个人在三种场合的解答如下所示：

每条线代表的是就座的顺序。当围坐在圆桌上时，在一条线的最后一个数字代表的人当然一定被认为是坐在同一条线的第一个人旁边。五个人在六种场合的情形可以如下解决：

1 2 3 4 5、1 2 4 5 3、1 2 5 3 4

1 3 2 5 4、1 4 2 3 5、1 5 2 4 3

由此，6个人在10种场合下的情形可以这样解决：

1 2 3 6 4 5、1 3 4 2 5 6、1 4 5 3 6 2

1 5 6 4 2 3、1 6 2 5 3 4、1 2 4 5 6 3

1 3 5 6 2 4、1 4 6 2 3 5、1 5 2 3 4 6

1 6 3 4 5 2

现在没必要给出所有的解答，我将解释一下原因。在上面的例子中可以看到，数字1在一列中是重复的（在5人的情形中，2也是这样）。对于这样的一个数字，我称之为“重复数”——其他的数字是以循环顺序递减的。比如，对6个人的情况，我们得到循环数2，3，4，5，6，2等，在每一列都如此。所以，只需要给出两列数字123645和124563，然后指出循环和重复数，让任何一个人可以直接写出整个的解答。读者可能会想为什么我在最后一个解答不从数字的自然顺序开始，如123456? 如果我这样做了，那么在递减的循环上的数字就不会是自然顺序了，有一个连续的循环比考虑第一行的顺序更方便。

对于7人在15种场合的困难情形可以如下解决，我在《坎特伯雷的谜题》书中给出了答案：

1 2 3 4 5 7 6、1 6 2 7 5 3 4

1 3 5 2 6 7 4、1 5 7 4 3 6 2

1 5 2 7 3 4 6

在这个情形下，1是重复数，有两个分开的循环，2342和5675。由此我们得到了五组三行的数字，每组都是，因为任何一组的第四行都只是重复第一行而已。八个人21种场合的解答如下：

1 8 6 3 4 5 2 7、1 8 4 5 7 2 3 6

1 8 2 7 3 6 4 5

这里的1是重复数，循环是2345678。 三组的每组都是7行。 这里有一个9人28种场合的解答：

2 1 9 7 4 5 6 3 8、 2 9 5 1 6 8 3 4 7

2 9 3 1 8 4 7 5 6、 2 9 1 5 6 4 7 8 3

这里有两个重复数，1和2， 循环是3，4，5，6，7，8，9。由此我们得到了每组7行的四组。10人在36种场合的情形是如下解决的：

1 10 8 3 6 5 4 7 2 9

1 10 6 5 2 9 7 4 3 8

1 10 2 9 3 8 6 5 7 4

1 10 7 4 8 3 2 9 5 6

重复数是1，循环是2，3，4，5，6，7，8，9，10。 这里每一组9行的四组。 我对于11人在45种场合的解答如下：

2 11 9 4 7 6 5 1 8 3 10

2 1 11 7 6 3 10 8 5 4 9

2 11 10 3 9 4 8 5 1 7 6

2 11 5 8 1 3 10 6 7 9 4

2 11 1 10 3 4 9 6 7 5 8

这里有两个重复数，1和2，循环是3，4，5……11。我们得到了5组，每组都是9行。12个人55种场合的情形是这样解答的：

这里1是重复数，循环是2，3，4，5，……12。这里我们得到了5组，每组都是11行。

275. 六个图示显示的是我们替换2，3，4，5，6和7栅栏时的解答方式。黑色的线段是被替换的围栏。当然，还有另外的方法可以除去这些围栏。

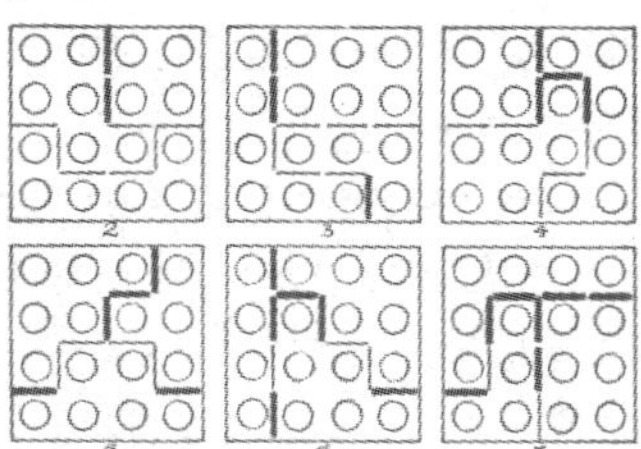

276. 解答这个谜题有几种方法，但是这些方法区别很小。然而，解题者首先要记住在计算时他只需要考虑在四个角上的别墅，因为当角落是已知时，中间的别墅是不会变化的。一个方法是把数字0到9放在左上角，一次放一个数字，然后轮流考虑每种情形。

现在，如果我们把9放在如图A所示的角落里，两个角落不能被占据，而对角线方向上相

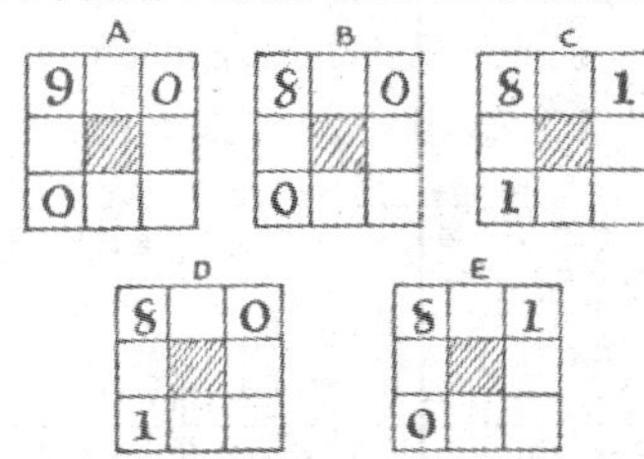

对的角落可以用0、1、2、3、4、5、6、7、8或9个人来填充。因此我们看到当有一个9在角落时，就有10种解答。然而，如果我们替换8，在同一行和列的两个角落可能包含0，0或1，1或0，1或 1，0。

在B的情形下，第四个角落可能有10个不同的选择；但是在C、D和E的情形下，只有9个选择是可能的，因为我们不能使用9。所以，把8放在左上角的角落，就有10+(3×9)=37种不同的解答。如果我们然后在角落里试一下7，结果就是10+27+40，或77种解答。如果是6，我们就得到10+27+40+49=126；是5就得到10+27+40+49+54=180；是4与5一样的基础上加上55等于235；是3，与4一样的基础上加上52就得到287；是2，就跟3一样的基础上加上45等于332；是1，与2相同的基础上加上34等于366，如果是0放在左上角的角落里，解答的数目就是10+27+40+49+54+55+52+45+34+19=385。因为没有其他的数字放在左上角，我们现在仅仅把这些加在一起于是就得到10+37+77+126+180+235+287+332+366+385=2035.所以我们就发现了房客占据几个或所有的八个别墅的总的方式数目，因此9个人总是沿着正方形的一边居住的方式数是2035。

当然，这个方法显然一定包含所有的反转和反射，既然每个角落都是轮流被每个数字通过所有与其他在一条线上的两个角落的组合而占据的。这里有一个解决这类谜题的公式：$(n^2+3n+2)(n^2+3n+3)/6$。不论每条边上规定的房客数目是多少（这里的这个数目用n表示），不同排列方式的总数是可以确定的。在我们的特殊的情形下，房客的数目是9。所以(81+27+2)×(81+27+3)得出的结果除以6，得

到2035。如果房客的人数是0，1，2，3，4，5，6，7，或 8，总共的排列数就分别是1，7，26，70，155，301，532，876或1365。

277. 让我们首先处理希腊十字架。十字架的两个臂中可以成对的数字总共只有18种形式。如下：

12978	13968	14958
34956	24957	23967
23958	13769	14759
14967	24758	23768
12589	23759	13579
34567	14768	24568
14569	23569	14379
23578	14578	25368
15369	24369	23189
24378	15378	45167
24179	25169	34169
35168	34178	25178

当然中间的数字对于两臂来说是相同的。第一对就是我给出作为例子的一对。我假定，我们写出了所有的这些十字架，总是把一对的第一行放在垂直的一条臂中，第二行放在水平的一条臂中。现在如果我们把中间的数字固定，那么垂直臂上的数字可以变化的方法有24种，因为四个筹码可以有1×2×3×4=24种变化方式。因为水平方向上的四个数字相对于另一条臂上的每种排列方式，也可以有24种不同的变化，我们发现每种形式总共有24×24=576种变化。所以，对于这18种形式，我们就得到18×576=10368种变化方式。但是这包括了我们禁止的四种反转的一半和四种反射的一半，因此我们必须把这个数目除以4来得出希腊十字架的正确答案，这个数字也就是2592种不同的方式。这个除数是4，而不是8，因为我们总是保留一个数字在垂直方向上，另一个数字在水平线上。通过这样防备一半的反转和反射对于拉丁十字架的情形，我们必须处理同样的18种形式的对数。在这种情形下总的不同方式数是一个整数，18×576。由于事实上上臂和下臂的长度不相等，排列方式可以通过反射重复，但是不是通过反转，因为我们无法反转。所以，这个数字必须除以2。但是在每一对中，我们可以把垂直臂上的数字与水平臂上的数字相交换（这样的情形在希腊十字架上不会这样，因为那上面的臂都相似）；因此我们必须把结果乘以2。这种乘以2和除以2就互相抵消了。因此，这里10368就是正确的答案。

278. 每天安排修女的方式如六个图示显示。修女的最小的可能数目是32，最后三天的安排允许有变化。

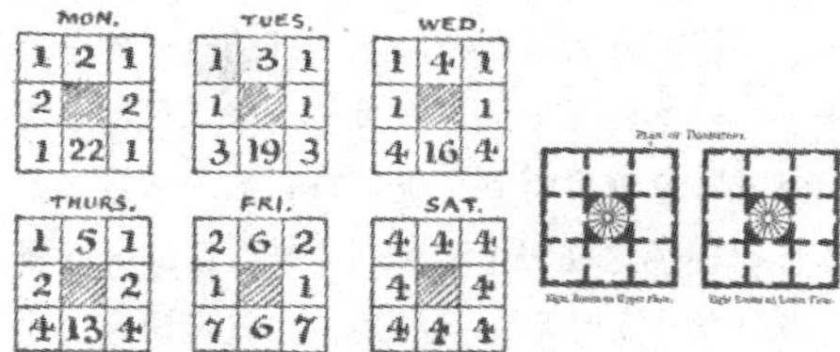

279. 如果你知道怎么做，任何数目的桶都是很容易解决的。在每一行上有五个桶，把1，2，3，4，5乘在一起；然后把6，7，8，9，10相乘。把一个结果除以另外一个结果，我们就得到了从10个物品中同时取出5个的不同的组合或者说选择数。 这里的数字是252。现在，如果我们把这个数字除以6，（比一行中的数字多1）我们就得到了42， 这就是这个谜题的正确答案。因为总共有42种不同的方法排列这些桶。试一下用这个方法解决6个桶的情形，每行有3个桶，你就会发现答案是5种方法。如果你通过试验来检查这个结果，你会发现这五种排列方式分别是123，124，125，134，135在顶行，你会发现没有其他的了。这个谜题的通用的解答实际是这样的：

$$\frac{C_{2n}^{n}}{n+1}$$

这里的2n等于木桶的数目，符号C意味着我们必须找出从2n个物体中取n个物体时总共有多少组合方法或者多少种选择。

280. 拿起你构建的三棱锥，握着它，让一根火柴棒靠在桌子上。现在四根火柴是以不同的方向从这根火柴棒分支出去的——每一端都有两根。在这个连接的四面体中，这五根火柴棒的任意一根都可以靠在桌上；所以四根火柴可以有5种不同的方式进行选择。但是这四根火柴可以有24种不同的顺序来摆放。因为任意一根火柴都可以在两头的任意一头连接，所以这些火柴进一步又有16种不同的变化方式。（在它们的情形为特定的排列方式而确定后）在每一种排列方式中，有两种不同的方式可以增加第六根火柴。现在把这些结果乘在一起，我们就得到了5×24×16×2=3840，这就是三棱锥可以被构建的确切的方式数。这种方法排除了所有的错误的可能性。

一种常见的错误原因是这样的——如果你把一个基本的三角形放在桌子上来计算你的组合方式，你就会得到正确的方式数的一半，因为你忽视了这样一个事实：同样数目的三棱锥可以从那个三角形向下构建，也就是说穿过桌面。实际上，它们是另外一些的反射。这两组三棱锥的例子不能被构建得很类似——除非在第四纬度的条件下。

281. 想象一下，我们正在一块平的纸板上油漆一个三棱锥，如图所示，在把它折起来以前。现在，如果我们取任意的四种颜色（比如说红色、蓝色、绿色和黄色），它们只有两种不同的方式可以使用，如图示1和2所显示的。当金字塔被折起来之后，任何其他的方式都会导致其中之一。如果我们取任意的三种颜色，它们可以有三种方式，图示3、4和5，来使用。如果我们取任何的两种颜色，他们可以用三种方式，图示6、7和8显示的，来使用。如果我们只取一种颜色，很明显只有一种方式可以使用。但是四种颜色可以用35种方法在七种颜色中选出来；三种颜色也是35种方法；2种颜色21种方法；一种颜色7种方法。

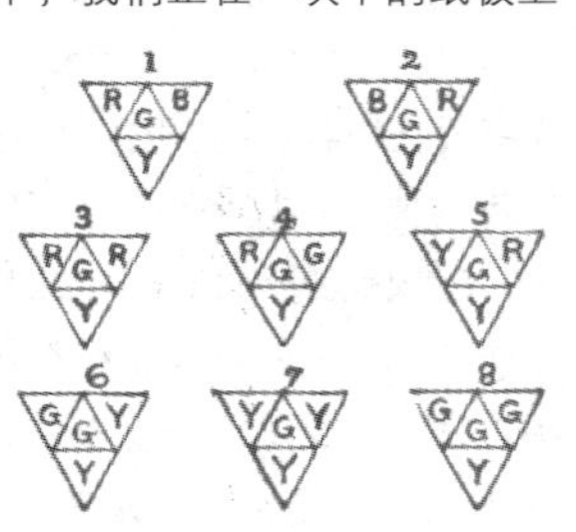

所以35应用于两种方式等于70；35应用于3种方式等于105；21应用于3种方式等于63；7应用于1种方式等于7。因此根据这个谜题的条件，使用光谱中的七色，总共有245种不同的方法油漆一个棱锥。

282. 九个锁扣排列成一行且没有任何限制的方法的数目是1×2×3×4×5×6×7×8×9=362880。但是，我们被告知，两个圆形的锁扣必须不能在一起；所以我们必须减去这个情形发生的次数。这个数字就是1×2×3×4×5×6×7×8=40320，40320×2=80640。如果我们认为两个环形的锁扣是不可分离地拼合在一起的，它们就变成好像是一个锁扣，八个锁扣能够有40320种排列方式。但是因为这两个锁扣总是以AB或BA的顺序连接在一起的，我们必须把这个数字加倍，这就是一个排列的问题而不是一个设计问题。需要的减法把我们的总数减少到282240。然后我们的锁扣的其中的一个是一个特别的形状，像一个数字8。所以我们可以选择在每个场合在任何一端或者另外一端把它连接起来，因此我们必须把最后的结果加倍。这就让我们的总数达到564480。

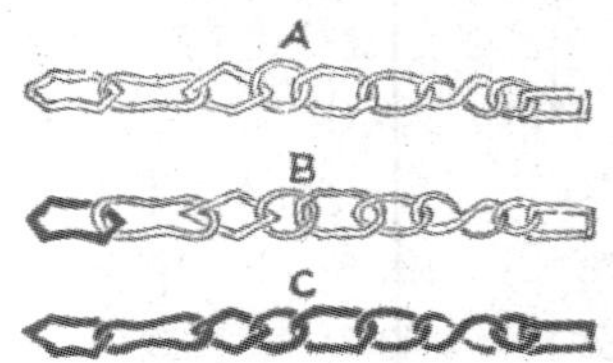

现在我们谈到了需要读者注意的一点，也就是每个锁扣可以在两端的一头连接起来。如果我们把我们左手的食指和拇指在水平方向上连接起来，然后把食指和右手的拇指连接起来，我们会看到右边的拇指或者在上面或者在下面。但是在锁链的情形下我们必须记住尽管8字形状的锁扣有两个独立的端，它就像其他的每个锁链一样都有两头—也就是说，你不可能把一头翻过来而同时不翻转另外的一头。

因此，为了方便，我们会假设每一个锁扣一端是黑色的、一端油漆成白色的。现在，如果规定只有白色的一边应该在上面如图A所示，那么答案就是564480，如上——暂时忽略完整的锁链的所有反转。（把锁链放在桌子上，每一个连续的锁扣都以同样的方式倒伏在它的前一个上，如图所示）。然而，如果第一个锁扣被允许放任意的一端向上，那么我们就有或者A或者B，答案也就是2×564480=1128960；

如果两个锁扣可以把任何一端放在上面，答案就是4×564480；如果三个锁扣，那么就是8×564480，以此类推。所以既然每个锁扣都可以放任意一端向上，那么数字就是564480乘以2^9，或512。这就把我们的总数提高到了289013760。

但是仍然有一点需要考虑，也就是任何给出的排列方式都可以通过简单地在整个长度上把链子翻转过来或者把两端反方向而得到另外的三种排列。那么C真的就与A相同了，如果我们把这一页上下颠倒，那么A和C也会给出另外两种特别类似的排列方式。因此，要得到这个谜题的正确答案我们必须把我们最后的总数除以4，这时我们发现铁匠要把这些链扣连接在一起，总共正好有72253440种不同的方式。换句话说，如果9个锁扣原先形成一条锁链，已知的是两个圆形的锁扣是分开的，那么就有72253439∶1的概率，铁匠不能把锁链连接成与原先的排列完全一样！

283. 读者可能会注意到在每行的末端我给出的是一个四，因此，如果我们愿意，我们可以形成一个圆圈而不是一条线。如果我们愿意把末端相连每一条线上的排列就会形成一个环形的排列。现在，最初看起来很好玩的是，下面的图示正好代表了当我们不可能留下成双的，而把我们的注意力致力于形成环形排列时的条件。每个数字或者半个多米诺骨牌都与间隔的数字在同一条直线上，因此如果我们从五个数字中的任何一个开始，然后走遍五角型的所有线一次，且只有一次，我们就会回到出发的位置，我们路线的顺序会把10个多米诺骨牌排成环形排列中的一种。拿起你的铅笔，跟着下面的路线走，从4∶41304210234的位置开始。你已经走过所有的线段一次了，通过用这种方式重复所有的这些数字41—13—30—04—42—21—10—02—23—34，你就会得到非常清楚的多米诺骨牌的一个排列（没有成双的）。因此，如果我们能够确定从五角型上能够达成的这些环形的排列方式有多少种，那么剩下的就很容易了。

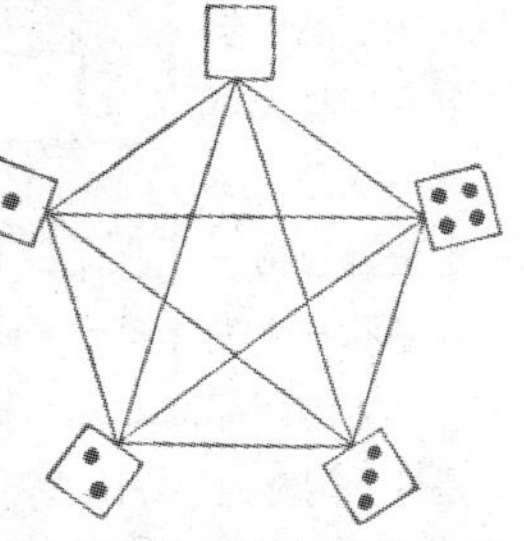

在五角型上不同的环形路线的数目是264种。我是如何得到这些数字的，我现在不解释，因为这会占用大量的空间。所以，多米诺骨牌可以用264种不同的方式排列成一个环形，省略掉成双的。现在，在任何一个这些环形的排列中，五个成双的可以用2^5=32种不同的方式插进去。所以当我们包括这些成双的多米诺骨牌时，就有264×32=8448种不同的环形排列方式。但是这些环形的排列的每一种，都可以在15个不同的位置的任意一处打断（这样就可以形成直线）。 结果就是8448×15等于126720种不同的方式，这是这个谜题的正确答案。

我有意地忍着，没有让读者找出一全套28个多米诺骨牌排列成一条直线总共有多少种不同的方式。和游戏的平常的规则的要求保持一致，从左到右，从右到左的任何排列方式都算做不同的方式。这是一个非常难的问题，但是这里的正确答案是7959229931520种方式。解决的方法是非常复杂的。

284. 可以选择21个不同的正方形。在这些正方形中，9个正方形的大小就是图示中显示的4个A的大小；4个正方形的大小就是显示的B的大小；4个正方形的大小是显示的C的大小；2个正方形的大小是图示中显示的D的大小；2个正方形的大小是由上面的单独的字母A，上面的单独的字母E，下面的单独的字母C和EB组成的大小；一个有趣的事实是，不使用标注着E的六个圆圈中的至少一个是无法形成这21个正方形中的任意一个的。

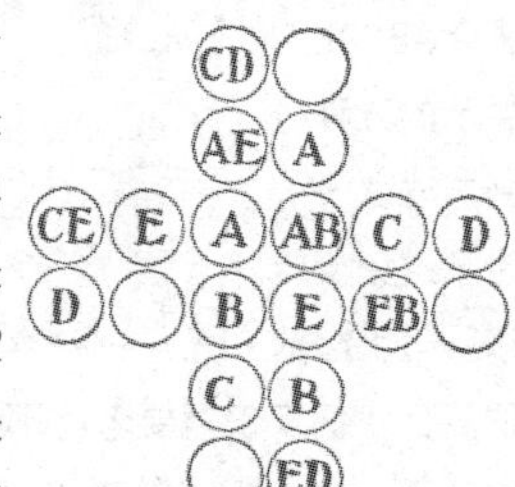

285. 参考原先的图示，四枚邮票可以以1、2、3、4的形状给出，有三种方法；以1、2、5、6的形状，有六种方法；以1、2、3、5或1、2、3、7的形状，或1、5、6、7，或3、5、6、7的形状，有28种方法；以1、2、3、6或2、5、

6、7的形状，有14种方法；以1、2、6、7或2、3、5、6，或1、5、6、10，或2、5、6、9的形状，有14种方法。因此总共有65种方法。

286. 数字1可以标注在六个不同面的任何一面上。对于任何一面标有1的骰子，我们有四个面可以用来标2。对于有2的情形，会有两个位置选择可以标注3。（6，5和4的位置不需要考虑，因为它们的位置是由1、2和3决定的）所以6、4和2乘在一起的结果是48种不同的方式——这就是是正确的答案。

287. 字母表中总共有26个字母，能够组成325中不同的对数。其中的每一对都可以反转，这样就是650种方式。但是每个开始的字母可以作为最后的字母重复，又产生了26种不同的方式。总数就是676种不同的对数。换句话说，答案就是字母表中的字母数的平方。

第7章

棋盘问题

288. 把一个棋盘分割成两块大小和形状完全一样的两部分，总共有255种不同的方法。每个方法都涉及图示ABCDE中展示的五种分割方法之一。为了避免反转和反射引起的重复，我们仅仅需要考虑那些从a、b、c点开始的分割方法，但是结束点必须总是穿过中心和开始点在一条直线上。这是需要记住的最重要的条件。在B的情形下，你不可能从a点开始，否则你就会得到图示E中规定的切割方式。类似的在C或D中，你不能从与它在同一方向上的行线开始，否则你就会得到A或B。如果你正在切割A或C，从a点开始，你必须考虑

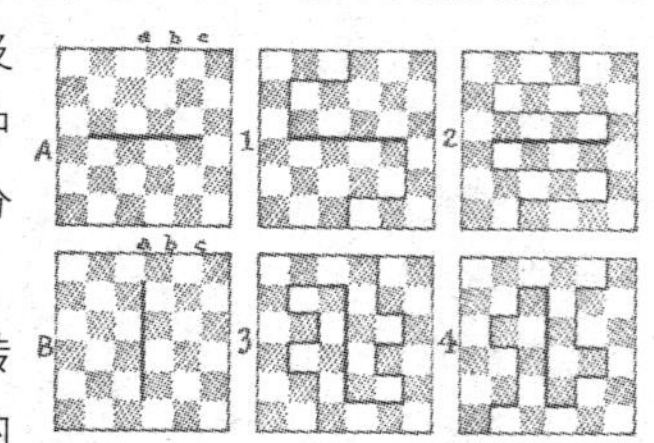

到在行线一端的交汇点，否则你就会有重复。在其他的情形下，你必须考虑行线的两头的交汇点。但是D情形下在经过a点后，总是或者向右转或者向左转——只使用一个方向。图示1和图示2是A条件下的例子；2和4是B条件下的例子；5和6是C条件下的；7是D条件下一个很好的例子。当然，E是特殊类型，显然只允许一种切割方式，因为你显然不能从a或c开始。

这就是一个结果列表：

	a		b		c		方法
A =	8	+	17	+	21	=	46
B =	0	+	17	+	21	=	38
C =	15	+	31	+	39	=	85
D =	17	+	29	+	39	=	85
E =	1	+	0	+	0	=	1
	41		94		120		255

我没有尝试着把分割一个8×8的棋盘的所有方式都列举出来——那是一个普通的棋盘。无论用什么方式，解答都会需要相当大的劳动量。

289. 图示显示的就是解答。可以看到，四个部分的每一部分（沿着黑色的线切割之后）都正好是同样大小同样形状的，每一部分都包括一个狮子和一个王冠。其中的两部分是涂上阴影的，好让解答看起来很清楚。

290. 切割一个中间方格除掉的5×5的棋盘成两个大小和形状相同的部分，总共有15种不同的方式。由于纸面有限我不能把所有的这些切割方法一一用图示演示出来。但是我会让

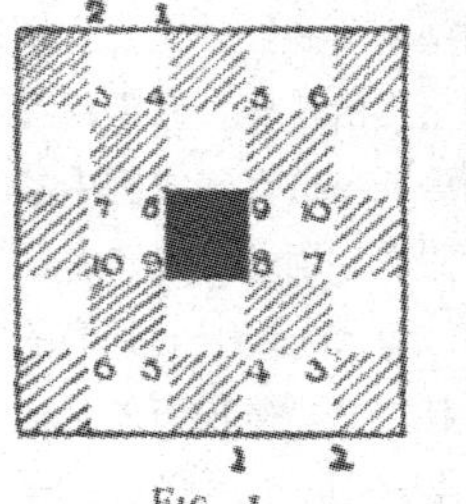

FIG. 1.

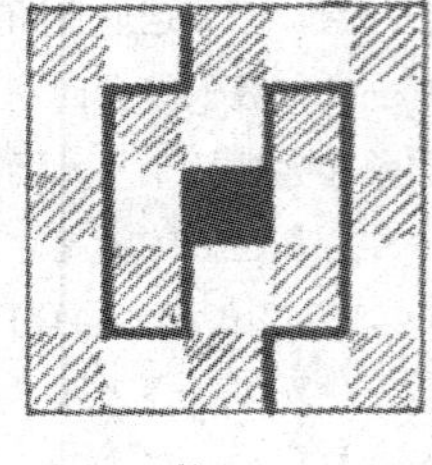

FIG 2.

读者毫不费力地把它们画出来。从你切割的一

边上的任何一个点上开始，穿过正方形的中心线，必须在相对的那条边的一点上结束。这样，如果你从顶上的点1（图示显示的1）开始，你必须在底边的点1结束。现在点1和点2是仅有的真正不同的两个进入点。如果你使用任意的其他方法，他们最后都会得出相同的结论。在下面的15种方式中，切割的方向正如图示中显示的数字那样。

数字的重复并不会引起混乱，因为每个连续的数字都与前面的数字相邻。但是你从顶部到底部的任意一个方向你必须从下往上的重复一遍，一个方向是另一个方向的完全的映射。

1, 4, 8

1, 4, 3, 7, 8

1, 4, 3, 7, 10, 9

1, 4, 3, 7, 10, 6, 5, 9

1, 4, 5, 9

1, 4, 5, 6, 10, 9

1, 4, 5, 6, 10, 7, 8

2, 3, 4, 8

2, 3, 4, 5, 9

2, 3, 4, 5, 6, 10, 9

2, 3, 4, 5, 6, 10, 7, 8

2, 3, 7, 8

2, 3, 7, 10, 9

2, 3, 7, 10, 6, 5, 9

2, 3, 7, 10, 6, 5, 4, 8

你可以看到第四个方式产生的结果正如图示2显示的那样。第13种方式得到的考虑这个谜题的结论，它的切割的方式是从边缘开始的而不是从顶部开始的。然而，这些块数如果翻转过来，图形是一样的。根据条件陈述的那样，并不构成一种不同的解决方式。

291. 把棋盘划分成四块大小尺寸和形状完全一样，并且每一块都包括一块宝石的方法正如图示显示的那样。采用把正方形涂上阴影的方式好让每一块的形状能清楚的看到。两块涂上阴影，两块留白色。读者可能发现把这个谜题与纺织工的谜题比较是很有趣的。（指《坎特伯雷的谜题》第14个）

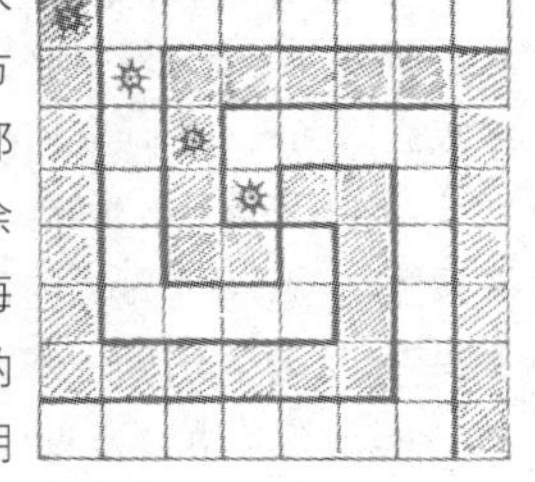

292. 那位“奇怪的神秘的博学者”向约翰神父指出，圣·埃德蒙德博雷的主教的命令可以很容易地执行。方法就是如下面的草图所示，把窗户上的12盏灯用黑色的方格遮挡起来:

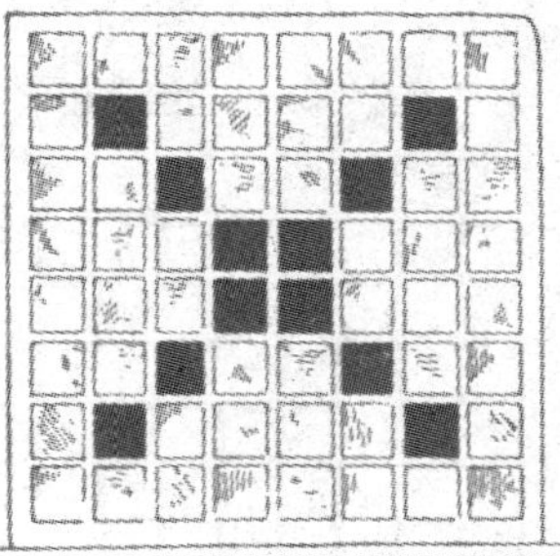

约翰神父坚持认为四个角落也应该被涂黑，但是那位智者解释说，最好不要阻挡更多的灯光，只遮住绝对必要的地方。他说着，充满期待地看着这位长络腮胡的神父，“一块玻璃与其他的玻璃不在一条线上，就像一只小鸟飞进角落独自成群。主教的条件就是对角线上不应该包含奇数个数的灯。”

现在，当这位主教看到他的要求已经完成后，他很高兴，“约翰神父，你真的是一个很有智慧的人，你做到了似乎是不可能的事情，此外还用圣·安德鲁的十字架装置装饰了我们的窗户，圣安德鲁是我从我的先辈的先辈那里听到的名字。” 从那以后他香甜地睡着了，又精神焕发地醒来。今天这个窗户在圣·埃德蒙德博雷的修道院里还可以看到是完整无缺的，如果它真正存在的话。

293. 18是最多的分割数目。我这里给出两个解答。编号的图示让切割的第18块有最大的区域——8个方格——那是条件下可能达到的。第二个图示有一个附加条件，任何一个部分包含的范围不超过5个方格。在《坎特

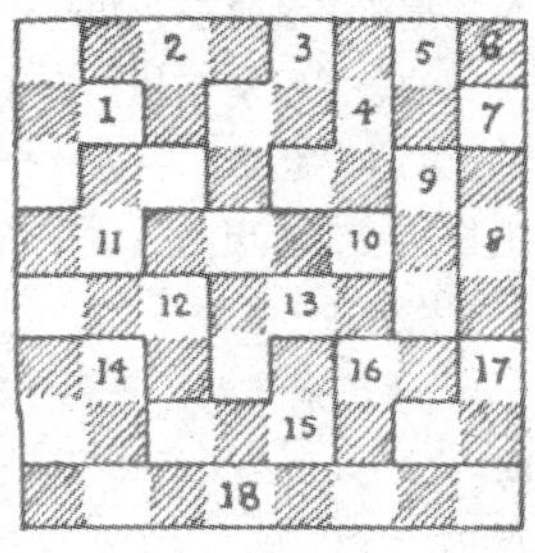

伯雷谜题》一书的第74个谜题展示了怎样把棋盘分割成12个部分，每一部分都各不相同，包含5个方格，其中一部分包含4个方格。

294. 这些部分可以一起组合起来，如图所示，形成一个完整的棋盘。

295. 如果你稍微思考一下的话，这个谜题是很容易的。你只需要考虑一种颜色的方格，因为无论你在白色的方格上可以做到什么，你总是可以在黑色的方格上进行重复，它们在这里是彼此独立的。当然这种相等是基于这样一个事实：在一个普通的棋盘上方格的数目64是一个偶数。如果一个方格交错的棋盘上方格的数目是奇数，那么一种颜色的方格数总是比另外一种多一个。要让每个方格被攻击而且每个象都被另外一个象保护，需要有10个象。我在图示中给出了一种排列方式。需要注意的是在棋盘的左手边6个一组的棋子中，两个中间的象是没有用的，除了保护那些在相邻方格上的象。因此，另外一个解答可以通过简单地把这些在上面的方格一个一个抬高，在下面的空格处放上另外一个。

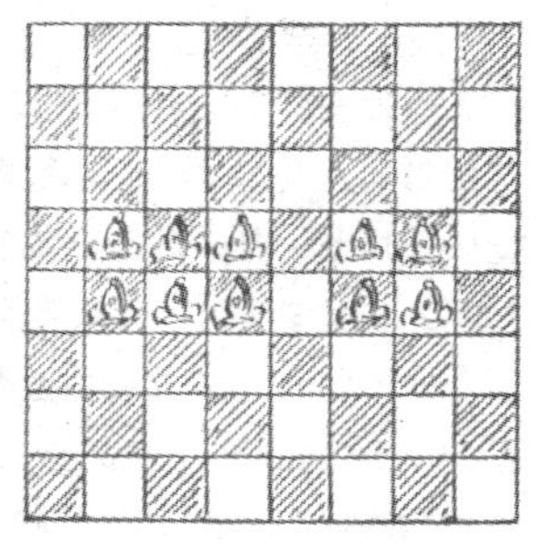

296. 很显然，在每一行和每一列上必须有一个车。从最上面的一行开始，我们可以把第一个车放在8个不同的方格中的任意一个。无论放在哪里，我们在第二行中可以有7个方格选择放下第二个车。然后我们在第三行中有6个方格可以选择，第四行有五个选择，以此类推。所以我们的不同的方式数目应该是8×7×6×5×4×3×2×1=40320（也就是8!），这就是正确的答案。如果仅仅反转和反射不能算作不同，那么有多少种放置方式，这个问题还没有定论。这是一个难题。但是在一个小一点的棋盘上，在下一个谜题中，我们会考虑那一点。

297. 在这个条件下总共只有七种不同的方式。答案如下：1 2 3 4，1 2 4 3，1 3 2 4，1 3 4 2，1 4 3 2，2 1 4 3，2 4 1 3。以最后一个为例，这个数字符号表示的是我们把一只狮子放在第一行的第二个方格，第二行的第四个方格，第三行的第一个方格，第四行的第三个方格。当然，第一个例子就是我们设定这个谜题时给出的那一个。

298. 如果象的数目少于8个就无法做到，最简单的解答方式就是把象沿着棋盘的第四行或者第五行排成一条线（看图示）。但是需要注意的是，这里的任何一个象都是不被另外一个保护的，因此我们会在下面的谜题中考虑到那一点。

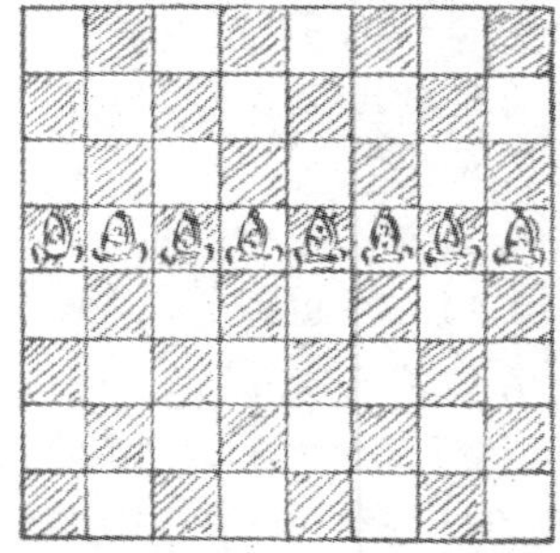

299. 要摆放14个象，总共可以有256种不同的方法。但是每个象必须总是放在棋盘的一边——也就是说，在最边缘的某一行或者列上。所以，这个谜题主要就是计算围绕棋盘边缘放置14个象，而让它们不互相攻击的不同方式数。这并不是什么难题。在一个n^2的棋盘上，要摆放2n-2个象（最大的数目）并让他们不会互相攻击，总共有2^n种方式。在一个平常的棋盘上，n一般是8；所以放置14个象就有256种不同的方法。令人好奇的是，一个总的结果会以如此简单的形式得出来。

300. 这个谜题的解答如图所示。读者可以发现任何一个王后都不会攻击另外一个，同样的，在斜线方向上的三个王后也不在一条直线上。这是放置八个王后的12种不同的基本方法中的一种，也是唯一一种满足最后的条件不会互相进攻的方式。

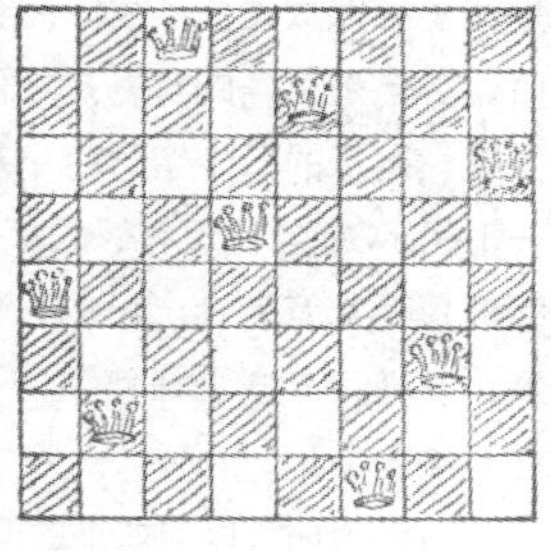

301. 这个谜题的解答在图示一中。这是在陈述的条件内唯一可行的解答。但是如果八颗星中的一颗没有如图所示的方式放置，根据这个方案然后就会有八种方式来排列这些星星，如果我们把反转和反射也算作不同的话。如果你把这一页旋转，让每一边轮流在最底下，你就会得到四种反转；如果你任意一个反射在镜子里，你就会得到四种反射。因此，这仅仅是

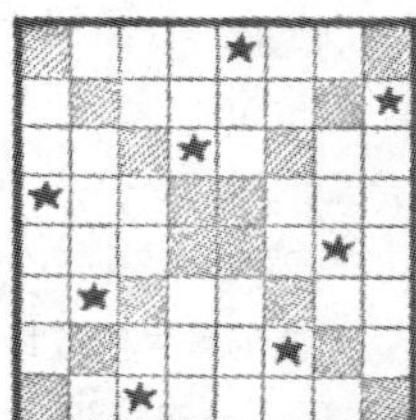

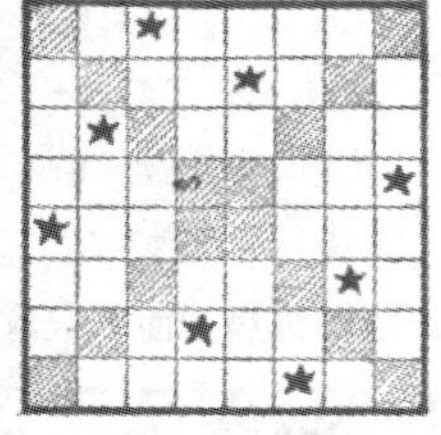

一个“基本解答”的八个排列方面。但是如果不如此放置第一颗星，就会有另外一种基本的解答，如第二个图示所示。但是这个排列方式在某种程度上是对称的，通过反转和反射只能产生四种不同的排列方式。

302. 图示显示的是瓷砖是怎样重新排列的。如同以前，一块黄色的瓷砖和一块紫色的瓷砖排列在那里。这里我要指出的是在先前的排列中，在第七行的黄色和紫色的瓷砖应该可以互换位置，但是其他的排列方式是不可能的。

V	Y	R	G	O	W	P	B
R	O	B	Y	P	V	G	W
B	W		O	G		R	V
P	G	V	W	R	B	O	Y
W	B	O	P	Y	G	V	R
G	R	Y	V	B	P	W	O
Y	V	G	R	W	O	B	P
O	P	W	B	V	R	Y	G

303. 有些方案可以比其他方案给出更多的斜线方向上的四字母组成可读的单词，但是这是一种假象，因为你在这个方向上得到的你会在其他地方失去。当然，这立刻会让解题者想到每个LIVE或者EVIL相当于其他的单词的两倍，因为他它两个方向上都可以读，总是数作2。这是一个重要的考虑，尽管，有时候我们在那些包含这两个单词最多的排列在其他可读单词方面一无所获的，所以在计算总数时就失去很多了。

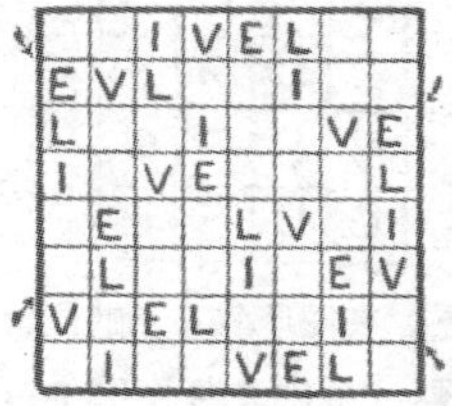

上面的图示是跟要求的条件一致的，也就是任何字母和另外一个相似的字母不在一条线上。它给出了五个单词的20个读法——6个水平的、6个垂直的、4个对角巷方向的由左边的箭头指示、4个对角线由右边的箭头指示。这是最多的情形了。

四组八个字母可以放在一个包括64个方格的棋盘上用最多604种不同的方式，任何一个字母都不会和相似的一个字母在同一条线上。这不把反转和反射算作不同，也不考虑他们中间实际的字母排列：让L和E互换位置。现在一个奇异的事实是不仅我给出的20种可读词证明是真正最大的极限，而且实际上达到这种最大极限的排列方式只有一种。但是如果你在给出的答案中，让V和I互换位置，L和E互换，你仍然会得到20个可读词——在每个方向上都和之前的数目相同。所以，最小数目的可读数是零——也就是，字母的排列让任何单词在任何方向上都不可读。

304. 让我们用字母A，K，Q，J指代扑克牌的纸牌A，K，Q，J，用D，S，H，C指代纸牌的方

1

A	K	Q	J
Q	J	A	K
J	Q	K	A
K	A	J	Q

2

D	S	H	C
C	H	S	D
S	D	C	H
H	C	D	S

片、黑桃、红心和梅花。在图示1和2中，我们有两种方式排列任意一组字母，让任何两个类似的字母都不在同一条线上——尽管把图示1直角旋转

就会得到图示2的排列方式。如果我们把这两个正方形重叠或者组合，我们就得到了图示3， 这也是一个解答。但是在每一个正方形我们都可以在不改变排列方案的条件下用24种不同的方式把字

3

AD	KS	QH	JC
QC	JH	AS	KD
JS	QD	KC	AH
KH	AC	JD	QS

4

S	H	C	D
D	C	H	S
H	S	D	C
C	D	S	H

母放在顶端的一行。于是，在图示4中，S的位置就类似于图示2中D的位置，H的位置相当于S的位置，C的位置相当于H的位置，D的位置相当于C的位置。很明显可以理解的是一定会有24×24=576种方式把这两种原始的排列方式结合起来。但是莱博森所犯的错误就是认为AKQJ必须用图示1的形式来排列，而DSHC必须用图示2的方式排列。于是他包括了反射和旋转180°，而不是90°，他们显然可以互换。因此正确的答案是2×576=1152中，把反射和反转作为不同的方式计算在内。用另一种方式说，在顶行的对数可以用16×9×4×1=576种不同的方式来写，这个正方形就可以用2种方式来完成，总共是1152种方式。

305. 我要指出的是在这个条件下，把所有的字母放进盒子里是不可能的，但是谜题的要求是尽可能多放。这需要一点判断力和认真的审查，否则我们买很容易匆忙下结论。解决这个谜题的正确的方式一定是首先放六个相同的

1

A	B	C	D	E	F
D	F	E	B	A	C
E	C			D	B
B	D			C	E
C		B	E		D
	E	D	C	B	

2

A	B	C	D	E	F
D	E	A	F	B	C
F	C			D	A
B	D			C	E
C	A	E	B	F	D
E	F	D	C	A	B

字母，然后放六个相同的另外的字母，以此类推。因为要放置六个相同的字母只有一种方案（还有它的反转），因为条件是在任何一个方向上的两个字母都不能在一条线上。读者会发现在放置了四个不同的字母后，每个放六次，每个位置都被占据了，除了那12个形成两条长对角线的位置。因此，他最后的两个字母要放置，每个字母都不能超过两个，会留下八个空白。我在图示1中给出了一个这样的排列方式。

然而，诀窍在于不要试着每个字母都放六个位置。读者可以发现，如果我们自己满足于每个字母仅仅放置五个位置，这个数目（总共是30）可以放进盒子里，就会仅仅剩下六个空白处。但是正确的解答是把两个字母都放六个位置，剩下的四个字母每个放五个位置。检查一下图示2就会发现有C和D都有六个，而A、B、E和F每个都有五个。所以，只剩下四个空白位置，在任何方向上任何字母于相同的字母都不在一条直线上。

306. 筹码可以用如下的顺序排列：

R1, B2, Y3, O4, GS

Y4, O5, G1, R2, B3

G2, R3, B4, Y5, O1

B5, Y1, O2, G3, R4

O3, G4, R5, B1, Y2

307. 筹码可以用如下的顺序排列：

A1, B2, C3, D4, E5, F6, G7

F4, G5, A6, B7, C1, D2, E3

D7, E1, F2, G3, A4, B5, C6

B3, C4, D5, E6, F7, G1, A2

G6, A7, B1, C2, D3, E4, F5

E2, F3, G4, A5, B6, C7, D1

C5, D6, E7, F1, G2, A3, B4

308. 解答如下。只有8个王后或者8个车可以放在棋盘上而不被攻击，而象的最大的数目

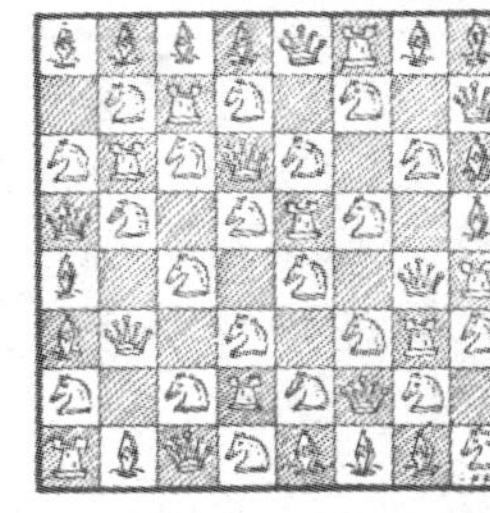

是14，马的是32.但是因为所有的这些马必须放在同样颜色的方格上，而王后占据了每种颜色的四个方格，象占据了每种颜色的7个方格，因此在这个谜题中只有21个马可以放置在同样颜色的方格上。如果我们可以用两种颜色，那么超过21个马也可以单独放置在棋盘上，但是我并没有成功地在“拥挤的棋盘“上放置超过21个马。我相信上面的解答包含了棋子的最大数量，但是可能一些天才读者会成功地多放一个马。

309. 下面的排列方式展示的就是16张邮票按

4	3	5	2
5	2	1	4
1	4	3	5
3	5	2	1

照条件怎样贴在卡片上的，总的面值是50便士，或者4先令2便士：

如果在贴上了4枚5便士的邮票之后，读者又贴上了4枚4便士的邮票，然后他只能贴上其他的三个面值的邮票中的两枚，因此就是损失了两个位置，算算总面值不超过四48便士或者4先令。这就是需要注意的陷阱。（可以把这个谜题与第43个《坎特伯雷的谜题》相比较）

310. 如果那位古代的建筑师已经用如下面的图示的方式排列除了他的5轮新月的瓷砖，每

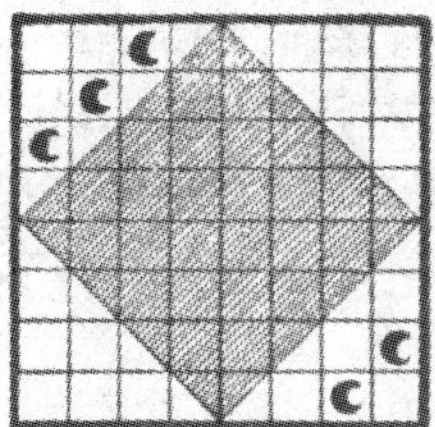

一块瓷砖都是被看护的，或者至少和一轮新月在一条线上，那么一块在面积上相当于铺设地的一半的完全的正方形地毯的空间已经被预留出来了。令人好奇的事实是，尽管有两个或者三个解答可以允许地毯在条件允许的范围内放置，这样可以盖住几乎29块瓷砖，这是唯一可能的解答，可以给出正好一半面积的铺设地，是能够给出的最大的空间了。

311. 图示显示的是四种基本的不同的解题方式。在A的情形中，我们可以反转顺序，让一只狗在最底下的一行，另外的四只狗上移两个方格。同样的，我们可以使用右边的一栏和中间的水平的两行。因此A可以得出8个解答。然后B也可以反转并放置在任一条对角线上，这样可以得到4个解答。同样的，C会得到4个解答。在D中的直线是对称的，它的反转是没有什么不同的，但是它可以在四个不同的方向上排列。因此，我们总共有20种不同的解答。

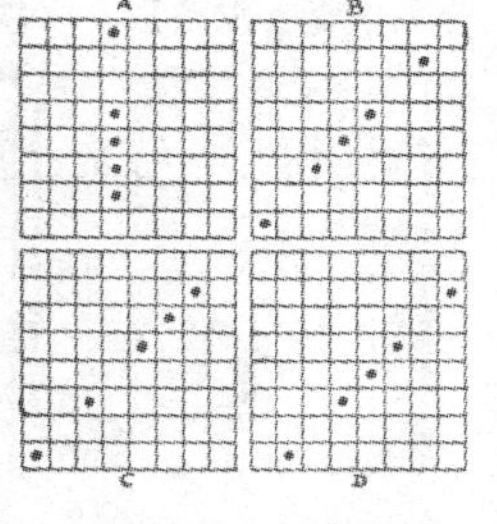

312. 要让每一个羊圈或者被占据或者和至少一只绵羊在一条线上，这样的方式来放置三只绵羊的不同的方法数总共是47种。

下面的图表，如果使用在图示1中诀窍，可以让读者用下面的这些方式来放置他们：

两只绵羊	三只绵羊	方法数
A and B	C, E, G, K, L, N, or P	7
A and C	I, J, K, or O	4
A and D	M, N, or J	3
A and F	J, K, L, or P	4
A and G	H, J, K, N, O, or P	6
A and H	K, L, N, or O	4
A and O	K or L	2
B and C	N	1
B and E	F, H, K, or L	4
B and F	G, J, N, or O	4
B and G	K, L, or N	3
B and H	J or N	2
B and J	K or L	2
F and G	J	1
		47

当然，这意味着如果你把绵羊放在标注着A和B的羊圈中，然后还有七个不同的羊圈你可以放置第三只绵羊，这就给出了七种不同的解答。需要理解的是反转和反射不计为不同。如果至少有一个羊圈可以不和一只绵羊在一条线上，那么这个谜题就有30种解答。如果我们把这47和30种情形分别计算为不同，它们总共的数目就是560，这就是没有任何条件，绵羊可以

1

A	B	C	D
E	F	G	H
I	J	K	L
M	N	O	P

2　3

放置在三个羊圈的不同方式的数目。我要说的是放置2只绵羊让每一个羊圈或者被占据或者在一条线上总共有三种方式，如图示2、3和4所示，但是在每一个情形下，每一只绵羊都是和它的同伴在一条线上的。放置三头羊让每一个羊圈或者被占据或者在一条线上的方式只有两

4　5　6

种，但是任何一只羊和另外一只都不在一条线上。这些我已经展示在了图示5和图示6中。最后，只有一种方式，放置三只羊让至少一个羊圈和一只羊不在一条线上，而且任何一只羊都和另外一只不在一条线上。把羊放在C、E、L的位置。这些实际就是有关这个愉快的田园主题的谜题的所有要说的。

313. 象所在的方格是原来被车占据的，四个王后如此放置让每一方格被一个棋子或者被占据或者被攻击。（图示1）我在1899年就指出如果四个王后的放置方式如图示2所示，那么第

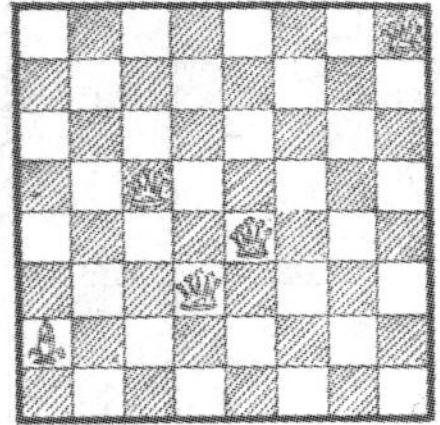

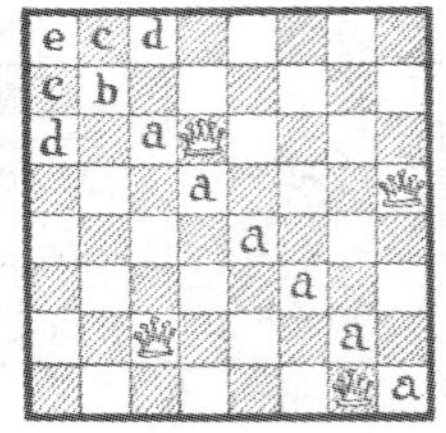

五个王后可以放在标着a、b、c、d和e的12个方格中的任意一个上，或者一个车放在标着c的2个方格上；或者一个象放在标着a、b和e的8个方格上；或者一个卒子放在方格b上；或者一个国王放在4个方格，b，c和e上。对于四个王后和一个马唯一已知的放置方式是有J.沃利斯先生在1908年8月的《海滨杂志》上给出的，这里重新给出来（图示3）。

我已经收录的大量的谜题的解答是有关四个王后和一个车，或者象的，但是我相信，使用三个王后和两个车，并且所有的棋子都是被保护的唯一的排列方式就是我给出的（图示4）。这是首先由C.普兰克博士发表的。但是我随后就发现了相关的使用三个王后、一个车和一个象的解答，尽管这些棋子并不会互相保护

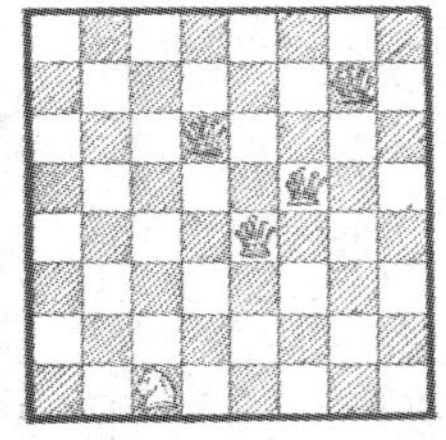

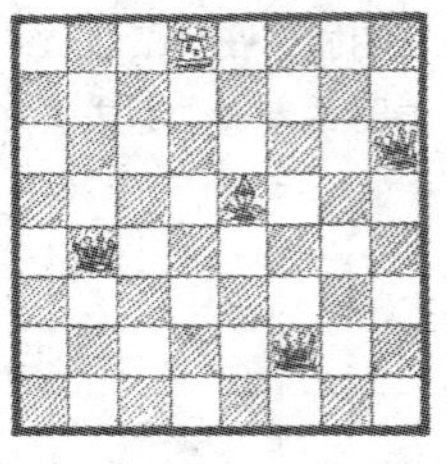

彼此（图示5）

314. 我的读者一定对这样一个事实很熟悉——最少需要5个行星才能攻击一个排列着64颗星星的方格中的每一个。可能很多人会相信一个更多星星排列的大大方格一定需要更多的行星。为了纠正这种思考上可能的小错误，警告读者在谜题的王国世界里众多的小陷阱中的另外一个，我设计了这个新的星星谜题。让我立刻陈述一下，在排列有81颗星星的方格上，总共有几种方式可以放置5颗行星让每一颗星星可以在垂直、水平和对角线方向上和至少一颗行星在一条线上。这里是对“南十字星座“的解答。

315. 16个卒子可以放置这样在任何方向上的三个卒子都不会在一条直线上，如图所示。正如条件要求的，我们把卒子仅仅当作平面上的点。

316. 通过查阅图示，可以很清楚地看到所走的步数，图示显示的是走完四步中的每一步后棋盘上的情形。飞镖指示的是已经做出的

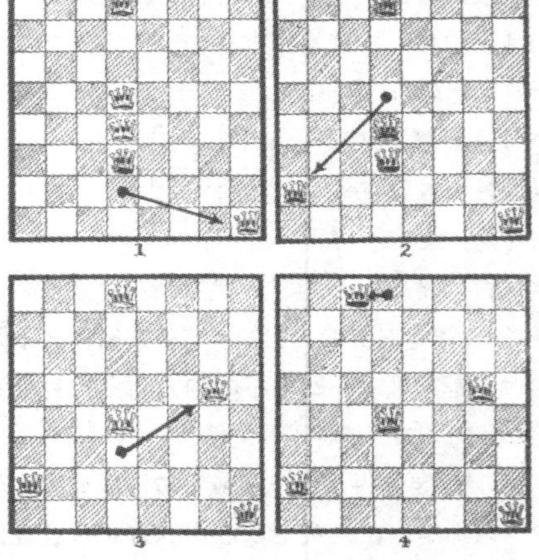

连续的移走。可以看到，在每一个阶段，所有

的方格或者被攻击或者被占据，经过四次走步后，任何一个王后都不会攻击彼此。在最后一步的情形，在最上面一行的王后可以向左进一步移动一个方格。我认为，这是解答这个谜题的唯一的方法。

317. 如果没有任何限制，除了人和狮子必须在不同的点上，那么总共有6480种方式放置人和狮子。这一点很明显，因为人可以放置在任何的81个点上，在每一种情形下都留给狮子80个点；所以81×80=6480。现在，如果我们减去狮子和人放在同一条路径上的方式数，结果就是他们不在同一条路径上的方式数。他们在一条线上的方式数可以毫不费力的发现是816。所以，6480-816=5664，就是答案。总的解题方式是这样的$1/3n(n-1)(3n^2-n+2)$。当然这相当于说，如果我们把一个棋盘的一边的方格数目记作n，然后公式显示两个象被放置在棋盘上而不会互相攻击的方式数。只有在这种情形下我们需要除以2，因为两个象没有根本的不同，不能通过仅仅改变位置就产生不同的解答。

318. 可以看到在棋盘的边缘只有三个王后被从它们的位置移走，结果是11个方格（用黑点指示的）是不被任何王后攻击的。我尝试着大胆提出八个王后不能被放置在棋盘上，因此就有超过是一个方格可以不被攻击。事实上我们并没有关于这一点的足够的证据，但是我对此事实是深信不疑的。至少有五种不同的方式可以排列这些王后，好让一个方格可以不被攻击。

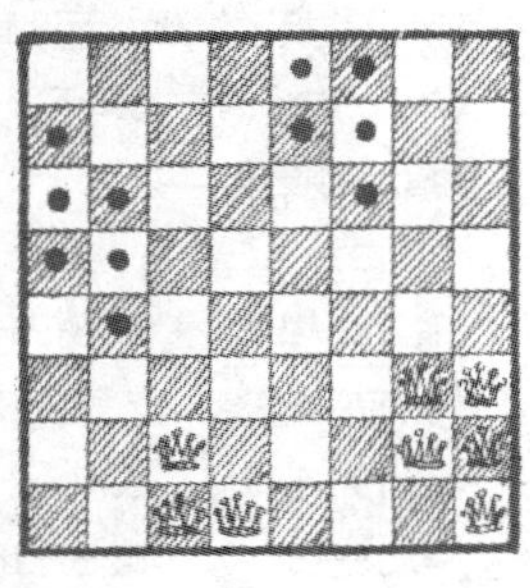

319. 在这个谜题中需要的可能的最少数目的马是14个。有时候会想象会有很多不同的解答。事实上，只有三种排列方式，这里不便简单的翻转和反射看作不同。令人好奇的是，没有人似乎曾经偶然发现下面简单的小案例，或者想到把黑棋和白棋分开来对待。

七个马可以放在棋盘上白色的方格处，让它们可以在只有两步内进攻每一个黑色的方格。这些都展现在图示1和图示2中。注意，三个马在两种排列中都占据着同样的位置。因此很显然的是如果我们把棋盘转一下个，让一个黑色的方格在左上角而不是一个白色方格，然后把马放在完全一样的位置，我们就有两种相似的方式可以进攻所有的白色方格了。假如读者在透明纸张上做出上面描述的最后两种图示，把它们标注为1a和2a。现在，通过把透明的图示1a放在1上面，你就能得到在图示3中的解答，通过把2a放在2之上，你就能得到图示4，通过把2a放在1之上，你就会得到图示5。你现在可以尝试一下所有的这些可能的两两图示组合，但是你仅仅能得到我上面给出的三种排列方式，或者是他们的翻转和反射。所以，这三种解答是所有解答。

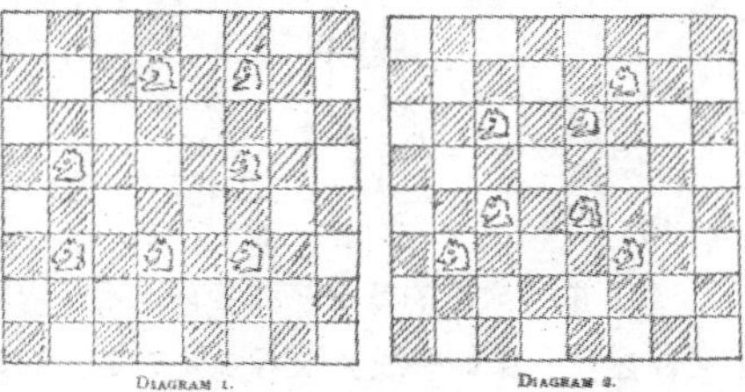
DIAGRAM 1.　　DIAGRAM 2.

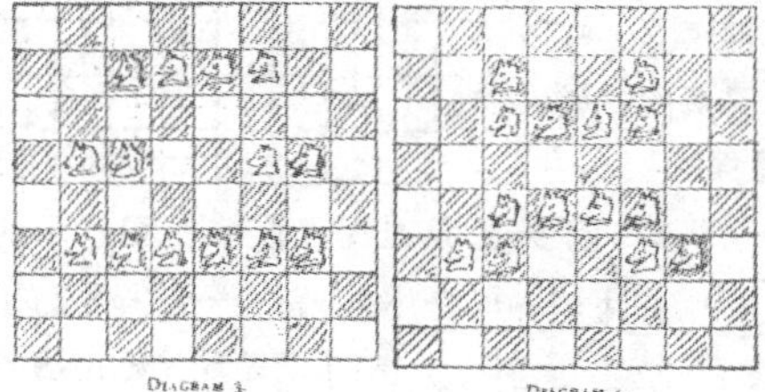
DIAGRAM 3.　　DIAGRAM 4.

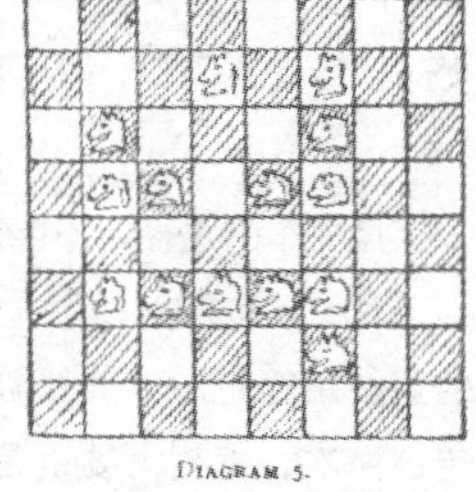
DIAGRAM 5.

320. 我在图示中展示的就是正确的路线。可以看到，第十步让我们走到方格标识着“10”的位置处，最后一步第21步让我们在标注着“21”的位置处停下来。

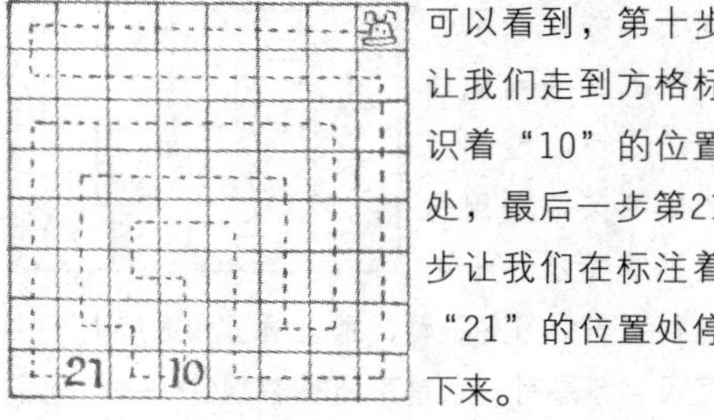

321. 唯一可能的最小的解答都展示在了两个图示中，可以看到只需要16步就可以完成。大

多数人会发现在17步之下，减少步数非常困难。

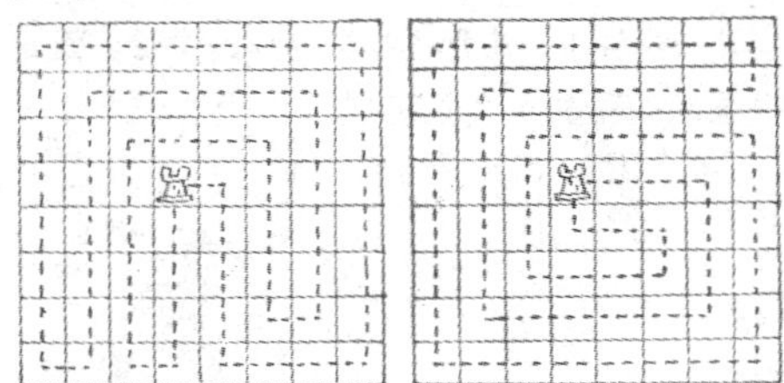

322. 虚线显示的就是在22步直线路径内骑士可以拯救少女的路线。很有必要的是，在进入第一个囚室之后，在进入另外一个之前，立刻返回。否则，是找不到答案的。（看第251页的“盛大的旅程”）

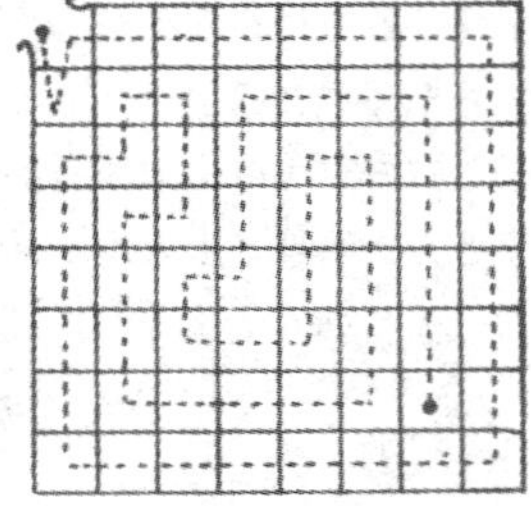

323. 如果囚犯选择了展示在图示中的路——在那里为了清楚起见把门廊省略了——他会成功地进入每个囚室一次，而且只有一次，在最多57步直线路径内。任何一个棋盘上车的路径都不会超过这个步数。

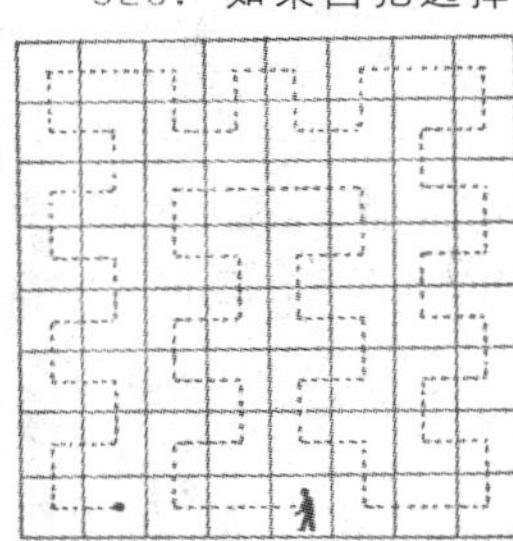

324. 首先，在每一个情形下最少的可能的直线路径是22，为了让每一个囚室都不能被走进两次，绝对必要的是每个角色应该进入一个囚室，然后立刻“走进”该角色所开始的那个囚室，在那之后通过第二个可以用的囚室继续。在右侧的图示中，人的路线用不间断的线段表示，狮子的路线用虚线表示。可以看到，如果两条路线用两只铅笔尖从一个囚室到另一个囚室跟着，那么狮子和人绝对不会相遇。但是有一点是不能被忽视的——“他们偶尔会看到对方。”现在如果我们为人选定一条路线，然后仅仅为狮子翻转这条路线，我们总是会发现，以同样的速度前进，他们是永远不会看到彼此的。但是在我们的图表中可以发现在同一瞬间狮子和人一起都在标注着A的囚室中，可以通过开放的大门看到彼此；同样的情形发生在当他们一起出现在标注着B的囚室中时，上面的字母指示的是人，下面的指示的是狮子。在第一种情形下，狮子直接走向人，而人显然企图走到狮子的后面去；在第二种情形下看上去非常像他们彼此跑开。

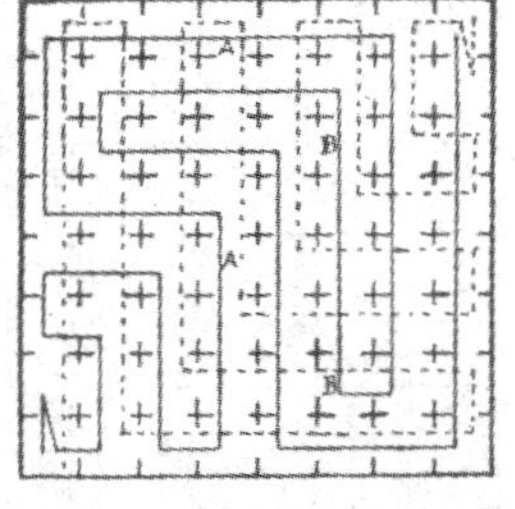

325. 我展示的图示显示了主教是如何在17步内完全拜访他的每一个白色的教区的。很明显，我们必须从一个角落的方格开始，在与它对角线方向上相对的位置结束。这个谜题是不可能用少于17步的步数来解决的。

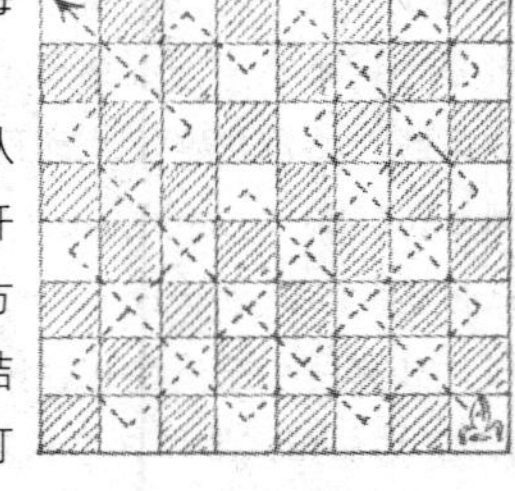

326. 走步的方式如下：2—3，9—4，10—7，3—8，4—2，7—5，8—6，5—1， 6—9，2—5，1—6，6—4，5—3，10—8，4—7，3—2，8—1，7—10。现在白色的筹码和红色的筹码在18步内交换了位置，而没有违背规定的条件。

327. 走步的方式如下，使用图示A中编号的方格指示的符号。

白	黑
1. 18—15	1. 3—6
2. 17—8	2. 4—13
3. 19—14	3. 2—7
4. 15—5	4. 6—16
5. 8—3	5. 13-18
6. 14—9	6. 7—12
7. 5—10	7. 16-11
8. 9—19	8. 12—2
9. 10—4	9. 11-17
10. 20—10	10. 1—11
11. 3—9	11. 18—12
12. 10—13	12. 11—8
13. 19—16	13. 2—5
14. 16—1	14. 5—20
15. 9—6	15. 12—15

16. 13-7　　16. 8—14
17. 6—3　　17. 15-18
18. 7—2　　18. 14—19

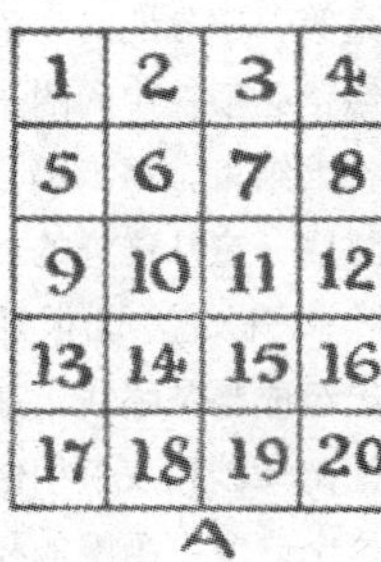

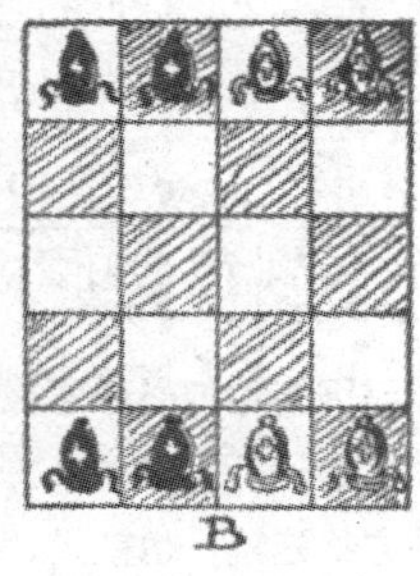

图示B展示的是经过第九步之后的残局。在1和20处的象没有移动，但是在2和19处的象向前移动然后返回了。最后1和19，2和20，3和17，4和18都要交换位置，注意经过第13后的残局。

328. 附属的图示显示了完成王后的旅程的第二种方式。如果你在点J处终止路线，抹去那条线的较短的部分，你就会得到要求的任意一个J方格的路径答案。如果你在I处终止，你就会得到一个从任意I方格开始的不回程的解答。如果你在G处终止路线，你就会得到任意G方格的解答。先前给出的王后的旅程可能是在三个不同的地方相似地终止的，所以，我用机会展示出了第二条旅程。

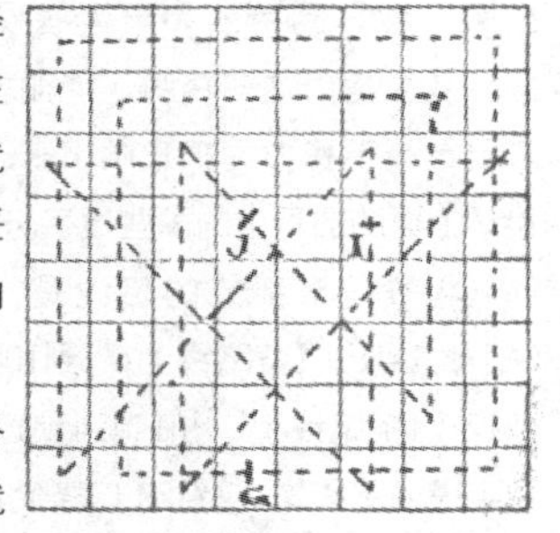

329. 图示显示的就是正确的方法。所有的星星都在14条直线上划过，起点和终点都是在一颗白色的星星上。

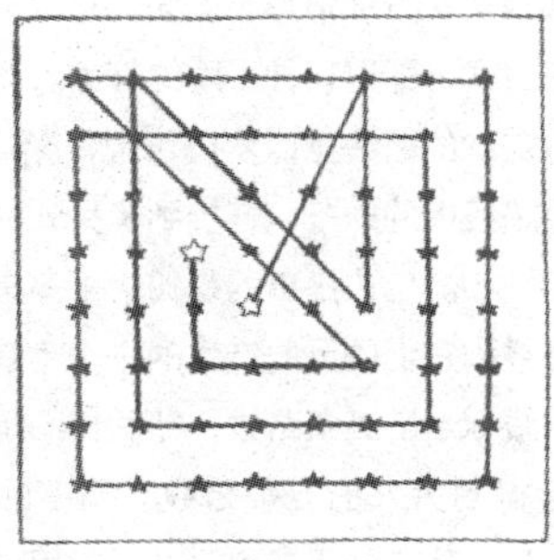

330. 图示显示了答案。图示上的数字会以正确的顺序显示航路的方向，可以看到，按照规定，第七条航线在旗帜浮标那里终止。

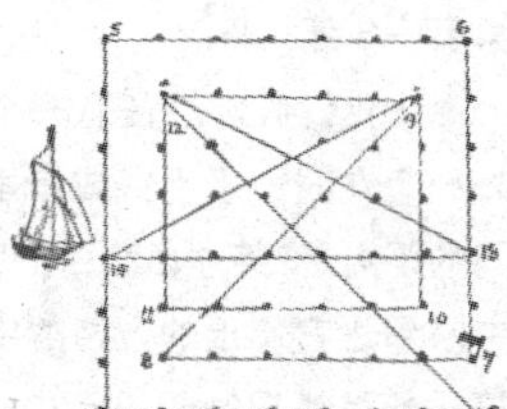

331. 在这个谜题中，我们超越了方格的边界。除了那一点，所有的走步都是王后的走步。总共有三种或者四种方式可以完成。在这里我们选取一种方式解答：

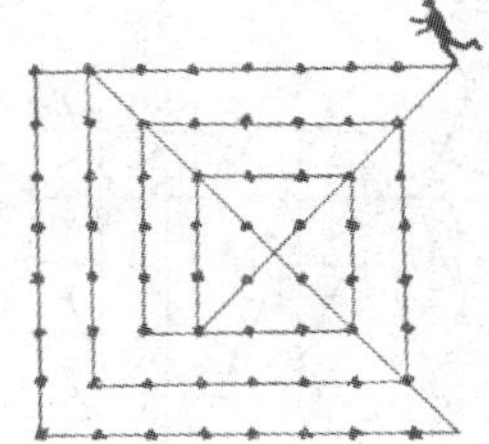

可以看到，滑冰者在由14条直线组成的连续的旅程中划到了所有的星星，并且回到了他开始的地方。要跟上图示中滑冰者的路线，总是需要我们转弯前在一条直线上走得尽可能的远。

332. 图示显示了所有的星星是如何用12条直线都穿过，开始和结束都从一颗黑色的星星的位置。

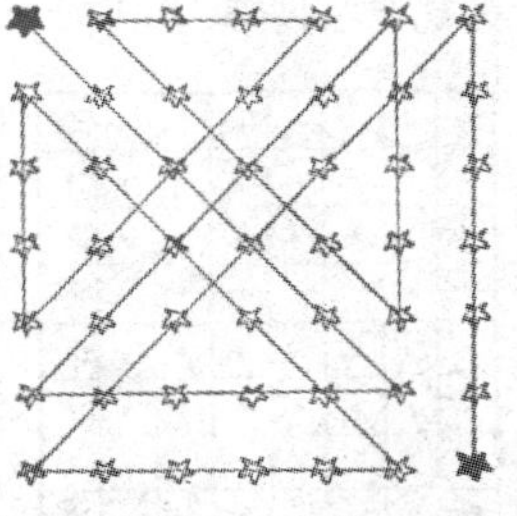

333. 我们为这个谜题选择了一个答案，这是通过把马步的行动用从方格到方格的线来呈现出来而得出的最漂亮的设计。为了看上去更清楚，方格的图案省略掉了。圣·乔治然后严格按照条件杀掉了龙，并且使用了我们期望的华丽的方式。

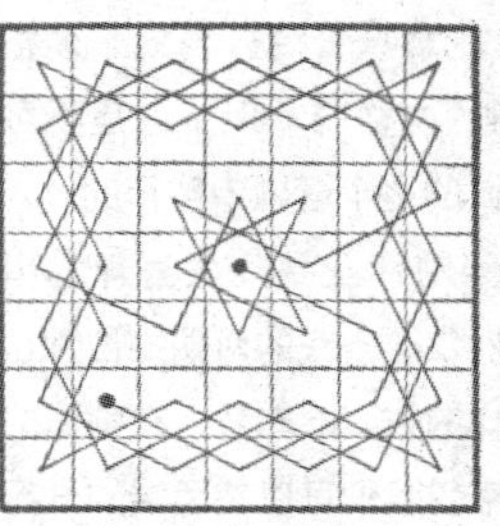

334. 这个谜题的正确答案用黑线显示在了图示中。指示的五步会让王后在满足条件的可能的五步内走最远的距离。虚

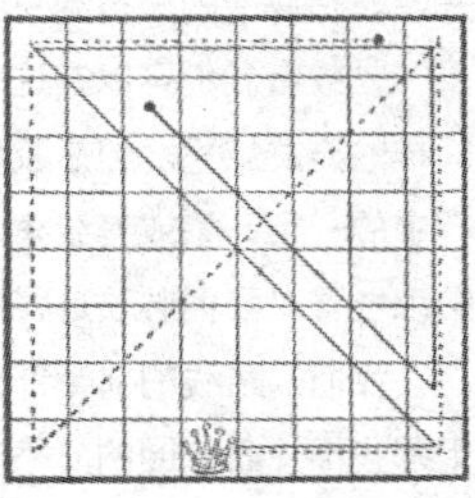

线显示的是大多数人提议的路线，但是它并不象另一条那么长。

让我们假定从任意一个方格的中间到达另外一个在同一水平线或者垂直线上的方格的中间的距离是2英寸，然后王后从它原先的方格的中心到达它停止的方格的中心。然后会发现，第一条路线超过67.9英寸，而虚线的路线少于67.8英寸。差别很小，但是足够解决哪一条路线更长的问题了。所有的其他的路线比这两条路线都短。

335. 这个小的农业谜题有许多的答案。下面一栏中给出的一个版本因为由几步形成的长长的平行直线而变得相当奇妙。

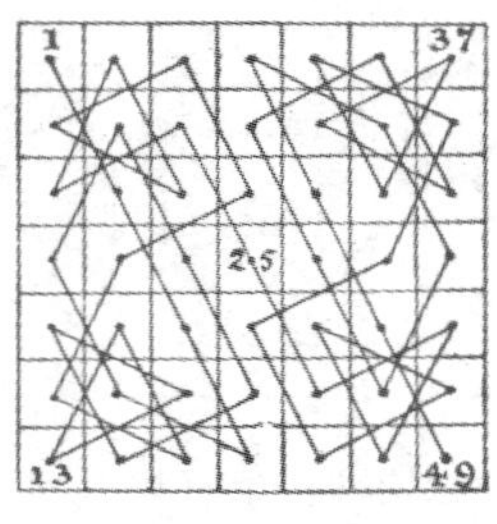

336. 图示中展示的是一个相当对称的谜题的解答。4只袋鼠的每一只都作了它的短途旅行，然后回到了它的角落，并没有进入另一只袋鼠走过的方格，也没有穿过中间线。读者立刻就会想到，这个谜题有一个可能的改进方法，就是把棋盘用一条垂直线在中间分割开，要求也不能穿过这条线。这就意味着每只袋鼠必须把自己限制在一个4×4的方格内，但是这是不可能的，正如我要在下面的两个谜题中解释的。

337. 关于这个问题涉及到几点有趣的事情。首先如果我们不规定这条线的两端的位置，那么就不可能形成这样的线，除非我们在狗窝的顶行和底行开始和结束。我们可以在顶端的一行开始，在底端的一行结束（或者，当然，与之相反），或者我们可以在这些行中的一行开始，并同样的方式结束。但是我们绝对不能从两条中间行中的一行开始或者结束。然而，我们的开始和结束位置对我们必须是固定的。

我们的路线的前半部分必须完全限定在下图中那些标注着圆圈的方格中，因此，第二部分要限定在那些没有画圆圈的部分。可以看到，留给这两部分的路线的方格是对称和相似的。

①	2	③	4	⑤
⑥	7	⑧	9	⑩
11	⑫	13	⑭	15
16	⑰	18	⑲	20

接下来的一点就是第一部分的前半条线路必须在中间的一行上结束，第二部分路线一定从这样的一行上开始。这很明显，因为他们必须连在一起组成整条路线，在外面的一行上的每个方格都用马步和仅仅相似的方格连接—也就是，在这个谜题中画圈的和没有画圈的。因此这两部分的线路只能在中间的行上相连。

现在，总共只有八条不同的前半部分的路线，所以也有八条后半部分的路线。我们可以发现这总共组成了16条完整的路线，这就是存在的路线的总数，也是我们的谜题的正确的答案。我并不提倡把所有的路线完全详细地展示出来，但是到目前如果读者没有发现任何一条，我会指出这些路线，他能发现是哪条，并且自己毫不费力地把它画出来。下面的数字适用于上面的图示中的那些数字。

八条前半部分的路线是：1到6（2条路线）；1到8（1条路线）；1到10（3条路线）；1到12（1条路线）；和1到14（1条路线）。八条后半段的路线是：7到20（1条路线）；9到20（1条路线）；11到20（3条路线）；13到20（1条路线）；和15到20 （2条路线）。你可以把每条半部分的路线连接到另外一条，每种不同的方式就是一个不同的答案。可以发现，这些连接如下：6到13（2种情形）；10到13（3种情形）；8到11（3种情形）；8到15（2种情形）；12到9（1种情形）；和14到7（1种情形）。因此总共有16种不同的连接方式，即有16种不同的答案。图示中给出的带有灰狗的路线可以发现包含着3条从1到10的半部分路线中的一条，连接到了另外的半部分路线从13到20。应该指出的是10个答案是有五条不同的路线和它们的反向产生的——也就是说，如果你用线标示出五条路线，然后把图示上下颠倒你就会得到另外的五条路线。剩下的两个答案是对称的（他们就是12到9和14到7相连接的情形），因此，通过反向它们不会产生新的答案。

338. 要试着解决这个谜题，首先需要画出两个的间隔，分别都是20个方格。分析它们是为了决定哪里是必要的进入和退出点。在大一点的间隔上，读者可以发现要完成一个完整的旅程，必须从长边外面的两个方格上开始和结束。但是，尽管你可以从这十个方格上的任何一个开始，但你要在哪一个结束却是受到限制的。假如你在几个特定的方格处开始，你就可以再任何一个地方停止。对于小一点的间隔的情形，你必须在间隔的两条短边的六个方格处开始和结束，但是像其他情形一样存在同样的限制。

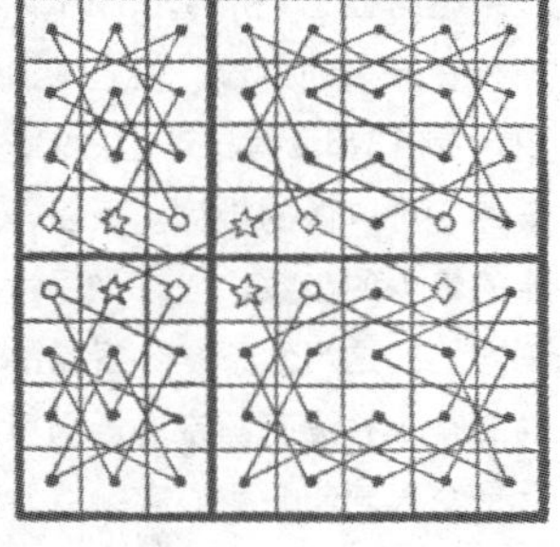

稍微思考一下就会发现在两个小的间隔上，读者必须从相邻的末尾处开始和结束，因此跟着我们知道在大一点的间隔上我们也需要从相邻的边开始和结束。

在给出的几个可能的解答中的一个的图示中，可以看到我们可以从八个位置开始这次特别的旅程；但是在每种情形下只有一条路，因为我们在进入另外一个间隔之前必须走完我们所在的间隔。在任何一个解答中我们可以发现由星星标示出来的方格必须是进入点或者退出点。由于有反向法则，让我们可以选择其他的连接方式。或者是在方块处，或者在圆圈处。在得出的解答中我们使用了方块的空格，但是在其他的不同答案中也存在着使用圆圈空格的案例。我认为这些话已经解释了这个谜题的所有的基本点，既有教育意义也很好玩。

339. 如果读者切出上面的图示，把它折起来成为一个立方体，然后为了上面的目的，用胶带把它在边缘粘起来，他要有一种有趣的小好奇心，或者他可以自己做一个更大一点的。

读者可以发现，如果我们想象这个立方体的每一个面都有一个完整的棋盘，我们可以用马在384个方格的任意一个上开始，然后完全绕立方体一周，最后总是回到出发点。从立方体的一面到另一面的方法很容易懂，但是困难在于找到每个棋盘的进入点和退出点。不同的棋盘所走的顺序根据要求的条件做好安排。

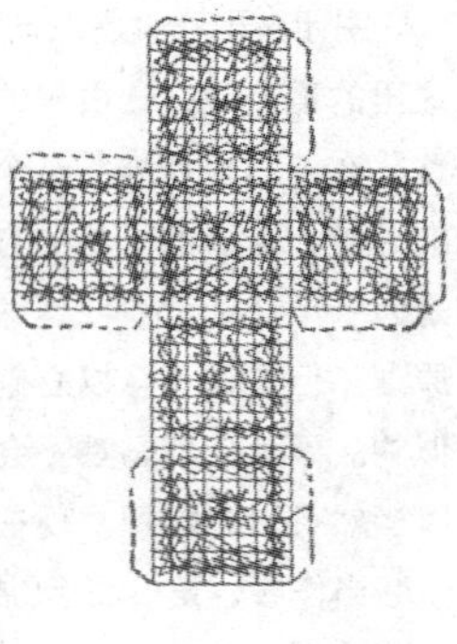

340. 从图示中可以看到一个棋盘是怎样被划分成四部分的，每一部分的大小和形状都一样，因此一个完全的回程的马步旅程就可以在每一部分上完成。对于每一个马都有唯一可能的路线和它的反向线。

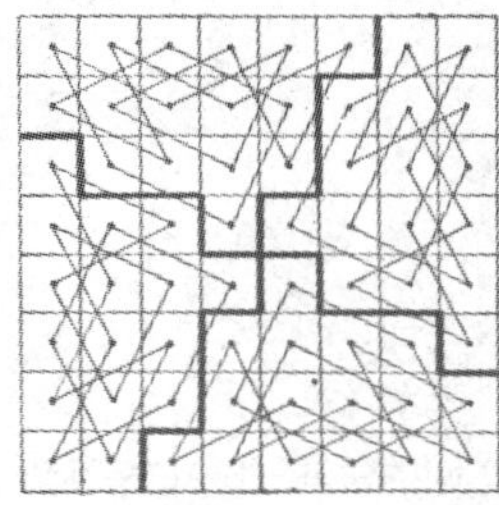

341. 最令人困惑的一点就是解题者在解这个谜题时必须自己决定阴影部分的数字（就是在它们的正确的位置的那些数字）。99%的人都会认为移动它们任何一个数字都没有好处，如果是那样他们就错了。

不移动任何阴影部分的数字的最便捷的解题方式是在32步内完成的。但是这个谜题可以在30步内完成。方法就是在第二步移动6或15，在第19步代替它。这就是解题方式：2, 6, 13, 4, 1, 21, 4, 1, 10, 2, 21, 10, 2, 5, 22, 16, 1, 13, 6, 19, 11, 2, 5, 22, 16, 5, 13, 4, 10, 21.总共是30步。

342. 把每一步都分开计算，可能的最少的步数是16步。如果一只青蛙的连续移动的任何步数算作一次，那么这个谜题可以七次完成解答。所有包含在括号内的步数都是一次；这些数字指的是毒菌：(1—5)，(3—7，7—1)，(8—4，4—3，3—7)，(6—2，2—8，8—4，4—3)，(5—6，6—2，2—8)，(1—5，5—6)，(7—1)。

这个熟悉的古老谜题是由瓜芮妮在1512年提出来的，我在这里给出这个谜题是为了解释我的“纽扣和线”的方法是怎样来解决这类筹码移动的问题的。

图示A显示的是瓜芮妮的谜题的老方式，这里的重点就是让白棋的马和黑棋的马交换位置。在“四只青蛙”这个谜题中展示这个概念的时候，走步的可能的方向是由线来指示的，是为了不让读者非要理解象棋中的马步移动的原理。但是读者可以立刻看出这两个问题是类似的。因为任何马都不会进入中间的方格，所以当然可以忽略掉。现在把毒菌当作纽扣，连接线当作线，正如图示B展示的那样。然后解开这些线后，我们能够清楚的用图示C的方式呈现

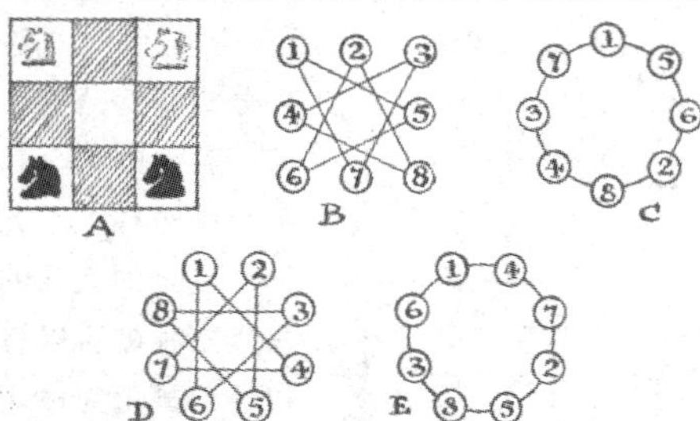

这个图示，这里纽扣之间的关系和B中的完全一样。任何与C有关的解题都适用于B和A。把白棋的马放在1和3位置，你的黑棋的马放在图示C的6和8的位置，很明显，这个解答非常简单。你必须简单地把马围绕着圆圈朝一个方向或另一个方向移动。按照上面给出的步数来走，你会发现一切小困难都迎刃而解。

在图示D中，我给出了另外一个熟悉的谜题。它首次出现在布鲁塞尔斯1789年出版的一本书中。把七个筹码按照下面的方法放在八个点的七个上。你必须总是用一个筹码接触一个空白点，然后沿着从那一点到下一空白点的直线移动这个筹码（朝任一方向），在那里放下筹码。

用相同的方式继续直到放下所有的筹码。记住，总是从接触空白点开始，从那里滑动筹码到下一必须也是空白的位置。现在通过简化的“纽扣与线”的方法，我们可以把图表转换成E。然后解答就明显了。“总是移动到你最后移过来的位置”。这当然不是你放置筹码的唯一的方式，但是这是可以思考的最简单的解答。在这本书中有几个谜题，读者可以发现他们都是借用了这个方法。

343. 要走一条完美的马步路程，总共有80种不同的排列方式数，但是要两个囚犯同时不再同一个囚室里面，只有40种方式可以做到。最多只有两个人可以获得完全的休息，尽管马步路程可以让7和13，8和13，5和7，或者5和13待在原来的位置，但是下面的四种排列方式中，7和13都没有移动，它们是仅有的在移动的条件下可以做的排列。所以，应该尽力找到可能的最少的步数，以来最后达到其中的一个排列方式。这当然不是件容易的事情，要得出正确的答案并没有固定的规则可循。这很大程度上是个人判断、耐心实验以及对变化和局势观察敏锐的结果。

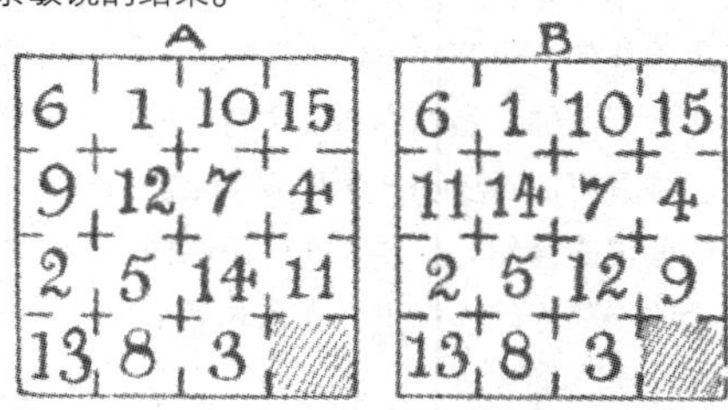

事实上，使用如下方法，排列C可以在最少66步达成：12，11，15，12，11，8，4，3，2，6，5，1，6，5，10，15，8，4，3，2，5，10，15，8，4，3，2，5，10，15，8，4，12，11，3，2，5，10，15，6，1，8，4，9，8，1，6，4，9，12，2，5，10，15，4，9，12，2，5，3，11，14，2，5，14，11，总共是66步。尽管这是我所知的最少的步数，并且认为这个纪录不会被打破。但我不能肯定地说还没有一种更便捷的方式有待发掘。最吸引人的排列方式显然是A。但是事情并不是看上去的样子，C才是真正最容易达到的。

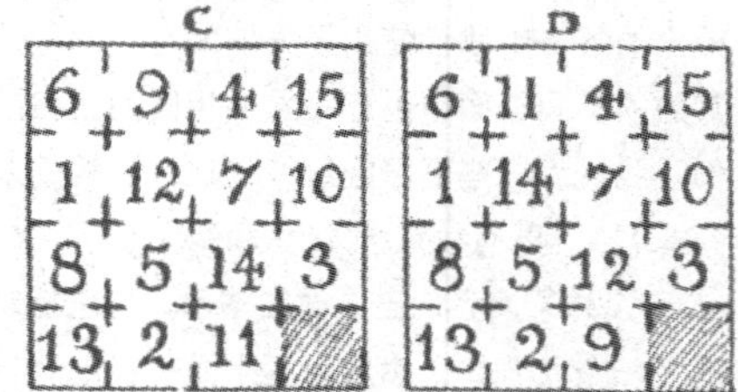

如果左手底角的囚室可以空置，下面就是一个可以在45步达到的解答，是由R.埃尔瑞克先生提出的：15，11，10，9，13，14，11，10，7，8，4，3，8，6，9，7，12，4，6，9，5，13，7，5，13，1，2，13，5，7，1，2，13，

8，3，6，9，12，7，11，14，1，11，14，1。但是每个囚犯都移动了。

344. 第一点就是要选择最有希望的马的排列串，然后考虑如何用最少的步数达到这个排列形式。我的观点是最好的马的排列串就是下面的图示所代表的。在这个图示中，可以看到每个连续的号码就是一个马步，是从前一个位置开始的，五只狗（1，5，10，15和20）根本不用离开它们原来的狗窝。

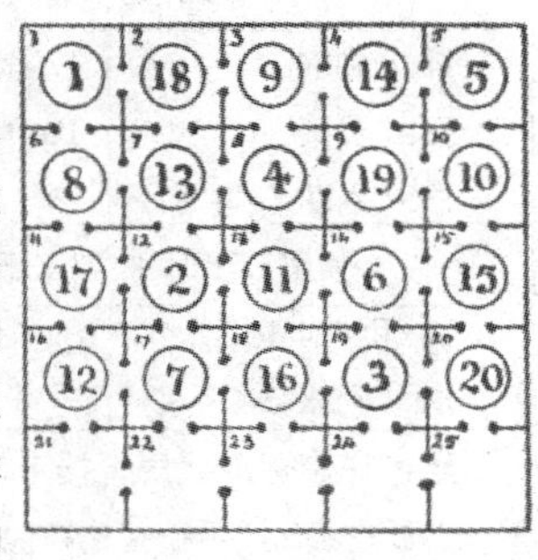

345. 把一个卒子称做A，另一个称做B。现在，由于可选择第一步，每个卒子可以走5步或者6步到达第八个方格。所以总共有四种情形需要考虑：（1）A6移动和B6移动；（2）A6移动和B5移动；（3）A5移动和B6移动；（4）A5移动和B5移动。在第一种情形下，总共有12步，我们可以为A选择任意的其中6个。因此7×8×9×10×11×12 除以1×2×3×4×5×6就得到了这个情形下的变化的数目——也就是924。同样的对第（2）种情形，从11个中选择6个就会得出462；在第(3)种情形下，从11个中选择5个也是462；在第四种情形下，从10中选择出5个就会是252。把这四个数字加在一起，我们就得到2100。这就是卒子在这个条件下前进的不同方式的正确数目。（查阅第271谜题）

346. 白棋的卒子可以有40320种方式来排列，白色的车有2种方式，象有2种方式，马有2种方式。把这些数字相乘，我们发现白棋可以有322560种不同的放置方式。黑棋，当然也可以有同样数目的方式来放置。所以，它们可以放置的方式是322560×322560=104044953600种。但是几乎所有人都会忽略的一点就是棋盘对于每一种排列方式都有两种不同的放置方式。所以答案就翻番了，结果就是208089907200种不同的方式。

347. 答案涉及很小的一点，在最后的残局中标号码的车必须按照数字号的顺序方向与它们在最初的图示中显示得正好相反，否则问题不能解决。它们按照下列数字的顺序来走这几个车。因为车移动的位置绝对不会超过一个方格（除了最后的一步），数字符号很显然——5，6，7，5，6，4，3，6，4，7，5，4，7，3，6，7，3，5，4，3，1，8，3，4，5，6，7，1，8，2，1，然后车吃掉象，将军。这些就是可能的最少的步数132步。黑棋的国王的步数都是被迫跟着的，不需要给出来。

348. 总共有1296个不同的长方形，其中的204个是正方形，把正方形的棋盘本身算作一个，有1092个长方形不是正方形。总的公式就是一个n2个方格的正方形棋盘包含有$(n^2+n)^2/4$个长方形，其中$(2n^3+3n^2+n)/6$个是正方形，$(3n^4+2n^3-3n^2-2n)/12$个是长方形（不是正方形）。好玩和有趣的是长方形的总数总是三角形的数目（它们的边是n）的平方。

349. 都是独自思考解答，我们都得到了同样的残局，包括麦瑟斯.s.罗伊德、E.N.弗兰肯斯特恩、W.H.汤姆森和我自己。因此下面的解答可以被接受为是这个好玩的谜题的可能的最好的解答：

白	黑
1. P—Q4	1. P—K4
2. Q—Q3	2. Q—R5
3. Q—KKt3	3. B—Kt5 ch
4. Kt—Q2	4. P—QR4
5. P—R4	5. P—Q3
6. P—R3	6. B—K3
7. R—R3	7. P—KB4
8. Q—R2	8. P—B4
9. R—KKt3	9. B—Kt6
10. P—QB4	10. P—B5
11. P—B3	11. P—K5
12. P—Q5	12. P—K6

然后白棋就陷入僵局。我们给出一个最后走到的好玩残局的图示。可以看到任何一个白棋的棋子都不可以移动。

350. 用如下的方式进行：

白棋	黑棋
1. P到K4 2. Q 到 K4 3. Q 到 K7 4. B 到 K5 5. 两步内将军	1. 任何走步 2. 任何走步除了在KB纵列 3. K移动到国王的行 4. 任何一步
如果3.K移动到其他行而不是国王的行	
4. P to Q 4th 5. 两步内将军	4. 任何走步
如果2.在KB纵列上的任何走步	
3. Q to Q 7th 4. P to Q Kt 3rd 5. 两步内将军	3. K移动到国王的行 4. 任何一行
如果3.K移动到其他行而不是国王的行	
4. P 到 Q4 5. 两步内将军	4. 任何步

当然，这里的“国王的行”指的是在游戏最初时国王原来待的位置行。尽管如果黑方走步很一般，它可能会在更少的步数内的某个位置就被将军，上面提供的就是它能造成的每种变化。

351.

白	黑
1. Kt 到 QB3	1. P 到 Q4
2. Kt 吃掉 QP	2. Kt 到 QB3
3. Kt 吃掉 KP	3. P 到 KKt4
4. Kt 吃掉 B	4. Kt 到 KB3
5. Kt 吃掉 P	5. Kt 到 K5
6. Kt 吃掉 Kt	6. Kt 到 B6
7. Kt 吃掉 Q	7. R 到 KKt sq
8. Kt 吃掉 BP	8. R 到 KKt3
9. Kt 吃掉 P	9. R 到 K3
10. Kt 吃掉 P	10. Kt 到 Kt8
11. Kt 吃掉 B	11. R 到 R6
12. Kt 吃掉 R	12. P 到 Kt4
13. Kt 吃掉 P (ch)	13. K 到 B2
14. Kt 吃掉 P	14. K 到 Kt3
15. Kt 吃掉 R 16. Kt 吃掉 Kt	15. K 到 R4 16. K 到 R5
白棋3步内将军	
17. P到Q4 18. Q到Q3 19. Q到KR （将军）	17. K 到 R4 18. K 移动
如果17步时 K 到 Kt5的位置	
18. P到K4 (dis. ch) 19. P到KKt3 (将军)	18. K 移动

经过16步达成残局，接下来的三步实现将军。谜题是由S.罗伊德首先在他的《象棋难题》中提出来的。

352. 把剩下的八个白棋子如下安排：K放在KB4位置，Q放在QKt6位置，R放在Q6位置，R放在KKt7位置，B放在Q5位置，B放在KR8位置，Kt放在QR5位置，Kt放在QB5位置。下面的将军是这样的：

通过发现从Q的位置	8
通过发现从R在Q6的位置	13
通过发现从B在R8的位置	11
由Kt给出的在R5位置	2
由卒子给出的	2
总共	36

是否能构建一个残局，让它在移动中有超过36种不同的将军方法？目前就我所知，还没有人打破我的排列纪录。

353. 不能移动的卒子

1. Kt到KB3位置
2. Kt到 KR4位置
3. Kt到 Kt6 位置
4. Kt吃掉R
5. Kt到 Kt6 位置
6. Kt吃掉B
7. K 吃掉 Kt
8. Kt到 QB3 位置
9. Kt到 R4 位置
10. Kt到 Kt6 位置
11. Kt 吃掉R
12. Kt到 Kt6 位置
13. Kt吃掉B
14. Kt到 Q6 位置

15. Q 到 Ksq 位置

16. Kt 吃掉 Q

17. K吃掉Kt，这样就达成了残局。

黑方走的步要和白方完全一样，因此我们只给出一组移动方式。上面的17步是可能的最少步数。

354. 布莱克先生把国王放在他的王后的马7位置，不论白方为他的卒子选择的是哪一个棋子，黑方不能被将军。正如我们说的，黑方的国王不用注意将军，也不用移动。白方可能用王后吃掉他的卒子，然后抓住黑方的车，把他的三个棋子投入进攻，但是将军是不可能的。黑方的国王不可能被留在其他的任意一个方格处而不被将军。已故的萨姆·罗伊德首先指出来这个谜题构建的特别之处。

355. 把白方的卒子从B6移动到K4，把一个黑方的卒子放在黑方的KB2位置。现在白方由P位置到K5，将军，然后黑方必须由P位置移动到B4。然后白方顺道用P吃掉P，将军。因此这是白方的最后一步，离开给出的位置。这是唯一可能的解答。

356. 如果你把棋子用如下的方式放置（这里只给出了棋盘的一部分，为了节省空间），黑方的国王就处在被将军的位置，对它来说就没有可能的移动步数。读者现在可以明白我为什么避免术语“将军”了，因为事实上白方的国王并不存在。这个残局在象棋游戏中是不可能的，因为黑方不能同时被两个车同时将军，

也不可能在它的最后一步到达将军的位置。我相信这个残局是首先由已故的S.罗伊德发表的。

357. 用如下的方式玩：

1. R—Q 6

2. K—R 7

3. R (R 6)—B 6 (将军)。

黑方是被动的，因此不需要给出。

358. 把六个卒子放在所有比2^2更大的方格上的通用的公式是这样的：6乘以n个物体中一次取三个的组合数的平方。这里的n代表棋盘一边的方格数。

当然，当n是偶数的时候，在行与列中没有被占据的方格数也是偶数，当n是奇数的时候，方格数就是奇数。这里的n是8，所以答案就是18816种不同的方式。这其实是“染工的谜题”（《坎特伯雷谜题》第27个）的另外一种形式。我在这里重复这个谜题是为了解释一种解答的方式，好让新手可以很容易掌握。首先，很显然如果我们把一个卒子放在任何一条线上，我们必须在这条线上放上另外一个，这是为了让棋盘上的棋子是偶数。我们不能把4或6放在任何一行上，而让所有相关列上的棋子是偶数成为可能。所以，我们必须在三行和三列的每行每列中都放上两个卒子。现在，总共只有六种方案或排列方式符合这些条件，它们都展示在了下面的图示A到F中。

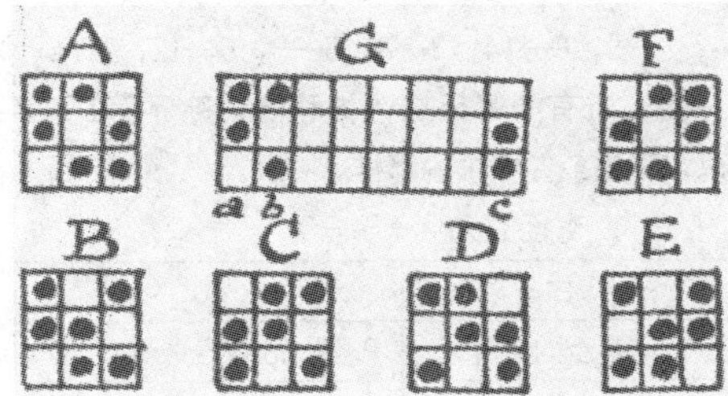

我只是顺便地说一下，A和B是唯一不同的排列方式，因为如果你把A旋转1/4，你就会得到F；如果你把B在顺时针方向上旋转3/4，你就会连续得到C，D和E。无论你怎么放置这六个卒子，如果你满足了谜题的条件，他们都会归到这几种安排中的一种。当然，可以理解只是扩大，并不会破坏这些排列的基本特征。因此G只是A的形式的一种扩大。假定我们把自己的操作限定在前三行，如图G，然后把a对和b对放在第一和第二列，c对可以放在剩下的六列中的任何一列中，这样就有了六种解答。现在滑动b进入第三列，就有五个可能的位置可以放置c。滑动b进第四列，c就可以产生四种新的解答。以此类推，（仍然把a留在第一列）直到你把b放在第七列，就只有一个位置可以放置c——在第八列。然后，你把a放在第二列，b放在第三列，

c放在第四列，象前面那样开始滑动c和b来形成另外一系列的解答。

于是，我们发现，通过单独使用A和把我们的操作限定在前三行，我们就得到了和从八个物体中同时取三个一样多的答案。也就是(8×7×6)/(1×2×3)=56。这会立刻让读者明白如果有56种不同的方式选择列，在这些方式中就一定有56种方式选择行，因为我们可以同时进行那个向下“滑动”的过程一直到最底边，用我们从左向右完全一样的方式进行。所以，形式A可以被应用的总的方式数是56×6=3136。但是，正如我们看到的，有六种排列方式，我们只处理其中的一种，A。所以我们必须把这个结果乘以6，这样我们就得到3136×6=18816，这就是总的方式数目，正如我们已经陈述过的。

359. 可以象下面这样走步：3—11，9—10，1—2，7—15，8—16，8—7，5—13，1—4，8—5，6—14，3—8，6—3，6—12，1—6，1—9，所有的筹码应该被移除，除了第1号筹码，正如条件要求的那样。

360. 奇怪的人

白	
1. P 到 KB 4	P 到 QB 3
2. K 到 B 2	Q 到 R 4
3. K 到 K 3	K 到 Q sq
4. P 到 B 5	K 到 B 2
5. Q 到 K sq	K 到 Kt 3
6. Q 到 Kt 3	Kt 到 QR 3
7. Q 到 Kt 8	P 到 KR 4
8. Kt 到 KB 3	R 到 R 3
9. Kt 到 K 5	R 到 Kt 3
10. Q 吃掉 B	R 到 Kt 6, ch
11. P 吃掉 R	K 到 Kt 4
12. R 到 R 4	P 到 B 3
13. R 到 Q 4	P 吃掉 Kt
14. P 到 QKt 4	P 吃掉 R, ch
15. K 到 B 4	P 到 R 5
16. Q 到 K 8	P 到 R 6
17. Kt 到 B 3, ch	P 吃掉 Kt
18. B 到 R 3	P 到 R 7
19. R 到 Kt sq	P 到 R 8 (Q)
20. R 到 Kt 2	P 吃掉 R
21. K 到 Kt 5	Q 到 KKt 8
22. Q 到 R 5	K 到 R 5
23. P 到 Kt 5	R 到 B sq
24. P 到 Kt 6	R 到 B 2
25. P 吃掉 R	P 到 Kt 8 (B)
26. P 到 B 8 (R)	Q 到 B 2
27. B 到 Q 6	Kt 到 Kt 5
28. K 到 Kt 6	K 到 R 6
29. R 到 R 8	K 到 Kt 7
30. P 到 R 4	Q (Kt 8) 到 Kt 3
31. P 到 R 5	K 到 B 8
32. P 吃掉 Q	K 到 Q 8
33. P 吃掉 Q	K 到 K 8
34. K 到 B 7	Kt 到 KR 3, ch
35. K 到 K 8	B 到 R 7
36. P 到 B 6	B 到 Kt sq
37. P 到 B 7	K 吃掉 B
38. P 到 B 8 (B)	Kt 到 Q 4
39. B 到 Kt 8	Kt 到 B 3, ch
40. K 到 Q 8	Kt 到 K sq
41. P 吃掉 Kt (R)	Kt 到 B 2, ch
42. K 到 B 7	Kt 到 Q sq
43. Q 到 B 7, ch	K 到 Kt 8

然后就会到达这个位置。步数的顺序是不重要的，因为这个顺序可以被极大地改变。但是尽管已经做了很多次的尝试，没有人能成功地减少我的步数。

361. 用如下的方式来玩：7—15，8—16，8—7，2—10，1—9，1—2，5—13，3—4，6—3，11—1，14—8，6—12，5—6，5—11，31—23，32—24，32—31，26—18，25—17，25—26，22—32，14—22，29—21，14—29，27—28，30—27，25—14，30—20，25—30，25—5。留在棋盘上的两个筹码应该是25和19——两个都属于同一组，正是规定的那样——19从来没有从它原来的位置移开过。我认为任何的答案，只有一个筹码留在棋盘上是不可能的。

第8章

测量称重谜题

362. 要分开12品脱的麦芽酒，可以在11步完成操作，如下所示。六列的图表现的是每次操作后，桶里面的麦芽酒的数量和5品脱的水壶，3品脱的水壶和流浪汉分别用X，Y和Z分别来表示。

桶	5品脱	3品脱	X.	Y.	Z.
7 …	5 …	0 …	0 …	0 …	0
7 …	2 …	3 …	0 …	0 …	0
7 …	0 …	3 …	2 …	0 …	0
7 …	3 …	0 …	2 …	0 …	0
4 …	3 …	3 …	2 …	0 …	0
0 …	3 …	3 …	2 …	4 …	0
0 …	5 …	1 …	2 …	4 …	0
0 …	5 …	0 …	2 …	4 …	1
0 …	2 …	3 …	2 …	4 …	1
0 …	0 …	3 …	4 …	4 …	1
0 …	0 …	0 …	4 …	4 …	4

每个人都得到了他的4品脱的麦芽酒。

363. 酒精和水的混合比率应该是40：1，就如另外一个瓶子里的比率是1: 40.

364. 需要做的就是倾斜图示1中的桶，如果水的平面边缘正好在接触到桶口的a处也接触底部的b的边缘，它就是半满的。更准确一点，如

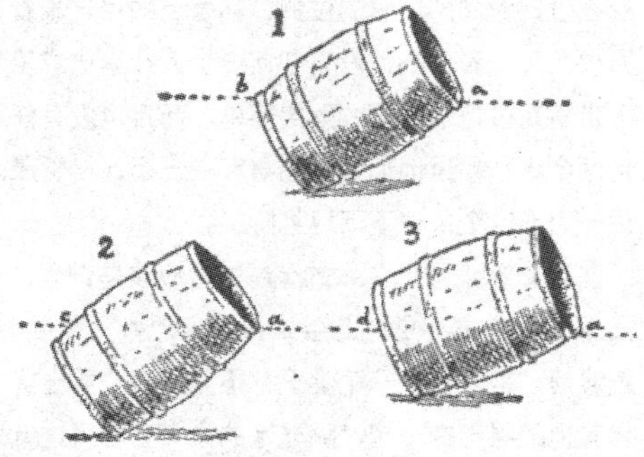

果桶底从地面向上大约有1英寸，那么我们可以预留出底的厚度和顶的厚度。如果水的表面接触到桶口的a处，它就会在图2中上升到c点，那么它就是超过半满的。如果像图示3那样底部的一部分可以看到，水的平面降到d点处，然后它就是少于半满的。这个方法适用于所有的对称结构的容器。

365. 下面的解答显示了11次操作，显示的是每次操作前后每个容器里面的内容：

10夸脱	10夸脱	5夸脱	4夸脱
10 ..	10 ..	0 ..	0
5 ..	10 ..	5 ..	0
5 ..	10 ..	1 ..	4
9 ..	10 ..	1 ..	0
9 ..	6 ..	1 ..	4
9 ..	7 ..	0 ..	4
9 ..	7 ..	4 ..	0
9 ..	3 ..	4 ..	4
9 ..	3 ..	5 ..	3
9 ..	8 ..	0 ..	3
4 ..	8 ..	5 ..	3
4 ..	10 ..	3 ..	3

366. 无论牛奶和水的各自数量是多少，送到伦敦去的牛奶的相对比率都是三份水兑一份奶。但是有一点或两点要注意，在最初的时候应该是水比奶多，否则在第二次兑换的时候A里面就没有足够的水加倍了。然后水的量不能超过奶的量的三倍，否则在B中就没有足够的液体来进行第二次兑换。第三次兑换对A是无效的，因为里面的相对比例一定是和第二次兑换后相同的。如果奶和水的最初的数量是相等的，这就是用来防止模棱两可的现象出现。因为尽管把“没有”翻番，结果还是没有。但是在这个情形下第三种兑换是不会发生的。

367. 在小的玻璃杯里面的酒是全部液体的1/6，在大玻璃杯里面的酒是全部的2/9。把这些加起来，我们发现酒就是全部液体的7/18，所以水应该是11/18。

368. 水壶的容量一定是稍微少于3加仑。准确地说，应该是2.93加仑。

369. 总共有三种方式混合这些茶叶。按照质量的顺序取茶，首先2先令6便士的，2先令3便士的，1先令9便士的，把16磅、1磅、3磅混合，或者14磅、4磅、2磅；或者12磅、7磅、1磅。在每一种情形上20磅混合的茶叶应该价值是2先令4又1/2便士。但是最后一种方式需要最好

的茶的数量最少，所以应该是正确的答案。

370. 盒子的一边是14乘以22又4/5，我们可以排上13行，包括交替的7个和6个球，或者说总共是85个球。在这上面我们可以再放上一层，包括12行交替着7个和6个球，总共是78个球。在24又9/10英寸的长度上可以包装上15个这样的层，交替的层包括85和78个铁球。因此8乘以85加上7乘以78得到的结果就是1226，就是盒子的全部容量。

371. 这个盒子的内部尺寸应该是长宽都是100英寸，11英寸深。我们可以在箱子底平放上一排8条金条，纵长放置，首尾相连，这正好填满一边。这样的九行正好可以排列七72条金条（都在底面上），留在底部的余地还有100英寸长1英寸宽1英寸深。现在在纵深方向上放上11层这样的72块金条，我们就包装了792条金条了，然后剩下100英寸长1英寸宽11英寸深的一个空间。在这个边缘处，我们正好可以包装上剩下的8块金条，它们首尾相连。

372. 要让三个兄弟每个人分到的桶相等，而每个人应该获得3又1/2桶的蜂蜜和他的7个桶，方法如下：

	满的	半满	空的
A	3	1	3
B	2	3	2
C	2	3	2

如果所有的兄弟不反对取超过4个相同特征的桶，那么还有另外一种划分的方法。除了这个困难，他们可以用完全相同的方式分给B跟A一样的数量，然后留给C一整桶、5个半桶、1个空桶。然后可以看到在任何情形下，两个兄弟必须用同样的方式接受补助金。

第9章

过河谜题

373. 首先让两个儿子过小溪，一个返回。然后让男人过河，另外一个儿子返回。然后两个儿子过河，一个返回。然后女人过河另外一个儿子返回。然后两个儿子过河，其中一个返回取狗。总共需要11次渡河。显然并没有通用的规则来解决这些过河的谜题。这个特殊的例子可以使用一个公式（比如说第375或376个谜题），在限定的条件下可以适用于任何数目的个人。但是在这里没有很大的用处，因为有几个附加的小规定，这个规则就不适用了。至于在衡量的谜题中，我们通常就必须依靠个人的创造力了。

374.

	{J 5)	G T8 3
5	(J }	G T8 3
5	{G 3)	JT8
53	(G }	JT8
53	{J T)	G 8
J 5	(T 3}	G 8
J 5	{G 8)	T 3
G 8	(J 5}	T
G 8	{J T)	53
JT8	(G }	53
JT8	{G 3)	5
G T8 3	(J }	5
G T8 3	{J 5)	

G、J和T分别代表吉尔斯、杰斯帕和迪莫西；8、5、3分别代表800英镑、500英镑和300英镑。两个边栏代表着左岸和右岸，中间的一列代表着河。13次过河是必须的，每一条线显示的是船在过河时到中流时的位置，括号上的点代表着方向。可以看到不但没有任何一个人在岸边或船上带着超过他的份额的财宝落单，而且也没有任何两个人和超过他们共同的财宝在一起，尽管最后一点在这个条件下不用坚持。

375. 很明显，总共的穿越次数应该是奇数，如果五个丈夫不是彼此嫉妒，他们总共只需要9趟渡河。但是任何一个妻子都不能和一个男士或者其他的男士在一起，除非她的丈夫在场。这就包括了两次更多的渡河，总共是11次。

下面显示的是这是怎么做到的。大写字母代表丈夫，小写字母代表他们各自的妻子。图表显示的是，事情开始的最初位置，在左岸和右岸的每次穿过之后的情形，船用星星代表。

因此你可以看到a、b和c在第一次过河，b和c在第二次过河又回来了。

ABCDE abcde *	..	
1. ABCDE de	..	* abc
2. ABCDE bcde *	..	a
3. ABCDE e	..	* abcd
4. ABCDE de *	..	abc
5. DE de *	..	ABC abc
6. CDE cde	..	* AB ab
7. cde	..	* ABCDE ab
8. bcde *	..	ABCDE a
9. e	..	* ABCDE abcd
10. bc e *	..	ABCDE a d
11.	..	* ABCDE abcde

在这句话“展示最快的方式“中隐藏着一个小诡计。因为我们对这些人的划船能力一无所知，所以每个人都假设他们划船划得一样好。但是两个人会比一个人划船更快。所以在第二次和第三次过河的时候，两位女士应该划回船去接d，而不是仅仅一个人。这不会影响登陆的次数，因此这一点并不会浪费时间。在第10和第11次过河的时候都有一个相同的机会，那时他们又一次可以选择送两位女士或者仅仅一位女士过河。

对于那些认为在九次过河就可以解决谜题的人，我要说在每种情形下他们会发现他们是错误的。在这些条件下，任何一个嫉妒的丈夫都不会把他的妻子送到对岸和一个男人或者其他男人在一起，即使她向他保证她会在下一次乘船回来。如果读者记得这个事实，他们立刻就会发现他们的错误。

376. 如果只有三对夫妇，那么这个小岛可能被摒弃，但是有四对或者更多的夫妇时，要在给出的条件下过河，这个小岛就一定是必须的了。总共要17趟从陆地到陆地才能做到（尽管法国的数学家在他们的书中宣称这种情形需要24趟），不能再更少了。我来给出一种方法，ABCD代表年轻男士，abcd代表他们各自订婚的未婚妻。三列显示的是出发前和每一趟后草坪上不同的个人的位置，小岛和对岸，而星号代表的是在每种情况下小船的位置。

草坪	小岛	对岸
ABCDabcd *		
ABCD cd		ab *
ABCD bcd *		a
ABCD d	bc *	a
ABCD cd *	b	a
CD cd	b	AB a *
BCD cd *	b	A a
BCD	bcd *	A a
BCD d *	bc	A a
D d	bc	ABC a *
D d	abc *	ABC
D d	b	ABC a c *
B D d *	b	A C a c
d	b	ABCD a c *
d	bc *	ABCD a
d		ABCD abc *
cd *		ABCD ab
		ABCD abcd *

找到可能的最少的趟数后，我们在决定“最快的方法“时要考虑两点：哪些人是划桨最有经验的，哪一种方法进出船只的耽误的时间最少？关于第一点我们没有数据来决定，尽管因为这条船属于女孩们的家产，她们能够划船是可能的。另外一点也很重要，在我给出的解答中（女孩们做了8/13的划船，A和D一点都没有划），小船总共只有16次进出。一个男士和一个女士不会在船里面待在一起，任何一个男士都没有待在小岛上。还有几种其他的方法，需要更多地变换几次地方。

377. 这里是最好的答案，有11种操作方法：

财宝下来；男孩下来-财宝上去；年轻人下来-男孩上去；财宝下来；男人下来-年轻人和财宝上去；财宝下来；男孩下来-财宝上去；财宝下来；年轻人下来-男孩上去；男孩下来-财宝上去；财宝下来。

第10章

游戏谜题

378. 总共有23种不同的方式。你可以从任何一个多米诺骨牌开始，除了4-4和那些带有1个5或6的，尽管只有某些多米诺开头可以用任何一种方式来玩。如果给你一个等差，第一个多米诺骨牌就可以玩，关于其他的多米诺，你没有选择。所以我需要做的就是给所有开头的多米诺23种方式，表述出这个等差。下面就是我做的：如果等差是1，第一个多米诺可以是下面的任何一个：0—0，0—1，1—0，0—2，1—1，2—0，0—3，1—2，2—1，3—0，0—4，1—3，2—2，3—1，1—4，2—3，3—2，2—4，3—3，3—4。如果等差是2，第一个多米诺可以是0—0，0—2，或者0—1。拿最后一种情形作为例子。从0-1开始玩，等差是2，我们被迫继续1—2，2—3，3—4。 4—5，5—6。总共有三个多米诺从来没有使用过。它们就是0—5，0—6，和 1—6。如果我们用一盒子多米诺延伸到9-9，总共就有40种不同的方式。

379. 总共有十种不同的方式排列这些多米诺骨牌。这是其中的一种：(2—0) (0—0) (0—1) (1—4) (4—0)。

读者自己来找出剩下的九种方式吧。

380. 右侧的图示就是解答。可以看见框架的所有的四个边加起来的结果都是44。所有的多米诺上的点数之和是168，如果我们希望让边加起来的和是44，我们必须留意到四个角落加起来的和是8，因为这些角落被计算了两次，所以168加上8等于4乘以44，这是必需的。也有很多种不同的解答方法。甚至在给出的例子中，互换是可能产生不同排列方式的。比如，在左手边的一串多米诺骨牌从2—2到3—2是可以反向的，或者从 2—6到3—2，或者从3—0到5—3。同样的，在右手边我们也可以从4—3到1—4反向。这些变化不会影响解答的正确性。

381. 十张纸牌上的点数加起来的结果是55。假如我们想在每一边上都得到14个点。那么4乘以14的结果是56。但是角落的四张牌，每一张都要两次相加，因此55要从56中减去，或者是1就一定代表了四个角落的纸牌的和。这显然是不可能的，因此14也是不可能的。我们想试一下18，那么4乘以18就得到了72，用72减去55就得到了17，它是角落的纸牌的和。我们然后仅仅需要让角落加起来的和总是等于17，来尝试一下其他的排列方式，我们不久就会发现下面的解答：

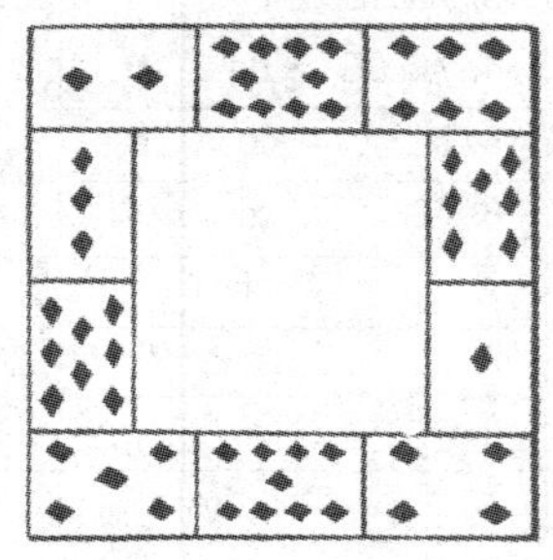

最后的实验结果在数目上是很有限的，一定有一些判断可能带给我们正确的答案，或者让我们明白我们正在尝试的在这个条件下是不可能的。在竖直边的两个中间的牌当然总是可以互换的，但是我不能把那个称为不同的解答方式。如果你在镜子中反射你会发现另一种排列，那也不能被称为不同。然而，在给出的答案中，我们可以用8来代替5，用1代替4。这是一个不同的解答。要是数字和是18就有两种解答，19就有四种，20就有两种，22也有两种——总共有十种不同的排列方式。希望读者愿意自己来发现。

382. 总共有18种基本的排列方式，如下所示，我只给出了单条杠上的数字，因为剩下的一定会自然就位。

56174、35168、34178

25178、25368、15378

24378、14578、23578

24568、34567、14768

23768、24758、34956

24957、14967、23967

可以注意到在中间的位置总是有奇数数字，总共有四种方式，每一种加起来都是23，25和27，但是只有三种方式每一种加起来是24

和26。

383. 如果我们去掉牌A，剩下的牌可以用四种方式分成两组（每一组加起来类似）；如果我们除去牌3，那么有三种方式；如果除去牌5，有四种方式；如果除去牌7，那么有三种方式；如果我们除去牌9，那么有四种方式分成两个相同的组。因此，总共有18种不同的方式分组，如果我们使用任何一种方式，把奇数的牌保留在一列的顶上（这里我称为“除去”），然后这一列的一组数字按照顺序就有24种各不相同的方式，在水平方向上有另外的四个24种方式，总共就有24×24—共576种方式。

因为有18种这样的情形，我们把这个数字乘以18，得到10368，就是放置纸牌方法的正确数目。因为这个数字包含了反射，我们必须除以2，但是我们也必须记住每一个水平行都能和垂直行互换位置，因此我们要把结果乘以2。因此，一次放置就相当于减去另外一次。

384. 下面的纸牌排列方式展示了（1）可能最小的和，17；（2）最大可能的和，23。

1
9 6
4 8
3 7 5 2

7
4 2
3 6
9 5 1 8

可以看到在不影响条件的前提下，任何一边中间的两张牌总是可以互换位置。因此总共有八种不同的方式来展示每一个基本的排列。基本排列的数目是18种，如下所示：两个加起来17，四个加起来19，六个加起来20，四个加起来21，两个加起来23。这18种基本的方式乘以8（由于上面陈述的原因），得出144种不同的放置纸牌的方式。

385. 读者会发现一个很简单的解答，刚刚超过200步，但是最初可能让读者惊讶的是总共需要不超过62步。以下是解答的步骤：这里的“四张梅花向上”我指的是，用所有在它们上面的牌来把四张梅花转移。（C代表梅花club，S代表黑桃spade，H代表红心heart，D代表方块diamond）方块1放在空闲处，黑桃2放在空闲处，方块3放在空闲处，黑桃2放在方块3，红心1放在黑桃2，梅花2放在空闲处，方块1放在梅花2，黑桃4放在空闲处，红心3放在黑桃4（目前走了9步），黑桃2放在红心3上面（3步），红心5和 方块5互换，然后梅花4放在方块5上（6步），方块3放在梅花4（1），黑桃（用红心5)放在空闲处（3），梅花4放在红心5上面（3），梅花2放在方块3上面（3），方块7放在空闲处（1），梅花6放在 方块7上面（3），黑桃8放在空闲处（1），红心7放在 黑桃8（1），梅花8放在方块9（1），红心7放在梅花8（1），黑桃8放在红心9(1)，红心7放在黑桃8（1），方块7放在梅花8上面（5），梅花4放在方块5上面（9），黑桃6放红心7上面（3），黑桃4放在红心5上面（7），总共有62步，这是我记录的，可能读者可以超越它。

386. 人数最小的可能是七个。可以用三种方式来解释：1. 两个人的胳膊是健康的，一个人的右胳膊骨折，四个人的双臂骨折。2. 一个人的双臂健康，一个人的左臂骨折，两个人的右臂骨折，三个人的双臂骨折。3. 两个人的左臂骨折，三个人的右臂骨折，两个人双臂骨折。但是如果每个人都是受伤的，最后一种情形是唯一适用的。

387. 图示1显示了帕德先生和达姆肯斯都没有进入他们开始的对面的位置线，达姆肯斯先生的表现得分为零。然而，图示2显示的是虽然鲁菲先生和斯塔里格斯先生精力充沛却行动草率，勉强改变了位置，这次动作会给斯塔里格斯先生的总分加上一次跑动。

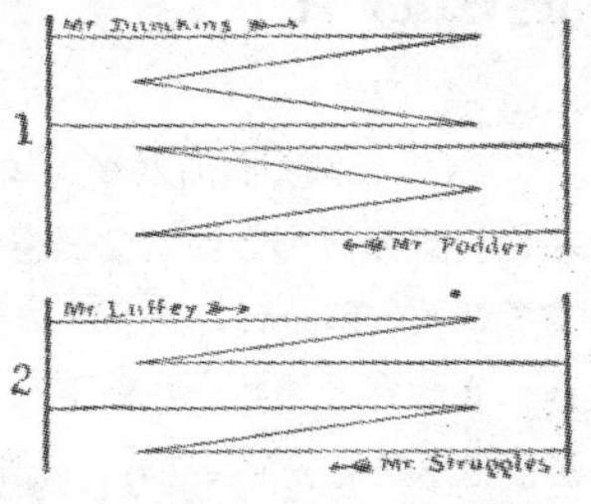

388. 你要做的所有的事情就是把250从给出的结果中减去，答案中的三个数字就是用骰子扔出的三个点数。这样，我们扔出的骰子，给出的点数是386；然后我们减去250得到的结果就是136，从这里我们知道我们扔的是1点、3点、6点。这个过程就存在于给出100a+10b+c+250，这里的a、b和c代表着三次扔骰子。结果很明显。

389. 队长一定“不能出局”，并且得分

21，于是 ——

2 人（每人触身出局）	19
4 人（每人接杀一次）	17
1 人（每人截杀一次）	0
3 人（每人投杀一次）	9
1 人（队长——没有出局）	21
11	66

队长一定要正好得分15分，超过队里的平均分。其他退场的人只能指三个人，因为第十一个人“没有出局”。读者自己会发现为什么队长一定就应该是那第11个人。没有必要理解每一个数字。

390. 第一点必须理解的事实是在一个环形的赛道比赛，来辆车前面的车和后面的车数目是一样的。其他的车都是在后面或前面。总共在比赛中有13辆车，包括高格史密斯的汽车。然后12辆汽车的1/3一加上12辆的3/4就得到了13——正确的答案。

391. 答案是12英镑押在艾肯上，15英镑押在布鲁博托上，20英镑押在凯普斯上。

第11章

谜题游戏

392. 在鹅卵石游戏中，如果第一个人首先拿两块鹅卵石那么他就会赢得游戏。然后当他拿着奇数的鹅卵石，留下1、8，或者9，他就会赢，当他拿着偶数个数留下4、5或12，他也会赢。他总是能按照某种方式来进行游戏直到比赛结束，通过这样来击败他的对手。如果有13块鹅卵石，只要第二个人能正确比赛，第一个人一定会输。实际上第一个人会输的仅有的数字只会是5和8的倍数加上5，比如13、21、29等。

393. 第二个车一定会赢，但是为了确保赢，他必须把他的车放在开始和接下来的每一步，在他对手的车的相同的对角线上。然后他可以强迫他的对手进入角落，取得胜利。假定图示代表的是最初的两个车的位置，然后如果黑方先走，白方可以把他的车放在A处然后在下一步赢。在那条对角线上从A到H的任意一个方格都会赢，但是最好的方法就是尽可能限制对方的步数。如果白方先走，然后黑方应该把他的车放在B位置（F位置不是很好，因为这会留给白方更多的空间）；然后如果白方到了C位置，黑方就移到D位置，白方到E位置，黑方就到F位置；白方到了G位置，黑方就到了C位置；白方到H位置，黑方到I位置；黑方在下一步肯定赢。如果任何时候黑方没有移动到像白方一样的相同的对角线上，那么白方可以走黑方的对角线并获胜。

394. 不论他第一个走还是第二个走，比赛者A在55处开始比赛，一定会赢。假定B比赛者采用了最好的比赛路线为了延长它的比赛时间，如果A第一个走，他总是能在第12步抓住B；如果他第二个走，那么A总是能在第14步抓住B。他要赢得比赛就一定要沿着对角线和他的对手一致，到33位置处。如果他第一个走，他就阻止B沿着对角线的位置和他一致。这里有两个好游戏。在连字符的前面的数字总是A的步数；在后面的是B的：

33-8，32-15，31-22，30-21，29-14，22-7，15-6，14-2，7-3，6-4，11-，然后 A一定会在他的下一步（第12步）抓住B，-13，54-20，53-27，52-34，51-41，50-34，42-27，35-20，28-13，21-6，14-2，7-3，6-4，11-，这样A一定会在他的下一步（第14步）抓住B。

395. 英国人总是能够抓住敌人，不管是多么聪明多么难找。好玩的是，英国将军只有在对地图上标注的特别的 “1”镇进行一次相当神秘的拜访之后，他才能做到。他可以通过3进入通过2离开或者通过2进入通过3离开。被阴影标注并且没有数字的三个镇子并不像有人想的那样是要讨论的问题，因为一个简单的原因，这个英国人根本就不需要进入任何一个镇子，不能被迫敌人进入这些镇子，显然他们也不会自愿这样做。因此可以把这些因素一并抛诸脑后。不论敌人怎么做，英国人应该做下面的前九步：他应该拜访镇子24，20，19，15，11，7，3，1，2. 如果敌人也想着也进入镇子1，你可以发现他必须从他进入的路上仓促地撤退，否则英国人绝对会在镇子2或者3那里抓住他，情形大抵如此。因此敌人会明智的避开地图上的西北角落。

现在，当英国的将军走了我给出的九步之后，敌人也走了九步，可能会在标注着5、8、11、13、14、16、19、21、24或者27中的任意一个镇子里。当然，如果他这时不小心进入了3或者6，他立刻就会被抓住。不论他碰巧在哪里，英国人都会“努力追捕”,在下面的任意一条路上最多不超过八步（总共是离敌人17步），就能毫不费力地抓住他。英国人在敌人到达5的时候会到达8，下一步就会赢；或者当敌人到达22的时候，他到达19，在下一步赢；或者当敌人到达27的时候他到达24，下一步会赢。可以发现他被迫进入这些致命位置的某处。

总之，策略就会发展成这样：英国人走我给出的前九步，尽管敌人努力逃跑，我们的将军会追赶敌人，总是把他赶出西北角落，最后接近并抓住他，取得胜利。正如我说的那样，英国人不需要走17步，如果敌人走得很差，他能在更少的步数里获胜。但是在经过了最初的九步之后，不管怎样，即使英国人走了几步不好的步数也没有关系。他可能会浪费时间，但是只要他不让敌人进入镇子1，他就不会丢掉优势，最终一定会抓到他。

这个谜题的解释很完整。似乎写出来有点复杂，但是实际上对读者来说赢得比赛非常容易。走完前九步，然后无论如何，找到比赛的结束线应该就没有困难了。确实，几乎可以这么说，对于英国将军来说很难抓不到敌人。这就是我们在象棋中所说的“对立”，英国将军拜访镇子1，让他对敌人“占尽先机”，正如街道上的人说的那样。

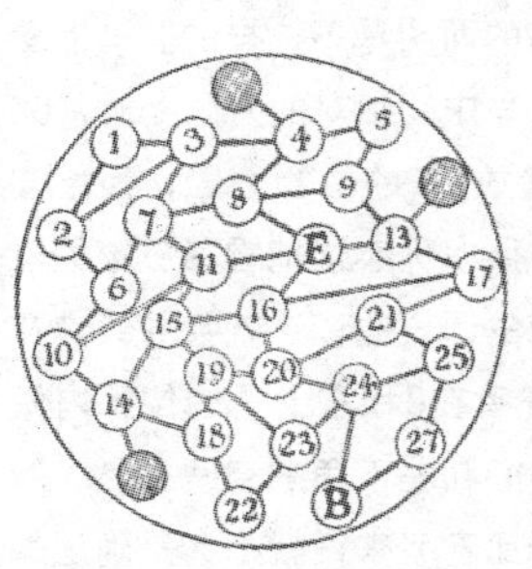

这里有一个演示的例子，在这个例子中敌人尽可能地避免被抓住。英国人的步数在线的上面，敌人的在下面。他们轮流玩这个游戏。

24	20	19	15	11	7	3	1	2	6	10	14	18	19	20	24
13	9	13	17	21	20	24	23	19	15	19	23	24	25	27	

敌人现在必须到25或者B，否则不论在哪一个镇子上，他立刻就会被抓住。

396. 如果你把火柴放成三组（因此是第二个抽取的），下面的13组中的任何一个都能让你获胜，如果你采用了正确的方法：15，14，1； 15，13，2；15，12，3；15，11，4；15，10，5；15，9，6；15，8，7；14，13，3；14，11，5；14，9，7；13，11，6；13，10，7；12，11，7。

这个问题的完美的解决方案如下：在每一堆中用2的2次幂来表示数目，避免重复并且记住$2^0=1$。然后，如果你把火柴留给你的对手，让每个乘方都有偶数个，那么你肯定赢。如果最初你留下的乘方是偶数，那么在整个比赛中，你总是能继续保持下去。举例来说，上面给出的最后一组——12，11，7。用2的乘方可以这样表示：

12 =	8	4	–	–
11 =	8	–	2	1
7 =	–	4	2	1
	2	2	2	2

因为每个乘方都有两个，你一定会赢。比如说，你的对手从12的一堆里面拿出7，他就留下了——

5 =	–	4	–	1
11 =	8	–	2	1
7 =	–	4	2	1
	1	2	2	3

这里乘方在数目上并不都是偶数，但是把9从11的一堆中取出来，你立刻就能恢复你的赢的局面，因此——

5 =	–	4	–	1
2 =	–	–	2	–
7 =	–	4	2	1
	–	2	2	2

这样继续下去直到最后。这个解答方式可

以通用，适用于任何数目的火柴和任何数目的堆数。一个读者来信说，这个谜题游戏首先是有W.M.F.麦勒提出来的，但是什么时候在哪里发表的我不能确定。

397. 比赛应该选择对数5和9，然后是13和15，如果赢的几率很平均的话。三个骰子落下总共有216种不同的方式。有6种不同方式它们加起来是5，25种不同方式加起来是9，在216种方式中有31个机会选择这些数字。同样的，骰子有21种不同的方式加起来是13，有10种不同的方式加起来是15，因此也给了其他的对手216种方式中的31个机会。

398. 俱乐部里没有一个人能够解答这个谜题，然而我要展示给他们的这个谜题如此简

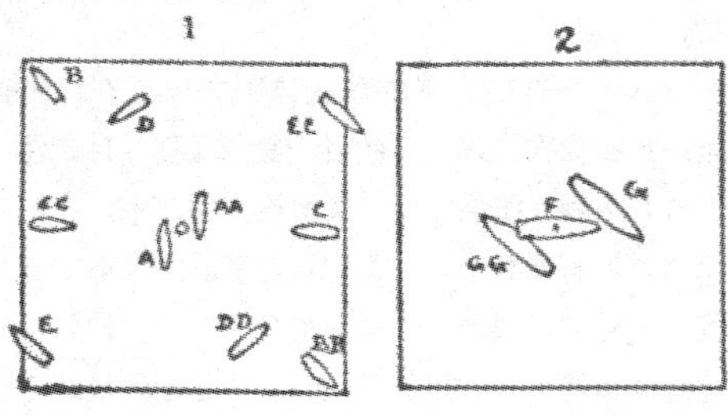

单，所以即使是孩子也能够理解它的答案——当我把这个谜题指给朋友看的时候。我大部分的朋友有着相同的困惑。很多人认为“理论上的结果，在任何情况下，是由桌子和雪茄的关系决定的”其他人认为这是一个理论上的问题，得出结论认为几率对第一个和第二个选手有利，实际情况可能是这样。一个人选了一张桌子和特定尺寸的一根雪茄，把桌子分成相等的几份，继续让这两个选手填满这些部分好让第二个选手可以赢。但是为什么第一个比赛者要这样友好？在任何阶段他只需要扔下一根雪茄，让它斜着穿过几个等份区域来打乱第二个人的计算。我们必须假定每个人都是尽可能好好地玩这个游戏；而不是一个人取悦另一个人。其他朋友的理论也很合理，如果雪茄的形状正好是水雷形状的——完全对称，两头尖。

我会演示第一个比赛者会绝对赢，如果他总是用尽可能好好地玩这个游戏。仔细检查下面的图示，第1副图，所有的一切就会明了。

第一个比赛者必须把第一根雪茄竖立放在桌子的中心，用小圆圈指示的地方。现在不论第二个比赛者怎么做，第一个比赛者必须总是在直径上对称的相反位置重复第二个选手的方法。也就是说，如果第二个选手把一根雪茄放在A位置，我就放一根在AA位置；他放在B位置，我就放在BB位置；他放在C位置，我就放在CC位置；他放在D位置，我就放在DD位置；他放在E位置，我就放在EE位置；这样继续直到在不互相接触的情况下雪茄无法放置为止。因为雪茄被认为是在每个部分都是完全相似的，很明显第二个比赛者选择的每一步在穿过桌子中心的一条线上都是完全可以重复的。第二个选手总是能够重复第一个选手的步数，不论他在哪里放置一根雪茄，不论他是竖直放还是水平放。因为雪茄在每个部分都是一样的，一个人可以在与其他点完全相同的另一点上，明显以桌子的边缘而取得平衡。当然，因为每个比赛者都以猜想的最好的方式来玩比赛，这就变成了一个理论的问题。在实际的情况下，一个人不能完全确定自己能够赢得胜利，这只是无效的反对。如果作为第一个比赛者你没有取得胜利，那只是你没有尽力罢了。

第二个图示用来显示第一根雪茄必须是竖立放置的。（这里我会说从盒子里面选择的第一根雪茄能够竖立站着，那么我就可以假定其他的所有的雪茄都是可以这样的）如果第一根雪茄是一边倒放置正如在F点那样，那么第二个比赛者能够把一根雪茄放在G位置——尽可能近的地方，但是实际上不接触F点。现在，在这个位置你无法在相对的方向上重复他的方法，因为一个雪茄的两头是不一样的。可以看到当放置一个雪茄与中间相对的方向上时，GG点就会横穿或者被放在F的位置之上，而雪茄是不允许接触的。所以你必须把雪茄放置的位置距离中心尽可能的远一些，这就会导致你在重复另外一个比赛者在G和右上角的位置内做的任何事情时在中心和左下角的空间不足。所以结果对于第一个比赛者来说就不会是确定的胜利。

第12章
纵横图谜题

399. 条件就是在九个空格中每个放入不同的数字，让三行、三列、两条对角线上的数字之和加起来都是15。可能读者最初会给自己设置一个不可能完成的任务，在理解这些条件时加进一些不存在的东西——一个在解谜题时经常会犯的错误。如果我说过“一个不同的数字”而不是“一个不同的号码”，那么把8放在除了角落以外的任何地方，这都是不可能的。同样不可能的是如果我说过“一个不同的整数”。但是一个数字，当然，可以是分数，这其中就有谜题的秘密。可以发现展示的数字排列方式正好是和条件一致的：所有的数字都是不同的，纵横图加起来的和在所有需要的八个方向上都是15。

$4\frac{1}{2}$	8	$2\frac{1}{2}$
3	5	7
$7\frac{1}{2}$	2	$5\frac{1}{2}$

400. 当然，在七个数字中，总共有六种不同的排列方式可以把这些数字分割开来，秘密就在于保留一条完整，而把其他的六条中的每一条都在不同的位置切割开。经过切割后，就有多种方式把13块纸片排列在一起，由此形成一个纵横图。这是其中一个：

1	2	3	4	5	6	7
3	4	5	6	7	1	2
5	6	7	1	2	3	4
7	1	2	3	4	5	6
2	3	4	5	6	7	1
4	5	6	7	1	2	3
6	7	1	2	3	4	5

这种排列方式有一些特别有趣的特征。可以看到，没有分割的数字条在最顶上，但是可以发现，如果底部的一行数字放在顶部，那么这些数字仍然可以形成一个纵横图，每个连续的从底部移动到顶部的一行都会产生同样的结果（把没有分割的数字条一步一步地移动到底部）。如果我们想象这些数字在七个完整的垂直的数字条上，就可以发现这些栏目也可以按照顺序从左到右或者从右到左移动，每次都产生一个纵横图。

401. 有八种方式形成这个纵横图——都是一种基本的排列方式的不同方面。因此如果你把我们的第一个纵横图旋转1/4，你就会得到第二个纵横图。因为四个边可以轮流放到顶上，就有四个方面。这四个方面轮流反射在镜子里就产生了剩下的四个方面。现在，在这八种排列方式中只有四种是在某种条件下可能达到的，这四种只有两种是用最少的步数就可以达到的，也就是19

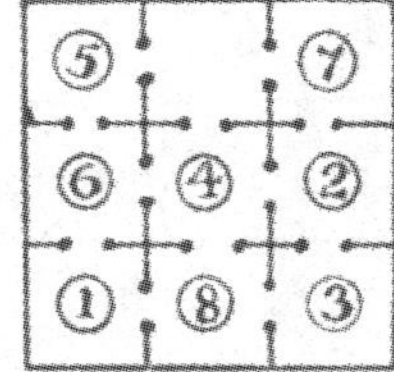

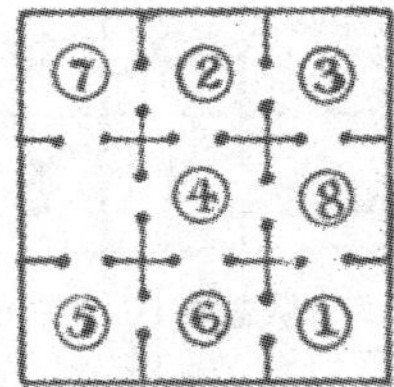

步。这两种排列方式已经展示出来了。把囚犯用下面的顺序移动：5，3，2，5，7，6，4，1，5，7，6，4，1，6，4，8，3，2，7，你就得到了第一个纵横图。把它们这样移动：4，1，2，4，1，6，7，1，5，8，1，5，6，7，5，6，4，2，7，你就得到了第二个纵横图的排列方式。在第一个情形中，每个人都移动了，但是在第二种情形中第3号囚犯从来没有离开他的囚室。所以第3号一定就是那个倔强的囚犯，第二个纵横图就是需要的排列方式。

402. 在这个小谜题中为粗心的读者设置了一个小陷阱。在最开始的时候可以允许把一个人放在另外一个人的肩膀上，因此可以总是空出一个空的囚室让囚犯们移动，而不必让两个人一起同在一个囚室里面。两个组合起来的囚犯可以把他们的数字号码加起来，当然，在纵横图完成的时候，允许他们留在一起。但是，显然他们并不会被强迫呆在一起，假定他们其中之一在最后一步不会打破进入一个已经被占据的囚室的条件。精明的解题者注意到这一点之后，他要决定哪一种方法更好——因为两个人可以在一起计算或者分开计算。事实上，如果两个人待在一起，这个谜题可以在17步之内解决。但是如果在最后他们分开，他们实际上可以节省一步，用16步就完成整个任务。方法之一就是把一个人放在底角角落的人后面的中间，然后在他们最后分开之前，让这一对走到中间。

这里有把犯人移动到上面两个位置的一个或另一个位置的步数。这里的数字就是那些囚犯的数字，按照顺序他们会移动到暂时空着的囚室里。一对的囚犯用括号表示：

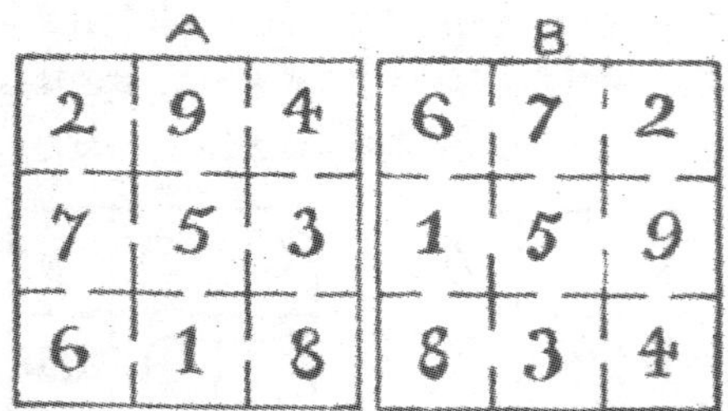

把5放在1，然后6，9，8，6，4，(6)，2，4，9，3，4，9，(6)，7，6，1。

把5放在9，然后4，1，2，4，6，(14)，8，6，1，7，6，1，(14)，3，4，9。

把5放在3，然后6，(8)，2，6，4，7，8，4，7，1，6，7，(8)，9，4，3。

把5放在7，然后4，(12)，8，4，6，3，2，6，3，9，4，3，(12)，1，6，7。

第一和第二个解答见图示A；第二和第三个解答见图示B。在每一个情形中仅仅有16步。找到最少的步数后，我们必须考虑我们是怎么尽可能让负重的人最少移动。立刻就可以发现因为这一对囚犯在分开前必须到中间去，他们必须最少走两步。只有采用另一种解答方式，负重的人的劳动才能减少，这就强迫我们走另外的一步。

403. 通过倒着进行可以最好地解决这个谜题——也就是说，你必须首先找到你的方格，然后向后操作到原来的位置。我们必须首先建

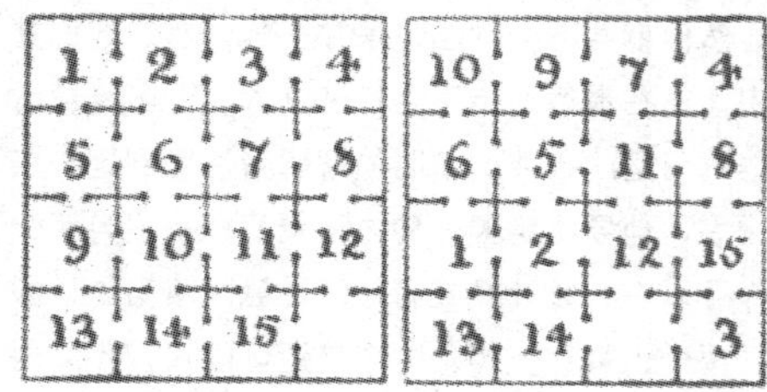

构那些需要最少数字调整的方格。我们知道这些很多是不能达到。当在我们面前可能有最有利的可能的安排时，这就变成了一个要仔细分析的问题，发现在最少的步数内可以到达哪个位置。然而，只有经过相当久的研究和经验之后，解决者才能够抓住各种各样的“困扰区域”和流通方式，让他的判断对他有用处。

第二个图示是最有利的纵横图位置。可以看到，囚犯4，8，13和14都留在他们原来的囚室里，这个位置可以最少用37步到达。这就是如何走的步数：15，14，10，6，7，3，2，7，6，11，3，2，7，6，11，10，14，3，2，，11，10，9，5，1，6，10，9，5，1，6，10，9，5，2，12，15，3。这个简短的解答可能让很多在60到100步内没有找到方法的读者感到惊讶。聪明的囚犯是第6号，可以看到在原来的图示中，他伸出胳膊喊出这些步数。他和第10号囚犯做了最多的工作，每个人变换了自己的囚室5次。第12号囚犯，有弯腿的瘸腿囚犯，当轮到他时很幸运地仅仅从他的囚室移到了紧挨着的另外一个囚室。

404. 要解决这个谜题，很明显需要找出这样一个纵横图，这应该是我们的目的，然后认真检查尝试用“最少的步数。”当然我们立刻想到了如果我们能够采用一个纵横图，在这个图里，有几个人不需要离开原来的位置，我们可以一方面节省部署，但是另一方面可能会阻止我们的行动。比如，可以让6、7、13、16不动的情况下，形成一个纵横图。

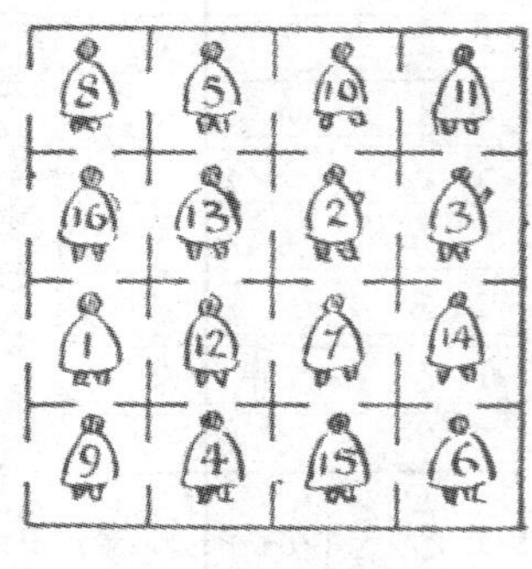

但是在这样的情形下，很明显找到解答是不可能的。如果不打破两个人不能同时在一个囚室里面的条件，14和15空格就既不能离开也不能进入。下面在14步内完成的解答方式是由G.沃泽斯布恩先生找到的：8-17，16-21，6-16，14-8，5-18，4-14，3-24，11-20，10-19，

2-23，13-22，12-6，1-5，9-13。这个答案我认为是理论上最小的，对这一点沃泽斯布恩先生持同样观点。

405. 把扑克牌按照如下方式排列成三个新的纵横图：

3	2	4
4	3	2
2	4	3

6	5	7
7	6	5
5	7	6

9	8	10
10	9	8
8	10	9

3个A和1个10不使用。四个纵横图的总和加起来如下：9，15，18和27——所有的都不同，正如要求的那样。

406. 图示解释了一切。可以看到在每一行、每一列、每一条对角线的点数加起来都是18，正是要求的。

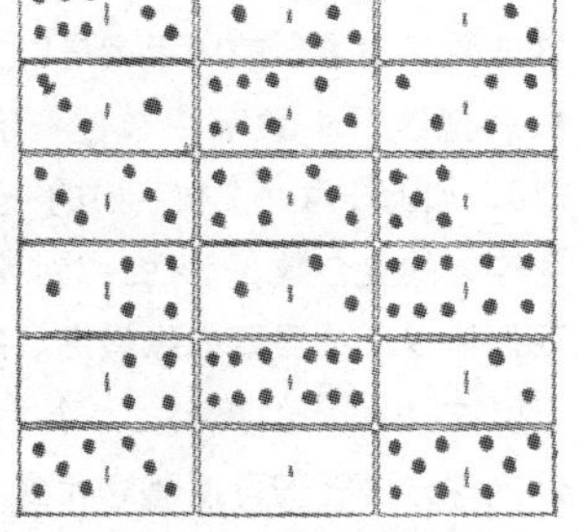

407. 这里是满足条件的两个解答方案：

第一个纵横图，通过减法运算，有一个常数8，相关联的对数都有一个4的差。第二个纵横图，通过除法运算，有一个常数9，所有的相关联的堆书通过除法得出3.这就是两个不同寻常的有教益的纵横图。

SUBTRACTING

11	4	14	13
16	7	1	2
6	5	3	12
9	10	8	15

DIVIDING

36	8	54	27
216	12	1	2
6	3	4	72
9	18	24	108

408. 下面是我构建的一个纵横图。它代表的常数是260，如果你替换的每个数字在分配的位置，那么在它的纵横图中，常数就是11180。读者可以自己写出第二个度数的纵横图。

解题的关键在于漂亮法则。也就是说，如果8个数字之和等于260，那么它们的平方之和就是11180，然后同样的情形会发生在跟65有互补的8个数字上。于是1+18+23+26+31+48+56+57=260，它们平方的和等于11180。所以64+47+42+39+34+17+9+8（通过用65减去上面的每个数字而得到）的和等于260，他们的平方的和等于11180。注意在每

7	53	41	27	2	52	48	30
12	58	38	24	13	63	35	17
51	1	29	47	54	8	28	42
64	14	18	36	57	11	23	37
25	43	55	5	32	46	50	4
22	40	60	10	19	33	61	15
45	31	3	49	44	26	6	56
34	20	16	62	39	21	9	59

一个小的16个数字的纵横图中，对角线的和都是65。总共有四列四行有互补的列和行。让我们挑出在第2、1、4和3行找到的数字，把它们如下排列：

1 8 28 29 42 47 51 54

2 7 27 30 41 48 52 53

3 6 26 31 44 45 49 56

4 5 25 32 43 46 50 55

这里的每一列都包含4个连续的数字，周期循环地排列着，四个数字向一个方向，另外四个向另一个方向。在纵横图的第2、5、3、4列的数字可能是同样的形式分组的。最大的困难存在于找到给这些数字分组的条件，这些在四行的纵横图中互补的对数的条件，和对角线形成的条件。但是当一个正确的解答方式如上面显示的那样时，它就揭示了谜题的所有的更重要的原因，我倾向于认为这个两度的纵横图是

存在的最优雅的东西。我相信这样的一个纵横图在数阶低于8的情形下是无法构建的。

409. 因为商人告诉伙计要把其中一个盛满李子的篮子在孩子们中间分发，因为不可能会把整篮子的李子送给一个孩子，因此也指示说要把李子给每一个孩子，每一个人应该收到同样数目的李子；也不可能选择和篮子里面的李子一样多的孩子，给每个孩子一颗李子。所以，如果在每个篮子里面的李子数是一个质数，然后伙计说提议的分配根本不可能就是正确的了。所以，我们的谜题就是决心用九个不同的质数形成一个纵横图。

A

7	61	43
73	37	1
31	13	67

B

83	29	101
89	71	53
41	113	59

C

103	79	37
7	73	139
109	67	43

D

1669	199	1249
619	1039	1459
829	1879	409

在图示A中我们有一个由质数组成的纵横图，对这一个得出最小的常数和是可能的。至于我提到的小陷阱，很明显图示A被这句话“每个篮子都包含着李子”限制住了，因为一个李子不是很多李子。因为我们要“如图所示”查一下篮子。很显然，实际上不需要数李子，在任何情况下，每个篮子里面的李子都超过7颗。所以严格说来，C同样被困住了。超过20并且低于250的数字当然就在这个可能的范畴之内。在这些限制之内还会有大量的排列方式，图示B是其中的一个。当然我们可以允许有假底存在，这些假底经常被水果商人用在篮子里面，让篮子显得比实际上包含的水果更多。

几个读者来信设想（基于什么来设想我想不出）在这个谜题的情况下，数字不能按照连续的算术级数，因此我给出了图示D来展示他们是错的。数字是199，409，619，829，1039，1249，1459，1669和1879——所有的质数都有共同的差210。

410. 这个谜题真正意思是找出最小的质数，让下一个大一点的质数至少超过它10。如果我们写出一个质数的名单，我们不需要超过150就能发现我们需要的数字，因为在113后面的下一个质数就是127。我们然后可以形成图示中的纵横图，每个数字都是复合的。这就是最小数字的解答。然后通过尝试，我们可以很容易在一个有第三数阶的纵横图中得到答案。但是我提议展示一下我们在没有任何图表或尝试的情况下，是怎么得到答案的（不，这是真的，最小数字的一个），但是用一种很直接快速的方法。

121	114	119
116	118	120
117	122	115

首先写下任意的连续的数字，最小的数字大于1，比如说2，3，4，5，6，7，8，9，10。这些数字中唯一的因素就是2，3，5和7。我们然后把这四个数字相乘，把这个得到的数字210，加上任意九个数字中的一个。结果就是九个连续的复合数，包括212到220，用这些数字我们可以形成需要的纵横图。每个数字必须是可以被210开始的数字之差除尽的。很显然，通过这种方法我们可以随意找到尽可能多的连续的复合数。比如，假定我们希望形成一个16个这样的数字的纵横图；然后数字2到17包含数字2，3，5，7，11，13和17，它们的乘积就是510510，把这个数字加上这16个数字就是包括从510512到510527的数字，所有这些数字和前面的数字一样都是复合数。

但是，正如我说过的，这些数字不是最小的数字的答案：因为如果我们把数字523加上1到16个数字，我们得到了16个连续的复合数；如果我们把数字1327加上数字1到25，我们得到了25个连续的复合数，在每一种情形下可能是最小的数字。然而如果我们需要形成一个100个这样的数字的纵横图，我们会发现使用图表的方法将是一个很大的任务，尽管在这个过程中我已经展示了这是一个很简单的事情。甚至要找到36个这样的数字，你需要在表格中寻找到10000次也成功不了，困难是随着每一个变大的数阶而呈加速度增加。

411. 这里的每一个连续数字（按照数字顺序）都是从前一个数字开始的马步移动，因为64是一个从1开始的马步移动，这个旅程是重新返回的旅程。所有的竖栏和横栏加起来是260。不幸的是，这并不是一个完美的纵横图，因为对角线是不正确的，一个加起来是264，另一个

46	55	44	19	58	9	22	7
43	18	47	56	21	6	59	10
54	45	20	41	12	57	8	23
17	42	53	48	5	24	11	60
52	3	32	13	40	61	34	25
31	16	49	4	33	28	37	62
2	51	14	29	64	39	26	35
15	30	1	50	27	36	63	38

加起来是256——仅仅需要把4从一条对角线转到另外一条对角线。我认为这是曾经得到的最好结果了（不论是不是回程的），然而还没人说一个完美的解答是否可能。

412. 有很多种不同的排列数字的方式，或者2或者3可以在T的包围中省略。我给出的排列方式是一个纳西克纵横图。在总共有第五个

19	23	11	5	7
1	10	17	24	13
22	14	3	6	20
8	16	25	12	4
15	2	9	18	21

数阶的28800个方格的纳西克纵横图中，这是唯一一个可以满足“T”条件的纵横图（加上它的反射）。这个谜题是由C.普兰克推荐给我的。

第13章

穿越迷宫问题

第14章

矛盾的聚会

413. 这个小谬误的解释如下。错误存在于假定小三角形，标志为C的部分，正好是棋盘一个方格的高度。事实上，它的高度（如果我们让64个方格的每一个方格大小都是1平方英寸）是1又1/7英寸。因此矩形实际上是9又1/7英寸乘以7

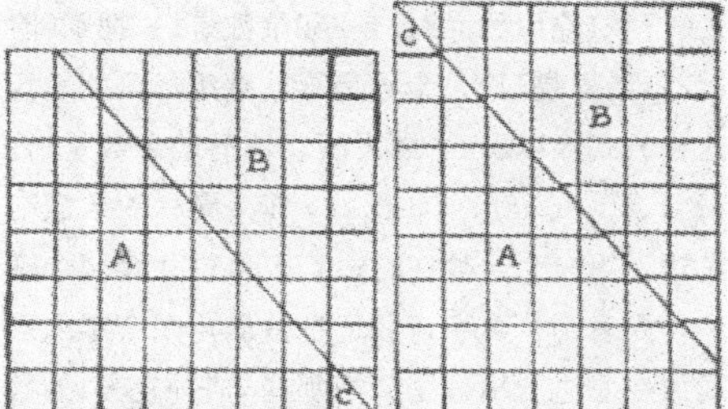

英寸，所以面积在任何情况下都是64平方英寸。现在，尽管这几块都正好吻合可以组成一个完美的矩形，然而各块的水平线的方向上并不相符。上面的新的图示已经给读者说明了一切。

第15章

未分类谜题

414. 比格斯，看到了烟，应该是第一个；卡彭特，看到了子弹击中水面，应该是第二个；安德森，听到了传闻，应该是最后一个。

415. 当太阳在地平线上的任何一个地方时，（不论是在日本还是在其他地方），从那个地方的距离是地球直径的一半，比中午在本初子午线的位置更远。因为地球的半径几乎是4000英里，太阳一定是在中午比在太阳升起的时候离地球更近超过3000英里，并没有山谷是1000英里的1/100深。

416. 一个世纪的第一天绝对不会是一个星期日，也不会是星期三或者星期五。

417. 我会给出这个解答的全部过程，这样读者在解题的时候，就会知道这个谜题是多么容易。首先因为铁环的数目是偶数，我可以说这些铁环可以在($2^{(n+1)}-2$)的1/3步数内就可以全部拿下来，既然这里的n是14，所有的铁环就可以在10922步内全部取下来。这里10922-9999=923，然后继续找到10922步数中剩下的923步。这里有一个好玩的做法。是基于L.格罗斯先生的二进制方法，在W.W.罗斯·鲍尔的《数学也娱乐》一书中有记载。

　　　0　　0　　0　　00

0000　　00　　0　　0　　0

把数字923除以2，我们得到461，余数是1；把461除以2，结果是230余数是1；把230除以2，结果是115，余数是零。继续尽可能地用这种方式除以2，可以发现，所有的余数是1，1，1，0，0，1，1，0，1，1，最后的余数在左边，第一个余数在右边。因为总共有14个铁环，只有十个数字，我们把数差用四个零的形式放在左边的括号里，把那些与它们左边的数字重复的都用括号括起来。然后我们就得到了接下来的排列方式：(0 0 0 0) 1 (1 1) 0 (0) 1 (1) 0 1 (1)。这就是谜题的正确答案，因为现在如果我们把铁环放在线的下面代表括号里面的数字，线上的铁环代表其他的数字，我们就得到了需要形式的解答，如下显示：

这正好是经过了9999步之后铁环的确切位置，读者会发现展示的方法能解决任何相似的问题，不论在这个令人厌烦的设置上有多少个铁环。但是如果用相反的过程进行，为了到达一个给定的铁环位置，你需要确定必需的步数，这个规则需要一点修正，因为不需要遵守，这个位置就是在取下所有的铁环的过程中实际达到的一个地方，正如读者现在可以看到的。我这里会声明铁环的总数目是奇数，拿下所有的铁环的步数应该是（$2^{(n+1)}-1$）的1/3。

因为有n个铁环（这里的n是奇数）算上所有的拿下来和没有拿下来铁环，总共有2^n个位置。在1/3（$2^{(n+1)}+2$）的位置，它们可以全部被取下来。没有使用的位置数是（1/3）(2^n-2)。当n是偶数的时候，总共也是有2n个位置数，算上拿下来和没有拿下来的铁环，在（$2^{(n+1)}+1$）的位置数时，可以把所有的铁环取下来。没有使用的位置数这里是（1/3）（2^n-1）。把几个例子用列表方式表示出来很方便：

首先需要指出的是使用的“位置”数比取下所有的铁环需要的步数多一，因为我们包括了所有铁环在上面的情况，这是一个位置但不是一步。然后需要指出的是没有使用的“位置“数和要拿下少一个铁环的一组需要的步数是一样的。比如，需要85步才能移去7个铁环，而要出去一组6个铁环正好有42个位置数没有使用。事实就是如果总共有7个铁环，你取下前6个，然后希望除去第7个铁环。这里并没有现成的路可以走，只有逆转那些从来也不应该做的42步。换句话说，你必须替换环路上的所有7个

铁环的数量	总共的位置数	已经使用的位置数	没有使用的位置数
1	2	2	0
3	8	6	2
5	32	22	10
7	128	86	42
9	512	342	170
2	4	3	1
4	16	11	5
6	64	43	21
8	256	171	85
10	1024	683	341

铁环，重新开始！你首先应该拿下5个铁环，要做到这一点，你首先需要拿下3个铁环，在这之前要拿下那1个铁环。要拿下6个铁环你首先需要除去2个然后是4个铁环。

418. 按照通常的向上的顺序为楼梯的每个台阶编号，从1到8。然后进行如下的步骤：1（迈回到地面），1，2，3（2），3，4，5（4），5，6，7（6），7，8，楼梯平台（8），平台。在空格里面的步数是走向后面方向。因此，可以看到在第一步之后，回到地板上，然后总是前进三步后退一步。我们可以在19步之内完成需要的任务。

419. 首先把3个便士硬币用如图示1所示的方式放置。现在把剩下的2个便士硬币放在图示2所示的位置，让它们在顶部互相接触，在底部让它们与三枚水平放置的硬币相接触。然后5枚便士硬币之间的距离就相等了，因为每枚便士硬币都和另外一枚互相接触。

420. 匆忙的读者会以为书虫要钻出一个从第一页一直到最后一页共三卷书的洞必须按照排列在书架上的正确位置穿过去，穿过三卷书和四个封面。在这个情形下意味着9又1/2英寸的距离，这距离正确的答案相差甚远。在检视任何三本连续的卷册时，你会发现第一卷的第一页和第三卷的最后一页距离第二卷是最近的，因此这个书虫只需要穿过四个封面（一共是1/2英寸）和第二卷里面的书页（3英寸），或者是3又1/2的距离，就能穿出一个从第一页到最后一页的通道。

421. 打开并重新连起一个锁链花3便士，所以把9个锁链扣连成一个循环链要花费2先令3便士，然而一个新的循环链也不过花费2先令2便士。但是如果我们把8个锁链扣的一根打开，把这8个扣连上剩下的8个锁扣成本是2先令。这里有一种巧妙的方式可以改进这个方法。把两条包含3个锁扣和4个锁扣的锁链分别打开，这7个锁扣连在一起，再连上剩下的7个锁扣，成本只有1先令9便士。

422. 古老谜题的作者提出解决困难的方式如下：从犹太人的住所开始，让基督徒和土耳其人开始围绕地球旅行，基督徒一直向东，土耳其人一直往西。读过埃德加·爱伦坡的《一周的三个星期日》或者朱里斯·弗恩的《环游世界八十天》的读者都会知道这样的过程会导致基督徒得到一天，而土耳其人失去一天，这样当他们再次在犹太人的房子那里相遇的时候，他们推出的日子就会跟他一样了，这样三个人就可以在同一天过安息日。这个答案的准确性当然来自于大家都知道的一个观念——白天的定义，它是指连续的日出之间的平均持续时间。这是一个很老的含糊的事情，足够达到一个谜题的目的。严格说起来，两个旅行者在经过180°子午线的时候，应该改变他们的时钟，否则我们必须承认在北极或者南极，七年里只有一个安息日。

423. 在这个谜题里，我们看到了一个胸针的素描，显示的正是在4颗红宝石被偷走后的样子。要求读者指出红宝石可能被取走的位置，因为精确地找出红宝石原来是怎么安放的是不可能的，因为有很多种方式。

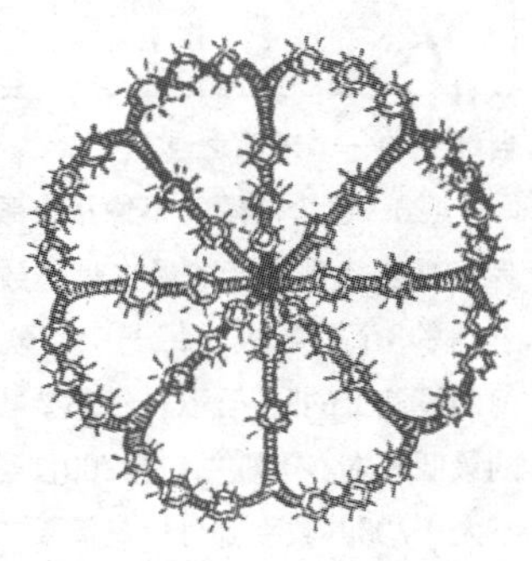

但是重要的一点是利陶伍德女士弟弟的陈述：“我很了解这个胸针。它原先包含45块宝石，现在只有41块。有人偷走了4块宝石，然后重新排列尽可能少的宝石，以想象在你提到的那样在任何一个方向上都总是有8颗宝石。”

上面的图示显示了在胸针被偷盗以前的排列方式。可以看到，必须重排列一块宝石——中间的那一块。任何涉及重新排列超过一块宝石的解决方案都和她弟弟的陈述不一致，因此一定是错误的。最初的排列方式，当然有点不对称，因为这个原因这个胸针被描述为“有点奇怪”。

424. 通过在图示这个谜题已经很清楚了。立刻可以看到这两块木块是如何在对角线方向上滑到一起的。

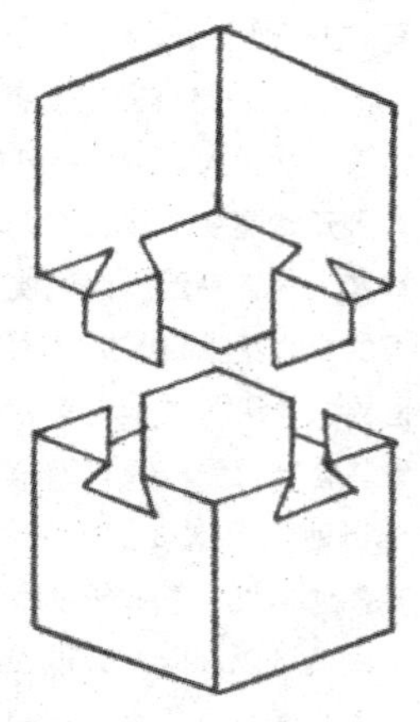

425. 画家在画这幅画时犯的严重的错误是如A所示的豆茎的卷曲攀爬，显然是画家在没有权威信息源的时候选择的种类，但是菜豆或者说红花菜豆，总是如图示B那样攀爬的。很少有人意识到这个令人好奇的事实。尽管豆类总是坚持向左旋转生长，如图B，蛇麻草倾向于用右旋的方式攀爬生长，如图A。为什么会这样，仍然是自然界的一个未解之谜。

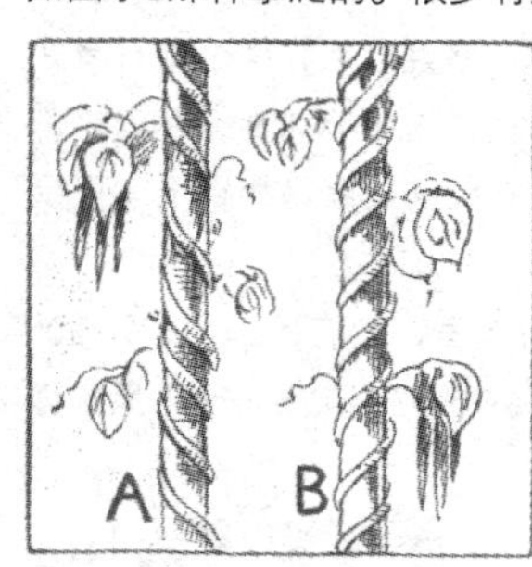

426. 这个谜题并不像第一眼看上去那么容易，需要找到可能的最少盘子数目，足以形成一组的3个圣歌板，每一个圣歌板能展示在任何的设施上的5首圣歌，然后要找到同样的可能的最低成本。圣歌书包含700首圣歌，所有一个不大于700的数字都可能是需要的。现在，因为我们需要使用每一种合法和实用的经济手段，我们应该立刻想到盘子必须是两面油漆的。的确，对大多数的解题者来说遇到这种情况时，这是一种普通的做法。我们也应该记着有些数字反过来可能会形成其他的数字。但是因为我们得到了这些数字的草图，显示它们被油漆在盘子上时的实际形状，可以看到，尽管6倒过来可能是9，任何一个其他的数字都无法这样被对待。可以发现在数字1，2，3，4和5的情形下，需要提供每一个的33个以备不时之需；在7，8和0的情形下，我们每一个仅仅需要30个；然而在数字6的情形下（这个数字可以倒过来变成数字9），正好需要42个。

因此，很明显需要的总个数是297个；但是因为数字是油漆在盘子的两面的，只需要149个这样的盘子。最初的时候，似乎一个盘子只需要在一面有一个数字，另一面可以空白。但是这里在这个谜题中，我们遇到了相当微妙的一点。

读者可能会说，在现实生活中，当购买比我们需要的更多的商品时，有时候反而便宜些，也就是购买一定数量就减价的原则：我们得到了更多商品，付的钱更少。于是，如果我们想买10个苹果，问的价格是如果单独买1个便士一个苹果，或者是一打9个便士，如果购买整12个，我们既节省了1个便士也得到了比我们想要的多两个的苹果。用同样的方式，既然油漆同样的盘子有一定的减价，实际上通过把两个数字油漆在那个单独的盘子上我们是节省了。比如说，我们要油漆30个相同的盘子，5在一边，6在另一边。 费用就是4又3/4便士，花费成本是11先令10又1/2便士。但是如果那个单独的盘子仅仅有一个5在一边，要在另一边油漆一个6，我们就以减价的费用4又1/2便士得到了31个盘子，于是前面的30个每一个就节省了1/4便士，把上一次的成本从1先令减少到4又1/2便士。

但是即使这些点都考虑到了，也仍然有新的困难：因为尽管可以看到所有的8可能在7的后面，但我们不能把所有的2放在1的后面，也不能把所有的4放在3的后面等。在我们试图得到尽可能多的油漆的盘子时，有一个很大的危险就是我们这样调整数字可能一些特别的圣歌组合无法被代表。这里有一个解决困难的方法被送给了查姆普雷·圣·维尼弗莱德的牧师。在那里符合放在两个数字中间，它意味着其中的一个数字在盘子的一边，另一个在另一边。

				便士		英镑	先令	便士
31	油漆盘子	5 X 9	@	4½	=	0	11	7½
30	"	7 X 8	@	4¾	=	0	11	10½

21	"	1 X 2	@	7	=	0	12	3
21	"	3 X 0	@	7	=	0	12	3
12	"	1 X 3	@	9¼	=	0	9	3
12	"	2 X 4	@	9¼	=	0	9	3
12	"	9 X 4	@	9¼	=	0	9	3
8	"	4 X 0	@	10¼	=	0	6	10
1	"	5 X 4	@	12	=	0	1	0
1	"	5 X 0	@	12	=	0	1	0
149 盘子 @ 每个6便士					=	3	14	6
						£7	19	1

当然，如果我们能够增加盘子的数量，我们可能油漆盘子不需要花钱，但是这种偶然性已经根据条件——提供最少可能的盘子被排除了。这个谜题显示在精选中，下面的话是我在1897年12月11日的一期中说的，读者可能会觉得有点意思。

圣歌板谜题似乎受到了特殊的关注。大量的解答尝试从英国的各地和其他几个大洲的国家送到我这里，显然我们的读者秉性善良，很愿意帮助查姆普雷·圣·维尼弗莱德的受尊敬的牧师解决这个狭隘的困难。每一个可以想到的可能性，从几个先令一直到高达1347英镑10先令，都到了我的手里。但是令人惊讶的是在仔细浏览了成堆的读者来信后，我发现只有一个人成功地维护了精选解题者能够解决一切的声誉，他的解答跟上面给出的那个根本上是相同的，花费是一样的。他有几个数字是不同的组合，但是他对于盘子的分组，如第一列所示，是完全一样的。尽管大部分的读者很明显地触及了这个谜题的基本点，他们在实际的数字排列上完全是一塌糊涂。

根据他们的方法，一些可能的圣歌的选择，比如111，112，121，122，211，是无法产生的。几个读者来信建议可以把7上下颠倒油漆，它们看上去就像2或者4。但是，这被一个事实排除在外了，也就是说要使用的实际的数字的代表已经给出。

427. 这个谜题的计算确实是很容易的。很显然开始的时候有24只野鸡，其中16只野鸡被射杀，1只翅膀受伤，7只逃走了。读者可以得出结论，就得到了“留下7只”的答案。但是因为它们飞走了，说他们“留下”显然是很荒谬的。假如它们留下，它们肯定就被杀了。是不是我们必须说17只被射杀的留下了，因为其他的飞走了？不行，因为问题不是“留下了多少”而是“多少仍然留下了”？现在那只可怜的翅膀受伤的鸟尽管不能飞，仍然积极地痛苦挣扎着要逃走。所以，答案就是16，死了的鸟“仍然留下”，或者说“保持不动”。

428. 没有人成功地解出过这个谜题，所以我必须自己叙述答案——这一结果似乎是原图示中的小猫咪模糊预示到的。

但是我首先提醒读者，这个谜题出现在4月1日，在这样的一个日子我们任何一个人都不会拒绝做一个傻瓜。尽管我实际上通过要求读者特别注意愚人节这一事实而“泄底”了，很不寻常的是我的读者无一例外都落入了这个陷阱。

大部分的读者认为厨师在步子上失去的正好可以通过更快的速度来弥补的机会，所以两个人以同样的速率前进，因此结果一定是平局。但是另外一个需要考虑的部分显示，尽管在200英尺内的竞赛结果可能会如此，实际上并不尽然，因为他们每个人都以“每一步”的速度来走给定的距离，因为100不是3的确切的倍数，所以，园艺师的34步就会走出标识的距离2英尺。所以，园艺师就走到了102英尺处，然后回来（总共是204英尺），因此就落后了4英尺。这一点当然应该考虑到谜题中。但是所有这些中最重要的事实是，很碰巧园艺师是女子园艺大学的学生，如果我记的没错的话，在斯宛利，而厨师是一个很有才艺的法国的男厨师！所以，她（园艺师）走三步而他（厨师）走两步。现在可以发现在园艺师以3英尺的步伐走着她的204英尺时，稍微有点体弱的老厨师只能以2英尺的步伐走451/3英尺，也就等于90英尺8英寸。 结果就是女园艺师会以109英尺4英寸的优势赢得比赛，那时候厨师还在空中，走他的46步的1/3。

这个谜题的教益有两层：（1）在解决谜题的时候绝对不要想当然；（2）当4月1日来临的时候一定记得那是愚人节。我不会再写任何的园艺师和厨师了，而是一对特殊的夫妇进行的“我目睹的比赛”。因此目击者的陈述必须被接受：因为读者不在现场，他不能反驳这一点。当然，这里提供的信息是不充分的，但是正确的答案是：“想象园艺师是他，厨师赢了4英尺；但是假如园艺师是她，那么园艺师赢了109英尺4英尺。”这就能获得奖项了。令人好奇的是，有唯一一个读者找到了正确的方法，但是没有继续坚持下去。他说：“这是不是一个寻常的四月一日陷阱啊，意思就是他们仅仅每个人走了6英尺，所以比赛并没有结束？如果不是，我认为下面的一定是解答了。假定园艺师是他，厨师是她。”

尽管他的解答甚至在他假设的情形下也是错误的，然而他是唯一一个怀疑这个问题本身的人。

429. 13个硬币可以用如图所示的方式放置。

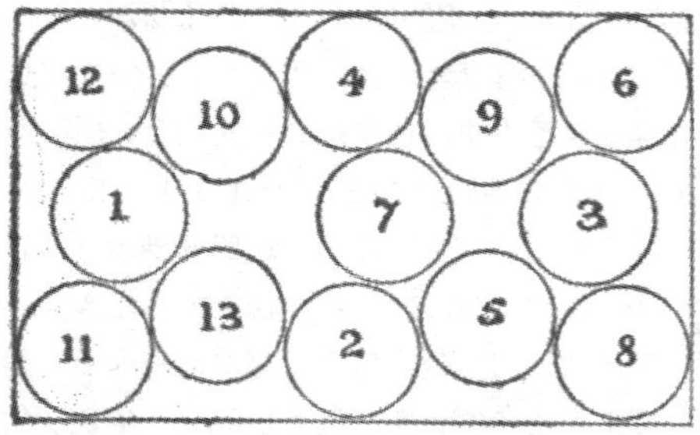

430. 在这个谜题中不需要猜测，这就是一个排除的问题。如果我们能够让除了10号以外的任意5个女士与她们各自的丈夫配对，然后剩下的那个女士就一定是10号男士的妻子了。

我会演示一下这是如何做到的。可以看到第8号男士一只手用拿着手杖另一只手携带着一个女士太阳伞。但是每个女士都有带着一把太阳伞除了3号，所以3号可以说是8号的妻子。然后第12号扶着一个自行车，和自行车的护衣装置，这揭示了一个事实，这辆车是一辆女士自行车。唯一一个穿着自行车短裙的就是5号，所以我们可以断定第5号就是第12号的妻子。接下来，第6号男士有一条狗，第11号女士拿着一条狗链。因此我们可以说第6号和第11号是一对。然后我们看到第2号男士正在付钱给报童，但是我们一般在拿到报纸之后才付钱，这个男士显然不是给自己买报纸，而第9号女士正在读报纸。显然，让报童找她丈夫要1便士的报纸钱。然后我们就可以把第2号和第9号配成对。我们现在几乎解决了所有的女士除了第1号和7号，所有的男士除了第4号和10号。看到第4号，我们发现他的手臂上搭着一件上衣，纽扣是在左侧的——不是像男士的衣服那样在右侧，因此这件上衣是一件女士上衣，但是这件上衣显然不是第1号女士的，因为她已经穿了一件上衣了。因为第7号女士穿着很少，因此我们可以把第7号女士和第4号男士归为一对。现在，剩下的唯一的女士就是第1号了，因此我们可以得出结论，她就是10号男士的妻子了。这就是正确的答案。